Legal and Political Philosophy Review
法哲学与政治哲学评论
第 3 辑

主编　吴　彦　杨天江

自然法：古今之变

华东师范大学出版社

华东师范大学出版社六点分社　策划

目 录

卷首语 / 1

主题论文（一）：古今之变

自然法 【美】恩斯特·佛丁 吴彦译 / 3

中世纪的自然法理论：奥卡姆与意志论传统 【美】弗兰西斯·奥克利 杨蕾译 / 11

自然法的"现代"理论 【美】理查德·塔克 王江涛译 / 35

格劳秀斯与政治思想史 【丹】努德·哈孔森 刘振宇译 / 61

莱布尼茨的法律理论 【英】亨廷顿·凯恩斯 尹亚军译 / 90

克里斯琴·托马修斯的实践哲学 【加】F.M.巴纳德 钟文财译 / 123

主题论文（二）：批判与反思

自然法 【美】霍姆斯 姚远译 / 163

一位现实主义者的自然法观 【美】卢埃林 姚远译 / 168

关于自然法的若干自然混淆 【美】菲利普·索伯 刘小平译 / 174

评论

作为国际犯罪的侵略战争和"罪刑法定"原则　【德】卡尔·施米特　方旭译 / 217

亚里士多德主义美德法理学与儒家美德法理学　【美】索勒姆
　　王凌皞译 / 294

事物的本性与法学方法的二元论
　　——在古斯塔夫·拉德布鲁赫的法哲学体系中进行探讨
　　赵静　著 / 322

访谈

自然法的羞愧：布德谢斯基教授访谈录　【美】布德谢斯基【美】
　　奥尔森　吴彦译 / 393

资料

《自然法论坛》发刊词与目录(1956-1968)　吴彦　整理 / 401

稿约和体例 / 417

卷 首 语

从当代西方法学的整体谱系看,自然法往往只被视为其中一个支脉。然而,从18世纪之前的西方法学看,自然法却是法学的全部。甚至我们可以说,在这之前,有关道德、政治和法律的主流学说以及有关它们的重要思考都是在"自然法"这一名称之下进行的。这一现象在现代早期尤为明显。此时,人们刚刚摆脱一种神学的探究路径,而试图在完全属人的领域中重塑道德、政治和法律领域的基本原则。由此,人们便开始在"自然"这一名义之下去寻找和去阐释这些基本原则。因此,我们从这一时期的大部分作品的构思以及从它们的名称中——诸如普芬道夫的《自然法与万民法》,沃尔夫的《自然法与万民法纲要》,托马修斯的《自然法与万民法纲要》等等——都可以看到这样一种宏大的囊括所有实践哲学领域(道德、政治与法律)的一般性思考。

这些思考不仅开启了之后启蒙运动的先河,也奠定了后来西方道德、政治和法学的基本价值认同。如果没有这一时期的"价值奠基"活动,我们很难想象会有后来的法律实证主义的兴起,更无法想象当代法律实证主义与自然法的争论为什么会集中在"法律与道德"、"恶法非法"这样的问题上,而不是现代之前的自然法所关注的其他一些更根本性的问题。本辑的主题"自然法:古今之变"所聚焦的就是这个时期。从中我们可以看到几个核心人物——奥卡姆、格劳秀斯、莱布尼茨、托马修斯——对于道德、政治和法律的一般性思考。

奥卡姆不仅因为他的"奥卡姆剃刀"而享誉哲学圈,更是因为他在中世纪晚期政治和道德领域中的卓越贡献,而被誉为现代转折时期的一位关键性人物。法国法学家维莱(Michael Villey)就把他看成是现代自然权利观念的开启者。这一观念与意志论无疑具有千丝万缕的联系,奥克利一文便旨在追溯奥卡姆与自然法传统中的意志论学说之间的关联。如果说意志论传统是后来的自然权利理论乃至再后来的法律实证主义理论——前者以个人的意志为基础后者则以主权者的意志为基础——的思想基础的话,那么,追溯这一传统的来龙去脉并对其中起关键性作用的人物作聚焦式的研究无疑具有很大的意义。

塔克和哈孔森的两篇文章都聚焦于格劳秀斯——这位在我们之前的教科书中一直被誉为"现代自然法之父"的思想家。尽管在历史的某段时间,人们对于格劳秀斯的评价并不高,或是认为他的体系存在诸多不一致和相互矛盾的地方,或者认为他的思想缺乏足够的和严谨的哲学基础,因此缺乏吸引力。因此,在很长一段时间,他只是作为"现代国际法之父"而被人们所传颂,而在一般性的政治和道德思考中,格劳秀斯则被完全排除在经典思想家行列之外。然而,晚近的研究以及晚近世界的整体局势的变化在很大程度上改变了人们对于格劳秀斯的基本看法。我们越来越多地看到,格劳秀斯又重新进入到我们视野的核心位置,甚至逐渐被拉回到核心思想家行列。①

---

① 参见由 David Boucher 和 Paul Kelly 合编的《政治思想家:从苏格拉底到当代》(*Political thinkers: From Socrates to the Present*, Oxford University Press, 2017)。在 2017 年最新出版的第三版中,两位编者增加了"格劳秀斯"一章,并指出:"格劳秀斯在将国际关系置于法治之下作出了一种体系性的努力。随着人们对于围绕正义战争问题兴趣的不断提升,我们在第三版中第一次将格劳秀斯纳入进来。"(第3页)

就康德之前的德国法哲学来讲,其论争主要是围绕着两个自然法学派而展开的。一个就是莱布尼茨—沃尔夫学派,另一个就是托马修斯学派。对于莱布尼茨和沃尔夫我们可能都不陌生,他们是我们介绍康德哲学的一个必备的背景。所以我们通常也是在独断论这一基本标签之下来理解他们的哲学的。但是莱布尼茨和沃尔夫同时也是当时最重要的自然法学家。莱布尼茨生前著有不少自然法作品,尤其是他关于国际秩序的学说,不仅影响到了沃尔夫,也影响到了后来的康德;沃尔夫更是在他宏大的《自然法》一书中以条分缕析式的方式构造出了庞大的自然法体系,他的"大社会"观念更是对后来的国际法产生了深刻的影响,并且对于我们现在的国际秩序仍具有深远的借鉴意义。相比于莱布尼茨和沃尔夫在国内学界的知名度,托马修斯(Thomasius)可以说几乎不为国人所知晓。乃至有人甚至可能会因为这个名词的发音而将他与托马斯(Thomas Aquinas)混淆在一起。但是,正如巴纳德一文开头所指出的那样,托马修斯在德国,尤其是在当时的莱辛、歌德、席勒的眼中,是新黎明的预言者,是德国启蒙运动的"精神教父"。因此,本辑特意选译了巴纳德的这篇文章,以便让我们看到托马修斯在何种意义上值得被如此称谓。

自然法在18世纪前西方整个的道德、政治和法律领域重所占据的那种主导地位在18、19世纪之后遭到了根本性的颠覆。其中有来自各个不同领域和各个不同方面的批判,诸如哲学上的历史主义和康德主义,法学上的实证主义和现实主义等等。本辑收录了两篇基于法律现实主义立场而对自然法发起攻击的文章。另外则是索伯撰写的一篇在当代英美法理学语境下有关自然法中的一些困扰人的问题的考察。

最后,本辑还特意整理了创办于上世纪50年代西方唯一一份专门致力于自然法研究的杂志《自然法论坛》的目录。从中,我们或可看到在上世纪二三十年代开始兴起的自然法研究的总体面貌。

主题论文(一):古今之变

自 然 法

【美】恩斯特·佛丁 著

吴 彦 译

【译者按】恩斯特·佛丁(Ernest Fortin, 1923-2002)是波士顿大学的神学教授,早年师从列奥·施特劳斯的弟子布鲁姆。他的主要学术旨趣在中世纪的思想,尤其对奥古斯丁和但丁有着精深的研究。本文最早刊发于《民主百科全书》(The Encyclopedia of Democracy),是佛丁神父对自然法学说史做的一个极其精简的勾勒。在本文中,我们可以清晰地看到施派观念对他的影响,尤其是认为自然权利学说是现代的一种发明,也是现代之区别于古代和中世纪的一个核心标识之一,这与以蒂尔尼(Brian Tierney)及其身边弟子为代表的另一派认为自然权利根植于中世纪政治思想深处的观点形成了鲜明的对照。

"自然法"这个表达式时常被宽泛地用来指称任何一种抱持道德之客观标准的理论。但是就它的确切含义而言,它指的是一种"基于自然而存在"且"基于自然而被认识"的约束着所有人的道德法则(moral law)。以如此方式来理解的自然法既区别于国家法(the civil law)(它的规范是由某个人类立法者制定和强制实施的),又区别于上帝启示法(the divinely revealed law)(它的知识是通过圣经传递给我们的)。还有,它也区别于康德式的道德法(the Kantian moral law),这种法把它自己看成是一种"理性"法而不是一种"自然"法。

在很多个世纪中,自然法都是西方伦理和政治思想的基石。它在现代自由主义的兴起中扮演着一个极为重要的角色,并且激励着人们去制定某些极为著名的文件,包括《独立宣言》(1776),多个版本的《人权和公民权宣言》(1789,1793,1795)。然而眼下,它在很大程度上只是历史研究的对象,而不是权威性道德判断的来源,只是一个被重新拾捡起来的学说,而不是一种现实存在的学说。尽管不乏有人试图重新复兴自然法,但是并没有任何迹象表明它再次获得了它在我们这个传统中曾经拥有的那种重要地位。尽管在20世纪60年代之前,自然法在罗马天主教那里仍拥有强大的影响力,但官方文本却并没有经常地诉诸它。近来,教皇保罗二世在他《真理之光辉》(Veritotis Splenaor)中再次诉诸自然法,这可能很好地表明,在天主教会中自然法开始了一轮新的复兴。

一、古代自然法和中世纪自然法

我们应当指出,影响我们现代的各种宪法制度的学说是启蒙运动时期那种动态的和改革派①的自然法学说。最初的自然法理

---

① 卡莱尔兄弟(A.J.Carlyle and R.W. Carlyle):《中世纪政治理论史》(6卷)(*A History of Mediaeval Political Theory in the West*, 6 vols., 2d. edition, New York, Barnes and Noble, and London: Blackwood, 1950); Edward S. Corwin,《美国宪法的"高级法"背景》(*The "Higher Law" Background of American Constitutional Law*, Ithaca: Cornell University Press, 1955);米歇尔·克罗(Michael B. Crowe):《自然法的变迁轮廓》(*The Changing Profile of the Natural Law*, Martinus Nijhoff, 1977);约翰·菲尼斯:《自然法与自然权利》;亚法(Harry V. Jaffa):《托马斯主义与亚里士多德主义:阿奎那〈尼各马可伦理学评注〉研究》;马里旦:《人权与自然法》;努斯鲍姆(Arthur Nussbaum):《国际法简史》(*A Concise History of the Law of Nations*);海因里希·罗门:《自然法》;保罗·西蒙德(Paul E. Sigmund):《政治思想中的自然法》;列奥·施特劳斯:《自然正当与历史》;列奥·施特劳斯:"自然法",载《社会科学国际百科全书》(*International Encyclopedia of the Social Sciences*, Macmillan, 1968), vol. XI, 80-85。

论相对来讲是极为保守的。它是在改造了柏拉图和亚里士多德的自然"正当"(natural right)学说之后才进入我们的视线的,与后者不同的是,它不仅仅要指出天生就是正当和不正当的东西,而且还通过强制性惩罚要求实现前者而避免后者。

现代学者通常把这一发明归之于斯多葛学派(Stoicism)。然而,除了西塞罗在一处尚未被确证的地方曾经使用过这个词之外(De natura deorum I.36),没有任何证据证明早期斯多葛学派曾经使用过"自然法"(natural law)这个表达方式。即便如此,斯多葛学派还是给自然法理论提供一个核心假设:即一种统治着整个世界之道德融贯性的上帝观念,他照管着整个世界,即使不是在此世也要在来世,使正当的东西得到回报,使邪恶的东西得到惩罚。自然法本身并不具体规定实施何种类型以及多大程度的惩罚,该问题将留待国家法(civil law)的具体规定,并且基于环境的不同而不同。例如,死刑不是自然法所强加的,也不是它所禁止的。

最早的对于自然法的长篇论述可追溯至公元前1世纪,并且可以在西塞罗的《国家篇》(Republic,III.32－41)和《法律篇》(Laws I.18－32)中找到。在《国家篇》中,法学家莱利乌斯(Laelius),对话的主要人物之一,运用自然法来为罗马对于文明世界的征服的正当性进行辩护。至于西塞罗本人——他是斯多葛派的神圣命定观念的批评者和怀疑论者——是否赞同莱利乌斯(Laelius)的理论仍然是值得怀疑的,因为西塞罗似乎并不把莱利乌斯的理论看成是一种真正有效的学说,而是把它看成是一种修饰性的工具,以之用来约束和节制罗马过渡的帝国主义。

从西塞罗开始,自然法就被吸纳进罗马法传统中,并很快又被吸纳进基督教的神学传统,并成为它的一个典型特征。圣·奥古斯丁(354-430)之所以求助于自然法,不仅是要为他自己的正义战争理论辩护,①而且也是要使上帝免于以下指责:亦即认为上帝让他的造物在不知晓基本的道德行为原则的时候让其遭致各种罪行。② 在奥古斯丁看来,遵从自然法是与整个的人类完善是一致的,它所要求的"低位者服从高位者"的准则,不仅适用于个人,而且也适用于社会。

前现代的自然法学说在圣托马斯·阿奎那(1225-1274)的著作中得到了最为经典的表达。他在当时被重新发现的亚里士多德主义的哲学的帮助下为自然法提供了最确切的表述,然而他并没有完全遵从亚里士多德的哲学。③ 亚里士多德认为所有的自然正当都是可变的,④托马斯则区分了自然法的首要原则和它的次要原则,首要原则是不变的,而次要原则则是可变的。首要原则被认为是自明的(self-evident),并构成了理智德性——亦即 Synderesis[良知]——的对象。Synderesis[良知]这个概念是从基督教前辈们那里继承而来的。这些原则通过自然倾向(natural inclinations)而被人类所间接地知晓,而人类则通过这些自然倾向,而被引导至人类生存的一些最一般的目的,其中最高的目的就是"有关真理的知识"和"社会生活"。对于这些原则,我们是不无法穷尽它们的,尽管阿奎那确实说到,旧约所提出的那些被纳入到十诫中去的道德法则是隶属于自然法的。

托马斯的自然法学说在其他一些中世纪的哲学家和神学家那里遇到了极大的反对。帕多瓦(Marsilius of Padua)基于亚里士多德主义而反对它。司各特(Duns Scotus)和奥卡姆(William of Ockham)则基于如下理由而反对他,即认为阿奎那将上帝自身绑定在自然法律令之上,以至于与圣经所倡导的神圣自由和全能观念相

---

① Augustin, *Contra Faustum Manichaeum*, 22.72.79.
② 奥古斯丁:《论意志自由》第一卷。
③ 尤其参见阿奎那:《神学大全》I-II, q.94.
④ 亚里士多德:《尼各马可伦理学》第7卷。

冲突。因此,司各特将自然法还原为唯一一项否定性的律令,亦即禁止憎恨上帝。奥卡姆则走得更远,认为如果上帝希望我们憎恨他,那他就会命令我们憎恨他。然而到了16世纪和17世纪,我们再度见证了托马斯主义学说的复归,这一复归是由一群极富影响力的评注阿奎那作品的人所带领的,他们包括维多利亚(Francisco de Vitoria, 1483 - 1546)和苏亚雷斯(Francisco Suarez, 1548 - 1617),与之相伴随的是格劳秀斯(Hugo Grotius, 1583-1645)。引发此种复归的是当时蹂躏着整个欧洲的宗教战争以及西班牙殖民者对美洲印第安人的残酷侵占。正义战争的规则被更为详尽地勾画出来,而古代罗马的"万民法"(ius gentium)观念则被转化为现在我们所熟知的国际法。

二、现代自然法

由17世纪现代自由主义的奠基者——特别是霍布斯和洛克——所提出的自然法学说对现代民主理论的发展产生了极其深远的影响。这些人断然地与之前传统相决裂,并试图在一个全新且被认为是更坚实的基础上建立起整个政治思想。人类不再被看成是一种在本质上的政治和社会的动物。他们是一些孤独的个体,曾经生活在前政治的"自然状态"中,为一种前道德的激情、亦即自我保存的欲望所驱使,而不是为某个或某些预先存在的目的(通过实现这些目的而达致他们的完善)所驱使,从这一自我保存的欲望中衍生出了自我保存的"权利"。由自然所赋予的个人权利,取代了作为作为基本道德现象的义务。公民社会不是某种自然的东西,基于它自身就是可欲的。相反,它是通过人们订立契约的方式才得以存在的,这些人自由地进入这个社会,不是基于任何其他理由,而完全是为了逃避在自然状态中所遭遇到的那些威胁着他们的危险。所以在此,所谓的自然法,与中世纪的人所讲的那些自明的原则是没有任何关系的,相反,自然法被认为是人类理性从"自我保存的权利"中演绎出来的一些结论。在《利维坦》的第14、15章,霍布斯例举了19项这样的原则,所有这些原则都是为了确保个人的安全和物理性的福祉。

与旧的自然法学说不同——这些旧的自然法学说在本质上不是平等主义的,它可以与任何一个正派的政体相兼容,不管是民主制还是贵族制,它都不予质疑——这种新的自然法学说认为,只有唯一一个正当的和合法的政体,那就是自由民主制或人权主权国家,据此,权威主义式的或非民主式的政体都应当被推翻,就好比在18世纪后半叶的美国和法国那样。

现代自然法理论中最后一位也是最激进的一位理论家是卢梭,他指责霍布斯式和洛克式的规划助长了一种资产阶级的心态,这种心态败坏了公民德性以及自由和平等,而正是为了保护这些自由和平等,公民社会才得以被建立起来的。在卢梭看来,这个问题的解决方案就是形成一些小的社会,在这些小社会的生活中,根据"一人一票"原则,所有的公民都可以在平等的基础上参与其中。

三、自然法的衰败

在卢梭看来,真正的自然状态并不如霍布斯和洛克所描述的那样,因为他们把那种已为社会所败坏的人性作为他们的标准。这使得卢梭准备返回一个不仅先于公民社会之形成,而且先于理性之生成,亦即先于人性本身的阶段。但是,如果自然状态不是一种恰当意义上的人类状态,我们就无法理解它如何可能作为人类行为的可信赖的导引。康德进一步推进了这一思考,他不再把自然看成是人类行动的道德正当性的基石,而是将此代之以绝对命令或普遍的理性法则。

对于自然法的进一步的挑战来自现代的两股最具影响力的思潮：一是历史主义或历史相对主义，另一是社会科学的实证主义。前者源于反对由法国大革命所引发的暴行，并试图通过反对（现存的市民法可直接诉诸的）永恒有效的"自然法"或"高级法"的观念从而预先防止在将来发生这样一些革命的可能性。就社会科学的实证主义来讲，它否认任何无法在经验上予以求证的命题具有科学地位，并贬低所有的自然法原则，因为所有的自然法原则都不是那种可在经验上予以证实的原则，它们属于主观的"价值判断"的领域。

这并不是说自然法已从我们中消失了。19世纪和20世纪的新托马斯主义运动仍使我们有关自然法的记忆鲜活可见，尽管其所生产出来的各种著述更在于数量上的丰盈而不在于质量上的原创性。其他一些学者，诸如卡莱尔兄弟（R. W. Carlyle and A. J. Carlyle）和考文（Edward S. Corwin）仍一再指出，自然法传统，从前基督教时代开始一直到18世纪末，一直延续着，而从来没有断裂过。马里旦（Jacques Maritain）和菲尼斯（John Finnis）则分别对中世纪的自然法学说和在根本意义上与之背道而驰的现代权利学说予以修正，以便将此两者融合在一起，使之并行不悖。他们的这些努力所产生的效果仍然非常有限。不管对还是错，当代世界的绝大多数人仍对自然法抱持怀疑的态度，认为自然法或是太过模糊而不可能有任何真正的效用，或认为它在潜在意义上是颠覆性的，且与国家事务活动所要求的那种灵活性不相吻合。

但是经验表明，完全抛弃自然法并不是一件容易的事情，因为如果没有它，人们就无法拥有一种有价值的道德论证，以驳斥人们经常被迫生活于其中的那些邪恶的法律。某些德国人在20世纪40年代就诉诸自然法以证明他们反抗纳粹政权和刺杀希特勒的合法性。同样的论证亦可被用来服务于纽伦堡的国际战争犯的审判（1945-1946），因为此种审判的合法性是无法建立在任何现存的国家法和国际法的基础之上的。马丁·路德·金在他著名的《从伯明翰市政监狱发出的信》(Letter from the Birmingham City Jail)中也诉诸自然法,他引用托马斯·阿奎那以支持他的以下说法:一种不是渊源于永恒法和自然法的人类法是一种不正义的法。当一个国家——无论是单独这个国家还是在其他国家的帮助下——介入另一个国家的国内事务,以便阻止我们现在所谓的"反人性的犯罪"的时候,类似的问题就会产生。最后,仍有这样一个非常严肃的问题,亦即法官在维持还是摒除国内法的时候,他是否能够避免卷入到某类潜含着的自然法推理之中。

中世纪的自然法理论：奥卡姆与唯意志论传统

【美】弗兰西斯·奥克利　著

杨　蕾*译

自然法优于纯粹的实在法及诉诸自然法的实践，这是中世纪政治思想家的共同信念①——无论是民法学家还是哲学家，抑或教会法学家还是神学家；并且，人们往往认为当他们援引自然法时，大多指向的是同样的事物。事实上，我们只需稍加留意就会发现，民法学家或教会法学家往往使用自然法指代与哲学家或神学家所意指的完全不同的事物；但是，通过进一步研究我们也许会发现，甚至神学家在各自的自然法理论之中也并非众口一词。

那么，出于简明性的考虑，如果我们忽略教会法学家和民法学家，暂不探讨其自然法思想的模糊性和不确定性，并且倘若我们做到了这一点，将注意力转向中世纪晚期的神学家，就会发现，他们对自然法的理论化几乎都会不约而同地陷入为两大截然不同的思想所吸引的境地之中，即"理性主义"和"唯意志论"，或者，如果你愿意的话，也可以说成是"实在论"和"唯名论"的立场——这是指两大学派对普遍概念地位的基本的认识论问题的相应解决方案。

---

*　杨蕾，西南大学法理学硕士，现供职于江苏北辰电力能源有限公司风控部。
①　当然，帕多瓦的马西略（Marsilius of Padua）是一个例外，尽管对于其立场的确切性质还存在一些分歧。参见 Alan Gewirth, 1 Marsilius of Padua 134-135 (New York, 1951)。

中世纪实在论最杰出的代表当然是阿奎那(Thomas Aquinas),而中世纪后期唯名论者中条理最为清晰的是奥卡姆(William of Ockham),他是14世纪英国经验主义哲学家,人们有时会将他与休谟(Hume)相比。二人均未写作专门的法学著作,因此,我们必须从其一般哲学和论辩著作中提炼他们的观点。我们很容易便能在阿奎那的作品中得出他的基本观点,这一方面是因为他是一位系统的思想家,另一方面是因为他的观点广为人知;但是当我们研究奥卡姆的作品时,却没有那么容易,他没有创作与《神学大全》(Summa Theologica)相媲美的有条理的综合性作品,而且他的许多著作尚未有现代版本。他是一位多产的作家。他对法律的评论分散于其作品之中,实际上,几乎没有学者可以声称自己了解其所有的作品。此外,在其最负盛名的自然法文本中,[1]奥卡姆实际上区分了三种自然法,其中最后一种与万民法相一致。然而,以下评论将会限制在第一种自然法的范畴之内——最初的、根本意义上的自然法——因此,这些评论在一定程度上是对奥卡姆的立场的简述。

为了理解这些限定条件,我有以下四项建议:第一,对比阿奎那和奥卡姆的自然法理论;第二,追寻奥卡姆理论的信徒;第三,探求特定的自然法理论是否需要自然法的一般定义,以及此种自然法理论与主权观念的发展之间存在联系的观点是否有效;最后,更进一步,在一般意义上,对比两者不同的法学理论的哲学前提。

一

我们可以从基尔克(Otto von Gierke)冗长的脚注出发,他对比

---

[1] Cf. *Dialogus*, III, II, III, ch. 6; in Goldast, 2 Monarchia 934-935 (Frankfurt, 1668).

了中世纪对自然法的两种基本观点。他说,"旧观点"①

> 尤其是实在论的观点,将自然法(Lex Naturalis)解释为独立于意志的理智行为——仅是指示性的法律,上帝不是立法者,而是依靠理性(Reason)行为的教导者——简言之,关于何为正义的理性命令建立在上帝的存在的基础之上,但即使对上帝而言,这些指令也是不能改变的……相反的命题来源于纯粹的唯名论(Nominalism),它在自然法中看到的仅仅只是神的命令——只有当上帝是立法者时,这些命令才是正当的且具有约束力的。奥卡姆、盖尔森(Gerson)②、戴利(d'Ailly)③就是这么认为的。

基尔克的著作中没有任何有关唯名论的主张,但是如果我们把焦点转向阿奎那的《神学大全》,那么我们可以立即证实其对实在论观点的阐释。④

根据阿奎那的观点,法律就是"属于理性的事物"(aliquid rationis)。⑤ 而因为法律"仅仅是实践理性的指令,其由管理整个社会的统治者发出",所以,如果人们认为世界是依照上帝的旨意统治的,那么

---

① Political Theories of the Middle Age 173, n. 256, transl. Maitland (Cambridge, 1927).
② Jean le Charlier de Gerson (1363-1429),曾经的巴黎大学校长,其最著名的是他的神学作品。他的简短的传略,参见 Dictionnaire de Théologie Catholique, S.V. "Gerson, Jean"。
③ Cardinal Pierre d'Ailly (1350-1420),盖尔森的老师和朋友,哲学家、神学家、巴黎大学的校长,康布雷主教。参见 Dictionnaire de Théologie Catholique, S.V. "Ailly, Pierre d'"。
④ Summa Theologica, la 2ae, qu. 90-95.(《神学大全》(Summa Theologica)以下引为 S.T.)
⑤ S.T., la 2a;, qu. 91, art. 1.

> 宇宙整体都由上帝的理性统治。因此,作为宇宙统治者的上帝拥有指引统治的理性,这种理性本身即具有法律的属性。由于上帝的理性不是在时间内构思任何观念……所以说这种法律是永恒的。①

又或者,上帝之于他所创造和统治的世界,正如艺术家之于他的作品一样。正如创作作品的观念已预先存在于艺术家的思想之中一样,被统治者所遵循的秩序的观念已预先存在于统治者的思想之中。因此,"上帝智慧的观念使万物向着自身的正当目的前行,该观念具有法律的属性",并且"永恒法无非就是指引着所有的行为和运作的上帝智慧的观念。"②而且,

> 因为遵循上帝的旨意的一切事物都受到永恒法的度量和规范……显然,一切事物都在一定程度上分有永恒法,因为它们都倾向于自己特有的行为和目的。然而,在万物中,理性的受造之物尤其受到上帝的旨意的支配,他们自身成为神圣统治的分享者,因为他们能够控制自己和他人的行为。因此,他们享有某种份额的上帝的理性,从中他们产生了相应的行为和目的的自然倾向。而由理性的受造之物所分有的永恒法被称为自然法。③

因此,阿奎那的立场基本上是这样的:永恒法要求宇宙万物都朝向指定的目的,既包括非理性的受造之物,又包括理性的受造之物。与人类有关并且为其理性所领悟的永恒法被称为自然法。我们应当指出的是,阿奎那在这两类法律之外又进一步增加了两类:

---

① S.T., la 2se, qu. 91, art. 1, *Resp.*
② S.T., la 2se, qu. 93, art. 1, *Resp.*
③ S.T., la 2se, qu. 91, art. 2, *Resp.*

实定神法(divine positive law),即上帝的法令,它们补充了自然法,并且由人类通过启示而不是理性了解;①实定人法(human positive law),即由统治者为臣民颁布的法律。② 最后,他认为,实定人法"仅在其来源于自然法的范围内,具有法律的属性"。③

然而,如果我们现在转向奥卡姆,根据基尔克的观点,奥卡姆并不认为自然法以上帝的存在为基础,而只是将其视为一系列神的命令。但是,基尔克没有为自己的解释提供任何佐证,而且也并非没有争议。1932年,谢泼德(Max A. Shephard)在一篇文章④中对此提出异议,这篇文章近几年受到刘易斯(Ewart Lewis)的称赞,⑤谢哈德的论点使萨拜因(Sabine)得出结论说:"问题是,奥卡姆实际上在多大程度上将形而上学融入到他的法学理论中去了"。⑥ 奥卡姆在《对话集》(Dialogus)⑦第一部分的一段中提到了"自然法或显而易见的自然理性",谢泼德认为自然法和自然理性之间的关联"向我们表明,奥卡姆坚持永恒不变的自然法则这一历史悠久的古代和中世纪传统,我们能够通过运用理性发现该传统。"因此,他得出的结论,

> 奥卡姆与阿奎那在这一点上并不存在真正的、本质的区别;并且,总体而言,将唯名论与实在论的(nominalistic-realistic)分歧延伸至包含各自的自然法理论,这是错误的。

---

① S.T., la 2se, qu. 91, art. 4, *Resp.*
② S.T., la 2se, qu. 95, art. 1, *Resp.*
③ S.T., la 2se, qu. 95, art. 2, *Resp.*
④ *William of Occam and the Higher Law*, 26 American Political Science Review 1005-23 (1932); also vol. 27 (1933), pp. 24-38. The quotations below are from p. 1009.
⑤ 1 Medieval Political Ideas 336, n. 32 (London, 1954).
⑥ G. H. Sabine, A History of Political Theory 306 (New York, 1955).
⑦ 《对话集》(*Dialogus*)是一部非常冗长的论辩作品,以教师和其学生的讨论的形式展开,奥卡姆代表教师,而学生质疑他的观点。(这部作品以下引为 DIAL.)

的确,这样的文本出现于《对话集》当中,而奥卡姆运用这些文字表明他将自然法与显而易见的自然理性联系在一起;并且在其中一段文字中,奥卡姆表明"运用理性的自然指令就是运用自然法"①,其对于自然法理性特征的暗示是毋庸置疑的。然而,其他文本并不能够支持这一立场。在《对话集》中至少有两处,②奥卡姆指出,某些道德观念不能由理性捍卫。事实上,他走得更远,他承认上帝不受自然法约束,因为上帝可以免受律令的约束。③这样的陈述只能表明自然法不具有内在合理性或本体论基础,它仅建立在至高无上的神的决定的基础上。因此,面对这些矛盾,我们有必要扩展研究的基础范围,并探讨奥卡姆在《隆巴德四部语录评注》(Commentary on the Sentences of Peter Lombard)④中对这一问题的阐述,这是他早期的一部作品,亦是他主要的哲学著作。

在此,基尔克似乎在一长段文字中找到了支持,这款文字明确阐明了唯意志论立场。《语录》(Sentences)第二部告诉我们,如果仇恨上帝、通奸、抢劫——所有这些恶习——"与上帝律令相吻合

---

① DIAL. I, VI, ch. 100, p. 629, line 45, "utens naturali dictamine rationis, hoc est utens jure naturali."
② DIAL. I, I, ch. 8, p. 405, line 9, "Qusedam vero pure moralia traduntur in eis, quse nulla possunt ratione muniri, sicut patet in multis capitulis decretorum et decretalium."
　　DIAL. I, I, ch. 8, p. 405, lines 20–21, "Quantum vero ad moralia, quae nulla possunt ratione muniri …,"
③ DIAL. Ill, I, II, ch. 24, p. 812, lines 35–36, "Si autem sint simpliciter praecepta juris naturalis, nullus casus excipi debet, propter quamcumque necessitatem vel utilitatem, nisi Deus specialiter aliquem exciperet."
④ Super Quatuor Libros Sententiarum (Lyons, 1495)—以下引用为 SENT。中世纪对彼得·隆巴德(Peter Lombard)(生于公元1100年,卒于公元1160年)的《语录》(Sentences)的评注十分多,这是其中之一。首先,隆巴德是巴黎的神学教授,后来成为巴黎的主教。隆巴德的《语录》由一长串问题构成,其中包括神学教义的主体部分,并形成系统化的整体。直到16世纪,它仍然是大学课程的教科书,并且每一位未来的博士都必须基于该文本做演讲。

(就像现在实际上与上帝律令相吻合的是与恶习相对的东西那样)",①那么这些恶习就有可能免除其邪恶性,并被赋予了良善性。这是因为,"上帝不负有做任何行为的义务。"②而且,当然,这不过是从奥卡姆所采取的立场中推断出的必然结论,他认为"罪恶无非就是做违背自身义务的事情"。③ 我们应当注意的是这种义务不会影响上帝,因为上帝没有义务做任何事情。

到目前为止,一切都很顺利。但是,《语录》第三部又告诉我们,"没有行为是完全道德的,除非该行为中的意志所希望之事受正当理性支配,因为意志受正当理性支配。"④此外,一个条理清晰的立场似乎由于引入相抵触的外来元素而被打破了。而奥卡姆更加纯粹的哲学著作与其政治学著作情况相同,从中提取出关于道德的性质的有条理的阐释以及清晰的自然法学说似乎是不可能的。我们发现在亲密的并列关系中,理性主义和唯意志论在发展过程中一直处于难分难解的争论之中。因为两者的妥协显然是天

---

① SENT. II, qu. 19 O: "... dico quod licet odium dei, furari, adulterari habeant malam circumstantiam annexam et similia *de communi lege* quatenus fiunt ab aliquo qui ex praecepto divino obligatur ad contrarium: sed quantum ad esse absolutum in illis actibus possunt fieri a deo sine omni circumstantia mala annexa: et etiam meritorie possunt fieri a viatore si caderent sub praecepto divino sicut nunc de facto eorum opposita cadunt sub praecepto divino."

② SENT. II, qu. 19 P: "... sed deus ad nullum actum causandum obligatur: ideo quemlibet actum absolutum potest sine omni malo culpae causare: et ejus oppositum, et ideo sicut potest causare totaliter actum diligendi sine bonitate vel malicia morali: Quia bonitas moralis et malicia connotant quod agens obligatur ad ilium actum vel ejus oppositum: ita potest totaliter causare actum odiendi deum sine omni malicia morali propter eamdem causam: quia ad nullum actum causandum obligatur."

③ SENT. II, qu. 5 H: "... quia malum nihil aliud est quam facere aliquid ad cujus oppositum faciendum aliquis obligatur: quae obligatio non cadit in deum: quia ille ad nihil faciendum obligatur, nec praesupponitur malicia in causa: quae sit causa maliciae: effectus. Sed malicia effectus est causa maliciae: in causa."

④ SENT. HI, qu. 12 CCG: "... nullus actus est perfecte virtuosus nisi voluntas per ilium actum velit dictatum a recta ratione propter hoc quod est dictatus a recta ratione."

方夜谭。

然而,指责奥卡姆没有条理或者不合逻辑都是错误的。如果我们进一步分析,我们确实无法找到妥协的恰当理由,因为那是完全不可能的。但是,我们发现最后的话语权在于意志。意志,而不是理性,被认为是法律的核心。该观点出现在上文所引述的理性主义文本之后,毫无疑问,这一主张看似十分草率。然而,实际上,该观点本身对正当理性并不具有任何决定性意义;最重要的是上帝意志,因为,实际上,"上帝意志希望正当理性支配所意愿之事物。"①此外,任何违背正当理性的行为,都不可能是道德的,"因为这样的行为违背了上帝律令和上帝意志——其命令这样的行为符合正当理性。"②我们现在进入到了奥卡姆思想的核心。并且相应的正当理性的标准与上帝意志之间不存在分歧,在此,两者联系在一起,意味深长并且层次分明。

因此,对道德以及自然法的唯意志论诠释,现在看来似乎滴水不漏。但是,我们仍可能对奥卡姆论证的逻辑感到不满。正如我们已经看到的,正当理性确实取决于上帝意志,因为它在道德中具有重要作用,但奥卡姆不仅将自然法建立在正当理性的基础上——他还坚称,自然法是绝对的、③不变的,并且不容许任

---

① SENT. I, dist. xli, qu. I K:"… omnis voluntas recta est conformis rationi rectae sed non est semper conformis rationi recte prxviae qua: ostendat causam quare voluntas debet hoc velle. Sed eo ipso quod voluntas divina hoc vult, ratio recta dictat quod est volendum."
② SENT. Ill, 13 G:"Tune arguo sic. Impossible est quod aliquis actus voluntatis elicitus contra conscientiam et contra dictamen rationis sive rectum sive erroneum sit virtuosus. Patet de conscientia recta: quia talis eliceretur contra prseceptum divinum et voluntatem divinam volentem talem actum elicere conformiter rationi recta;."
③ DIAL. I 11 , II, I, ch. 10, p. 878, lines 27-31, "Gum jus naturale sit naturale pneceptum … prseceptum autem naturale quoddam est absolutum absque omni conditione, modificatione seu determinatione, sicut ' Non coles deum alienum,' ' non maechaberis,' et hujusmodi."

何豁免。① 难道如此确定的自然法没有突破牢牢加之于自身之上（或许有些武断）的唯意志论体系？因为如果道德秩序完全依赖于神圣的最高统治者的意志，那么我们很难想象道德秩序是绝对的、一成不变的且没有任何豁免。

然而，这些不一致之处是表面的。因为奥卡姆区分了上帝的*注定或普通权力*（ordained or ordinary power）和上帝的*绝对权力*（absolute power）。实际上，上帝已经通过注定或普通权力建立了道德秩序（在既定秩序的框架之内，道德律是绝对的、一成不变的且没有任何豁免）；而上帝可以通过运用绝对权力命令（受造之物做出）其实际禁止的行为的相反行为。② 该学说并不像乍看之下那么复杂。奥卡姆仅仅将这种区分应用于伦理学领域，他认为该区分与所有上帝意志的运作相关。他其实是这样假设的：上帝的绝对权力，虽然它没有任何限制，但是它往往按照已经注定的超自然或自然的秩序 *合规则*地表达自己。因此，作为基督徒，我们必须相信上帝保证履行包含在圣经中的神圣的应许；并且，甚至作为哲学家，我们可以放心地假设，自然秩序透露了某些恒定规则，而上帝根据这些规则 *合规则*地行为。其中，假设的保留意见——"通过普通法"或"在目前的秩序内"这样的限定条件加以强调——就是具有绝对自由和权力的上帝总是运用可以废除或超越目前的秩序，正如上帝在奇迹中所做的一样。

经验告诉我们，例如，被水弄湿、被火烧伤等；不过，通过上帝的绝对权力，这些结果不一定必然来自其原因——例如，但以理（Daniel）的三个同伴，即沙得拉（Shadrach）、米煞（Meshach）和亚伯尼歌（Abednego），他们被尼布甲尼撒王扔进了火炉，却又毫发

---

① DIAL. Ill, II, III, ch. 6, p. 932, line 65, "… quia jus naturale est immutabile primo modo et invariable ac indispensabile."

② OPUS NONAGINTA DIERUM ch. 95 (no foliation) (Lyons: Jean Trechsel, 1495). See esp. § Nota de duplici potentia dei.

无损地出来了。① 同样,尽管我们通常认为爱上帝是善,而仇恨上帝是恶,但是上帝可以运用自己的绝对权力,使仇恨上帝得到称赞,因为行为是善、公正,或者是恶、不公正,不是由于其自身的天性或本质,而仅仅是因为上帝已经命令或禁止了它们。② 因此,当奥卡姆说自然法是绝对的、不变的并且不允许任何豁免时,他是在上帝的委任或普通权力的框架内思考。因此,奥卡姆告诉我们,"在目前的秩序内,没有行为是完全道德的,除非符合正当理性,"③并且,意志行为"本质上必然是道德的,鉴于神的秩序。"④ 事实上,奥卡姆对限定条件的使用,如在现世的秩序之内和鉴于神的秩序,具有重要意义。

二

因此,我们的结论只能是:基尔克最终将奥卡姆标榜为法律唯意志论者是恰当的;而谢泼德的批评既没有公正地对待基尔克的学术深度,以及奥卡姆思想的一致性和严谨性,也没有公正地看待这种没有后续拥护者的思维方式。自然法的唯意志论诠释的历史还有待书写,它在后期中世纪和现代思想中暗流涌动。然而,显而易见的是:奥卡姆已经阐明了对自然法的唯意志论诠释,并由其哲学继承者们传播,他们成为中世纪晚期的卓越的唯名论哲学家。其中,值得我们注意的是盖尔森和戴利,前面我们已经提到他们的名字,⑤并且他们的作品在15、16世纪被人们广泛阅读。此外,还

---

① Id. at § Hereticum est dicere omnia de necessitate evenire.
② Cf. op. cit. supra notes 22 and 24.
③ SENT. I 11, 12 CCC, "... stante ordinatione quae nunc est nullus actus est perfecte virtuosus nisi conformiter eliciatur rationi recta; actualiter inhaerenti."
④ SENT. Ill, 12 CCC, "... aliquis actus voluntatis qui est intrinsece et necessario virtuosus stante ordinatio divina."
⑤ See notes 4 and 5 supra.

有比尔(Gabriel Biel, 1495),阿尔曼(Jacob Almain, 1515),梅杰(John Major, 1540)和阿方斯(Alphonse de Castro, 1558)——他们都作为唯意志论的支持者,被耶稣会哲学家苏亚雷斯(Suarez)在1612年所引用。苏亚雷斯的理论确实对该观点产生了深刻影响。①

这种思维方式并非仅限于通常所谓的经院哲学家。路德非常熟悉他们中的一些人的作品;并且通过他,唯意志论,伴随着上帝的绝对权力和普通权力之间特有的区别,似乎已经进入了新教神学的范畴②——例如,加尔文在这一点上尤其毫不含糊。③ 而17世纪对该自然法诠释的坚持,在苏亚雷斯的《论法律》(*Treatise on Laws*)中体现得十分明显,④而苏亚雷斯绝非唯一的代表。17世纪早期,格劳秀斯(他后来的思想发生转变)已经在《捕获法》(*Commentary concerning the Law of Booty*)中采取了相似的立场⑤,洛克关于自然法的早期论文——首次出版于于1954年——表明他至

---

① "De Legibus, ac Deo Legislatore," Bk. 1, ch. 5, 8-9; 1 Selections from three Works of Francisco Suaréz, S.J. 26 (Oxford, 1944).
② 43 D. Martin Luthers Werke 71 (Weimar, 1912), "Vorlesungen iiber 1 Mose," Kap. 19, 14; cf. also, Kap. 19, 17-20 and Kap. 20, 2. 茨温利(Zwingli)的自然法观点的唯意志论特征已经被指出,John T. McNeill, Natural Law in the Teaching of the Reformers, 26 The Journal of Religion 177-178 (1946);乔治·德·拉加德(Georges de Lagarde)认为,总体上,改革者的法律思想重复了法律唯名论——Recherches Sur L'esprit Politique De La Reforme 166-167 (Douai, 1926).
③ Johannis Calvini Institutio Christianae Religionis (Berlin, 1846), p. 486; Lib. IV, ch. 20, § 16.
④ Bk. II, ch. 6, 20-23; 1 Selections 126-128
⑤ De Jure Praedae, Commentarius, ed. H. G. Hamaker (The Hague, 1868), ch. 2, pp. 7-8.这部作品写于1604年至1605年冬季,但被重新发现于1864年,首次出版于1868年。在他的后期更著名的《论战争与和平法》(*De Jure Belli et Pacis*)中,格劳秀斯放弃了这一立场,而支持极端理性的诠释—see the edition of William Whewell (Cambridge, 1853), Bk. I, ch. 1, X, 1-2, pp. 10-11.

少在其早年,也曾有过唯意志论倾向。① 几年后,霍布斯②和普芬道夫③都是在类似的情况下构想自然法,但是,传统的最终命运却是黯然失色,部分是因为人们日益丧失对自然法的神圣的起源的兴趣,更多是因为18世纪对该主题的思考的特有的不严密性——不过,如果我们继续探讨,我们会发现布莱克斯通在一个多世纪后,谈到了自然法,其作为"制定者的意志"统治着人们。④

三

至此,我们其实一直在谈论自然法的本质。然而,在这一阶段,我们必须面对一个更实际的特征问题。即使奥卡姆不认为自然法就是"关于正义的理性的指令,以上帝的存在为基础,但甚至上帝也不可改变"自然法,将一切道德法则简化为高深莫测的神的命令,"仅仅因为上帝是立法者便是正义且具有拘束力的"——即便如此,那么,在实践中结果也一样吗? 最终,奥卡姆依然是自然法的坚定的信徒,而且,关于对法律的坚持以及对强权的厌恶,奥卡姆的原则与阿奎那并没有实质的区别。那么,我们是否太过关注奥卡姆造成的转变了呢?

这个问题的答案必然是否定的。霍尔(Jerome Hall)最近提出,自然法思想的唯意志论阶段实际上促进了法律实证主义对法律的定义——法律是主权的命令,并声称"对某些自然法作品的查阅表明某些基本法律观点的来源往往被当作实证主义者的创造。"⑤霍尔确实没有能够充分证明他的主张,但毫无疑问,他基本

---

① W. Van Leyden (ed.), John Locke: Essays on the Law of Nature (Oxford, 1954).
② Leviathan, Part II, ch. 30-31, ed. Michael Oakeshott (Oxford, 1946), pp. 219-235.
③ See his De Jure Naturae et Gentium, Lib. II, c. 3, § XX (London, 1672), p. 191.
④ Commentaries on the Laws of England (New York, 1830), p. 26; Sect. II, 40.
⑤ Studies in Jurisprudence and Criminal Theory 31-32 (New York, 1958).

上是正确的。

我们会谨记,阿奎那的自然法理论涉及一般意义上的法的定义问题。在他看来,法律就是"属于理性的事物",是"对事物的理性安排",是"行为的规则或度量,人们借以从事特定的行为,禁止从事其他行为"。然而,奥卡姆则提出了不同的自然法理论,显然,这一转变需要对一般意义上的法进行重新定义。我无法引用奥卡姆自身的相关文本,但也许引用戴利的论述就已足够,他是奥卡姆的忠实的哲学信徒之一。因为戴利认为义务是法律的突出标志,因此,法律必须采取戒律或禁止的形式,命令做什么或不做什么。① 他同意,习惯随着时间的推移而具有法律效力,但是他坚持认为习惯本身不具有效力,甚至实定人法可以废除习惯。② 因此,他可以得出结论,将罗马法律格言适用于天主教是合法的:"君主不受法律的约束"——甚至不受君主自己制定的法律约束——我们只要记住,这里仅指人法,而不是神法。③ 因为"正如上帝意志是有效因果关系的第一动因,它也是强制性法律的种类之中第一个科处义务的规则或法律",④并且,"君主的诏书、主教的戒律、政

---

① Utrum Petri Ecclesia, in J. GERSON, OPERA OMNIA, ed. Ellies du Pin (Antwerp, 1706), I, col. 663: "... lex divina sumitur pro lege divinitus inspirata: qualis est lex Moysis, vel Christi. Uno modo, potest sumi pro aliqua una regula data a Deo aliquid prsecipiente, vel prohibente. Alio modo, pro aliqua una congregatione plures tales regulas continente: qualiter tota doctrina Christi dicitur lex Christi.... Sed sic capiendo, potest sumi stride, pro aliqua tali congregatione solum continente pracepta et prohibitiones; quia haec duo solum pertinent ad legem proprie dictam."
② See Tractatus de ecclesiastica potestate, in Gerson, II, col. 933; Tractatus II adversus Cancellarium Parisiensem, in Gerson, I, col. 773.
③ Tractatus de materia concilii generalis; Paris, Bibl. Nat., Ms. Lat. 1480, fol. 108r: "... Et hoc ideo dicit quia princeps legibus solutus est, ut in dicto cap. Significasti.... Sed quod dicit hie glossa quod princeps est solutus legibus, intelligit haec opinio de legibus humanis ab ipso editis. De legibus autem divinis ... non concedit."
④ Quaestiones Super I, III et IV Sententiarum (Lyons, 1500), I, qu. 14, art. 3, Q, f. 173r: "... sicut voluntas divina in genere efficientis est prima efficiens causa, sic ipsa in genere legis obligantis est prima lex seu regula obligatoria."

治规约或宗教法令,都不是公正的或当然强制性的,除非其符合神法。"①

也许最有趣的是,这些论述几乎可以同样地适用于博丹(Bodin)——自称为主权概念之父。这不足为奇。因为在法律唯意志论或法律实证主义领域,唯名论哲学家与罗马法学家携手合作②——尤其是后期注释法学派,其中最著名的是巴托鲁斯(Bartolus)和他的学生巴尔都斯(Baldus),③并且在这些信徒中,博丹举足轻重,他为此十分自豪。④ 这不仅表明唯名论者接受了与后期注释法学家相似的法学观点,而且,进一步表明,他们实际上影响了后者。

诚然,唯名论者很难对后期注释法学家产生这样的影响,但是,这并非不可能。例如,如果我们将注意力转移到17世纪初的英格兰(从表面看,作为普通法的故乡,希望渺茫),我们发现,王室的专制主义的要求与议会扩大对国家政府的控制权的要求之间存在问题。这场宪政斗争的关键领域之一,当然是国王在税收问题上的特权范围,并于1606年,导致了著名的贝特案(*Bate's case*)的法律判决。在此,我们不关注该案的细节,但是霍尔兹沃思(Holdsworth)将首席大法官("the Chief Justice",或者"the Chief Baron")的判决视为第一个明确的新保皇理论的陈述——国王拥

---

① Princ. in lum Sent., E, f. 21v: "Ex quo sequitur quod nullum principis edictum, pnelati praeceptum, politice statutum aut Ecclesiae decretum est justum vel juste obligatorium, nisi sit divinac legi consonum."

② Cf. R. W. and A. J. Carlyle, 6 A History of Medieval Political Theory 419 (Edinburgh and London, 1936).

③ 巴托鲁斯生于公元1314年,逝于公元1357年——参见 C.N.S. Woolf, Bartolus of Sassoferato (Cambridge, 1913). 后期注释法学家往往被称为巴托鲁斯学派(Bartolists)。关于巴尔都斯(1314-1400)的生平概述,see J. D. Wilson, Bolus de Ubaldis, 12 YALE LAW JOURNAL 8-20 (1902)。

④ See H. D. Hazeltine, Introduction to Walter Ullmann, The Medieval Idea of Law xxv (London, 1946).

有"至高无上的处理国家事务的绝对特权"或"任意行为的普遍的绝对特权,他可以在自己认为适当的时候使用"。① 该案显然十分重要,而首席大法官的判决的措辞更是意味深长。"国王的权力,"他说,

> 有两个层面,即普通权力和绝对权力,它们有多个法规和目标。普通权力是为了特定客体的利益,为了民事判决的执行,为了自我决定……平民享有私权利(jus privatum),这就是我们的普通法(common law);而议会不能改变这些法律……国王的绝对权力不是为了特定人的利益而被用作私人用途的权力,而是为了人民的一般利益,即人民利益(salus populi);因为人民是身体而国王是头脑……并且,因为身体的健康程度会随着时间而改变,所以我们要根据国王的智慧,为了公共利益,改变绝对法律。②

如果这不是一个英格兰的案件,如果我们没有怀疑神学思考模式对法律事务的影响,这也许是可以理解的。那么,国王的绝对权力和普通权力之间的区分,可能看起来类似于上帝的绝对权力和普通权力之间的唯名论的区分。这当然是英国法的一个新的区分,霍尔兹沃思认为其起源有些类似于十五世纪用来阐明"普通法法院施行的普通法不同于大法官法院的衡平法"的区分。③ 但霍尔兹沃思忽视了这一点:在1605年,仅在贝特案之前一年,贞提利(Albericus Gentilis)——一位意大利法学

---

① W. S. Holdsworth, A History of English Law 21 (London, 1924).
② T. B. and T. J. Howell (ed.), A Complete Collection of State Trials, II, col. 389 (London, 1816).
③ A History of English Law 597 (London, 1923).对该处理的回应,Sir Edward Coke, The Fourthe Part of the Institutes of the Laws of England ch. 8, p. 79 (London, 1797)。

家,在牛津大学教授民法,通常被归类为巴托鲁斯学派或后期注释法学家①——已经明确阐述了君主的绝对权力和普通权力之间类似区分,他说,绝对权力(这在英国被称为特权),是充分权力,而且,不像普通权力,不受任何法律支配。② 显然,贞提利通过这一区分,已经将他的权威溯及至 14 世纪的后期注释法学家和巴尔都斯。而巴尔都斯与奥卡姆是同代人。③

那些认为神学对任何事物——甚至是宗教——都几乎没有影响的人,无疑愿意将这两个同代人在各自神学和法学领域所采取的区分存在的惊人相似看作有趣的巧合。对于这些怀疑,我建议从以下三方面考虑。首先,如今看来,法律并不总是与神学毫无瓜葛,尤其是后期注释法学派,众所周知,他们关注有关政府、法律和正义的学术思想。④ 其次,如果神学与法律之间的分歧太大而不能澄清彼此之间的思想传递,也许教会法可以被当作可能的媒介物,并且,实际上,在一些教会法学论文中,绝对权力和普通权力之间的同样的区分是众所周知的——假若如此,当然是教皇的权力。⑤ 再次,这与我们的主题关系更密切一些,在 1610 年——贝特案四年后——该相似性由詹姆士一世在向议会发表的演讲中明确指出。⑥ 在本次演讲中,詹姆士坚持认为国王只对上帝负责,并认为:"如果你考虑上帝的属性,你会明白它们如何与国王的人选相一致。"正如上帝享有创造或毁灭的权力,国王也享有创造和毁灭臣民的权力,要使卑者升为高,使高者降为卑,而用奥卡姆自己

---

① Hazeltine, *op. cit. supra* note 53, at xxv.
② Regales Disputationes Tres, Disp. Prima, p. 10; 相关文献引自 CARLYLE, A History of Medieval Political Theory 452, n. 2。
③ 奥卡姆生于公元 1288 年,世于公元 1350 年。
④ Cf. Hazeltine, *op. cit. supra* note 53, at xxii.
⑤ See H. Jedin, A History of the Council of Trent, trans. E. Graf (St. Louis, 1957), p. 81, where he cites the *Tractatus alter de cardinalibus* (ca. 1448-1451) to this effect.
⑥ C. H. Mcilwain, The Political Works of James I 307-310 (Cambridge, 1918).

的难以忘怀的话讲,"使他们的臣民像棋子一样"。并且,他又补充道:

> 但是,现在,在我们的时代,我们要区分原初国王的国家、管理市民社会的固定国王和君主的国家;在旧约时期,即使作为上帝,他通过神谕说话,通过奇迹行为,但是,为了取悦他而建造一座教堂,很快……两者就会停止。之后,他曾经按在他所启示的意志的范围之内,管理他的人民和教会。所以对于原初国王,一些国王通过征服而另一些通过人民选举而开始,当时他们的意志被当作法律;但王国如何尽快开始适应文明和政策,那时国王通过法律,法律只能由国王适当地制定,但在人民的祈祷日,国王会发放资助。

历史学家们往往对詹姆士频繁的神学比喻感到厌烦,并倾向于把它们仅仅看作是糖衣,其目的在于,使特权的药丸不那么难以下咽。但是,我能否认为,他们的这些做法,表明他们一直对詹姆士的话采取一种过时的态度,这些话是在严肃的字面意义上使用的,并且具有历史价值,因为它们显示了部分人的思想特点的模式的终极神学起源,不仅包括国王自身,还包括他的特权律师,甚至包括整个法学流派,而其中最著名的代表人物是博丹?

四

有些人可能对这种历史方法不感兴趣,他们可能会倾向于拒绝那些思考,它们或许使专业的观念考古学家感兴趣,但却没有广泛的意义。有鉴于此,我会指出,一个替代的并且可能不太纯粹的历史方法有其可能性,这种方法通过哲学假设得以运行,它奠定了阿奎那和奥卡姆的法学观点的基础。而且,正如奥克肖特(Oakeshott)所说,该方法的特点在于,其认为可能

> 不存在能够解释世界的本质、人类的行为、人类的命运的理论,不存在神学或宇宙哲学,甚至不存在形而上学,它们不能反映在政治哲学的镜子中。①

因此,我们可以对法律理论作出补充。

柯林武德(R. G. Collingwood)主张,"在欧洲思想史上,曾有过宇宙论思想的三个建设性时期",其中,这三个时期分别是:

> 自然观成为思想焦点的时期,自然观念成为强烈和持久的反思对象的时期,以及自然观因此获得了新特点的时期,第三个时期使详尽的自然科学在自身基础上获得新的发展。②

这三个时期产生的自然观,被他分别称为希腊自然观、"文艺复兴"自然观③和现代自然观。他表明,这些观念的对比来源于它们的自然的类比方式的差异。当然现代自然观与我们这里的讨论无关——我们只需表明,他认为,现代自然观以自然科学家对自然世界的进程的研究与历史学家对人事的研究之间的类比为基础。关于前两次"观念",他主张,希腊自然观是智能生物从自然世界和人类个体的类比中得出的,而"文艺复兴"自然观将世界类比为

---

① Michael Oakeshott (ed), The Leviathan of Thomas Hobbes, Introduction xix (Oxford, 1946).
② Idea of Nature 1 (Oxford, 1945).
③ 由于科林伍德自己也承认(第4页),"这个名字并不是很好,因为'文艺复兴'一词适用于早期思想史,始于意大利十四世纪的人文主义,并在同一个国家通过十四、十五世纪的柏拉图和亚里士多德的宇宙观得以延续。我现在描述的宇宙学,其在原则上是对这些的回应,可能更准确地讲,是后文艺复兴。"

一个机器。它不能以理性的态度并根据其内在规律安排自己的行为,其表现出的行为是从外部强加的,而"它们的'自然法'的规律性同样是从外部强加的。"①因此,科林伍德得出结论,这种观点以设计和建造机器的人类经验,以及无所不能的造物主上帝的基督教理念为假定前提。我认为,这是一个很好的方法,能够定性方式的转变,该转变促进了经典物理学或牛顿物理科学的发展。它与我们的问题相关,正如我们将看到的,因为它显示了万能的上帝的基督教理念和随之而来的强加的自然法则理念在这一发展中发挥的作用。

但是,这些宇宙观在"政治哲学的镜子"中反映了什么呢?我认为,这个问题的答案分为三个部分,那正是奥克肖特的主张,"关于政治在哲学上的反映,已经对欧洲思想史上产生了深远影响。"他告诉我们,其中第一个模式或传统,

> 以理性(Reason)与自然(Nature)的主概念为特征。它与我们的文明同步;它有进入现代世界的完整的历史;它拥有无与伦比的适应能力,历经了欧洲意识的转变。第二个模式的主概念是意志(Will)与技巧(Artifice)。它植根于希腊的土壤,并且已从许多来源中获得灵感,尤其是来自以色列和伊斯兰教。第三个传统产生较晚,直到18世纪才出现。它反映在其仍悬而未决的表面的宇宙学,是通过人类历史的类比发现世界。②

这些政治思想传统与柯林武德的"自然观"的巧合十分明显且引人注目——更何况,事实上,两者的形成不仅独立于自然观,

---

① *Op. cit. supra* note 64, at 6.
② *Op. cit. supra* note 63, at xii.

而且相比于宇宙学假说史,它们更关注知识理论史。① 我会进一步表明,政治思想传统和与之对应的自然观之间的实际联系存在于它们共同享有的法律思想之中。

在科林伍德之前,怀特海(A. N. Whitehead)强调了犹太人的上帝概念与16、17世纪自然科学的发展的相关性,②区分了两种自然法,我们已经发现它们主要分别与科林伍德的希腊宇宙观和"文艺复兴"宇宙观有关。怀特海确实也关注对宇宙论假设的分析,但是司法领域的区分与科学领域的区分同样有效、相关。③ 因此,它值得进一步探讨。

他认为,内在的法律理论包括以下假设:事物都是以某种方式相互依存的——当我们知道事物的本质,我们也就知道了它们彼此之间的相互关系。"不同特征的自然事物的某种部分模式的一致性,会导致这些事物的相互关系的某种部分模式的一致性。"自然法则形成于这些模式一致性。我们可以援引自然法则的例证,如动物群居产生后代,或者在半空中松开的石头会落入大地。他总结道,这种自然法则的思想涉及"一些国际关系的学说",即事物的特征是其相互关系的结果,而事物的相互关系是其特征的结果"——而且,我们可以补充说,因此,它奠定了明确的实在论本体论的基础。

另一方面,法律是被强加的学说采用了另一种外部关系的形而上学理论。个体存在被认为是自然的最终构成;而这些最终构成没有任何内在的相互联系,而是可以单独理解、彼此完全孤立的。它们包含的关系是从外界强加的,而这些强加的行为模式就

---

① 我是从奥克肖特一封私人信件当中获得该信息的。
② Science and the Modern world 12-14 (New York, 1948).
③ Adventures of Ideas 115-119 (New York, 1955). 关于将该区分适用于司法领域的有趣尝试,see M. Ginsberg, The Concept of Juridical and Scientific Law, 4 POLITICA 1 ff. (1936).

是自然法则。因此,我们因而断定这些法则不能通过考察相关事物的特征而发现,反之,相关事物的性质也不能从支配其关系的法则中推导出来。由此可见,这种观点以唯名论的认识论为前提,以经验主义的自然科学为必要。

我们应谨记这个区分,这样回顾奥卡姆之前几个世纪的自然法思想和自然法则,就是十分发人深省的。内在法则的代表是斯多葛学派的观点,甚至一般还包括希腊的观点。他们认为物质世界充满理性,自然法是普遍有效的且为事物的结构所固有的——事实上,斯多葛学派甚至可以从天体的和谐运动中得出和平的论证。另一方面,强加法在闪族那里得到最好的阐述,特别是犹太一神论。《旧约》中,上帝赐给摩西《十诫》,并"赐予海洋以法则,使水不得越过他的戒律。"[①]

而基督教的观点是什么呢?怀特海认为,由于基督教的柏拉图主义,法律的内在性和法律是被强加的就达成了妥协。[②] 在此,如在许多其他问题一样,它反映了犹太元素和希腊元素的融合。这有些不稳定的妥协在阿奎那那里得到例证。诚然,阿奎那的上帝,是基督教的上帝,是全能而超然的,但是,他的永恒法律无疑是内在于宇宙的。因此,虽然上帝并非无所不在,但是应该指出的是,永恒法律的根本基础是智慧和上帝的存在,因此,阿奎那可以在某种意义上说,永恒法律即是上帝。[③]

这种准内在论(quasi-immanentism)试图通过强调神的思想中的这些理念的地位,将永恒形式或思想的柏拉图主义学说基督教化,上帝根据这些思想创造了世界,而准内在论受限于审慎的限制条件。然而,这些限制条件显然还不够审慎,在1277年,巴黎主教和坎特伯雷大主教谴责了一大堆哲学命题,其中一些是托马斯主

---

① Proverbs 8:29.
② Adventures of Ideas 139-140.
③ S. T., la 2a:, qu. 91, art. 1 *ad tertium*.

义的,因为它们违背了基督教信仰。① 基于此,他们仿照之前采取类似措施的阿拉伯和犹太神学家的做法,他们反映了在三大宗教的神学家中所弥漫的恐惧,亚里士多德的形而上学必然论危及了上帝自由而全能的学说,而该学说为犹太人、穆斯林和基督徒所共有。

该谴责标志着神学回应的开端,其以世界的终极可理解性维护上帝的自由和全能,②因此,奥卡姆——作为一位哲学家,往往被人们认为与休谟并驾齐驱——是该回应的古典产物。吉尔森认为,"在年代的意义上",他的思想是 1277 年之后的神学,③并为"基督教教义的第一句话:我信上帝,全能的父"所支配。④ 因此,不足为奇的是,奥卡姆没有拒绝上帝思想学说,他不仅将异教徒的多样性引入了基督教的上帝,而且对上帝的全能和自由设置了限制条件。同样不足为奇的是,他并不认为上帝的自由会同样妥协于自然道德法则与上帝思想学说的实在论联系,这正如万物必须依赖于上帝意志的不受限制的命令。而且,基于此,他只能放弃上

---

① 吉尔森(Etienne Gilson)指出,1277 年的教义行为追溯了受到谴责的错误的根源,"即,亚里士多德对事物和上帝的现实、可理解性和必要性的辨别。"History of Christian Philosophy in the Middle Ages 407 (New York, 1955). See also pp. 728-729,他列出了一些受到谴责的命题。其中之一就是:"上帝必然会创造那些立刻产生于他的事物。"
② 这意味着放弃必然存在的宇宙的希腊理念(受严格必要性支配)与自由创造世界的圣经理念(受自由而全能的上帝的意志支配)之间的调和。阿拉伯神学家曾经面临着同样的问题,并才去了同类解决方案。艾什尔里(Al Ash'ari)(d. 936)及其信徒澄清了犹太人的上帝概念,采纳了原子论观点,他们认为世界是由支离破碎的时间中的时刻和空间中的地点构成,它们只有依靠上帝的旨意才能连接在一起,因此世界不具有自然的必然性。他们如此坚持这一立场,以至于他们陷入彻底的偶因论。See L. Gardet and M-M Anawati, Introduction a la theologie musulmane, 37 Etudes de Phil. Med. 52-66 (Paris, 1948).这一观点也被早期的犹太思想家采纳。See Ernest Renan, Averroes et L'Averroisme 106 (Paris, 1861), and Isaac Husik, A History of Medieval Jewish Philosophy xli (New York, 1958).
③ *Op. cit. supra* note 74, at 410.
④ *Id.* at 498.

帝思想的传统学说及作为其基础的本质形而上学,正如一种异教徒的插补在任何基督教哲学当中都无法存在。

因此,在奥卡姆的宇宙中,自由和全能的上帝大胆地面对他所创造并在根本上由他决定的事物,而不需要任何媒介。他抛弃了不同的事物之间、甚至原因与结果之间的本质上的必然联系。[1] 因此,他也相信,如果我们要了解世界的秩序,我们只能考察事实,因为世界的秩序完全依赖于上帝的选择,而不能从任何先验的论断推断出来。[2] 因此,奥卡姆对上帝的全能和自由的根本主张,不仅导致了他的唯名论,还导致了他的伦理或法律唯意志论,以及他的经验主义。

现在,从这一切得出的启示是,在一个连贯的哲学体系中,给出以下任何一个元素,我们应该找出与其关联的其余部分——唯名论认识论;自然科学的经验主义方法;并且,在承认上帝的概念的情况下,唯意志论或强加的自然法则观点(既是科学的,也是司法的),以及强调上帝其绝对自由和全能的犹太人观点。但是,正如我们所看到的,自然法则的唯意志诠释,往往会延生至一般意义上的法律的实证主义诠释。因此,我尝试得出一般结论,即,向形而上学命题的转变,对经验或准经验的自然科学的发展而言,是必要的,并且该转变促进了成熟的法律实证主义的发展。这在哲学家戴利身上体现得很明显,他的思想体现了我们已经联系在一起的所有元素,他提出了一般意义上的法的实证主义理论以及自然法和自然法则的唯意志论理论,而且,他使用了如"宇宙之机器"

---

[1] 因此,上帝可以让我们产生对不存在的异议的直觉 — Quodlibeta Septem una cum Tractatu de Sacramento Altaris (Strasbourg, 1491), Quodl. VI, qu 6; English translation of this question in RICHARD MCKEON, 2 Selections from Medieval Philosophers 372-375 (New York, 1930)。

[2] Cf. L. BAUDRY, Le Tractatus de Principiis Theologiae Attribue A G. D'OCCAM Introduction 23 (Paris, 1936).

这样的表达方式,①承认世界与时钟的类比的相关性,而这是18世纪的自然神论神学的陈词滥调。② 他作出了如下类比,正如工匠建造时钟,上帝也同样——他一直称其为"至高无上的设计师和工匠"——可以说是制造了天体机器。③ 诚然,如果我们转向17世纪科学革命的著名设计师,如波义耳(Robert Boyle)和牛顿(Sir Isaac Newton);同时我们也发现,他们倾向于唯名论和经验主义,并且往往会认为自然法则是由上帝强加于机械世界的,上帝最显着的特性是他的无所不能;我们也发现,他们对法律事务不感兴趣。然而,我们不能轻易地忽略他们的思维方式的影响,并且,17世纪有一位人物,我们明确需要的大部分元素——所有元素都是含蓄的——都在其思想中发挥作用。这个人至关重要,因为他在法律实证主义的历史上具有公认的重要地位。他的名字就是托马斯·霍布斯(Thomas Hobbes)。

---

① Ymaoo Mundi, ed. E. Buron, 3 vols. (Paris, 1930), II, p. 494.
② Tractates de Legibus et Sectis, in J. Gerson, Opera Omnia, ed. Ellies du Pin (Antwerp, 1706), I, col. 793: "… Et confirmatur ratio: quis si quis faceret horologium materiale, utique efficeret omnes rotas, motusque earum commensurabiles, quantum posset; quanto magis ergo opinandum est de architectore summoque opifice Deo, qui omnia fecisse dicitur numero, pondere et mensura."
③ *Ibid.*

自然法的"现代"理论[*]

【美】理查德·塔克（Richard Tuck） 著

王江涛[**] 译

人们熟知，欧洲在18世纪晚期见证了最伟大的变革之一，它发生在哲学的书写方面。康德及其追随者们的种种观点对于当时的人们显然有股新鲜劲儿，如今，却是哲学编纂史的老生常谈。人们不那么熟知的是，哲学的这段历史（history）的书写同时也在发生改变，而且从此以后，这段历史的书写就保持着它的新形式。康德及其继承者们为了证明康德哲学是正确的，便将他的位置安放在一个崭新的哲学史之中，康德彻底扫除了一百多年来的常识。这一改变在现代道德哲学领域最为彻底，因为消失的不仅是一种古老的解释，还有一种彻底的特质。基于康德本人的种种观点，这一改变是可理解的，但这一改变从康德之后一直延续至我们这个时代，想要真正理解康德之前的作者们，它已经成为是一种巨大的阻碍。我在这篇文章中的工作一方面是勾勒出康德所拒斥的晚近道德哲学的历史，另一方面则寻求去理解，为什么在启蒙一代的人们看来，这段历史如此有力、如此清楚地叙述了他们的起源。

认识这一变革的性质，最好的办法莫过于对比两部风格迥异

---

[*] 本文译自，Anthony Pagden 编，*The Languages of Political Theory in Early-Modern Europe*，Cambridge，1987，页99—119。

[**] 王江涛，华东政法大学科学研究院助理研究员。

的著作,这两部著作相差不到五十年,一本是布鲁克尔(Johann Jakob Brucker)的《哲学的批判史》(*Historia critica philosophiae*,1766年,第一版是1742-4年)第二版,另一本是布勒(Johann Gottlieb Buhle)的《晚近哲学史》(*Greschicte der neuern Philosophie*,1802)。这两部著作的作者都是德国大学的教授,他们为了帮助学生找到哲学课程的入门方法,专门写作了这两本卷帙浩繁的汇编(vast compendium);而且同时,这两本著作也受到同时代更多的欧洲读者的关注,被他们看作哲学史方面的最佳著作。可是,这两本著作无论在总体框架还是在具体内容方面都截然不同。

布鲁克尔深信,"折中的"(eclectic)哲学是现代世界的特征。虽然古代各个教义的学派也有现代的代表人物,但是自文艺复兴以来,最纯粹的那种哲学思辨由这样的人所代表:他不再敬重古代的权威,却"孜孜不倦地探究物体的本质和属性,通过他的观察,把这些本质和属性还原为明晰的原则,进而获得确定的知识"。[1]我们将发现,对确定性(certainty)的强调是这段历史时期的一个重要因素。根据布鲁克尔的说法,培根是完全展现这一折中性质的第一位哲学家,因为他(明显)是有意识地拒斥所有古代哲学学派的第一人。因为折中的哲学不承认各个学派的划分,布鲁克尔说道,所以培根之后的哲学史应当按照探究的领域书写,而非以所占据的实质性位置书写,因此他试图将现代"道德和政治哲学"当作一个整体来书写。

在这一时期,第一位现代作家是蒙田(Montaigne),紧随其后的是沙朗(Pierre Charron),因为他们都是非教条的探究者,尽管他

---

[1] Jacob Brucker, *Historia critica philosophiae*, IV. 2, Leipzig, 1766,页4。英译本参见 William Enfield 译,*The History of Philosophy ... drawn up from Brucker's Historia Critica Philosophiae*, II, London, 1819,页469。这段文字直接译自 Brucker。关于启蒙运动这段历史编篡(this Enlightenment historiography)的标准论述,参见 Giovanni Santinello, *Storia dell storie generali della filosofia*, Brescia, 1980。

们并未将他们的观点整合为一个崭新的而有说服力的体系。那一荣誉落在了格劳秀斯(Hugo Grotius)身上,格劳秀斯是布鲁克尔笔下的主角(hero)——一方面是因为他在《论战争与和平的法权》(1625)中创立了一套真正崭新(new)的伦理学体系,这套体系绝不仅仅是为古代的某一种伦理学理论辩护,另一方面是因为其开放的(open)折中主义。"他的折中的精神明显表现在,他放弃了关于古代体系的一般性公理,'因为没有哪一个派别的学说富有启发性,简直毫无真理可言。'"①紧接着格劳秀斯的是塞尔登(John Selden)、霍布斯(Thomas Hobbes),尤其是普芬多夫(Samuel Pufendorf),在讲完普芬多夫的《论自然法与万民法》(1672)后,布鲁克尔结束了他的叙事,不再打算将接下来的情况告诉当时的人们。

如果我们转向布勒的《晚近哲学史》,我们会发现一套完全不同的论述。首先,把现代道德哲学当作一个整体来书写的尝试消失了,取而代之的是,现代哲学在每一个领域都被描述为两大学派的对立,用布鲁克尔不知道的术语来说,即被分为"现实主义者"和"理想主义者",当然也指的是"经验主义者"和"唯理论者",从此,这些标签就长期萦绕着哲学史。格劳秀斯,这位布鲁克尔在现代伦理学史的叙事中的关键性人物,遭到了惊人的轻视:他的《论战争与和平的法权》"最初被看作是一个自然法的体系,然而根据著者为自己设立的目标来看,并不是这样,也不可能做到这样"——它不过是关于国际法的分析。② 而要做到这点,格劳秀斯不得不概述自然法的基本原则,但是"这些原则作为他的出发点,对于绝大部分内容都是含混、失准的,而且不够精确;因为他把人

---

① Brucker, *Historia*(前揭); Enfield, *The History*(前揭),页543。
② Johann Gottlieb Buhle, *Greschicte der neuern Philosophie*, III, Göttingen, 1802,页329;法译本参见 A. J. L. Jourdan 译, *Histoire de la philosophie moderne*, III, Paris, 1816,页283。

的权利和民族的权利当作彼此冲突的东西,时而作为理性的一般性公理,时而作为社会必然性的特征,有时又作为文明社会的习俗,在某种程度上,自然法的科学在他的著作中既没有坚实的基础,又缺乏系统的统一性"。① 布勒不但对格劳秀斯的哲学不满,甚至认为格劳秀斯在性情和智识方面有缺陷,不足以担任瑞典女王的驻巴黎的大使,旅居巴黎十余年。②

实际上,我们发现之后关于哲学史的所有通识性著作凭靠的都是布勒的论述:格劳秀斯与普芬多夫再也没有在现代道德哲学的历史中占据荣耀的地位。即便提到他们,也不过视其为经院主义在晚期的代表人物,至于他们给布鲁克尔留下深刻印象的现代特性(modernity),并未得到严肃对待。例如,麦金太尔(Alasdair MacIntyre)在《伦理学简史》中提到格劳秀斯,称他将阿奎那的自然法观点发展为一种万民法。③ 十九世纪末的国际法人士重新发现了经院主义学者关于战争法著述,他们将格劳秀斯与普芬多夫置于那一传统之中,更加坐实了这一看法。

然而,布鲁克尔的历史[叙事]远非他个人偏好。他不过是以非常传统的术语陈述着一段现代伦理学的历史,这样的叙事其实是他那个时代的流行看法,尽管他将这一叙事整合成为"折中主义"的辩护,这或许使得它更加不同寻常。④ 这段历史起源于17世纪晚期,在18世纪初,它得到了全面、详尽的阐述。对这段历史的首次介绍见于普芬多夫在1672年出版的《论自然法与万民法》

---

① Buhle, *Greschicte* (前揭),页332,Jourdan, *Histoire* (前揭),页285。
② 同上,页282。
③ Alasdair MacIntyre, *A Short History of Ethics*, London, 1967,页120。这是麦金太尔讨论格劳秀斯时的总体性概括;至于普芬多夫,他根本没有提及。[译按]中译本参见,麦金太尔,《伦理学简史》,龚群译,北京:商务印书馆,2003,页168。
④ 在18世纪,关于这段历史的流行看法的一个很好的例子被收录进一本富有特色的介绍沙龙社交(salons)的著作中,参见, Alexandre Saverien, *Histoire des philosophes modernes*, 3rd edn., Paris, 1773, II,页79以下,论格劳秀斯部分。

第一版序言:在序言中,他把格劳秀斯描述为"使我们时代重视自然法研究的第一人",他还观察到,霍布斯(尽管其著作错误百出,但其价值仍然不可估量)和塞尔登是格劳秀斯的继承者。①

[序言的]这番介绍就像普芬多夫的其他著作,在未来的六年里遭受到猛烈的攻击,1678年,普芬多夫回应了他的批评者们,为自己辩护,并对这段历史做了进一步的扩展,这些回应和辩护的文章被收录在一本题为《个案争鸣》(*Specimen contoversiarum circa ius natural ipsi nuper motarum*)的论文集中。大多数攻击《论自然法与万民法》的批评者都是德意志的新教徒;他们的领军人物是普芬多夫在瑞典隆德大学的两位同事,一位是罗马法教授贝克曼(Nikolaus Beckmann),他后来改信了天主教;另一位是神学教授沙瓦茨(Josua Schwartz)。后来,陆续有人加入他们的队伍,他们是马格德堡附近的加尔德莱根镇上的路德宗牧师格森(Friedrich Gesen),耶拿大学的神学教授费尔特海姆(Valentin Velthem),以及莱比锡大学的神学教授阿尔贝蒂(Valentin Alberti)。②

尽管这些路德宗的知名人士为反对普芬多夫运用了一系列精巧的论证,但他们的核心主张则是,普芬多夫实质上是一位霍布斯主义者,因此他已经偏离了新教的形而上学的和神学的正统。为了证成这一主张,他们抓住了普芬多夫理论的两大特征。一个是普芬多夫论证说人类行为就其自身而言无所谓善或恶;不像行为的物理属性,行为并不展现其内在的道德属性,取而代之的是,行为将由某些行动者或行动者的团体所设计的规则运用到行为当中,从而道德品质"赋予"到行为之中。他的批评者们认为这一强烈的伦理反现实主义(anti-realism)堪比霍布斯的反现实主义(anti-realism),并且与亚里士多德主义的真理有直接的冲突(的确

---

① Samuel Pufendorf, *De iure naturae et gentium*, Lund, 1672, sig. b4v 以下。
② 关于这场争论的全面讨论参见,Fiammetta Palladini, *Discussioni seicentesche su Samuel Pufendorf*, Bologna, 1978。感谢 Istvan Hont 将这本宝贵的著作推荐给我。

如此)。普芬多夫的观点的另一大特征也困扰着路德宗的信徒们,他主张自然法的诸原则全部都可以被解释为以保全"社会"为目的的种种手段,在他们看来,这一点同样与霍布斯关于自然法的论述相似。尽管他们意识到,后一项主张格劳秀斯也提出过,但路德宗的信徒们倾向于认为,格劳秀斯否认前一个主张,因而基本上属于正统;而且费尔特海姆和阿尔贝蒂事实上是在评注格劳秀斯时才得出这一观点的。

这一历史叙事是这些路德宗信徒们批评普芬多夫的一部分,它在某些方面更接近于康德之后的历史。费尔特海姆称赞阿奎那是"道德主义者的君主",苏亚雷斯是"形而上学之父",在某种意义上他把格劳秀斯看作他们的后继者;霍布斯被排除在这一现实主义传统之外,而且在他的著作与格劳秀斯的著作之间有一层基本的断裂。① 为了回应这些批评,普芬多夫再一次强调了其针锋相对的历史[叙事],这叙事切断了格劳秀斯与上述先行者们的联系,并将其与霍布斯以及普芬多夫本人关联在一起。在某些方面,这看起来就像在争夺格劳秀斯的权威,可并没有什么特殊的理由让普芬多夫觉得必须把格劳秀斯的权威从他的对手那里抢夺过来——毕竟他在《论自然法和万民法》中对格劳秀斯素有批评(当然也包括霍布斯)。普芬多夫的论述读起来更加合理,他真心实意地尝试将他自己安置在他挑选的理论语境之中,并使人们怀疑,他的论敌对于晚近思想史的理解有问题。

《个案》的第一章题为"自然法研究的起源与发展",这篇文章从以下论断开头,"事实上,在格劳秀斯以前,没人准确地区分自然法与实定法,并将它们安排在适当的秩序之中"。② 《新约》包含

---

① Samuel Pufendorf, *Specimen contoversiarum circa ius natural ipsi nuper motarum*, Uppsala, 1678,页26。关于引用 Velthem 著作的问题,参见 Palladini, *Discussioni*(前揭),页200,注释3。

② Samuel Pufendorf, *Specimen*(前揭),页1。

了自然法的基础,但《新约》无法被用作法律研究的基本文献,因为它还包含了许多非基督徒无法接受的东西——而自然法的本质在于所有人在事实上都认识到自然法的力量。古典的作家同样存在不足;的确,在古代哲学的各个派别之中,廊下派略经修正的某些主张显然很容易发展成为自然法学的主体;但这些主张被忽略了,只有亚里士多德的教义才能得到各个学派的认可。① 普芬多夫反对亚里士多德道德理论的是它的**地方主义**(localism):"他的伦理学处理人类行为的诸原则,而在希腊城邦(polis)公民的种种义务之外的东西,显然很少包括在内。正如他的《政治学》所示,亚里士多德似乎主要着眼于希腊诸国的实践行为,并将一种特殊的价值赋予这些实践的自由;对于打算服务于全人类利益的研究来说,这是一个重大的缺陷。"②

在格劳秀斯以前,没人不受早期作家们的理论影响。③ 普芬多夫甚至推测,格劳秀斯的作品"受到了最富有洞见的培根(Bacon)的鼓舞,他曾任英格兰王国大法官,宣扬知识的进步",④关于格劳秀斯与培根的联系,是普芬多夫头一个提出的。他的说法代表着一种对培根的早期运用,即把培根当作反经院哲学的启蒙象征,至少在十七世纪中期热衷于技术乌托邦的特殊圈子之外,这是韦伯斯特(Charles Webster)的研究领域;就像普芬多夫的整体性解释,这种对培根的运用构成了布勒以前哲学史叙事的标志性特征,就像我们在布鲁克尔那里看到的那样。格劳秀斯是所有研究自然法的学者们的楷模;尽管在与费尔特海姆以及阿尔贝蒂的交锋过程中,普芬多夫提醒人们,不要把《论战争与和平的法权》当

---

① Samuel Pufendorf, *Specimen* (前揭),页 8。
② 同上,页 9。
③ "Accinxit porro sese *Grotius* ad moliendum opus, in quo nulla priorum vestigial ipsum regebant."同上,页 10。
④ 同上,页 9。

作一部需要经院式评注的文本——这样一来,格劳秀斯最终会变得跟亚里士多德一样,埋没在无止境的章句考据和编纂中。①

尽管格劳秀斯突破性地开创了自然法的现代科学,但普芬多夫仍然对他的一些看法有相当的批评,尤其是对他关于自然法[的定义],格劳秀斯主张自然法等同于逻辑的(logic)法,这一主张与"二乘以二等于四"的命题相似。普芬多夫在他的《论自然法与万民法》中断然否认这一主张,并在《个案》中重申了这一点。但是,他也承认,"有人在大问题方面犯错,却可以在具体事情方面绝对正确,这时有发生。虽然格劳秀斯[关于自然法]的定义有错误,但在好些个问题上格劳秀斯都回答得十分正确"。② 换言之,普芬多夫相信格劳秀斯理论的上层建筑(superstructure)是正确的,只有其地基(foundations)需要修改。在《个案》中,他解释得不够清晰,为什么他认同格劳秀斯理论的上层建筑,而不认同格劳秀斯关于"社会性"原则的运用。不过这一点在他的《论自然法与万民法》的论证中表现得十分清晰,他认为格劳秀斯与他的共同基础在于下述观念,就像他的路德宗论敌们所理解的,自然法由关于个体保存(preservation of individuals)的规则构成。

《论自然法与万民法》中的关键段落在卷二的第三章十一小节:

> 发现自然法的根基是一件容易的事情。人极度欲求他的自我保存,因为他有着许许多多的欠缺,没有同伴们的协助,他既无法保证他自身的安全,也无法生存,只有互帮互助,人才可能回归良善:可他时常会变得邪恶、暴躁、易怒,而且善于作恶,仿佛他就是为此而造的。这样的生物想要得到保存和

---

① "Accinxit porro sese *Grotius* ad moliendum opus, in quo nulla priorum vestigial ipsum regebant."同上,页11;对勘页86-89。
② 同上,页169。

给养,并享受提高其生活条件的好东西,就必须是社会性的(social);即他应当将他自己与他的那些同类们联合起来,以这样的方式规管他在同类们面前的举止,这样他们就没有正当理由去伤害他,转而倾向于去促进他的利益,去保障他的权利以及他关切的东西。这就是自然法的根基,每一个人都应当促进、保存一个与他人和睦的社会关系(Every Man ought, as far as in him lies, to promote and preserve a peaceful Sociableness with others.)。①

我们在后面将发现,这段话几乎可以等同于格劳秀斯关于自然法内容的理论。普芬多夫和格劳秀斯二人都相信,正当的(honestum)事物就是如此,因为它在根基上有益于(utile)个体从他的同伴们那里获得保护,他们二人都以肯定的口吻引用了西塞罗的相关段落,在这些段落里,西塞罗将正当的事物与有益的事物联系起来(虽然西塞罗并不认为 utilitas [利益] 在逻辑上优先于 honestas [正确])。因为普芬多夫相信是这样,所以他同样以肯定的口吻谈论霍布斯,并将他与格劳秀斯相提并论。

普芬多夫与格劳秀斯的分歧涉及到如下问题,相信某个行动方式是有益的(在一般意义上),这一信念本身(in itself)是否可以充分引导行动者相信他的行动方式具有道德义务。格劳秀斯显然相信如此,他还相信对社会现实的准确评价足以提升一种关于强制性的道德法则的知识。相比之下,普芬多夫观察到,人们常常有意识地做那些与他们自身利益相悖的事,因此关于我们利益的知识不可能使我们充分相信我们受制于一种义务(obligation),应该

---

① Samuel Pufendorf, *The Law of Nature and Nations*, Jean Barbeyrac 编,Basil Kennet 译,London, 1749,页 134。[译按]中译本参见,普芬多夫,《自然法与国际法(第一、二卷)》,罗国强、刘瑛译,北京:北京大学出版社,2012,页 226。译文以 Tuck 的英译文为准。

践行某些行为。

要使这些理性的命令获得法律的权力和尊严,必须召唤一个更高的原则来协助我们。因为,虽然关于这些理性命令的用处和权宜之处十分明显,然而单凭这一考量不可能在人们的心灵之间形成一项强有力的限制,倘若人们乐于忽视其自身的利益,或者乐于以其他精心挑选、更有可能成功的方式追求自身的利益,他们就不会遵守这些规则。任何人的意志都不可能强大到如此地步,仅仅凭借其决心便可阻止他做相反的事情,无论其情绪如何。①

普芬多夫所谓"更高的原则",指的是上帝的意志;因为人人都相信,上帝有权力统治他们,所以他们觉得不得不做一些他们不心甘情愿却又别无选择之事。在这个地方,他对格劳秀斯(以及霍布斯)的批评既有说服力又富有洞见。但是,这里强调的关键要点是,普芬多夫并没有像人们期待的那样,因为批评了格劳秀斯和霍布斯就远离他们,如果人们只考虑这些基本事实就会这样想。普芬多夫相信,上帝意愿我们行动,行动的内容则由我们决定,这就是思考对我们而言最好的东西,即长远利益(interest):我们知道,上帝希望我们得到保存,因而我们知道,我们有义务做那些对自我保存有必要的事。为了决定自然法的内容,一位理性的、自制的无神论者无法拥有的信念,我们也不需要;普芬多夫一直在强调,法律的内容才是重要的事情,而路德宗的论敌们关心的构成道德理论根基的东西,诸如"道德上正确的行为如何被践行",都是无关紧要的细枝末节。② 正如普芬多夫所说,问题在于去决定什

---

① Samuel Pufendorf, *The Law of Nature and Nations*, Jean Barbeyrac 编, Basil Kennet 译, London, 1749,页141。
② 参见普芬多夫在《个案》中的评论,页123。

么才是(was)道德上正确的;他对这一问题的回答表明,路德宗的信徒们把普芬多夫的理论看作一种霍布斯主义,他们抓住了其理论真正重要的特征。

在论述完格劳秀斯与所有之前的自然法理论发生了根本性决裂之后,普芬多夫继续叙述该主题在1625年之后的发展。普芬多夫说道,格劳秀斯的主要追随者是塞尔登和霍布斯。这二人都分享了格劳秀斯的基本研究路径,特别是他对经院主义的敌意;但这二人都存在严重的缺陷。"自然法的根据应该来自所有民族都能认识到其力量的某些原则,可塞尔登却未能据此演绎出自然法,他是根据一种特殊的犹太(Jewish)起源演绎出自然法的,不过人们假定这一起源已经向全人类公示了,仅仅在名义上是 *Praecepta noachidarum*[犹太人的准则]。① 霍布斯试图建构一个自然法的数学模型,但他所发展的其实是古老的伊壁鸠鲁假说,普芬多夫推断,霍布斯之所以这样干或许是因为他的挚友伽森狄(Gassendi)一直试图在物理学领域做同样的事)。② 尽管如此,霍布斯仍然是一位绝顶聪明之人,他迫使他的对手们仔细思考自然法的基本特征。普芬多夫的历史叙述的最后一位人物是另一个英国人,坎伯兰(Richard Cumberland)。在普芬多夫出版《论自然法与万民法》的同一年,他出版了《论自然法》(*De legibus naturae*)。当普芬多夫发现竟然还有其他人独自发现了他已经思考过的许多共同的论点时(特别是针对霍布斯),他欣喜地记录在案,等到《论自然法与万民法》的再版时,他增补了大量关于坎伯兰的引用。③

在其一般性概述中,普芬多夫的叙事几乎不变地进入到18世纪的文本。为了使这一现代道德哲学的叙事与布鲁克尔的历史叙事对应起来,只有一件事需要提及。正如我们看到的,除了培根和

---

① 参见普芬多夫在《个案》中的评论,页3。
② 同上,页12。
③ 同上,页13。

格劳秀斯,布鲁克尔还增加了蒙田和沙朗:在他的眼中,现代道德科学是以回应伦理怀疑主义(scepticism)起步的。虽然在某些方面,普芬多夫确实也这样假设,但他毕竟没有在他的著作中明确这样表示;把伦理怀疑主义当作道德历史的中心的作家是法国新教哲人巴贝拉克(Jean Barbeyrac)。在 18 世纪初,他就尽可能地广泛宣传现代自然法学派的思想。他校订了格劳秀斯与普芬多夫的著作,并将其译为法文和英文,他的译本席卷了欧洲和[美洲]新世界,并使他们的著作真正成为现代政治思想的百科全书式典范。在普芬多夫著作的 1709 年版中,巴贝拉克撰写了一篇伦理学史作为附录,这篇文章以"道德科学的历史性与批评性叙事"(An Historical and Critical Account of the Science of Morality)为题译成英文,布鲁克尔几乎原封不动地照搬了巴贝拉克叙述的这段历史。按照巴贝拉克的说法,古代和中世纪的作家未能提出一种完全科学的伦理学;廊下派和西塞罗(巴贝拉克把他当作一位"明智的学园派",即怀疑论者)比较接近,但即便是他们,也在好些关键方面存在缺陷。一直到格劳秀斯打破亚里士多德统治的坚冰,一种崭新的、真正的科学的伦理学才出现。① 除了概括普芬多夫关于[自然法]新学派的统一性与同一性的看法(巴贝拉克说,格劳秀斯的追随者们有塞尔登、霍布斯、坎伯兰、普芬多夫,还包括洛克),巴贝拉克还解释了格劳秀斯意义重大的工作。

巴贝拉克的叙事从几段一般性的哲学反思开始,在这几段文字中,他寻求建立一种可证明的道德科学。他非常清楚这一事业的主要反对者在哪里,以及他们的错误是什么。

> 在很长一段时间内,有些人相信道德作为一门科学不具有确定性,即便在今天也有许多人这样认为,除了各种概率性

---

① Pufendorf, *The Law of Nature and Nations* (前揭),页 63,67。

事件,几乎不能发现确定的东西;然而,正是由于对事物的本质缺乏考察,这一错误的观念才会如此流行。①

巴贝拉克把蒙田和沙朗的著作单独拎出来当作反例,尽管他也提到了古代怀疑论(比如著名的卡尼阿德斯)的看法,也提到了他的同时代人培尔(Pierre Bayle)。② 在巴贝拉克眼中,对这种怀疑主义的回应突显了现代自然法学派的基础文本《论战争与和平的法权》。

巴贝尔克之所以强调怀疑主义的重要性,并将怀疑主义当作格劳秀斯式道德科学的背景,显然是因为培尔的缘故,他在1680年代到1690年代期间发表了一系列文章为皮浪的怀疑主义辩护。培尔的辩护在1697年著名的《历史与批评词典》(Dictionnaire historique et critique)中达到巅峰,在这本著作中,他论述古代怀疑主义(注意卡尼阿德斯)的短论主要讨论他们观点的可欲性。培尔在某种程度上甚至寻求去借用现代自然法学派领军人物的观点为自己所用——他在论述格劳秀斯和霍布斯的文章(尤其是后者)中毫无保留地赞赏了他们的主题,特别是他们关于宗教信仰的论述。③ 等到1709年,在巴贝拉克看来,怀疑主义已经与蒙田的时期同样繁荣了,由此他强调说,格劳秀斯及其追随者们已经成为怀疑主义当之无愧的对手(opponents)。

巴贝拉克相信,现代自然法学派是在回应怀疑主义的基础上发展起来的,显然可以这样追问巴贝拉克,格劳秀斯与普芬多夫本人在多大程度上持有这一信念? 事实上,格劳秀斯在《论战争与

---

① Pufendorf, *The Law of Nature and Nations* (前揭),页5。
② 同上,页5-8(蒙田与沙朗),页9(培尔)。
③ Pierre Bayle, *The Dictionary Historical and Critical*, P. Des Maiseaux 编, London, 1734-8,II,页325以下(论卡尼阿德斯),III,页241以下,(论格劳秀斯),页467以下(论霍布斯)。

和平的法权》的序言中相当清楚地提到,他的主要意图在于回应怀疑主义。他说:

> 假如真的没有这样的东西,那么这样对待权利就是徒劳的;为了体现这一著作的作用,为了将其建立在坚实的基础上,为了反驳如此危险的错误,这[序言]是必要的。鉴于我们无法一一处理这么多错误,所以让我们为它们指定一位辩护人,而有谁比卡尼阿德斯更适合这一任务呢?这人否认这一著作的主题——正义,而我们找不到比这更强有力的反对意见了。他说,法律是人为了利益的缘故所制定的;因此法律是彼此不相同的,不同的国家由于生活方式各不相同,所以它们的法律也不相同;就算是同一个国家,不同时期的法律常常也不相同。至于我们称作自然权利的东西,不过是[并不存在的]吐火女妖。①

我认为把卡尼阿德斯摆在主要代言人的位置上,供格劳秀斯攻击,这在论述自然法的著作中是前所未有的。中世纪和16世纪的经院学者们从未把他们的理论放置在这一类语境之中:他们的意图从表面上看一直是在解释亚里士多德或阿奎那的伦理学理论,而这二位从未将驳斥怀疑主义看作他们的主要任务。然而在格劳秀斯以后,卡尼阿德斯讨论正义的残篇(这些讨论曾被西塞罗收录到一本亡佚的著作中,现存的残篇保存在基督教教父 Lactantius 的著作中)②成为现代自然法讨论的固定主题。很明显,这些残篇远非出于对古代哲学史的兴趣,毋宁说是与16世纪的怀疑主义处于一种错综复杂的联系之中,当人们读到卡尼阿德斯的时

---

① Hugo Grotius, *The Rights of War and Peace*, Jean Barbeyrac 编译, London, 1738,页 xiv-xv。

② Lactantius, *The Divine Institutes*.

候,他们读出的其实应当是"蒙田"或"沙朗"。

格劳秀斯回应怀疑主义者的要害正如普芬多夫所意识到的,在于强调利己(self-interest)的重要性。要理解利己的力量,我们不得不考察同时代的怀疑主义的性质。首先要强调的是,对于蒙田和沙朗而言,就像对于古代怀疑主义者而言,他们的怀疑主义在伦理事务方面的力量源于以下事实,即他们对于道德相对主义的真实性感到忧虑——蒙田有句名言,"什么真理使群山聚集,什么真理又是未知世界的谎言?"[1]这样,从他们怀疑主义来看,一般而言认识论的事物有着另一个基础,它们基本依赖于感官经验的虚幻性质。的确,既然在任何情形下都没办法区分真实信念与错误信念的标准(criterion),怀疑论者只好悬置判断;可就算在物理科学方面存在一个标准(criterion),这对道德科学来说也于事无补,因为物质世界的真实描述不必然解决基本的道德分歧。于是在道德领域便存在着怀疑论者去质疑的经验性(empirical)基础:信念与实践属于不同的人类领域,人们是从观察中得知这一点的,而不是从任何关于伦理思想的本质的一般性思考中得知这一点的。

不得不提的第二点是,怀疑论者并不意味着他们完全不信任一切科学的论点。怀疑主义(包括古代的和16世纪法国的)以这样一种生活方式为基础:怀疑论者仍然凭靠某些(some)原则生活。他的主要目标是实现一种 *ataraxia*[安定]或 *apatheia*[无扰]的生活,从基于某些信念的情绪所引起的烦恼中解脱出来,连关于善恶的信念也不例外。然而,有一件事无法从这种生活中排除出去,即自我保存的单纯欲求,因为自我保存正是怀疑主义的圣贤推崇的 *ataraxia*。从怀疑论者提倡的世界出发,这种生活把个体的自我保存作为它的目标,避免参与公共事务所带来的情绪上和(常常是)身体上的伤害。文艺复兴以后的怀疑主义在这一点上(或

---

[1] Michel de Montaigne, *Essays*, J. Florio 译,J.I.M. Stewart 编,London,页524。

许也包括卡尼阿德斯本人的著作),推到极致之后竟与廊下派不谋而合,因为廊下派也主张人的主要欲求是自我保存。他们也主张正义的诸原则应当与以下事物相容,即在格劳秀斯引用的段落中,卡尼阿德斯所嘲笑的那些事物,另外,值得注意的是,虽然蒙田和沙朗对廊下派的论证展现出崇高的敬意和浓厚的兴趣,但他们却不愿站在廊下派一边为正义辩护。①

格劳秀斯的伟大观点似乎已经回答了怀疑论者,只要怀疑论者接受自我保存原则这件事已经得到慎重的考虑。这一论证在格劳秀斯的早期著作《捕获法评注》(作于1604/5年,却以手稿的形式保存了很长一段时间,没有发表)中表述得最为明显,尽管它以更加细致的形式呈现在《论战争与和平的法权》中。在《捕获法评注》中,他论证到:

> 既然上帝塑造了造物并决定了它的存在,那么每一单独的部分都从上帝那里获得了某些自然属性,这样存在才能维持,并且每一部分才会被引向它自身的善,有人说,这遵循了内在于其根源的基本法则。从这一事实来看,古老的诗人们和哲人们正确地推断出,爱的主要力量和行动都指向自利,它才是整个自然秩序的第一原则。因此,贺拉斯的说法就不应当受到指责,他模仿学园派(指的是公元二世纪以卡里亚德斯为首的学园怀疑派)说,或许权宜才是正义和公平之母。②

这样格劳秀斯断定了两条基本的自然法则,一条是"允许保

---

① 参见 Myles Burnyeat,"Can the sceptic live his scepticism",载于 *Doubt and Dogmatism*, Malcolm Schofield, Myles Burnyeat, Jonathan Barnes 编,Oxford,1980,页20-53。
② Hugo Grotius, *De iure preadae commentaries*, I, G.L. Williams 译,Oxford,1950,页9。[译按]中译文参见,[荷]格劳秀斯,《捕获法》,张乃根等译,上海:上海人民出版社,2006,页12-13。译文以 Tuck 的英译文为准。

卫自己的生命,抵抗伤害"(It shall be permissible to defend one's own life and to shun that which threatens to prove injurious),另一条是"允许自己取得并保留那些对活命有用的东西"(It shall be permissible to acquire for oneself and to retain those things which are useful for life)。"在这一点上,廊下派们、伊壁鸠鲁主义者们乃至逍遥派们都完全同意,甚至连学园派们也不会表示怀疑"。①

正如后一个说法所展现的,格劳秀斯把这些法则以一种"折中的"方式表现出来,不仅使所有人都会接受,而且使所有社会都会承认。这与对人类社会的某一种简单的观察有部分关系:格劳秀斯认定,没有社会否认了或可以否认这条(this)道德原则,尽管有许多其它的,诸如亚里士多德式的,道德原则不时遭到抛弃。因此,道德相对主义者便会转而得出一个过于悲观的结论。格劳秀斯以相同的方式论证接下来的两条自然法则,他把这两条原则看作次要的自我保存原则,但同样具有普遍性——"禁止伤害他人"(Let no one inflict injury upon his fellow),以及"禁止占有他人的占有物"(Let no one seize possession of that which has been taken into the possession of another)。② 同样地,没有人或群体会否认这些关于恶意(wanton)伤害他人的禁令,即便他们同时也承认,出于自我保存的理由伤害他人是情有可原的(这简直就是无缝对接霍布斯的大门)。至于为什么所有这些法则是普遍的,格劳秀斯解释,在本质上这些法则对于社会性的生存起着必要的作用:无法想象一个社会在设计上遭人公然藐视。但是,格劳秀斯例子的说服力主要来自于他对于经验性证据的运用,这些关于社会实践的证据来自这样的功能主义式的解释。

在《捕获法评注》中,关于自然法的内容(content)是从自我保

---

① Hugo Grotius, *De iure preadae commentaries*, I, G.L. Williams 译, Oxford, 1950, 页10-11。
② 同上, 页13。

存的角度论述的,它在形式(form)上与被称作"意志论"的理论联系在一起。格劳秀斯论证道,"上帝意志的体现,即是法律……命令是权力的一种功能,并且是所有与上帝相关的事物的主要权力,在这个意义上,关于手工品的权力与手艺人相关,关于被统治者的权力与统治者相关"。他甚至断言,"某样东西之所以是正义的,是上帝希望如此,而不是它是正义的,上帝才如此希望",①这与他在《论战争与和平的法权》中的说法形成了戏剧性的对比。但是就像之后的普芬多夫一样,他相信我们可以确定上帝希望人类呈现的样子,不是通过查阅经文或在直觉上显得如此的方式,而是通过思考作为上帝造物的人必须要做什么才能从他的同伴们那里生存下来。《捕获法评注》的许多内容其实与普芬多夫与巴贝拉克批评《论战争与和平的法权》的内容如出一辙;反讽的是,《捕获法评注》一直被锁在德格罗(De Groot)家族的屋里,直到1864年才公开出版。②

然而,等他写完《捕获法评注》的二十年后,格劳秀斯放弃了关于自然法则的形式的这一理论,反而在《论战争与和平的法权》中提出了著名的主张,[自然]法则对人仍有约束力,"哪怕我们承认那不可能之事,不顶着最深重的罪恶就无法承认,即上帝不存在,或他不在乎人类之事"。这时,格劳秀斯论证说,只有在如下意义上才能把自然法则归因于上帝,"他乐于让这些原则在我们之中"。③尽管如此,格劳秀斯在1625年关于法则内容(content)的论述依然非常接近于他在二十年前的论述。他在卷一中论证说,"自然的第一印象"是"动物寻求自我保存,热爱自我保存的条件,并且倾向于保持这一条件的天性"。④对社会需求的理性反思

---

① Hugo Grotius, *De iure preadae commentaries*, I, G.L. Williams 译,Oxford,1950,页8。
② [译按]De Groot 是 Grotius 的荷兰文拼法。
③ Grotius, *The Rights of War and Peace* (前揭),页 xix。
④ 同上,页24。

支配着这一天性,但社会生活本身在很大程度上是人的必然性的产物:"正确理性,以及社会的本性……并不禁止所有的暴力,只禁止那些反社会的暴力,即侵害他人的权利;因为社会被设计成每个人都应当在整个共同体联合力量的帮助下,静静地享用他自己的东西"。① 这就是《捕获法评注》的两大原则,自我保存和禁止恶意(wanton)伤害。

应当说,在《论战争与和平的法权》的序言中,格劳秀斯确实比在《捕获法评注》中更加强调社会的诸多优势,以及与同伴生活的普遍人类欲求,这颠覆了他在 1604/5 年引用贺拉斯时所赞同的判断;但他是以某种修正的方式这样做的。他的新立场可以总结为下面这段话:

> 不只是卡尼阿德斯,其他人也这样说,利益产生公平和正义(Interest, that Spring of Just and Right)[贺拉斯],严格来讲,这一说法不对;因为自然法的母亲是人类的自然本身,即便我们处境的必然性并不作此要求,但人类的自然会在我们之中创造一种社会的相互需求……但是自然法就吸收了益处:因为自然的造物主感到高兴,特别是当每一个人减少自己对生活舒适的必需品的需求,最终我们便可以更积极地影响社会。②

虽然格劳秀斯关于法律根基的看法有一个根本的改变,但是他最强有力的原创观点(特别是在他的文本之中)在实质上具有连续性,对这一事实有一个不同寻常的解释,即在这一历史时期,根基性的要素并非最关键的要素。关键的要素在于持之以恒的决

---

① Grotius, *The Rights of War and Peace* (前揭),页 25-6。
② 同上,页 xx。

心,将自然法则整合进一个以自我保存原则为基础的体系之中;在此之外,它还有余地去处理许许多多的分歧(正如我们刚才看到的,就算是同一个人的思想也是如此),比如如何把这个体系解释成一个整体,以及如何解释这些法则的强制性。我们不妨将其与当代的自然科学作一个严格的类比:伽利略的物理学提供了一个全新的综合体系,但它仍然为哲学式地讨论它的形而上学基础保留了一个开放的空间。

关注卡尼阿德斯,并用自我保存的原则反驳他的说法,如果说这是现代自然法学派的主旨,那么普芬多夫和霍布斯绝对有资格归为这一派。普芬多夫有一章的内容是讨论自然法的一般性质,其中,花了两节的篇幅卡尼阿德斯的论点,"不存在自然法一类的事物,法律最初产生于某个国家的便利或益处",正如我们已经看到的,他用从自我保存得出的推论驳斥了卡尼亚德斯的论点。[1] 霍布斯在这些问题上当然比 17 世纪的其他任何哲人都思考得更加深入;但他在心底似乎更信奉现代的怀疑主义。一个特别明显的例子就是《利维坦》中的一个著名段落,他说道,

> 愚人心底里说,根本没有所谓正义存在;有时还宣之于口;他们郑重其事地断言,每个人的存活与满足都交给各自照料以后,每个人就没有理由不按照他认为的方式行动:因此,立[约]与不立[约],守[约]与不守[约],只要有好处,就不违反理性。[2]

从这段话看,仿佛霍布斯心底里的想法与格劳秀斯攻击卡尼

---

[1] Pufendorf, *The Law of Nature and Nations*(前揭),页125。
[2] Thomas Hobbes, *Leviathan*, C.B. Macpherson 编,Harmondsworth,1968,页203。[译按]中译文参考,霍布斯,《利维坦》,黎思复、黎廷弼译,杨昌裕校,北京:商务印书馆,1986,页109。译文以 Tuck 的英译文为准。

阿德斯的论点如出一辙,"正义要么不存在,即便存在,即有这样的人愿意为了他人的利益伤害自己,它也是最愚蠢的行为"(aut nullam esse iustitiam; aut, si sit aliqua, summam esse stultitiam, quoniam sibi noceret alienis commodis consulens)。① 实际上,梅森(Mersenne)曾把霍布斯的《论公民》当作对怀疑主义的完美驳斥向索尔比耶(Sorbière)推荐。② 不过,普芬多夫和霍布斯反驳怀疑主义的特点在于(其实也包括格劳秀斯本人),他们同时也被指责为某种怀疑主义:因为他们用怀疑主义者自己的思想反驳怀疑主义者,人类行为的基本原则是对自我保存的欲求。霍布斯支持这一怀疑主义立场,因而逐渐遭到攻击,而当普芬多夫的论敌们指责他是霍布斯主义者时,他们通常分享了这一对道德怀疑主义的指控——例如格森就断言,普芬多夫实际上是另一个卡尼阿德斯。③ 虽然巴贝拉克过于强调他的主角们与现代怀疑主义斗争的专注性,可十分清楚的是,这一点确实在格劳秀斯们的事业中扮演着至关重要的角色,在这一语境下,他们与早期自然法理论之间的许多差异便能得到最好地理解。同样清楚的是,康德之后的作者们歪曲了他们的策略,因为这些作者已经忘记了格劳秀斯们的思想的最初要点。格劳秀斯及其后继者们把矛头直指人文主义以前的道德怀疑主义,这种怀疑主义指向世界上各种各样的信念与行为,从而得出结论,不存在普遍的道德信念,因而也不存在一个稳固的基础去构建一种普遍的伦理学。格劳秀斯们回应的证明几乎相同,实际上至少存在两条普遍的道德信念(自我保存的权利和禁止伤害他人),这一极其精简的伦理学可以用作一种普遍的道德科学的基础。因此,在他们的著作中,存在一种描述伦理社会学的实质

---

① Lactantius, *Opera omnia*, I, S. Brandt 编, Vienna, 1890, 页449。
② Thomas Hobbes, *De Cive: The Latin Version*, Howard Warrender 编, Oxford, 1983, 页86。
③ Palladini, *Discussioni*, 页177。

性因素，因为这是他们的论敌们选择的战场。当休谟（应当说也包括卢梭，尽管只是在更加隐晦的意义上）指出，那一种理论的内容不可能与道德理论的建构有丝毫关系时，他们的理论其实是一种崭新的怀疑主义，一种之前的作家从未遇见过的怀疑主义。

我希望在另一个语境中处理18世纪对现代道德科学的批判；我在这里的目的仅仅是思考它的一般性质，以及它同它的先行者与它的竞争者之间的关系。具体来说，现代自然法人士反对怀疑主义的论证十分重要，认识到这一重要性（centrality）有助于我们理解普芬多夫和巴贝拉克的意思，即在古代、中世纪自然法作家与现代的自然法作家之间存在着一个根本性的区别，这还有助于我们认识到后者的人文主义式（humanist）根基。当现代学派的反怀疑主义的要点被遗忘以后，人们就很容易将现代学派只看作自然法理论在中世纪悠长传统的延续，也就与人文主义的政治理论化模式完全分开来（在这一模式中，"自然法"的概念显然只扮演了一个微不足道的角色）。但正如我们所看到的，普芬多夫和他的追随者们坚信，中世纪道德哲学的绝对性断裂不会令人满意；主要的伦理学著作并没有专门（explicitly）致力于驳斥怀疑主义，在他们眼中，这与真正"现代"的作者们有着显著的不同。

应该这样解释，如果一种[道德哲学]主要在于对道德怀疑主义的问题保持警惕，那么古代的和中世纪的道德哲学确实无法令人满意：伦理学的主要著作并没有专门（explicitly）致力于驳斥怀疑主义，古代没有这样的著作流传至今（当然也会有一些），中世纪的自然法思考从未将道德怀疑主义当作一种智识的可能性严肃对待。奥卡姆主义者们在关于一种证明性的道德科学所具有的现实主义基础方面展现出一种怀疑主义，但他们从未否认这样的科学是可能的。蒙田和沙朗观察到极端的道德分歧，他们从这些事实中得出了简单的推论，或许并不存在正确与错误的普遍标准，这使得17世纪初的人们不得不酝酿他们自己的应对之道。

那些最喜欢思考这样一种应对之道的人们大都接受过人文主义方式的训练。怀疑主义的因素在文艺复兴早期就已经出现,诸如瓦拉等人的著作中,我们已经发现,古典怀疑主义文本的详细知识对于16世纪怀疑主义的重要性。蒙田非常清楚地看到了早期人文主义者争论的许多事物的可能性后果。敏感地发现这些观念的力量,因而渴望以赞同的方式呈现它们的,是16世纪末的那些人文主义者,而不是受经院哲学风格训练的自然法人士。格劳秀斯或霍布斯的生平与苏亚雷斯的生平有着天壤之别:前面二人主要受人文主义典籍的滋养,他们展现出人文主义者才有的兴趣和禀赋。他们均同时用方言和拉丁文写作诗歌;他们也写史书,除了哲学以外,对文学批评和文献批评也保有兴趣。格劳秀斯当然以他不凡的人文主义天赋举世闻名。尽管他们没有忽略中世纪和同时代的经院作家,但这些人的人文主义关切总是极大地塑造了他们运用经院哲学的知识时的语境。

关于他们生平的这一明显事实不为近来的许多作者们所看重(我应当承认,我的早期著作也是如此)。① 这主要是因为现代道德科学的人士们广泛运用自然法(natural law)这一术语,而人文主义的政治理论家几乎不会使用这一定义性的特征。格劳秀斯及其追随者们的确与政治学的和伦理学的人文主义观点决裂,这一观点与诸多实践主题有关(在亚里士多德的意义上,即并非推论的体系,"科学"或者 *epistemes*[知识]);他们反对怀疑主义,这使得他们恢复了以下观念,即关于人们行为的研究可以是"科学的",在这个程度上他们确实与同时代的经院主义者有所相似。但是,无论是中世纪的还是16世纪的经院主义作者,他们都相信,把亚里士多德的伦理学,或一种关于古典德性的类似论述放置在

---

① Richard Tuck, *Natural Rights Theories*, Cambridge, 1979,页176。[译按]中译本参见,塔克,《自然权利诸理论》,杨利敏、朱胜刚译,长春:吉林出版集团,2014年,页266。

一个理论的和科学的基础之上是可能的,而现代自然法人士则清楚地看到,这是不可能的;在他们眼里,怀疑主义对这样的伦理学理论的批判是无法抗拒的。

这些作家在人文主义甚至怀疑主义的道德理论方面的许多特征上有共同之处,其结果体现在他们著作的许多重要方面。比如人们都很熟悉,17世纪的自然法作者们十分强调自然状态和文明社会的区分,他们强调的程度远超任何一位中世纪作家。这是因为他们接受了怀疑主义者的前提,最常见的道德信念和行为是特殊环境和特殊历史的产物,在不同的地方也不尽相同;这些信念和行为的历史也就是文明社会的历史。可是,普遍道德原则的最小内核却与此无关,它反而习惯于被描述为(据说),若没有文明的附加条件,生活将成为什么样子。基于同样的理由,这一内核也可以描述为不同文明社会之间的关系,在格劳秀斯的著作中,第一次真正出现这样的运用。

但是,现代道德科学如果保存了16世纪晚期怀疑论式的人文主义者的某些东西的话,其中最重要的方面莫过于内在于其自身的深刻的多元主义(pluralism)。新的道德科学的作用不在于简单地反驳怀疑主义,而在于超越(transcend)它;用怀疑论者自认为是反怀疑论的科学的基础。这样,相对主义者所指的可能的信念与习俗的多样性就无法被否认,或者被当作人类非理性的证据,而是(一般而言)被新的理论支持和吸收。正如格劳秀斯坦白的,"存在着若干种生活方式,一些生活方式更好,另一些则更糟,人们将根据自己的喜好进行选择。"①所有置身于这一传统的作者,包括霍布斯,都认为他们有责任捍卫一种在思想和审美方面相对多元的文化,去反对它的敌人们——尤其是加尔文主义者和天主教会。普芬多夫著作的这一面是路德宗人士把矛头指向他的另一个

---

① Grotius, *The Rights of War and Peace* (前揭),页64。

理由。

我认为,绝没有高估这件事在这些作者那里的重要性,因为他们大多数时候都需要保护自己免受极端分子的攻击,那些人信奉的普遍道德义务比包含在最小内核中的普遍道德义务更加广泛。在某种意义上,他们全都希望看到世界因为为怀疑论而变得安全;吊诡的是,怀疑主义本身不可能表现出世界是如何被变得安全的,因为怀疑主义不可能在原则上表现出,当极端分子无论如何暴力地坚持他的道德信念并且践行这些信念时,他们为什么是错误的(wrong)。如果我们对比怀疑主义和我们或可称之为"后怀疑主义"在尼德兰和在法国的不同命运,我们便可以清楚地看到这一抱负的性质。事实上,宗教战争已经在欧洲陷入僵局,从那以后,欧洲大国的政客们不得不打算生活在这样一个环境中,各国在意识形态方面的基本原则不可调和,却又彼此相分离,毫无疑问,到了十七世纪初,这些政客们在许多国家的领导阶层培养出一种散漫而怀疑的态度。"一无所知是最为确定的信念",奥登巴内费尔特(Jan van Oldenbarnevelt)如是说,他是荷兰的行政长官,也是年轻的格劳秀斯的庇护人;"最国家事务中,最弱者总是错的",法国的枢机主教黎塞留(Richelieu)这样观察到,反讽的是,当奥登巴内费尔特倒台并且被处决之后,这句话再适合(à propos)格劳秀斯不过了。① 黎塞留帮助了所谓的无神论学者(libertins érudit),为怀疑论的文化做出了贡献,这一文化在17世纪的法国是显学;在那里,国家权力保护这样的观念,在某种程度上,国家权力甚至成了这些观念的基础。在荷兰,又是另一番情况,处决奥登巴内费尔特,流放格劳秀斯,这些事实戏剧性地解释了,散漫的多元主义政客们本身就容易受到极端分子的攻击。在法国,正如基奥恩(Keo-

---

① Jan den Tex, *Oldenbarnevelt*, I, Cambridge, 1973,页7;Grotius, *Briefwisseling*, II, P. C. Molhuysen 编,The Hague, 1936,页448。

hane)教授所展现的,我所讨论过的这种后怀疑主义的道德科学很难得到发展,这绝非偶然;①它毕竟发端于荷兰与英国,在17世纪上半叶,这两个国家的国家权力受到宗教教条主义者们的威胁或破坏。许多这些现代自然法作者们转向一种强有力的——用我们的话说——非自由国家来保护思想自由免受误解,或者免受由教会包装的教条主义哲人们[攻击],这也绝非偶然。普芬多夫也适合这样的描述,因为除了自然法学说,他的主要关切之一就是分析伴随中世纪灾难性的宗教战争而产生的德国宪制,他呼吁一个强力有效的德意志国家,以免悲剧重演。

这种关于现代道德科学的人文主义根基的理解更加深入,它仅仅是这种洞见的一个例子,只要我们用康德之前的历史叙事取代康德之后的历史叙事,这种洞见就不难获得。17世纪晚期和18世纪自然法人士的道德理论在许多方面构成了欧洲政治学和伦理学最重要的语言,影响覆盖众多领域、学科。这些理论在本质上的统一性已经断裂了,它们的性质在之后的两个世纪中也遭人误解;但如果我们允许我们自己接受"道德的历史"指引,这种指引又受这些理论的激发,那么我们便可以揭示这些理论所代表的更真实的含义。这一揭示还有一个并非不重要的结论,即我们可以形成一个恰切的视角,观照政治的和伦理的理论在18世纪末的发明,而我们所有人仍然生活在这样那样的理论之中。

---

① Nanerl Keohane, *Philosophy and the State in France*, Princeton, 1980,页122。

格劳秀斯与政治思想史

【丹】努德·哈孔森(Knud Haakonssen) 著

刘振宇* 译

虽然名为"格劳秀斯(Hugo Grotius)与政治思想史",但我并不试图阐释格劳秀斯为这个世界带来的新理念,进而来展现他的原创性。考虑到泰伦提乌斯(Terentius)的警句——"今日言说之事,皆为旧时陈迹",单凭一篇论文远不足以完成这一任务。我所关心的,是格劳秀斯与其后的政治思想史的。当然,一位思想家的影响可能和其思想的原创性密切相关,比如后来人对期原创内容进行系统或集中的梳理。但至少在这篇文章中,我所提及的格劳秀斯对政治思想的影响,并不是指他特有的原创。

毫无疑问,格劳秀斯的影响广泛而多样。通常认为,17、18世纪的社会和政治思想史以现代自然法理论为中心。而不管格劳秀斯是否有原创的理论,他被认为是现代自然法理论的奠基人(如果只能这样认为的话)。理论的雄心与勾勒的框架成正比,而我不准备在他人业已描述的现代自然法理论史中添加新的内容。换句话说,我必须在时间、空间和问题这三个层面上,对格劳秀斯的影响加以取舍。

在此,可以将格劳秀斯理论影响归为三个问题域。这些问题

---

* 刘振宇,上海师范大学法政学院讲师。

域既不相互排斥也非紧密相连。第一个问题是,权利的本性及其与自然法的关系;第二个问题是,自然法的根基(包括服从自然法的基础);第三个问题是,自然法的适用范围及其构成。下面,我将分而论之。

一

研究第一个问题——权利的本性及其与自然法的关系——的先驱,是阿克塞尔·哈盖尔斯特洛姆(Axel Hägerström)和卡尔·奥利弗克罗纳(Karl Olivecrona),特别是后者;而理查德·塔克(Richard Tuck)最近的研究补充了他们的理论。① 本部分论述借鉴了他们的成果。

格劳秀斯的权利理论,对现代思想贡献颇丰。尽管在他之前也有人提出过,但正是经由他的阐发,权利话语才得以流行。学术研究直到最近才注意到这一点。要义就在于,在经院主义学者——特别是西班牙新托马斯主义者——的指引和启迪下,格劳秀斯解读"ius"的方式,不同于罗马法和阿奎那(Aquinas)的理论。在格劳秀斯看来,"ius"并非意指行为或事态与法律(比如,自然法)相符时的所是(is),而是人的所有(has)。这一概念以人为中心,被"主观化"了:它是为人所有的一种权力(power),于是也被

---

① Axel Hägerström, *Recht, Pflicht, und bindende Kraft des Vertrages nach römischerundnaturrechtlicher Anschauung*, ed. Karl Olivecrona (Skrifterutgivna av K. Humanistiska Vetenskapssamfundet i Uppsala, 44:3, Stockholm: Almquist and Wiksell; Wiesbaden: Otto Harrassowitz, 1965); Karl Olivecrona, *Law as Fact*, 2nd ed. (London: Stevens & Sons, 1971), 第7-25页,第142-146页,特别是第275-296页;Karl Olivecrona, "Das Meinige nach der Naturrechtslehre," *Archiv für Rechts-und Sozialphilosophie* 59 (1973) pp. 197-205;以及,最为重要的文章,"Die zwei Schichten im naturrechtlichen Denken," *Archiv für Rechts-und Sozialphilosophie* 63 (1977),第79-103页;Richard Tuck, Natural Rights Theories: Their Origin and Development (Cambridge: Cambridge University Press, 1979),第58-81页。

称为人的道德品性(quality)。①

"*ius*"概念的转换,是现代个人主义在政治理论领域的基石之一。此时,"*ius*"不再是法律规定的客观境况,而是为个体所有的某种事物,由此,"生命是个人诸权利竞争的体现"这一观念就近在咫尺了。很快,霍布斯的自然状态理论明确地揭示了这一观念的极端版本。但霍布斯(Hobbes)认为,追求权利会导致无政府状态,因此法律的任务是限制我们的权利。这一观念令人不快。与之相对,格劳秀斯以及主流政治理论将冲突视为不恰当追求个人权利的结果,而无论这一冲突是出于恶意还是无知,法律的任务是通过阻却他人不恰当的干涉来保障所有人妥当而有效地运用权利。或者,换句话说,与霍布斯形成对照,格劳秀斯的想法是,自然已经为道德世界确立了一种理想秩序的可能性,法律的功能是维护而非创造这一秩序。然而,它是一种最低限度的秩序,当我们更为贴近"*ius*"内容的时候,我们就可以看到它。"*ius*"被认为是一种权力。这一权力作用于他人之上,使他人远离"个人所有"之物,这一领域最初以自然为基础,即人的生命、自由、身体以及在自然之中维系它们的必需品;随后,惯性使然,它扩展到了所有权和契约关系。② 这是格劳秀斯描述"*ius*"第二种途径的背景:如果行

---

① Hugo Grotius, *De iure belli ac pacis libri tres*, F. W. Kelsey 译, (Oxford: Clarendon Press, 1913 and 1925), vol. 2, Book 1, chap. 1, sec. 4. (这本书的篇章结构、段落次序都保持拉丁原貌,只是文字换成了英语。因此,下文的引注中,我将不再指出该书的具体版本。除了特别标注的情况,我将采用 Kelsey 的翻译) Cf. Marcel Thomann:"起自亚里士多德经由罗马直到阿奎那,"*jus*"的经典定义意指法律的、合理的、客观的正义。权威的说法是,法是与人和事物相关的、个体的自由、意愿或权力;Ulpien 明确指出,法学是属于神和人的事务,是区分正义和不正义的科学;正义意味着万物和谐相处、各得其所,或者说,依照其自本性被置于某一领域之内。"引自"Christian Wolff et le droit subjectif," *Archiv für Rechts-und Sozialphilosophie* 9 (1964), 第 154 页。
② 论所有,参见 *De iure*, 1.1.5. 所有的最初形态及其惯性扩展,参见前引, 2.2.2。

为没有侵犯他人所有之物及其维系,那么该行为就并非不正义的。① (如同业已指出的那样,在权利的两种定义——作为道德权力和无害的行为②——之间存在着概念裂痕,我认为直到亚当·斯密(Adam Smith)的旁观者理论出现之前,这一裂痕都未得到合理地弥合。旁观者理论表明,作为道德权力的权利是不同个体交往行为的功能表现,个体作为旁观者来裁定一个人的行为是正当的理由便是该行为是无害的。③)

无论是基于霍布斯哲学所遵循的对自然无序状态的恐惧,还是格劳秀斯追随者承诺的理想自然状态,人类都是经由自然之手来维系他们的些许权利。这一进程是开放式的,人和自然的交易地位也并不对等。由此便引出了一个问题:公共生活(道德生活和社会生活)何以可能? 17、18 世纪的政治思想史基本上就是这一问题的回答,它的衍生品从一系列多样的自然法理论组合浓缩为最终的解决方案——启蒙运动后期伟大的"历史"学派:苏格兰道德哲学家,特别是休谟和斯密,以及德国哈雷大学和哥廷根大学里的法学家们。作为权利所有者的个体何以组成社会,格劳秀斯将他自己对自然权利的独创性观点和更为传统、肤浅的自然法理论中些许观点结合在一起,进而给出了答案。在《战争与和平法》(*De iure belliac pacis*)的前言中,格劳秀斯将自然法与人的"*socialitas*"(社会本性)联系在一起,这可能使人第一时间想到亚里士多德(Aristotle)和圣托马斯(St.Thomas):人是社会性的动物,因为他是依照自然法律创造出来的生命,并且其生活受到自然法律的影

---

① 格劳秀斯的"ius"的特征就是"并非不正义",参见 *De iure*, I. 1. 3. I。
② 参见 Hägerström, *Recht, Pflicht und bindendeKrafl*, 第 53-54 页;Olivecrona, *Law as Fact*,第 276-277 页。
③ 参见我在 *The Science of a Legislator: The Natural Jurisprudence of David Hume and Adam Smith* (Cambridge: Cambridge University Press, 198 I)一书中,99 页及其后所描述的 Smith 的理论。

响。但是,在格劳秀斯看来,社会本性很简单,只是尊重他人的权利而已,而权利是主观建构出来的,进而最低限度的秩序(比如,最低限度的社会生活)就是可能的。因此,这一解释和适用与亚里士多德的继承者差别甚远。诚如奥利弗克罗纳所言,这使得格劳秀斯的理论可以彻底摆脱自然法的影响,[①]因为这一理论指出,人应该被称为是"权利"这一道德权力的运用者,而权利的内容和范围不是立基于自然法,它们取决于人在世界中的境况。在我看来,格劳秀斯这一具有开创性的观点经由亚当·斯密的法学理论方才令人满意地确立下来,后者的理论完全以权利为基础(中立的旁观者并不制定法律,但是他对恰当行为的边界加以判断)。

我在下文论述"公共利益"概念转变的时候,会进一步指出自然法在格劳秀斯思想中模棱两可的地位;不过在此之前,要对格劳秀斯思想中的其他要素加以概述。格劳秀斯所描绘的人类自然的、前政治社会的图景是由两部分构成的:一是人人有权利去惩罚那些侵犯他人权利的人,二是财产的契约基础。前者在格劳秀斯理论中的地位十分可疑,因为惩罚的权利不能像其他的权利那样被认为是一种道德权力,而只能被理解为是一种二阶的权利。格劳秀斯并没有充分解释这一点。[②] 然而,在 18 世纪,这一观点变得非常重要,尤其是在苏格兰道德思想中,其高峰便是亚当·斯密精心构建的社会心理学理论。在该理论中,伤害中蕴含的自然愤恨是所有权利的基础,斯密又一次帮格劳秀斯解决了问题。[③]

关于财产,格劳秀斯的起点是,所有人都有着原初或自然的的权利——共同使用一切事物,但当这类自然所有(suum)经由同意这一步骤,进入到承认某一特定领域的事物可以是个人财产的时

---

① 参见 Olivecrona, "Die zwei Schichten im naturrechtlichen Denken"。
② *De iure*, 1. 1. 10. 7. 和 2. 1. 10. 1. 参见 Olivecrona 的 *Law as Fact* 第 294-295 页,和 "Die zwei Schichten"第 94-100 页。
③ 关于斯密的惩罚理论,参见 Haakonssen, *The Science of a Legislator*, 第 114-123 页。

候,情况就彻底地转变了。同意,既体现在明确的划分和分配之时,也体现在对事物现实侵占的默认之时。① 认识到私有财产契约基础这一概念的宽泛性,就理解了为何格劳秀斯在这一方面的遗产具有二重性。一方面,可以将格劳秀斯作为现代私人财产权绝对主义理论的先驱,这种理论由霍布斯提出并由普芬道夫(Pufendorf)精炼,认为实在契约创设私人财产。另一方面,藉由消解审慎思考机制而将默认作为私人财产的基础,当然也就削弱了契约性同意这一概念,进而与洛克(Locke)及其后的自由主义思想家的私人财产理论相近。他们的理论认为,私人财产是人类活动自发的、自然的产物。在18世纪,该理论被大量的苏格兰道德哲学家采纳,不仅是作为新的经验心理学基础,而且系统性地融入到私人财产那多种多样的起源历史之中。②

但是,尽管格劳秀斯的主观权利理论成为了洛克财产权理论的基础来源之一,格劳秀斯却拒绝了洛克得出的激进结论。二者都认为,自然法告诫我们,实践自然权利的时候需要和他人一起进行社会性的生活,这就为私人财产的获取和使用增添了一些限制。然而,在格劳秀斯看来,"进行社会性的生活"不外乎禁止伤害他人的权利,除了自愿订立的契约之外,私人财产不受任何义务的限制。(其他义务,由神圣的或人类的实在法来加以规定。)而在洛克关于财产所有者的自然法理论中,"进行社会性的生活"这一概念和自然法规定的义务范围充满争议。詹姆斯·塔利(James Tully)最近雄辩地宣称,这些概念的范围比我们曾经理解的更加

---

① *De iure*, 2. 2. 2. 5. 关于格劳秀斯模棱两可的财产权理论的透彻分析,参见 Tuck 的 *Natural Rights Theories* 一书。
② 关于这点的部分方面,James Moore 在"Locke and the Scottish Jurists"(Conference for the Study of Political Thought, March, 1980, mimeographed)一文中给出了精彩的表述。

宽泛。①

不过,毫无疑问的是,洛克的私人财产受制于著名的"抢劫情形"(spoilation condition),这一状态的正当性在实在法律和实在习俗之上,它仅受限于私人财产分配和聚集的惯性变迁(比如,资金引入或征税)。此外,格劳秀斯承认,在"极端的紧急避险"之时,人可以从他人的私人财产中拿取所需之物,这并非是因为一个人有对抗他人的自然权利,而是因为,如果他们的先祖在如此极端的情形下依然会彻底地废除对物的原初使用权,那么先祖的这种想法就太不合理了。与之相对,洛克简单地宣称,不仅一个人拥有在紧急避险之时对抗他人的自然权利,而且只有所有人的同意才能够规划关于私人财产的体系。②

本部分的最后,让我们来关注格劳秀斯的主观权利理论和他的国家理论之间的关系。借助自然之手,或者遵从自然法,或者在理念上,人类塑造了大同社会(这是格劳秀斯从斯多葛学派处习得的诸多观念之一);但是,人类野心的膨胀以及随之而来的腐败,使得离开了政治权威的帮助,自然法的禁令无法落实到拥有个人权利、进行社会生活的个人之上。在历史上,凌驾于人民之上的立法权威经由多种方式产生:通过契约同意,通过正义战争的征服,或者通过执行来自于自然法"规定"的惩罚。但所有这些背后都有同样的原则或逻辑,即个人自愿同意设定一个凌驾于其上的主权者。主权者有着与个人权利相类似的道德能力(facultas moralis),这一道德权力超越了其他人的意志,③而且,鉴于它并非自然生成,而是来自于道德权力的惯性衍生,因此,它的基础只能来自权力相对人的自愿同意。

---

① 参见 James Tully, *A Discourse on Property: Locke and His Adversaries* (Cambridge: Cambridge University Press, 1980)。
② 参见 Tuck 在 *Natural Rights Theories* 一书第 172 页的重要表述。
③ *De iure*, 1. 3. 6. 1.

作为绝对主权契约理论的先驱之一,格劳秀斯声名远播,也许是美名,也许是恶名。人们尚未理解这一问题的复杂性,而我也只是暂时地列出四点以备思考。第一,我们要注意主权的"位置"。广为人知的是,格劳秀斯拒绝接受主权必然归于人民这一观点,但同样需要加以强调的是,他也拒绝将主权归于统治者。在他看来,主权只有在二者合一时才能存在(比如,在经由政治而组织在一起的社会之中)。他用视力来做类比,此时,眼睛是 *subjectum proprium*,即特殊主体,而作为整体的身体是 *subjectum commune*,即一般主体。同样的处理方式,可以认为,在主权问题上,统治者是特殊主体,而作为整体的国家是一般主体。① 换句话说,主权并非统治者优越于被统治者的那份权力,而是统治者为了整体利益而运用的那份权力。

由此引发了第二个值得关注的要点:格劳秀斯借此区分了主权的形式和政府的形式。部分的故事已经为我们所知悉:在主权不可分割的意义上,格劳秀斯坚称主权是绝对的。但同时,他明确地表示主权的绝对性适用于所有类型的政体——民主制,贵族制,君主制,混合制;权力分立的政府;封建制或通过契约由其他政治体组成的政府;有时限的政府等等。② 只有接受主权和政府的区分,并且进一步认识到格劳秀斯的主权概念纯粹以尊重法律为前提,我们才能理解这些表述。"被称为'主权'的权力并不受制于他人的权利,否则将不可避免地被他人的意志所决定。"③实际上,主权被理解为一个国家层面的独立法律结构;当格劳秀斯批评主权分割观念的时候,那是因为在他看来,绝对主权一旦分割就被破坏了,但他并不必然反对将作为主权"特殊主体"的政府机关加以划分的举措。

---

① *De iure*, 1. 3. 7. 1.
② *De iure*, 1. 3. 7–29.
③ *De iure*, 1. 3. 7. 1(此处是我自己翻译的。)

值得注意的第三点是,在某种程度上,格劳秀斯明确区分了个人自由(libertas personalis)和政治自由((libertas civilis),后者即参政的自由,这种区别通常和18世纪的思想家联系在一起。① 这一区分是为了表明,即便没有后一种自由,我们也有着前一种自由。纵然是通常所称的专制政府,也可能保护前一种自由。这一观点与主权和政府的区分之间并没有明确的关联,并且好像也没有进一步的发展,但它却使第四个观点变成了一个尖锐的问题:在作为政治社会绝对主权基础的那些明示或默示的契约中,个人明确放弃了什么? 格劳秀斯明确给出的答案是,我们让渡了针对别人侵犯我们权利时的反抗权。② 按照这一点的一般陈述和理论的逻辑推演,同时让渡的还有针对主权和其治下公民的反抗权。此外,格劳秀斯事实上认为主权可以拿走任何属于个体的事物,只有当主权的这种要求是违反自然法或实在的神法之时,个体才拥有消极反抗权。因此通常的结论是,个体在一个基本契约中让渡了全部的权利。然而,这一解释看上去并不恰当,因为它无法解释为何格劳秀斯认为个人自由在公民社会中是理所当然的,更加无法理解作为对抗他人的道德权力,权利如何能够让渡给一个以更加有效保障权利为首要目的的契约。③ 但格劳秀斯的论证自有其意义,而且如果我们用如下的方式来阐释的话,这一论证还很有意思:在我看来,当他说我们放弃了反抗权的时候,他所指的是惩罚他人的权利。如前所述,这是与一阶权利(和我们所有之物及其存续相关的对抗他人的道德权力)所不同的二阶权利。一阶权利,具有道德权力的身份,是一种理想的权利,若要在人类经验世界中展现——被认识到或被实现——通常都取决于有处罚这一权利来予以支持。因此,在公民社会中,是权利的实现而非作为道德权力的

---

① De iure, 1.3.12.1;以及2.9.6.

② De iure, 1.4.2.1.

③ 关于公民社会是个人权利的保护网,参见 De iure, 1.1.14.1.和1.2.I.5-6。

权利本身可能基于其他原因而无法实现,于是,主权可以从个体处获得它所需之物。现在,很明确,在格劳秀斯看来,有很多比对个体权利的积极保护更值得考虑的事物,但是,就这一问题而言,此处的论证在结构上,与通常所理解的将权利全部让渡给主权的论证有着显著的区别。后一种观点无法解释为何格劳秀斯既认为公民社会的基本目的是保障权利,又认为主权可以有其他与之冲突但却合法的目的。这里的叙事意在强调,无须解释由主观权利支配的道德世界中的复杂性。

我们需要回顾塔克对这一联系的强调,①来补充以上的见解。如同当人们有急迫需求的时候,私人财产权会合理地被原初的一般使用权所超越一样,格劳秀斯并不认为当存在极端侵害的时候,人们依然放弃针对其他公民或主权的全部反抗权是合理的。比如,当原初的、自然的所有遭受了直接危害的时候(在霍布斯的理论中,可以看到更广为人知的类似观点)。

总之,在格劳秀斯的公民社会中,人们依然有着作为道德权力的自然权利的完美补充,以及最低限度的反抗权。他们将一般反抗权让渡给主权权威,使其成为维护公民社会整体性的法律权威。而政治权力如何运作主权则是一个全然不同的问题,并没有超越时空的唯一答案。我们也许可以继续遵从字面意思称格劳秀斯是一个专制主义者,但此处业已表明在他的理论中有很多与后世思想相关的自由主义因子。塔克强调了他与洛克的关联;上文的论述至少还涉及到孟德斯鸠(Montesquieu)、休谟(Hume)和斯密。

二

下面,我将指出格劳秀斯的第二份遗产,自然法的基础。这里

---

① Tuck, *Natural Rights Theories*, 第79-80页。

有着内容广泛的诸种观点,而且关于它们的解释存在着高度争议。我们清楚地知道,在 17、18 世纪,自然法理论的神学表征越来越少,它们与国家法越来越亲密,成为了一个专门的法学术语。① 但是,当试图将这一变化与某些思想家联系在一起的时候,就要处理"早产的世俗化(premature secularization)"这一问题,而这使我们陷入了困境。② 这是一处极具争议的领域。对于绝大多数并不遵从天主教自然法传统的现代学者来说,将世俗化的发端追溯到格劳秀斯好像是理所当然的事情。而另一方面,那些遵从天主教传统的学者,好像也明确地认为格劳秀斯宣称世俗化不过是晚近的经院哲学家在重述教会业已发现的结论,因此是无用之功罢了。③ 所有人都清楚,格劳秀斯之后的自然法学家或多或少都有着一定的基督教理论基础,比如,受到新教主义影响的洛克、理查德·坎伯兰(Cumberland)、卡德沃斯(Cudworth)、克拉克(Clarke)、普芬道夫、莱布尼茨(Leibniz)、托马斯休斯(Thomasius)、沃尔夫(Wolff),再如,切奇(Ceccii)、海内克丘斯(Heineccius)、瑞士的新教徒巴贝拉克(Barbeyrac)、比勒马基(Burlemaqui)、瓦特尔

---

① 此处,我要感谢 Werner Schneiders 的 *Naturrecht und Liebesethik: Zur Geschichte der praktischen Philosophie im Hinblick auf Christian Thomasius* (Hildesheim and New York: Georg Olms, Verlag, 1971)一书的第 64-65 页。
② 参见 Duncan Forbes, *Hume's Philosophical Politics*, (Cambridge: Cambridge University Press, 1975)第 41 页,以及他 "Natural Law and the Scottish Enlightenment" 一文,载于 R. H. Campbell 和 A. S. Skinner 主编的 *The Origins and Nature of the Scottish Enlightenment* (Edinburgh: John Donald, 1982)一书。
③ 有一些全然不同的例子: Johann Sauter, *Die philosophischen Grundlagen des Naturrechts. Untersuchungen zur Geschichte der Rechts-und Staatslehre* (Frankfurt A.M.: Verlag Sauer und Auermann, 1966 [1932])第 91 页及其后的内容; A. H. Chroust, "Hugo Grotius and the Scholastic Natural Law Tradition," 载于 *The New Scholasticism* 17 (1943), 第 101-133 页; John Finnis, *Natural Law and Natural Rights* (Oxford: Clarendon Press, 1980),第 43-44 页,第 54 页。也可参见,.M. B. Crowe, *The Changing Profile of the Natural Law* (The Hague: Martinus Nijhoff, 1977), 第 233-28X 页,A. Nussbaum, *A Concise History of the Law of Nations* (New York: Macmillan, 1954),第 296-306 页。

(Vattel)，以及后面会提到的那些苏格兰思想家们。此时，或许可以武断地给出结论：只是为了减轻欧洲宗教纠纷中产生的冲突，自然法才世俗化为法学术语，除此之外并无他用。但即便这一描述是真实的，它也并非是一个充分的解释。尽管我不确定我能给出一个完满的答案，但我至少试图使这一问题具有开放性。

顺着前人的道路，我已经隐然触及了自然法的基础。但是我们首先要明确，按照后康德主义的理解方式，这里面有些差别，虽然其中一些差异在某种程度上已经过时，但毕竟它们都出现在我们研究关注的时间点之后。接下来，让我们区分如下四个问题：一，自然法存在的基础；二，我们关于自然法知识的基础或来源；三，我们服从自然法这一义务的基础；四，我们遵从自然法的动机，一个我基本不会触及的问题。

关于第一个问题，自然法存在的基础，在休谟之前，所有主张现代自然法的人都无异议地认为，上帝在创世的时候创设了符合人类生活本性的法律。不过，他们将这一基本主张建立在宗教之上，无论是东正教、路德教、加尔文教，还是多少具有哲学性的自然神教。这意味着，自然法存在的基础这一问题本身并不怎么吸引人，自然法基础的变化必然要涉及到其他领域。

在我看来，对自然法的认识是一个关键的问题，部分是因为它引出了服从自然法义务的紧迫性。此处，存在着对于格劳秀斯角色的不同看法。如同其后的自然法理论家们那样，格劳秀斯从不怀疑上帝作为自然创造者的地位，因此也不怀疑上帝作为人类创造者和规定人类应该如何生活的立法者的地位。他在一个全然假设的情况中突出了一个要点：如果自然法存在于事物现实的本性之中，同时，如果我们对于我们生活的自然理解足以使我们认识到约束我们的义务，那么，情况将会是"我们甚至应该承认一件极其罪恶的事情，那便是没有上帝，或者说，人类的事务与上帝无关。"①这就是著名的渎神命题(etiamsi daremu)。它业已塑造了格劳秀斯作为世俗主义者的形象。但它也一再表明,格劳秀斯只不过追随了经院哲学家的脚步而已。这一传统至少可以追溯到14世纪中叶,特别是这一观点并不比同时代的西班牙新托马斯主义学者的理论激进多少。②

但由此还不足以确定格劳秀斯的理论是世俗主义的以及这一理论对自然法世俗化的影响。我们必须拿出更多的间接证据。如同业已指出的那样,格劳秀斯自然法观念的核心,是人类的社会本性概念。它存在于我们的本性之中,或者存在于规定"我们应该进行社会生活"这一关于我们本性的法律之中。当然,一旦忽视"法律"概念在此处显而易见的模糊性,我们就会认为,格劳秀斯的观点毫无新意。亚里士多德就已经在人类的社会性中寻找法律的基础。但是,在亚里士多德那里,是一个由人类本性为人类规定的、政治组织化的社会;而在格劳秀斯这里,只是规定了纯粹的人类社会性,与这一规定相伴的问题是如何进一步追求社会性。③这为我们鉴别格劳秀斯的理论和经院哲学的传统提供了一种可能。尽管对托马斯主义理论的如下表述是符合事实的,即这一理论也认为即便没有神法的进一步帮助,自然法同样可以妥当地、充分地规制人类的社会生活;同时,人类本性凭借自身就足以成为自然法知识的来源。然而,这一切表述都是因为在托马斯主义的理论中,与自然法相符的生活是与一种有序的组织结构相适应的,比如人类道德生活的永续。换句话说,按照我先前提及的"ius"概念的传统用法,在亚里士多德和托马斯主义的传统中,正确的行为

---

① *De iure*,前言第11页。
② 关于这一主题有大量的著作。其中一些,已经在引住24中提及。关于格劳秀斯最新的英语文献也未能摆脱这一影响。参见C. S. Edwards, *Hugo Grotius: The Miracle of Holland, A Study in Political and Legal Thought* (Chicago: Nelson-Hall, 1981),第48页及其后的内容。
③ Cf. Schneiders, *Naturrecht und Liebesethik*,第70—71页。

和事态是与一种法律规制的整体性相适应的。对托马斯主义者来说,上帝在整体之中,因此,进行与自然法相符的社会生活最终就是与上帝一起生活。但是,在格劳秀斯这里,正确的行为是每个人都有权去做的、受制于社会生活本质需求的行为,而这一限制不过是不侵犯他人的相近权利而已。

格劳秀斯从"正确行为"中推出"道德世界"的概念,因此,意味着在他的理论中,道德世界的组织化或有序性的程度要远低于过往的设定。受制于兼容性的道德世界看起来是一个追求个人权利的开放世界。与阿奎那类似,格劳秀斯也用圣经中存在和揭示的神圣实在法来补充自然法。但是,在阿奎那的理论中,对于增进我们对整体世界结构的道德认知来说,神启是必不可少的,然而,在格劳秀斯的理论中,神圣实在法和人类实在法之所以是必要的,并非因为我们的自然认知是不完善的,而是自然法本身在道德上就是不完善的——自然法只规定了消极正义,并没有规定积极的德性和义务。① 因此,凭借自然之手,格劳秀斯排除了上帝特有的道德干涉,上帝和人类之间无法建立道德共同体。进而我们发现人类社会与人类的关系和人类社会与上帝的关系是两个全然不同的问题。这不仅是关于上帝的认知问题——如同阿奎那的传统中所指出的,而且还涉及到处理上帝及其创造物之间的特有关系。当然,此处的真正要点是,接受上帝的造物主身份不过是为了表明人类具有社会性这一事实。而格劳秀斯的全部努力就在于将前一个问题限制在信仰的范围之内,而将后一个问题扩展到对知识的追寻领域。正是在这一点上,他的理论对我们认识自然法产生了世俗化的影响。

因此,我上文援引的渎神命题与阿奎那的理论只具有表面上

---

① 这一点,可能被认为是法律的额外工作,参见 De iure 前言第 50 页;50; 1.2.1.3; 1.2.6.2; 2.5.9.2; 3.13.4.1.,以及 1.1.15.1-2 关于自然法和神圣意志法关系的论述。

的一致性。但它指引着格劳秀斯用经验主义的方法来研究自然法及其含义。这些含义和他同代人的理论紧密相连,并且在延续至今的、关于科学方法的争论中显得尤为重要。特别是,格劳秀斯说了如下的话:

> 人们惯于通过两种方法来证明存在符合自然法的事物,一种是向前追溯,一种是向后推演。前一种的证明更加精妙,后一种的证明更为人所知。证明先验事实的必要条件是,关于合理的或社会的本性,存在着一致或不一致的意见;证明后天经验,纵然不是绝对确定,但至少可以认为,必要条件是,存在着为所有国家或者所有文明国家所信奉的自然法。普遍的需求都被归于一个原因,而这一原因除了可为人感知的、称为"人类常识"的事物之外,几乎没有其他可能。①

因此,格劳秀斯想要将从无关历史的人类本性中衍生出来的观点和关乎历史的"人类常识"的观点一起延续下去。然而,他的精力主要用于阐释后者。这招致了广泛的批评:比如普芬道夫就认为,格劳秀斯并未对人类本性进行经验研究,而是借助权威历史学家、伟大诗人的观点。于是,尽管格劳秀斯平等地运用两种方法,但是在后来经验主义和先验主义的尖锐论辩中,后人基本上认为他是前者的先驱。这一广为人知的论辩不仅体现在古典人文主义和科学主义的对立中、维科(Vico)对事件的描述中、霍布斯将个人发展从修昔底德(Thucydides)的荣耀转变为演绎科学的理论中,而且还体现在大不列颠特别是苏格兰道德科学对实验法的推

---

① *De iure*, 1.1.12.1;与前言第39—40页、第46页相对。

崇之中。①

格劳秀斯强调利用经验方法来理解自然法,毫无疑问,这一做法给人留下深刻的印象,即他是一名世俗化的自然法学者。而当这一点和先前已经提到的、他的自然权利主观理论所蕴含的趋势——道德世界持续发展,除了调节个人对自然权利的追求之外没有其他的终极目的——结合到一起,就显得更为重要。因为此时,自然权利来自于历史发展而非上帝授予这一观点近在咫尺(比如,认为自然权利取决于作为整体的社会生活的发展阶段)。因此,尽管可能有针对土地财产的自然权利,但是,一旦这一权利确立下来,那么,再说在社会中尚未形成关于农业种植观念,就是没有任何意义的事情了。尽管这只是格劳秀斯给出的一个暗示,虽然是一个有着明确迹象的暗示,②可是,这也明确了格劳秀斯和

---

① 在这一点上,牛顿主义带来的影响在苏格兰比在英格兰更加深入,归纳法被认为是一种时尚。所有的理论都需要以归纳法作为基础,道德科学也不例外,这导致18世纪的苏格兰思想家们将人类的历史记载当作科学概括的集合。但是,这种普遍的一致性明显是肤浅的,而且掩盖的实质的问题,那就是:在对普通人类经验的还原分析中就包含着试验法,还是,以人类经验为直接基础的归纳概括是试验法的结果,或者,如同格劳秀斯暗示的那样,二者在某种程度上结合在一起。这一问题引出两种理论路径,休谟和斯密选择了一条,里德和常识学派选择了另外一条,由此,这是双方其他许多理论差异的基础所在。因此,当 Dugald Stewart 在他 Account of the Life and Writings of Thomas Reid D.D. 一书中试图将里德置于思想史的脉络中时,他认为是里德而非休谟将试验法引入了道德领域,尽管后者在 Treatise of Human Nature 一书中提到了试验法。虽然 Hume 假设人性是投机性的,但里德尊重人类记载的那些经验权威。不难想象,休谟一派对他的驳斥。[The Collected Works of Dugald Stewart, William Hamilton 爵士编, 11 vols. (Edinburgh: Thomas Constable and Co., 1854-60) 10, 第258页] 这一方法论上的差别和不确定性,确实是19世纪启蒙运动的遗产,体现在 James Mackintosh 爵士、Thomas Macaulay 与激进功利主义者关于政治研究方法的论战中。简而言之,对于研究自然法的方法,格劳秀斯将自己置于几个世纪以来关于方法论的讨论之中,并且引发了时代的回响。

② 关于"*ius naturale*"的延伸阅读,比如"*dominium*",参见 *De iure*, 1.1.10.4.。关于 *ius naturale* 对象的可变性,参见 *De iure*, 1.1.10.6-7,比如"只要所有权没有介入其中,共用之物便是自然的。"(我自己的翻译)

苏格兰启蒙运动那些道德思想家之间的联系，特别是亚当·斯密，他清楚地认识到格劳秀斯的成果并称其为最伟大的现代自然法学家。

当把格劳秀斯关于自然法知识的经验特性和自然权利的主观理论合二为一的时候，他看上去确实对现代自然法理论的世俗化产生了巨大的影响。但是，当我们将自然法知识的问题和自然法义务基础的问题紧密联系到一起的时候，我很怀疑我们能从他那里得到什么。当然，并非意指在这个问题上他没有影响力。首先，应当指出，与自然社会性相关的自然法并不是单纯的人类情感压力，尽管它有感性的一面，但重点是它的理性特征。① 只有如此，自然法才有可能被认为是一个现代术语。但是，这并不新鲜，因为理性之光照入自然法这一命题太过简单，以至于任何否定都可能招致反驳。确实，人的概念就是，一个运用理性思考自然法并进而遵从自然法的存在者。此处唯一可争辩的就是，自然法虽然是上帝在创生人类时创立的，但它并非是上帝专断意志的体现。格劳秀斯的理性主义和反意志论主义构成了这一观点，这再度契合于托马斯主义的传统。但一个问题随之而来，如此狭义的理性为何能够有义务的强制力？这是休谟向伦理理性主义者（比如，塞缪尔·克拉克）提出的质疑，而这些人的观点可能是对格劳秀斯理论的发展。② 对这一问题，格劳秀斯自己给出过不完整的回应，他最终诉诸于上帝的意志。对于那些依照自然法应为或不应为之事，他说："它们必是遵从上帝之命或违反上帝之禁。"③

但是，如果我们忽略宗教层面——当然，格劳秀斯不会这样做——我们会发现，这一问题并不对他的理论体系构成威胁。托

---

① Cf. Schneiders, *Naturrecht und Liebesethik*, 第 71–72 页。
② 令人振奋的论述，参见 Finnis, *Natural Law and Natural Rights*, 第 36–48 页。
③ *De iure*, 1. 1. 10. 2.

马斯·莫特纳(Thomas Mautner)解释得很好,①格劳秀斯的论证暗含着一种区分,自然法内容的有效性和维持自然法的义务是不同的。理性地认识前者,不过是实践我们个体权利的一般能力而已,该能力是人类生活所必需。如我和奥利弗克罗纳所说,此时并不需要自然法,也不需要遵从自然法的义务(无论这一义务是来自神灵还是其他)。但格劳秀斯保留了自然法的观念,并且认为法律义务是由更高的道德权力设定的,于是,遵从自然法的义务只能来自于上帝。

我们能够回顾政治思想史,而格劳秀斯无法看到他的理论对后世的巨大影响力。托马斯主义试图借助"自然人类理性的目的是人类的共同利益"走出了自然法义务这一问题的困扰。约翰·菲尼斯(John Finns)最近重新了这一命题,他的理论极其精致。②而这一路径和格劳秀斯很相近。当然,格劳秀斯的主观权利理论使得共同利益这一概念的作用被冲淡了,它只是用来配合个人权利的诉求。霍布斯用不同于格劳秀斯的方式解决这一问题,他先是将人类的自然社会性推向它的反面,接着认为自然法只是启发式手段,我们对其只需要审慎地遵从自然法就可以了。而普芬道夫转向彻底的唯意志论,完全立于格劳秀斯的反面。他先是同意霍布斯的观点,认为人的天性是自私的,社会性——在他那里也是自然法——是理性控制自私的手段,但接着又认为我们有义务受制于自然法是因为自然法是上帝的意志。在 18 世纪的德国,这样或那样的唯意志论成为了自然法理论的主流,后来影响了那些支持"开明专制"的法学理论。

最终,格劳秀斯也未能发展出与他的主观权利理论相符合的

---

① 参见 Thomas Mautner, "Divine Will in Modern Natural Law Theory: A Discussion Note," *Bulletin of the Australian Society of Legal Philosophy* 26 (1983),第 79—84 页。
② 参见 Finnis, *Natural Law and Natural Rights*。

实践理性理论,而这一问题的答案由大卫·休谟一脉给出,比如,居功至伟的亚当·斯密。尽管从历史的角度来看,休谟关于人类行为理性的理论构成了压倒托马斯主义实践理性的最后一根稻草,而托马斯主义的实践理性隐含在格劳秀斯的理论当中,但同样也是休谟的理论——尤其是斯密的理论,展现了另一种全新的实践理性的端倪。按照其他文章的解读,这种实践理性以形式规则为中心,具体表现形式就是无偏私的理想旁观者以及作为纯粹消极正义的、最为狭义的人类共同利益。①

三

前两部分内容,分别涉及自然法的本性和自然法的基础,展示了我是如何将18世纪的苏格兰道德思想与现代自然法理论的概念世界联系在一起的,这也与现今一些学者的研究相符。② 随着我第三部分的论证,这一观点会更加稳固。此时涉及的问题是,自然法的范围和成分,以及自然法和其成分之间的关系。这些问题

---

① 参见我的论文"The Science of a Legislator"和"What Might Properly Be Called Natural Jurisprudence?",载于 Campbell 和 Skinner,主编,*Origins and Nature of theScottish Enlightenment*,第 205-225 页。
② 参见前引 23,Duncan Forbes 的工作。以及 D. N. MacCormick,"Adam Smithon Law," *Valparaiso University Law Review* 15 (1981),第 243-263 页;"Law andenlightenment,"载于 Campbell 和 Skinner 主编,*Origins and Nature of the Scottish Enlightenment*,第 150-160 页;Hans Medick, *Naturzustand und Naturgeschichte der büigerlichen Gesellschaft. Die Urspriinge der biirgerlichen Sozialtheorie als Geschichtsphilosophie und Sozialwissenschaji by Samuel Pufenod John Locke und Adam Smith*,(Göttingen:Vandenhoeck & Ruprecht, 1973);James Moore,"Locke and the Scottish Jurists." 更早的二者的关联,参见 W. G. Miller, *The Law of Nature and Nations in Scotland* (Edinburgh:William Green & Son, 1896);;James Reddie, *Inquiries Elementagland Historicalin the Science of Law* (London:Longman, Orme, Brown, Green, and Longmans, 1840)。更全面的研究,参见我的文章,"Natural Law and the Scottish Enlightenment," 即将发表在 *Proceedings of the Canadian Society for Eighteenth-Century Studies*,4 上面。

指向正义的本性,正义通常被认为是自然法的目的并且决定着自然法的概念。

毫无疑问,正义何在的问题与道德思想的历史一样久远。但因为我们研究的是自然法,所以,按照通常的理解,最近的传统是由现代自然法律人复兴的、来自亚里士多德的划分。这一划分很聪明,但也令人苦恼。在《尼各马可伦理学》(Nicomachean Ethics)中,亚里士多德提出了著名的"普遍"正义和"特殊"正义的区别。前者"并非部分的德性而是整体的德性",是"针对整体德性的回答,体现在对邻人实践整体德性的行动之中"。① 特殊正义作用于国家和个人之间,体现为前者对诸种利益的分配,以及,在一定程度上"矫正人与人之间的交易行为",即矫正所谓的私法带来的损害。② 然而,格劳秀斯处理这一区分的方式引发了现代的争议。首先,格劳秀斯将这一区分转化为了权利的话语,他认为亚里士多德的特殊正义所保障的权利是一种业已完备的权利(perfect rights),或者说是一种"能力",这些权利分布在三个广为人知的领域:权力(针对自身的权力,比如自由,以及在非政治关系中针对他人的权力),财产权利和契约性权利。与之相对,由亚里士多德的普遍正义所保障的权利是一种尚不完备(imperfect rights)的权利,只是一种"倾向性"(比如,舒服或舒适)。③ 更进一步,只有前一种正义"才是严格意义上的正义,与正义之名相匹配",因为只有与之相适的权利,就如同被贴上了"完备"标签,才真的是一种权利。他想借此表明的是,只有那些与人们的社会存在相关的权利才是合乎法律的权利,才是真正的权利。

---

① Aristotle, Nicomachaen Ethics, W. D. Ross 译(London: Oxford University Press, 1959), 11 30a8,1130b18.
② 同前引., 1130b31–1131al. "特殊正义"的区分与公法、私法的概念相符合,尽管后者并非来自亚里士多德。
③ *De iure*, 1.1.4–5, 1.1.7–8.

> 法律,起源于维护我们已经大体构建起来的、与人类智力相符的社会秩序。这些法律包括,放弃针对他人之物的权利,将在我们这里的他人之物恢复原状,将我们从他人之物中的收益与他人共享;履行承诺的义务,减少基于我们的过失而造成的损失,给人们施以其应得的惩罚。①

这一正义观的要义在于,它是所有人的应得之物。而要提出更进一步的要求,或者是在正义的实在道德考量之外给出更多的自由行动空间,或者是借助神或人的实在法来矫正这一道德考量。因此,我们看到,格劳秀斯的权利理论严格区分了正义和其他的德性。并且,当他将后者排除在自然法之外的时候,距离法律和道德的分离就又近了一步。然而,像阿尔夫·罗斯(Alf Ross)那样,②宣称是格劳秀斯和现代自然法学派将这一分离带到了法学理论当中,这一论断就太简单了。如前所述,格劳秀斯认为神和人的实在法扮演着重要的道德角色,但他并没有明确地解释这些法律同实现自然法这一直接与正义相关的法律之间的关系。这一问题困扰着其后的自然法理论。下面的例子将展示这一点。

第一个例子,普芬道夫反对格劳秀斯对亚里士多德正义概念的狭义解释。普芬道夫承认在普遍正义和特殊正义之间存在差异,而且这意味着权利完备程度上的差异,甚至认为只有后者才受到法律强制力的约束。但是,他认为这一区分实际上只具有启发意义。区分的基础是何者才是维系人类社会的必需品,而并不是因为两种权利存在道德差异,所有的权利都同等的来自于自然法:

---

① 同前引,前言第 8 页。下一个注释,来自 Porphyry 的论述,为其提供了支持:"正义存在于,放弃属于他人之物的权利、不伤害那些非对他人构成伤害之人的情况之中。"

② 参见 Alf Ross, *Kririk der sogenannten praktischen Erkennfnis. Zugleich Prolegomena zu einer Kritik der Rechtswissenschaji* (Copenhagen: Levin & Munksgaard; Leipzig: Felix Meiner, 1933),第 231-245 页。

> 有些事物是我们业已应得的,其他事物则尚不是我们应得之物,这一原因就在于人们生活所依赖的共同自然从内容上来说多种多样,一些规则纯粹是有助于社会的存在,另一些则使社会进一步发展。后者看上去不如前者那么重要,因此,关于前者的法律更加严格,也就是合理的了。……虽然绝大多数情况下,除非找到其他足以说服它们采取其他渊源的理由,国家都遵从自然法,但在民法方面,针对同一行为,却可能存在差异。因此,当行为或事态加诸他人,此人只能凭借不完备的权利来做应为之事,或者,当没有任何事务而对他人采取行动的时候,普遍正义就展现了出来。……但是,当与某一特定事务相关而对某人采取行动,或者行为能够被转化为他人所具有的完备权利,那么,这就是特殊正义。①

此处的重点在于,完备和不完备的权利在自然法层面上具有同等的道德基础,因为这不仅意味着在一些情况下,后者的义务比前者的更重要,比如向他人捐款或在空闲时间为他人做事的义务,同时,强调部分还意味着,国家依法保护不完备权利的行为有时能够获得道德上的正当性。后文写道:

> 尽管,从纯粹的自然权利来说,对一个人的期待仅以不完备的义务为基础。这一义务从人性中发源出来,直到用别人没有所有权但却必需之物来帮助他人。然而,没有什么可以保障这一不完备的义务被民法强化为完备的义务。②

---

① Samuel von Pufendorf, *De iure naturae etgentium Iibriocto*, 2 vols., C. H. and W. A. Oldfather 译(Oxford: Clarendon Press, 1935), vol. 2, Book 1, chap. 7, 第 7-8 页。(强调字体是我加的)
② 同前引,2.6.5;一般来说,参见第 5-8 页。

因此,在格劳秀斯和普芬道夫的理论中,存在一种张力,这一张力对 18 世纪有着深远的影响。大不列颠的学者,坎伯兰和洛克的差异进一步加重了这一紧张关系。塔利最近借助观察特定的财产,解释了这一主题:"坎伯兰完全颠覆了补偿正义(特殊的或消极的正义)和分配正义(普遍正义)的概念。为了实现共同利益,对财富进行分配并且保障这一分配是国家的义务。私人财产只是自然权利归于个体的习惯性手段。"①另一方面,在 18 世纪的思想家中,洛克被认为是将政府的任务限制为保护个人权利这一思想的领军人物,明确定义了这一任务并为它找到了坚实的道德基础——这是权利自身的品质。当然,它们只是格劳秀斯和普芬道夫在权利概念差异的更进一步的展现:在不影响有限政府的前提下,不完备权利的概念是否已经明确,在道德上是否已经确立?②

德国哲学家克里斯琴·托马修斯直面了部分问题,他明确拒绝了普芬道夫的观点,转而回到格劳秀斯,并将完备权利和不完备权利的区分演化为更为清晰的法律和道德的差异,这一差异的区别在于是否具有合乎法律的强制力。在某种意义上,这部分的论证是以对德国托马斯主义者及其众多批评为基础上发展起来的。然而,我更倾向于将苏格兰作为中心,因为在正义和其他美德的区

---

① Tully, *Discourse on Property*, 第 93 页;也可参见塔利对自然法理论的一般描述,第 80-94 页。
② 塔利令人信服地论证了这种关于洛克理论的解释是不值得信任的,在洛克那里,权利并非道德权力——这一权力确保我们平等地运用这个世界之物(消极共有),而不需要考虑他人的看法。而普芬道夫及其追随者需要一种积极的支持,最终,不完备的"权利"被纳入其中。与之相对,在塔利看来,洛克发掘了托马斯主义的传统,认为权利是由神圣自然法赋予的应得之物,当我们运用这个世界之物的时候,我们应该考虑他人,这是一种积极共同体。由此,在某些方面,这引出了比我们以往认为的更为"激进"的政治理论。这一针对洛克的解读是否正确,貌似取决于从格劳秀斯和普芬道夫的理论来解读是否可行。

但我们这里关心的是,用二者的理论来解读 18 世纪思想家尤其是苏格兰思想家所面对的问题是否可行,而确实,在许多方面,苏格兰思想家借助洛克发展了二者的理论。(参见 Moore, "Lockeand the Scottish Jurists")

分以及其后法律和道德的区分这些问题上,大卫·休谟和亚当·斯密的世俗化理论比托马斯休斯更有原创性,也更为重要。而且,在苏格兰,这一问题带来的冲击也比其他地方更加深远。

休谟和斯密紧随格劳秀斯的脚步,他们将正义单独归为一类,而将其他德性归为另一类:正义是一种与不作为相关的消极德性,而其他德性则积极指引行为。① 斯密特别发展了以两个观念为中心的精细理论:第一,伤害原则——由正义这一德性在消极意义上引发出来的原则——是比其他德性引发的积极善更为普遍适用的原则;第二,避恶原则,即在道德上,对恶的回避优先于对善的获取。由此得出结论:正义是确保人类社会存在的最为基本的德性。鉴于已经提及的内容,用强力而清晰的规则将正义规定下来是一种自发的趋势,这依赖于法律的特性,也成就了法律的特性。

这些,就是斯密所称的"正义的法律"。和休谟一样,他认为除了国防事务,公民政府还有维护这些法律的义务。他清晰地认识到,要求一个有限的政府同时是一个有力的政府可以说是历史上最为困难的任务。但是,除了简单的维护正义体系之外,斯密还为政府设定了其他任务。在他看来,存在多种多样的"治安法律",这类法律为社会追寻积极的善,从市政工程到公共教育都囊括其中。但是,政府的积极任务通常是第二位的,它们要接受正义的检验,而且,它们通常直接或间接地支持消极正义体系,使后者的功能得以实现。

很明显,这里提及的关于格劳秀斯正义观念的发展是他丰富遗产的组成部分。我们还可以更进一步。18世纪苏格兰思想家

---

① 在这里,我跳过了权利话语和德性话语之间的转换。关于斯密,参见我的 *The Science of a Legislator* 一书第 99-100 页的短评。此处对休谟和斯密的概述以那本书的论证为基础。其要义和休谟自己的评论相一致:"关于财产来源及正义来源的理论,主要是来自对格劳秀斯理论的进一步阐发或继受。"(Hume, *An Enquiry Concerning the Principles of Morals*, L.A. Selby-Bigge 编,P.H. Nidditch 修订,[Oxford: Clarendon Press, 1975],第 307 页)。

很好地意识到欧洲大陆关于正义理论的争议能够为政治权力提供指导。可以说,所有苏格兰思想家的理论核心都涉及这一问题,乔治·特恩布尔(George Turnbull)及其学生托马斯·里德(Thomas Reid)、弗朗西斯·哈奇森(Francis Hutcheson)、洛德·凯姆斯(Lord Kames)和亚当·弗格森(Adam Ferguson)。我们这里只考察哈奇森和弗格森的理论。

哈奇森接受了现代自然法学派的权利表达,特别是从他格拉斯哥的前辈格肖姆·卡迈克尔(Gershom Carmichael)那里。后者传授和评述普芬道夫的理论,是将欧洲大陆思想引进苏格兰的关键人物。但哈奇森将这一理论置于功利主义道德理论的框架之中,将权利定义为:"当一个人针对他人的行动、对他人的控制以及从他人那里获取事物能够转化为社会之善,或者个人利益和他人权利乃至社会普遍的善相一致,并且阻止这个人将境况朝着反方向发展的时候,他就有权利去做、控制、要求这一事物。"[1]这就为哈奇森接受完备权利和不完备权利的传统区分奠定了基础。那些对人类社会不可或缺的普遍幸福有用的权利就是完备的,那些功用上有所欠缺的权利就是不完备的。但他清楚,在他的理论中,这一差异并不明显:

> 完备权利和不完备权利之间的界限并不总是清晰可见

---

[1] Francis Hutcheson, *A System of Moral Philosophy*, 2 vols., London, 1745, 收于 *Collected Works of Francis Hutcheson*, 由 Barnhard Fabian 图文传递, 7 vols. (Hildescheim: Georg Olms, 1969), vols. 5-6 (我使用的是原版编号,比如1和2), 1, 1, 第253页;与之相对,. *A Short Introduction to Moral Philosophy* (Glasgow, 1747), 收于 Collected Works, 4, 第118-120页, *An Inquiry into the Original of our Ideas of Beauty and Virtue*, 4th ed. (London: D. Midwinter et al., 1738). 第277-278页。现在,有关于哈奇森道德哲学和政治哲学之间联系的优秀概括,即 T.D. Campbell, "Francis Hutcheson: Father' of the Scottish Enlightenment," 收于 Campbell 和 Skinner, 编. *Origins and Nature of the Scorrish Enlightenment*, 第167-185页。

的。这是一个渐变的过程,经过一些几乎难以察觉的阶段,从人性中最低级、最无力的要求到更高级、更神圣的义务,直到有些不完备的权利是如此有力以至于我们几乎不可能将它们和完备的权利区分开来。①

不仅如此,哈奇森还明确地给出了结论,如同权利的道德基础是关于最大幸福的自然法一样,在特定的例子中,所有的个人权利(包括完备权利)都有可能被具有更高的综合效用的行为超越:"任何私权利都不足以对抗所有人的综合利益。这一系统最广泛的优势就在于对所有个人的权利或者特定社群的权利的控制和限制。"②在这一关系中,需要铭记,哈奇森的社会秩序是一种关于全世界的、十分幸运的秩序,至少我们能确定的是,在这一秩序中,一个人的道德行为最终不会与另一个人发生冲突;因此,这一妥当的构思,使得他在沿用了完备权利和不完备权利的同时,认为二者不会存在真正的冲突。③

尽管公民社会的法律并不限于保护完备权利,但这是哈奇森给出的主要任务。然而,在此之外,他还明确给出了一个法律的对立面——作为政策事务的积极德性:致力于道德和宗教教育,节约

---

① *A Short Introduction to Moral Philosophy*,第 122-123 页;*A System of Moral Philosophy*,第 262-263 页;关于完备权利和不完备权利,参见 *A Short Introduction to Moral Philosophy* 第 141-146 页,*A System of Moral Philosophy*,1,第 257-259 页,*An Inquiry into the Original of ourIdeas of Beauty and Virtue* 第 278-280 页。哈奇森也接受了"外部权利"这一类别,意指不道德的完备(法律)权利,参见 *A System of Moral Philosophy*,1,第 259-260 页;*A Short Introduction to Moral Philosophy*,第 123 页;*An Inquiry into the Original of ourIdeas of Beauty and Virtue*,第 281-282 页。

② *A Short Introduction to Moral Philosophy*,第 120 页;与之相对,*A System of Moral Philosophy* 1,第 273-274 页。

③ *A System of Moral Philosophy*,1,第 260 页;*A Short Introduction to Moral Philosophy*,第 123 页;*An Inquiry into the Original of ourIdeas of Beauty and Virtue*,第 282 页。

政治和军事开支,只有在最为必要的时候才动用法律强制力。①这些是政府的义务,它既是道德的,又有正义的强制力。

再一次,在弗格森那里,法律的主要对象是能够被强力合理保护的事物,也就是不完备的权利体系,这一体系不包括来自于上帝之手和自然赋予的消极共同体的权利。② 更进一步,与斯密十分相近,这里为公法保护和影响私权利提供合理的说辞。③ 与之相对,美德(比如,四种基本德性的实践)在法律的强制之外,其受到来自个人良心、宗教或公共声望这些裁决的"激励"。法律和美德因此区分开来,"在完备和不完备的权利主题之下,针对它们的制裁也可以被认为是可区分的。"④但是,尽管一般来说可以这样"认为",然而这对人类公德来说是一个巨大的误导,因为"它并不仅意味着规则因为能够被强制执行才得以存在,这一表述遮蔽了规则的条款中蕴含着指向人类之善的智慧。"⑤

---

① 参见 *A Short Introduction to Moral Philosophy* 第 8 章和 *A System of Moral Philosophy*, Book 3, chap. 9。
② 关于法律的对象和方法:*An Essay on the Iiistory of Civil Society*, Edinburgh, 1767, D. Forbes 编 (Edinburgh: Edinburgh University Press, 1966),第 154-167 页;*Instirutes of Moral Philosophy* 2nd ed. (Edinburgh, 1773; facsimile ed. New York and London: Garland Publishing Co., 1978),第 172-173 页;*Principles of Moral and Polirical Science*, 2 vols. (Edinburgh, 1792; facsimile ed. Hildescheim and New York: Georg Olms Verlag, 1975).2,第 179-183 页,第 315-316 页。关于权利体系:*Instirutes of Moral Philosophy*,第 174-202 页;*Principles of Moral and Polirical Science*, 2,第 3 章。关于消极共有:*Principles of Moral and Polirical Science*,2,第 192-193 页。
③ *Principles of Moral and Polirical Science*, 2,第 257-292 页,特别是 270-292 页(最重要的核心原则在 284-288 页);*Instirutes of Moral Philosophy*,第 203-208 页。
④ *Principles of Moral and Polirical Science*, 2,第 315-320 页;与之相对,*Instirutes of Moral Philosophy*,第 213-214 页。正义,当然是核心德性之一,弗格森强调,他区分了由法律强制来保障的正义和作为德性而被"自由"实践的正义,并以此区分法律和道德。(*Principles of Moral and Polirical Science*, 2,第 315-320 页)这也是为何他在其他地方描述核心德性的时候,认为"正义"和"仁慈"的经典用法是可以自由替换的,但这种用法确实令人困惑。(参见 *Principles of Moral and Polirical Science*, 2,第 43-44 页,第 108-11X 页)
⑤ *Principles of Moral and Polirical Science*, 2,第 316 页。

所以，尽管所有理论都强调"必要性"和随之而来的法律与道德相对的强制力，尽管这一必要性作为实现美德的手段为更进一步的社会必要性奠定了基础，但是，我们还是要宣称一个一般原则，那就是法律并没有比其他道德美德更多的道德义务。这一原则是理解弗格森的基础。毫无疑问，关于"德性"在何种情况下能够超越内在于法律的"纯粹正义"，弗格森并没有如同哈奇森那样给出明确的功利主义论证。[1] 因此，他影响最深远的文本——《市民社会史》(Essay on the History of Civil Society)——的中心思想是，个体追求自身利益是现代商业社会创造出来的荣光和命运，而从道德上来讲，法律并不足以保护个体追求这些利益的权利。这一追求如果绝对安全，那么结果可能是除了"精神"文明之外、其他与人类道德结构相关的文明都将毁灭。

弗格森调和两种路径的狂热尝试使得我们在讨论正义概念时提到的张力——或者说"消极正义"和积极"德性"之间的张力——达到了顶峰。哈奇森借助功利主义的手段解决了一些问题，但这要求他放弃权利的概念（当然，实在法中的法律权利不在此列）。在他之后，直到里德才找到了休谟、斯密与格劳秀斯在哲学上的联系。但是，里德可能比他同时代的人更为敏锐地意识到，格劳秀斯的权利理论与道德思想的其他传统——新人文主义的德性理论，约翰·波考克(John Pocock)使这一理论为人所知——之间的关系令人懊恼。[2] 在指出哈奇森和弗格森处理格劳秀斯遗产

---

[1] 尽管他有提到，那些急需帮助又无力自助的人，不仅可以基于人性和同情向富人提出请求，而且可以基于正义和良善政策向他们所在的国家提出请求。(Principles of Moral and Polirical Science 2, 第372页；与之相对, Instirutes of Moral Philosophy, 第212页。

[2] 我和 J.C. Stewart-Robertson 即将出版 Reid 关于法学理论和政治学的讲稿手稿，其中的内容与这两种传统都有相关。关于波考克在这个问题上的想法，特别参见他提及的文章："Virtues, Rights, and Manners. A Model for Historians of Political Thought," 载于 Political Theory. (August, 1981).第353-368页。

的困难的同时,我试图从法学理论的视角出发,在两个传统之间建立一种联系。是什么使得休谟和斯密在同时代的苏格兰思想家中显得与众不同?答案可能是,在二人的理论中,个体追求的自由在政治领域(在其他领域,并不必然存在)具有了道德上的首要地位,优先于其他道德诉求;与之相对,对于其他人来说,"正规"自由的理想和其他类自由的理想之间存在着张力:免于道德欺骗的自由以及作为广泛人类目标的特定德性的实现。这一问题隐藏在道德的客观性之后,当思想家处理它的时候,还要考虑何种道德受制于历史的变迁:存在常识哲学中宣称的普遍有效的道德德性理想吗?还是如同休谟和斯密所说的那样,这一普遍性只限于与那些人类社会不可失去的正义相关的、最低限度的正式道德推理之中?

因此,针对格劳秀斯正义理论的争论,在苏格兰直接演变为了关于道德、法律和公民社会的历史性难题。财产或政治契约理论的出现降低了人们对这一难题的重视程度。于是,如果我们想要完整地描述格劳秀斯在现代社会和政治思想史中的地位,就不能被欧洲大陆这个地理范围所局限,也不能被17世纪和18世纪早期这个时间段所局限。

莱布尼茨的法学理论

【美】亨廷顿·凯恩斯 著

尹亚军* 译

……他集两种几乎互不相容的优秀特质——探索精神及其方法论——于一身……①

莱布尼茨从一开始就将其在科学研究中所明确的一系列指导观念引入了法律哲学,诸如个体性、系统性、同一性、可能性以及因果关系。他认为,我们的理性建立在两项基本定律之上,其一为"矛盾律",即评判"真"与"假"时必然涉及它的对立面;其二为"充足理由律",即除非存在解释事实为何如此的充足理由,否则便不会有真实事实存在,亦不会有真实描述,尽管这些理由通常并不为我们所知。② 在上述两项基本定律的完整内涵没有得到清晰阐明的前设之下,莱布尼茨的意指究竟何在?当然,首先可以确定的是,通过这两项基本定律,莱布尼茨发展出了他的必然真理理论

---

* 尹亚军,法学博士,深圳大学理论经济学博士后科研流动站。

① 《狄德罗作品全集》(1821),第65页。

② 《单子论》,第31-32页。莱布尼茨在其他地方也重述了"矛盾律",概括而言,矛盾律是一种非真非假的状态,包含两项真命题:(1)同一立场中真和假之间是互不相容的,亦即某一立场不可能同时是真又是假;(2)相应地,非真与非假之间也不相容,亦即在真与假之间并没有中间立场。简而言之,一个命题不可能既非真亦非假。Erdmann, God. Gull.Leibnitii Opera Philosophica (1840) 339。

和偶然真理理论,前者可经由矛盾律得以阐明;后者则由充足理由律予以阐明。进一步地,他主张思维是评判真理的标准,这将他引向对自然法和实在法推理的理性主义方法,以取代当时占主导地位的神学或宗教学方法。他的研究最终发展成为一个成熟的哲学体系,法学理论是其中不可或缺的组成部分。然而,他的法学理论从未以任何统一的形式呈现,而是散见于诸多论文和通信之中。作为一名哲学家,他的基本观点广泛涵盖哲学的主要方面,当时的自然主义科学启发他尝试对局部的精细研究做一些实证调查。在他的法学理论中,"充足理由律"占据着主导地位,同时,这也是理解和解释他的思想的依据。他的基本法学理念与其主要哲学体系是一脉相承的,但其间的具体联系以及实在法领域中的具体观点尚待深入研究。

基于对实践的强烈意识,莱布尼茨的理论主导了当时在人类事务领域的研究。那时,尚没有其他哲学家密切参与实践事务,也没有在实践方面的洞察力,在这一点上,仅有大英帝国的霍布斯追随着他。莱布尼茨在法学方面的诸多研究成果主要是对彼得大帝的建言,这最终导致将俄罗斯以及西方列强的体制应用于有类似根基国度的行政改革。另外,他曾就埃及在东征计划中的重要性向路易十四进言,这辈后世认为导致了拿破仑埃及战役的爆发。

一、前言

莱布尼茨说,他曾根据新学到的知识反复修正其理论,因此,他的理论直到其40岁时方才定格。尽管如此,他早在18岁任职时所创作的司法领域的著作中就清晰地显示出了研究的成熟品格,如对经院哲学思想、新颖视角的选择、科学分析方法的运用等的结合。离职之后他仍持续地关注着那些他最初涉猎的司法理论,并坦诚说这些理论亟待修正,在他去世之时,作为他的司法理论中最重要的著作——《法学新方法》(Novamethodus juris)——还旁注了细微的改动。

莱布尼茨的早期著作所采用的研究方法主要沿袭了上一世纪的形式逻辑学,然而,他越来越强烈感觉到自己的研究进路转向了哲学方法,并由理性取代了在17-18世纪占主导地位的权威观念。他认为,科学的有效性随其能够企及的思考深度而发生变化。他的哲学教授资格作品——《迷人的哲学问题:法学文集》(Quaestiones philosophicae amoeniores, ex Jure collectae)①——即公开指出,该文集的目的在于防止法律学生走向过度专业化,同时也为了避免他们对其他学科(尤其是哲学)的轻视。这一观点为时下众多法学家所支持,已经成为当下学说的主流观点,该观点认为:法学并非自给自足的科学,其必须与历史学、经济学、社会学等有着共同或类似问题意识的其他学科合作。莱布尼茨在该书的前言中写道:

> 本研究的难题已超出我的能力范围,但这一选题却是意义非常、且为我所钟爱。我系哲学出身,并研习了法学理论,因此有很多现成的机会回到哲学,思考法学是起源于哲学、或是哲学的分支,或者仅仅是与哲学紧密关联。我所面临这个难题的解决,同样有助于消除法学家们对哲学的蔑视。当他们发现如果没有哲学的指导,法律的众多分支将如同陷入迷宫一般得不到周延解释;当他们了解到法学前辈们是如何深入探讨法学及其他学科之时(他们对哲学的重视便会加强)。由此不难理解乌尔比安将法学界定为神事和人事的科学,因为他确信,如果缺乏既有的哲学视野,法学将难以自足,更不能实现正义。

---

① 4 Dutens pt.3, 68.

莱布尼茨提出了试图展现法学与形而上学、逻辑学、数学以及物理学等学科之间关联的 17 个重要问题，并以此非体系化的方式拓展了上述观点，其中一些问题在当下也时常出现，或以重提恒常事务的方式，或以寻求更为精细处理办法的方式。例如，在针对国外企业征税的问题上，莱布尼茨的理论与当下的法庭意见就极其吻合，如果产权是一种关系，这一前设为现代大多数法学家所赞同，但莱布尼茨并没止于此，而是追问道：那么一种关系能否凌驾于另外一种关系之上？莱布尼茨的形式逻辑之最佳应用可能是在"肯定者应承担举证责任"（affirmanti incumbit probatio）法谚的讨论上，他认为，确定性并非依赖于语言的形式，同一立场既可以通过积极肯定的形式表达，也可以是消极否定的形式。从写作该书之时到期后相当长的一段时间，莱布尼茨深受经院哲学传统的影响，因而他的引言、论证过程均严格按照该学校的技术标准而进行的。

随后，他于 1665 年发表的《条件论》（Doctrina conditionum）[1] 探讨了为其形式方法服务的条件规则与解释规则理论，该理论被认定是司法裁判逻辑的组成部分，因而裁判的结果受数学论证逻辑的影响。[2] 他坚称，从语言的角度讲，作为科学的法学是一个极好的研究对象，经由此，我们可以在法学的发展进程中探究古罗马法学家的过人智慧与深谋远虑。他说：在法的界定方面，法学前辈们展示了其智识与深刻洞见，他们通过完全肯定的和数学论证的形式阐释法律，实质上这已是一项精心筛选而非再创造的活动了，这一理论应予认真对待，不管是法律的界定还是法律运行的三段论推理。就此，莱布尼茨以"当来自亚洲的船舶到达海岸，提图斯（Titius）应有百种以上的理解"为例来论证事实情况远比想象复

---

[1] Id. at 92.
[2] Id. at 93-94.

杂,因为船舶到达这一条件,连同相应的到达时间,才构成一个完整的事实。进一步地,在莱布尼茨看来,船舶到达并经官方认可的机构验收后应立即付款,若没有专业的第三方机构介入,便以船舶的实际到达为准,并在交付时付款。尽管这类推理方式的结果会被认为有过于严格地在法律秩序环境中应用形式逻辑的风险,但该论文在当时仍获得了许多高级专家的支持。甚至在当代,他的观点仍被视为具有真理性:一旦法律制度的基础得以有效确立,那么依照物理学的方法进行推理论证便成为可能,① 但是,为了确保司法中法律框架运行的确定性,将额外的影响降至最低实属必要。

在他20岁时的著作《论组合艺术》(*Dissertatio de Arte Combinatoria*)中,莱布尼茨提出了其终生反复适用的一种观念以定纷止争,即普遍语言或普遍数学理论。显然,通过这一方法,形式规则将替代理性分析,而结果将像数学推理和计算那样简单易得,相应地,在几何学中所运用的程序也可应用于道德说理。进一步地,莱布尼茨指出,哲学家们之间的争论将变得跟会计之间的争论一样完全没有必要,因为"如果争议或分歧出现,他们需要做的,就是心平气和地对彼此说:我们来计算计算!"② 罗素(Bertrand Russell)指出,莱布尼茨认为在任何先验的科学中,只要基础要素确立,剩下的影响将仅仅来自于推理规则;且为了设定恰当的基础要素,有必要分析所有使用的概念,直到析出所有公理都能遵从同一命题的简单概念。③ 莱布尼茨视三段论为普遍数学之一种,且是人类创新中最富有成效的贡献之一。他的观念已经成为现代数学重要分支的基础内容,但在哲学方面却没能如此,这主要由于那些意义重大的要素之公式化表达无比困难。

然则,就在同一年,莱布尼茨在他的毕业论文《论法学中的难

---

① Hratmann 16.
② 7 Gerhardt, Die Philosophischen Schriften Von G.W. Leibniz (1931) 200.
③ Russell, Philosophy of Leibniz (1900) 170.

题》(*De Casibus Perplexis in Jure*)①中提出了法律适用的理念,他认为,法律制度是一个所有出现的问题都能得以解决的完整体系。这一观点也广泛地为实务律师与法学家们所主张,但若视其为现有法律制度的客观描述,显然偏离了实际,其仅仅在理论意义上成立。正如埃利希(Ehrlich)所观察和描述的那样:"实践努力致力于以一系列充足规范的供给为目标,且期望能为所有可能出现的案例予以高效判决,并以此使规范富于约束力。"②莱布尼茨将"复杂案例"界定为"由于内在的逻辑冲突而明显不能得以解决的法律之结",但他希望所有案件都能通过司法解决(ex mero jure),因此,他将那些不能解决的争议经由抽签或者仲裁方式予以解决。虽然他将该处的法律范围指定为涵盖实在法、自然法或人类法的所有法律规则,但在实质上,正如现代美国司法裁判所显示的局限一样,裁判有着漫无边际的自由裁量,而与其不同的,仅仅只是措辞表达而已。

攻克逻辑学上被称为困局的问题,莱布尼茨不曾犹豫。长期以来,逻辑学家们就他选取作为讨论对象的困局争论不休。③一个名叫欧提勒士(Euathus)的学生向其老师普罗泰戈拉(Protagoras)许诺,如果他赢了第一场官司,那么他将会把收费的一半支付给老师,但欧提勒士并没有出庭,因此,普罗泰戈拉遂向法院起诉要求支付欠款。普罗泰戈拉向陪审团主张说:如果欧提勒士输了那场官司,他将不得不因败诉而支付金钱;而如果他赢了,就必须依照协议支付金钱给我。因此,不管怎样,欧提勒士都要支付金钱。对此,欧提勒士反驳道:如果我赢了,那么我将不会向法庭支付金钱;而如果我输了,我便不需要依据协议向

---

① 4 DUTENS pt.3, 45.
② Ehrlich, Fundamental Principles of the Sociology of Law (1936) 20.
③ See Aulus Gellius, Noctes Atticae v, 10.

普罗泰戈拉支付金钱。因此,不管怎样,我都不用支付金钱。莱布尼茨指出,毫无疑问,根据正义设定的目标,最终判决应支持普罗泰戈拉。首先,他会基于诉讼申请先于协议的条件为由驳回普罗泰戈拉的起诉,此时,普罗泰戈拉应立即再次起诉,这样先前欧提勒士的胜诉便满足了协议的条件。因为先前的诉讼已经被驳回,该已决案件的争论并不适用于后续案件,并且,普罗泰戈拉的胜诉机会仅在第一次诉讼结束之后产生。很可能,莱布尼茨的真实意图仅仅是将该案例视为例外,因为在协议签订时双方当事人的诉讼并没有发生,或者由于普罗泰戈拉考虑到作为一项合法但不合理的精神保留,该例外情形于己有利。这一争论案例仅仅是他多种类型理论的一个缩影,有着类似根基的现代逻辑学者认为,普罗泰戈拉并非意在与他学生的第一次官司,而是其他官司。

二、法学教与学的新方法

莱布尼茨的一生致力于法学领域的彻底改革,这一点并不足为奇。他的早期论文均显示出其青年时期的明确期望——基于对"某一学科的僵局可借鉴于其他学科的理念予以突破"的确信,基于"经由有条理的方法论而习得的推理能力能够胜任所以探究任务"的信念。17世纪启蒙运动的社会思潮及其影响在莱布尼茨的著作中有明显的印迹,其早期著作也不例外。怀特海(Whitehead)曾指出,欧洲人从上一世纪至今的理性社会生活便源于17世纪的杰出学者们提出的资本积累观念。莱布尼茨的处女作出版之时,该世纪已过去三分之二,他充分吸收了前辈们的学术成果,并率先地将该新观念直接应用于法学研究。他的一生都致力于实现此种理想图景,但其最初的重要尝试则已是1667年的《法学论辩教学新方法》(Nova Methodus Discendae Docendaeque Jurisprudentiae),①该文令莱布尼茨声名大噪,甚至可与培根59岁时完成的《新工具》(Novum Organum)相媲美。如果莱布尼茨其时的年龄——21岁——是其论文完成的不利因素的话,那么作为平衡,他的理念在当时得以广泛传播并有追随者应用于实践的现象更加说明这一成就的可贵。

莱布尼茨的论文一方面批评了当时的法律学方法,另一方面则提出了改革的大致框架。当时的法律学方法继受于12世纪博洛尼亚及其他地区的法学复兴,伊尔纳留斯(Irnerius)及其继承者的方法设计。莱布尼茨的注释中提到,伊尔纳留斯细致地研究了法典的内容含义,并通过设问和讨论的方式向他的学生阐明仍旧晦涩难懂或明显矛盾的问题。本质上讲,所谓的学术研究方法,正是那些同样用于探究神学和科学问题的方法。通过逻辑学工具,我们能辩证地分析概念和创立三段论。② 对此,拉什达尔(Rashdall)总结道:

> 对文字表达内容近乎迷信的坚守;将某一原则的逻辑结果推到极致的倾向;以及用表面上看来似乎相互矛盾的原理竭力协调这一紧张关系。连同划分类别、界定概念、以及进一步寻求细微差别的激情,以及精益求精的精神。这些特征与强判断力和社会事务的基本知识一道,形成卓越法律才能的基本要素。③

方法论上的探索成果是法律史上的一项重大进步,但到了13世纪中叶,随着阿库留斯(Accursius)的巨著《标准集注》(Glossa

---

① 4 Dutens pt.3, 159.
② See Vinogradoff, Roman Law in Medieval Europe (1929) 56.
③ Rashdall, The Universities of Europe in the Middle Ages (1936) 254.

ordinaria)面世,以及学校的高水准要求,方法论亟待修正。诸多评论普遍批评这些注释像蝗灾一样掩盖了正文,以致于仅有被注释的部分能进入法官的视野。当法官开始注重注释,其结果便可想而知了。①

评论法学派系继受注释法学派而来,前者采用了为大家所知的意大利式(mos Italicus)方法,他们开始尝试探求他们自己时代的"罗马法",而不是固守优士丁尼(Justinian)时期对罗马法的理解和解释,他们的伟大成就也正在于将古代法改造为意大利新法。尽管通过人类学家的帮助,他们能够轻松获得新方法,但他们仍旧坚持追随辩证法的应用。通过对逻辑推理的重视和强调,他们找到了法律研究的新的增长点,但迅速地,演讲和著述变得冗长晦涩,以致于仅有很小的一部分主题能赢得关注。进一步地,法学家们开始只调容易的话题讨论,而置那些困难议题于不顾。

人类学家的努力促成了法学研究的第三次复兴。但丁(Dante)曾对法学家们拒绝更新知识并且拘泥于法律文本的字面解释现象表达不满;对于他们拒绝在其他学科寻求养分的行为,彼特拉克(Petrarch)驳斥他们为唯利是图、不思进取之辈,并指出从事那些虚构的诡辩是浪费生命;薄伽丘(Boccaccio)则认为法律根本就不能成其为科学,并极力与法律撇清关系。那些掀起了所谓意大利文艺复兴的学究及其追随者们在法学知识的提升上贡献甚微,他们的研究目标仅仅是提高品位、更拉丁化、复古崇拜以及调和辩证法。② 在那些人类学者中,瓦拉(Lorenzo Valla)是典型的例外,他认为,希腊化和拉丁化有助于提高学术品性,他反感评论法学派,并且,他对古典罗马法的热衷促成了他在文本主义方法上的

---

① See Haskins, The Renaissance of the Twelfth Century (1933) 202.
② A General Survey of Events, Sources, Persons and Movements in Continental Legal History by Various European Authors in I Continental Legal History Series (1912) 396, translating Stintzing, I Geschichte der Deutschen Rechtswissenschaft(1880) c. 4, 8.

发展。他的学生莱托(Pomponius Leto)承继其衣钵并成为重塑罗马法律史的先锋,而同时期,追随他的还有比莱托稍年轻的波利提安(Politian),一位极具天赋的诗人和学者。整体而言,上述学者以及其他文本研究者共同开启了法学研究的新篇章。就这次运动,卡里塞(Calisse)评论道:

> ……法学研究不仅在文本批评上,在研讨主题以及研究方法上均拓宽了视野,且获得了提升。如今,除了私法之外,公法也被纳入了研究范围。文本解释过程加入了综合因素考量和一般论著。实践不再是唯一的目标,而真正的目标在于真正意义上的法律科学的建立,相应地,历史学、语言学等均为其所用。[1]

人类学运动的遗产之一便是拉姆斯(Peter Ramus)的研究成果,而莱布尼茨的改革正是建立在批判拉姆斯及其方法之上的。最初,拉姆斯体系宣称他们保有前辈们的自由品质。[2] 人们的思想不应受教条主义所限制,而应享有自然法所给予的最大自由空间,这里的自然法规则是经由"仔细观察在实践中人们的思想如何运作"而发现的,收集好这些规则之后,应将其纳入既有的自然秩序,以期望的充足适当理由为标准,通过特定形式确立。以上述集结的规则为基础,拉姆斯体系逐渐成为一个辩证方法的复杂系统,且更多地偏重于说理与论争,对真理的探索则降格为次要了。[3] 拉姆斯认为,理想的思维过程总是从一般到特殊,不管是理

---

[1] I Continental Legal History Series (1912) 150, translating Calisse, Storia Del Diritto Italiano (1902) 157.

[2] For a summary of the movement, see Waddington, Ramus, Sa vie, ses Ses Ecrits Et Ses Opinions (1855) 364 et seq.

[3] Graves, Peter Ramus and the Educational Reformation of the Sixteenth Century (1912) 148.

论还是实践生活,若缺乏"方法"的指导,一切将陷入混沌。在欧洲,他的方法论备受推崇,其主要优点在于,它使法学家们不再回避难题,并拥有不受方法限制的自由,与此同时,这也使得他必须将所考察主题的所有争议点纳入思考范围。然而,所设计的方法被各式各样的问题给掩盖或吞没了,拉姆斯体系陷入了相同的困境。因此,虽然其逃离了纯粹的自然主义,但却不得不屈服于一种新的形式主义,而最终将被固步自封的方法论所摧毁。[1]

莱布尼茨的法学教育理论当中隐藏着一个核心观点:法学应该被视为实践学科和理论科学。若法学教育完全以理论科学形式出现,亦即以学术为基础,学生则通过听讲座、背诵法条和研习教科书而习得知识。在大多数高等学校的人文社会科学教学中,背诵是其基础方法,该方法有诸多优点,如果被处理得当,这种方法至少可以让学生对一门学科进行概要式了解或对构成该学科的基本原则有一个非常清晰的理解。但这一方法并不足以应用在像法律这样专业性强的学科。从法律的实践层面上讲,律师和法官们可能仅仅是重复适用者,即形式主义者和过时观念的兜售者,然则,法学教育要求寻求对法律进程中的基本原则进行富有创造力的理解,并且律师们的言词表达非常丰富。正是在这个意义上,死记硬背的方法是无能为力的。而当面对一项法律任务时,学生们并不被允许执行那些富于创造性的法官和律师们所适用的程序。[2] 为了弥补纯理论教学的不足,有必要求助于各种不同的教学方法,例如,在英格兰,以律师身份行为者必须在律所实习一年;在美国,法学院则采用了广泛使用的案例教学法。所有这些均已被中世纪的大学教育认识到,莱布尼茨的努力正是尝试呼吁这一教学观念,同时以对抗该时的过度形式主义。

---

[1] I Continental Legal History Series (1912) 400, translating Stintzing, op.cit. supra note 15, C. 4, 9.

[2] See Ames, Lectures on legal History (1913) 362.

与诺斯(North)①一样,莱布尼茨坚持认为,就法律人更为全面的能力培养而言,通识教育是非常必要的,他们必须在历史、政治、哲学、道德、数学以及逻辑学方面功底扎实,②尽管莱布尼茨并未直接陈述这一信念的内容,但从他的论述来看,这一点并不难总结,法学教育,必须使学生理解法律文化的最为重要的功能——社会统治秩序的维护和发展,但这一秩序又与其他众多秩序类型交织在一起,并且,要使该秩序发挥实效,必然也需要其他秩序的支持。

莱布尼茨的法学教育新方法将必要的学习时间从5年降至2年。第一年,应当开设目前所称的法律史和法律文献学课程。包括当下适用的制定法和判例等真实有效的法律渊源也是向学生传授的必要课程之一,另外,那些莱布尼茨着重强调的、有教学价值的技术条款以及这些条款在实际案例中的应用应被充分阐释。就此而言,学生们对法律的学习开始于初始法源,这是教学的主要内容。老师仅提供有限的指导,主要任务则是要求学生掌握分析问题以及在具体案例语境中如何理解与适用的方法。正如怀特海所言:"我们必须牢记,最有价值的智力提升是自我提升,"③而莱布尼茨则是将其付诸实施,并作为他教育制度中的主要原则之一。第二年,为了所谓的论辩技术课程学习,莱布尼茨首先提出在本质上何为法庭辩论制度,即意在取代分析法律问题的传统三段论方法,相应的程序设计则依照当时的德国法庭实践。庭审由12名学生参加,持续2小时,所有学生分别归属于支持或反对立场。如同在真实案例中一样,一系列问题需要结合讨论,如此,莱布尼茨认为一年中大约涉及3600个问题,其中,老师扮演法官角色,并将作

---

① North's Discourse on the Study of the Laws was published in 1824, but had been written many years before his death in 1734.
② 4 Dutens pt.3, 200-201.
③ Whitehead, The Aims of Education and Other Essays (1929) 1.

出最终判决和充分的判决说理。辩论中,支持和反对立场的学生各占一半,模拟法庭辩论由老师引导,并要求以简洁的德语而非拉丁语开展。模拟法庭的进行并非流于形式,因此其所涉及的争议问题及其讨论将向全体老师和学生公开,辩论中,学生基于各自的立场而作辩护准备,思维碰撞的火花将在临场的攻与防中产生。

按照宗教体系的分类方法,莱布尼茨将法律课程细分为四个部分,即基础概念或概述、法律史、法学理论以及模拟法庭辩论。与此相应,莱布尼茨呼吁编订一套新的法学教科书。第一册是基础性内容,包含全部的术语概念界定,并用精确的、简明的内容阐明,就此,莱布尼茨希望名词定义以查士丁尼法典为基础,但重新整合。第二册的内容为法学演变史,以及相应的历史背景。第三册为法律哲学、法律语言学、法律与道德、政治以及法律逻辑学等法的形而上学,在法律解释方面,应遵守意大利式注释风格。第四册即辩论部分,他要求以自然法为基础的广阔法学视野。上述分类的理念与培根在其法律科学著作《论辩》(*De Augmentis*)中提出的三分法极其相似,即第一册为法学基础,是学习整个课程的关键和概述;第二册为法律文献,这是使学生们熟悉法律的指导原则;第三册为法学术语词典汇编,但不以字母顺序编排,而是以《罗格同义词词典》(*Roget's Thesaurus*)为蓝本组织。莱布尼茨在其论文的末尾列举了法学新方法所需的 31 项基本要素,起止术语分别为"法律职业共同体"和"新潘得克吞法学",其中还有"算术法学"等术语。该术语清单的灵感来自于培根《新工具》一书末尾对基本要素的清晰列举。莱布尼茨曾试图增加一些基本要素对查士丁尼法典进行重组,然而,法律科学的界域特征使该结果难以实现。有评论者[①]认为,莱布尼茨的上述遗憾与有着巨大影响力但同样

---

① See I Continental Legal History Series (1912) 422, translating L Andsberg, 3 Geschichte der Deutschen Rechtswissenschaft (1898) 2.

在补充哲学必要内容上失败的培根有其相似性;另有评论者以明确支持的态度指出,应取消拓展新的基础要素的计划,因为这"仅仅是不安和冲动青年的不成熟思想"。① 基础要素清单的汇编实属不易,但对于此事,最该持有的态度可能应是对莱布尼茨没有足够的时间来完成他的伟大计划而感到遗憾。

三、法律哲学

与他的大多数著作不同,莱布尼茨的一般法学理论采用了思辨的方法,正如有机体生物一样,它的形成不是一蹴而就的,而是反复推敲演变而来。因此,我们应将莱布尼茨在法学理论领域提出的重要理念归功于霍布斯(Hobbes)、格劳秀斯(Grotius)、普芬道夫(Pufendorf)、笛卡尔(Descartes)、洛克(Locke)以及其他如今已被遗忘的大师们主张的观点的批判继受。其中一些在其法学理论中尚未表述的理念(尤其是形成其系统法哲学的理念)可见于其著作《单子论》(*Monadology*)中。在《单子论》中,他尝试将分散在其完成的许多小册子和信件中的哲学原理及其启示等重要内容融合在一起。无疑,这一任务本应由莱布尼茨的高徒来完成。但对莱布尼茨而言,论文中的这些素材正是促使他进行创造活动的源泉,因而一些大胆的和富于想象力的思想创新便体现在了其表述的原则之中。然而,尽管有《单子论》作为思想统领,他提出的法律原则之间仍然存在前后矛盾或不协调现象,事实上,如果莱布尼茨曾力图克服如此,在他设计的法律体系中形成一致的理念是完全可能的。

莱布尼茨的首要任务便是将自然法建基于理性之上,并将其从宗教神学和政治专制主义中分离出来,进而证明自然法仅仅是

---

① Hartmann 25.

理性的道德律令。他强调说,上帝是所有自然法的记录者,这是真理,但这并不意味着自然法源于上帝的意志,而是源于其自身的本质。同理,上帝也是真理的记录者,但真理并不依赖于上帝的意志。① 很可能,几何学者和法学家们都是无神论者,格劳秀斯就曾准确地指出,自然法是可理解的存在,即便我们应设想并无上帝存在。与等式和面积的数学规则建立在公理或定理之上一样,公正和礼仪规则也应有其相应的公理,而上帝并不会违反它们。② 莱布尼茨还专门驳斥了笛卡尔主张的真理源于上帝的意志,他认为,笛卡尔坚信,上帝有使"三角形的三角总和等于两个直角"命题为假的绝对自由,这是极其荒谬的。③ 类似地,上帝不能使三角形有四条边,也不能使"四"成为一个奇数。如果上述所列领域是免受上帝意志控制的话,那么在道德与法律领域内更应如此,因为在道德和法律领域,使善变为恶、错误变成正确已经超出了上帝的能力范围,反之亦然。莱布尼茨坚持认为,永恒的真理是凌驾于上帝意志之上的,尽管它们仍属于上帝可理解的范围,因为上帝并非最佳的判断者。④ 仍需注意的是,永恒真理的理据并不能根据上帝的理解而建立,而实质上,这些并非真理,上帝之所以理解它们(更确切地说,是上帝必须理解它们),是因为上帝拥有最富足的学识,因为它们是真理。"它们是真理"和"为什么它们是真理"与上帝的本分无关。真理,无论其关注的主题为何,都是不可变和永恒的。真理在上帝的脑海中存在,但并非上帝思维的结果。上帝知道所有真理,但他并不创造它们。⑤ 莱布尼茨认为,上帝的概念意味着最高的道德哲学,同时也意味着上帝并非道德哲学得以建立

---

① Monadology 267.
② 4 Dutens pt.3, 273, 279.
③ Id.at 272.
④ See Monadology 242 n.72.
⑤ See Zimmermann, Das Rechtsprinzip Bei Leibnitz (1852) 13. For a reconciliation of statements by Leibniz apparently in conflict with this doctrine, see id.at 32 et seq., 44.

的根基。① 此外,洛克主张"上帝制定人类行为的规则",与洛克的强制规范主张相反,一般而言,裁判的理想基础规则应是将其转化为可以在任何时候予以撤销的任意规范。对此,莱布尼茨反驳道:真正的道德律令是不可变更的合理原则,且上帝有义务遵守。② 正因如此,在形成个体和整体道德要求之最终实现的阐释和保证程度上,上帝的概念被认为与法学相关。然而,上帝概念并非伦理本身的目的或合法基础。③

莱布尼茨反对霍布斯以及其他主权国家的阐释者,且其提出的理据与当时自然法学派拥护者的观点大体相同。他认为,权力或权威并非约束力判定的正当理由,也不能回答"为何如此"等更深层次的问题。换言之,权力并非判定公正与否的正当理由。否则,在权力可控制的范围内,所有权力都将是正义的;但显而易见,这与实践是相违背的。将公理和强权(right and might)置于同一层面考虑是根本误解"是"和"应当"之间真正关系的标志,它们分别代表"存在某事"和"被命令做某事"。那些基本的示范科学——如逻辑学、形而上学、算术学、几何学、力学以及断定是非的科学——并非建立在既有的经验或事实基础之上,而是用于对事实本身作出解释和说明,并设定规则预先规制。④ 就算世界上并不存在法律规则,但公理概念将仍旧行之有效。将强权纳入正义条件的错误观念起源于其混淆了公理与法律,以及理想原理本身与其实证表现。"应当"一词不应在既存的秩序及其模式中予以理解和解读,而应作为一项发挥指引实体法实施功能的规制因素。由此,莱布尼茨认为实在法不同于正义,"是"不同于"应当",并呼吁前者向后者转变。莱布尼茨实质上在为自然法的假设—演绎法

---

① See 3 Gerhardt, op.cit.supra note 6, at 429.
② See Erdmann, op. cit. supra note I, at 286.
③ See Cassirer, Leibniz' System in Seinen Wissenschaftlichen Grundlagen (1902) 451.
④ See Mollat 51.

辩护,该方法中,任何针锋相对的假设都将得以充分解析。科学研究的此种方法已经超越了单纯分类和描述阶段,而逐渐演变为理性的自然法学说应坚持的唯一方法。莱布尼茨指出,特拉西马库斯(Thrasymachus)将正义界定为强者的利益的论断是当今专制理论的典范。正如卡西尔(Cassirer)所注意到的:

> 他曾表示,他的这一论断和他自己的理论可以从历史视角清晰观察和判断。苏格拉底式教学与智者派式的教学之间、正义的永恒理念与相应的实践规范之间紧张关系的讨论再一次在现代哲学中死灰复燃。①

莱布尼茨深知,在实践中,理想图景的实现有着诸多限制,但是这些限制并不能否认理想的存在,相反,所谓的限制体系还激励和启发我们对理想的角色进行更深层次的理解。②

自然法应以理性而非上帝或专制国家的意志为基础,基于此,莱布尼茨继续深入构建他的法学体系。最高理性的目标在于指导行为实现最大多数人的最大的善,以及尽可能地分享幸福,这是首要的指导原则,而参照该原则行事才是神的真正本性。如果我们反过来思考,上帝以其专断的恣意来统治,既不顾及人类的幸福,也不考虑不合理的利益分配,那么上帝将可能被斥为昏庸、邪恶或者偏袒等至今不被接受的观念语词。③ 莱布尼茨将法学定义为处理正义与非正义活动的科学,其中,正义与非正义分别照应对公众有用和有害。④ 其中,"公众"指社会中的统治者、上帝、人类以及国家,为防止冲突的发生,有必要作出如下安排:上帝的意志优先

---

① Cassirer, op.cit.supra note 33, at 453.
② Hartmann 89.
③ 4 Dutens pt.3, 273.
④ Id.at 185.

于人类的、人类的意志优先于国家的、国家的意志优先于个人利益,因此,法学有三个层级,即神法、人法和市民社会法。因此,莱布尼茨宣称,个人利益促进的理论并非法学的有机组成部分,其属于政治学讨论的问题。

这一理论框架及其论证理据皆与格劳秀斯和苏亚雷斯(Suarez)所发展的理念有极大相同之处,并且这些理念的根源可依此回溯到西塞罗(Cicero)、斯多亚学派(Stoics)以及柏拉图(Plato)等先行者。例如,格劳秀斯最先提出:道德律令是恒定的,即便上帝也不可更改。① 上帝可以用不合理的理由来论证正当性无疑与使2×2不等于4那样不可理喻。在格劳秀斯的体系中,理性同样的道德的基础,并且是当然的指导准则,哪怕上帝并不存在;另外,在格劳秀斯看来,政治是特殊条件下对公民与国家实体之间的人为安排。对此,莱布尼茨坦言,他的思想与成果是在早已提出的、足够合理的概念的基础之上,并结合自己提出的法律体系而完成的。因此,他密切关注了从智慧的人类社会中推导出法律的格劳秀斯,研究了寻求国家安定和平反对一切人对一切人战争自然状态的霍布斯,也注意到了在世界真正起源中发现静态和动态法律的斯福尔扎(Sforza Pallavicino)。② 同样,莱布尼茨的此种折衷办法也常被提及,此处不再赘述。但另一方面,我们需要关注莱布尼茨的思想与边沁(Bentham)之间的关联,实质上,他们的观点之间的紧密关系已足够明显。

莱布尼茨的下一步研究计划便是发展权利理论,并尝试系统论述。③ 在列举自然权利的基本要素时,他提到:

---

① See Grotius, De Jure Belli Ac Pacis (1625) bk, I, C. I, 5.
② 4 Dutens pt.3, 212.
③ Preface, Codex Juris Gentium Diplomaticus (i693) It is translated in part by Latta. Monadology 282 et seq. For the full text, see 4 DUTENS pt. 3, 287.

……需要说明的是:(1)正义的基本原理,是人们之间的相互宽容;(2)私权或交换正义规则,涉及人与人之间的平等对待;(3)公权,是为了生活中最优的公共利益而调整不平等主体之间的善与恶;(4)权利的本质,是面向上帝的普遍美德与自然义务,也是通向永久幸福之道。另外,人权与神权两项要素也应纳入考量,其中人权存于一国之内或国家之间,而神权则存于教堂之内。①

莱布尼茨认为,权利是一种确定的道德力量,而责任或义务则是道德基础。对于善良者而言,道德是自然而然之事,正如一古罗马法学家所宣扬的那样,很难相信我们能做那些违反良善道德的事情;更进一步地,心存善念的人在其能力所及范围之内博爱众生。因此,正义更适宜界定为人们的仁爱,亦即是说,仁爱遵从于合理的规定。卡尼阿德斯(Carneades)曾针对正义的该种愚昧界定而展开讨论,并认为,如此一来,正义就是最为荒诞之事,因为它要求我们服务于别人的利益,同时置我们自身的利益于不顾。仁爱是普遍的善行,而善行是爱与尊重的习惯,给予爱和尊重是在使他人幸福的过程中获得快乐,或者也可以这样理解,即视他人的幸福为我之幸福。依循此种思路,难题便迎刃而解了,且在极为关键的理论上也如此,即一份与希望、害怕以及对利益深切关照之无私的爱如何可能,其原理在于:赠人玫瑰,手留余香,即通过使别人幸福而获得快乐本身即是我们自己幸福的一部分。上帝之爱胜于所有其他的爱,因为上帝能以最幸福之结局而被爱。没有比上帝更幸福之事,也没有别的值得拥有的幸福。上帝拥有无上的力量与智慧。他的幸福不仅仅是我们幸福之一部分,更是我们的幸福之源,如果我们足够明智的话,亦即是说,如果我们爱他。然而,鉴于

---

① Mollat 19; See Monadology 282.

智识应当指导仁爱，那么智识也应当被限定。正是幸福之学引导我们回过头去重新思考幸福的概念。

齐默尔曼（Zimmerman）总结说，①通过这一论述，我们找到了问题的关键。正义"与智识完全吻合"，②而智识是终极幸福之学，因此，正义的界定仰赖于终极幸福的定义，并且，在正义不确定时，后者可以作为补充。在莱布尼茨看来，通过终极幸福这一理念，迄今为止尚还空洞的正义概念将获得特定的内涵。终极幸福即为"一种永久愉悦的状态"，③而愉悦，如果不是持续性的话，将不能称其为幸福，即相当于为了短暂的快乐却陷入了长期的忧伤，这是不幸福的。然而，愉悦是一种灵魂深处的欲望，而欲望则是关于我们自身及其他事物的完美追求或优越感。由此，终极幸福即是对自我和他者的恒定满足感。

以起源为标准，自然权利可分为三个层级：严格法权利、衡平法权利和神法权利；或者分为市民法权利、人权和神法权利。第一个层级代表国家，第二个层级代表全人类，最后一层级代表上帝和宇宙。其中严格法权利对应交换正义，衡平法权利（或慈善，仅在狭义上理解）对应分配正义，神法权利（或诚信）对应普遍正义。④就此而言，便与乌尔比安的分类不谋而合了，即我们不应加害于他人，而应向他人奉献，亦即我们应当以善为本（或虔诚）地生活。这三个层级中，后一层级都比前一层级更完整，是前一层级的确认标准，以此避免发生冲突而致无效。

本质上讲，严格法权利是战争与和平的规则。和平之法调整人与人之间的关系以避免战争发生，亦即避免违法之事；在人与自然之间，同样也存在避免战争的长效规则。一方面，猛狮可以撕咬

---

① Zimmermann, op. cit. supra note 30, at 26.
② 4 Dutens pt.3, 261.
③ ERDMANNo, p. cit. supra note I, at 67; MOLLAT3.
④ Cf. Aristotle, Nicomachean Ethics bk. VII, C. 4, 1130b, 1131b.

人,高山可以阻隔人;但另一方面,人亦可以设法征服猛狮,也可以移山。人类征服自然并将其纳入控制之下谓之财产,因此,根据战争之法,人们有权拥有那些尚未被占有的财产,如果有人侵犯他人或其财产,那么后者可以凭借该法的强制力获得赔偿以救济。另外,欺骗也是侵犯他人权利的一种,应促成行为和意图一致,并促进信守承诺。总而言之,纯粹自然法的唯一准则即是:不伤害他人,如此,暴力将不会发生。① 进一步而言,如果侵害发生在同一国的公民之间,那么受侵害者便有权依照法律提起救济之诉;若侵害发生在不同国家的公民之间,则受侵害者便有权发动战争。这便是哲学家们称之为"交换"的正义规则,格劳秀斯将这一权利称之为"对等权利"。②

第二等级的自然权利为衡平法权利,或为狭义的慈善。这一层次是严格法权利的拓展,其将我们应承担的义务或责任扩展了,但若不履行,他人无权提起诉讼要求强制履行。其中,包括感激、怜悯以及被格劳秀斯称为"不完全权利"和"非对等权利"的对应义务。衡平法权利需要某些特定条件的"社会"存在,该社会中,严格法虽然存在并获得认可,但因充斥着"无休止的争端",③其社会效果不尽如人意。衡平法要求,尽管我针对侵害者发起了战争,但我并不将其推进到毁灭的程度,而是止于获得相应的赔偿;接受公断者中间调停;不针对别人做那些我不愿承担相应后果的事;不再特别针对过失行为进行处罚,而仅对那些邪恶和欺骗行为;最后,不公平的契约得以纠正,上当受骗者获得救助。总而言之,衡平法要求遵从严格法权利规则。④ 相较于严格法权利规则之不侵害他人,衡平法权利规则则要求与人为善,以使每人受益或得其应

---

① 4 Dutens pt.3, 213.
② Monadology 28 8; cf. Grotius, De Jure Belli ac Pacis (1625) bk. I, c. I,? 5et seq.
③ Mollat I5; see Monadology 289 n.29 (editor's note).
④ 4 Dutens pt.3, 213.

得,尽管我们不能平等地扶助所有人。此即所谓分配正义,亦即法律规则要求我们无私奉献。当然,这与一国的政治状况紧密关联,即关注人们的幸福,且有时仅仅是道德的诉求都能获得法律认可,亦即,他们有权要求得到公平、公正对待。但依最低层次的自然权利规则,没有人能获得特殊对待(除非有足够理由支撑),即所有人都平等对待,而在衡平法层级,各类因素的权重被予重视,由此便产生了特权、奖励和惩罚。衡平法内在地要求以严格法人人平等为基础,除非有足够的理由导致更高的善才需要超越严格法规则。

自然权利的最高层级为诚实守信或虔诚,这是一种早已提出如今已被理解的、基于人类社会生活关系所作的限制。严格法源于维持和平秩序的需要;衡平法或慈善则努力寻求更高发展,当每一个人尽可能地与人为善,那么他们均可以因别人获得幸福而增进自己的幸福,一言以敝之,严格法在于消除痛苦,衡平法在于追求我们每一个人的幸福。我们应将生活本身或使生活有意义之事置于他人最高的善之下,以便其可以引导我们有足够的耐心为他人承担最苦之痛。这是哲学家的谆谆教诲,而非经由他们证明的定论。道德尊严、道德荣誉以及灵魂深处的愉悦之感皆源于那些哲学家们[1]以公正之名宣称的、真正良善的美德,但由于并非每个人都能如想象那样同步遵守,因而美德并不能根植于每个人脑海中,也不能征服所有严厉恶魔。为了论证荣耀之事有益而卑劣之事有害的普遍性结论,我们必须假定灵魂的不朽以及上帝、宇宙之统治者的永恒,就此,我们认为我们每个人都生活在上帝之城,即最理想的统治者之下的最佳国度。[2] 该统治者智识过人且拥有强权,因而不会被欺骗;他宽厚仁爱并乐于履行自己的职责。在他的

---

[1] E.g., Cicero. See Mollat 30.
[2] Monadology 185.

英明统领之下,每一权利都将实现,没有人会受到他人伤害,正义行为均将得到回报,而每一罪恶都逃脱不了惩罚。正是在这个意义上,正义才被称为普世价值,且涵盖所有其他美德,因为,一方面而言,自然法则并不禁止不涉及其他人的行为和事情,如自残或抛弃财产,换句话说,根据神圣王国的永恒法则,我们及属于我们之物皆源于上帝;另一方面,从对国家、对世界的重要性方面讲,每个人都不应滥用他所拥有之物。基于以上理由,约束我们合乎道德地生活的最高层级的自然法规则便由此产生。

随着最高层级自然权利的确立,莱布尼茨的自然权利体系最终完成。该体系描述了两种形式的统治意志,其一,其统治地位如上帝那样基于自然性质而确立,该时统治意志自然地便是虔诚、神法或者神权;其二,其统治地位如人与人之间那样是基于协议而确立,此时的统治意志即为市民权利。因此,神法权利是最高层级的自然权利,且是其他权利的标准和效力来源;至于上帝,因其无所不知且智慧过人,足以确认抽象权利与衡平法权利,因其无所不能,进而实现这些权利。由此看来,人类的利益以及世界的美好与和谐都与神的意志不谋而合。① 因此,必然存在一种比衡平权利更高层级的自然权利,因为上帝是终极的公正和善,上帝的正义与人类的正义在类型上相同,但在层级上不同。"上帝向我们展示如此多善念并非因其闲情逸致,也非为了与我们和平相处,事实上,我们并没能力向他宣战。那么,上帝之正义的基本原则和具体规则将如何?显然,不会是人们之间的衡平规则或平等规则……除了完善人类秩序之外,我们不能设想上帝还有其他动机。"② 因此,最高层级的自然权利之设定在于平衡前两层级权利之间的冲突,严格法权利可能与衡平法权利发生冲突,反过来亦然,而在现

---

① 4 Dutens pt.3, 214.
② Mollat 65; Monadology 291 n.37.

实世界中并不存在能够平衡两者冲突的力量。于此,上帝作为中间调停者并根据同样有利于增进个人利益的公共福利标准作出制度安排,就此而言,符合道德便是有益的,违反道德即是无益甚至破坏性的。总结起来,全知全能的上帝无疑才是自然权利的根本基础。①

整体而言,莱布尼茨的自然权利理论是形而上学和伦理学属性的,并非神学的。上帝是所有自然权利的基础,在此意义上,若脱离上帝存在的假说,探讨世间法律秩序的存在便是不可能的了,因为上帝不存在意味着世界也将不复存在,上帝是一切存在的终极原因,也是世界为何如此存在的决定因素。② 在宇宙中,正是"上帝存在的假说"为法律和道德秩序的可能提供了有效保障,上帝仅仅是前述可能秩序的起源,而非强化自身的法律的源头。法律是完全独立于上帝的,且是产生于真理的自然本性。上帝的知识(而非其专断意志)的内容和主旨是自然权利得以形成的基础。上帝期望或向往正当之事,但正当并不因上帝的态度而变为不正当。③

就我们当下而言,莱布尼茨的法律哲学有何可借鉴之处呢?在探求真理的具体要素方面,与柏拉图、亚里士多德、圣托马斯、笛卡尔、霍布斯、斯宾诺莎、洛克、康德、黑格尔以及其他哲学家一样,莱布尼茨的哲学理论被搁置太久了。但目前除了纯粹的历史研究之外,这些理论的研究保持着最为谨慎的态度,因其与过去提出的众多科学理论不一致,典型如希波克拉底(Hippocratic)和托勒密(Ptolemai)曾提出的理论。可能的解释是,既有的理论用于分析至今仍存在的问题,且这些理论可能包含了部分真理(尽管肯定不是全部),此外,这些理论的方法尚未被完全推翻,例如,实践中

---

① 4 Dutens pt.3, 214.
② See Zimmermann, op.cit.supra note 30, at 32.
③ Id. at 44.

仍存在以占卜方法治疗疾病的现象。

莱布尼茨的法哲学理论的提出旨在尝试解决法学中的核心和根本问题,即何为正义法律秩序的决定性因素。该决定性因素也正是苏格拉底对话的主题之一,即法律作为社会现实的表现,同时,该因素也是20世纪自然法学派复兴的终极关怀。在19世纪实证主义法学的影响之下,公正法律秩序问题被认为难以解决,且由于人们的活动普遍受因果律的统治,以致于价值判断再无用武之地,同样,科学评估裁判也变得不尽可能。虽然自然法理论有过短暂的复兴,但当下的主导思想仍是实证主义法学的,在实证主义法学看来,法学唯一应予关注的(亦即是说,最可能科学的做法)是法律是什么的研究而非法律应当是什么的研究,价值判断应当从包括法学在内的所有社会科学中剔除,这些领域的研究任务应仅仅是关注已经发生的现实现象。无可否认,从宣称信奉实证主义法学的杰出追随者的巨大数量来看,实证主义法学的观点的确有其合理之处,然而,即便如此,在很多实证主义法学较为肯定的问题上仍面临严厉的批驳。

毋庸置疑,价值判断是贯穿于法律进程始终的一个重要要素。在法律制定阶段,我们不得不决断某一行为是以这种方式还是应以另一种方式规制,以及当行为违反法律规则时惩罚的种类和程度应当怎样设定,很明显,这里便存在亟需解决的价值判断争论;在司法裁判阶段,价值之争同样紧张,从否认社会立法效力并斥之为"胡乱干预"①的佩卡姆(Peckham)大法官到卡多佐(Cardozo)大法官主张在侵权法中应加入"推理、便利性、政策以及正义等因素"。② 实质上,早期美国法实践中的价值判断更为突出,例如,他们面临是否在自己的领土范围内适用英国法,其中一些州仅承认

---

① Lochner v. New York, 198 U.S. 45, 61 (1904).
② Hynes v. New York Cent.R.R., 231 N.Y. 229, 236, 131 N.E.898, 900 (1921).

殖民时期之前的裁判的效力,并且将从詹姆斯一世到独立革命期间的裁判仅仅视为说理。在杰弗逊(Jefferson)1788年的一封信中,他写道:"严格来讲,在美国,应当杜绝自曼斯菲尔德(Mansfield)法官就职前的所有英国判例在法庭中被引证,尽管他们有诸多优点,但为了避免不好的观念在不知不觉中侵蚀我们的体制,最好的办法将是全盘放弃。"①杰弗逊法官,如今已被视为他那个时代最伟大的法学家,曾成功地推动了整个普通法的复兴。尽管人类行为受因果律的支配,但即便法学家们对当前的美国法又足够充分全面的理解,难道他们不应研究18世纪的法学范式?难道他应当认为杰弗逊法官的观点取得了胜利便不再对其反思,或者曼斯菲尔德的学说应因此一开始就完全地排除在美国法之外么?实践已经证明,在19世纪的商业社会应对中,普通法优于曼斯菲尔德体系是不适当的,并且,如果普通法欲弥补其责任,曼斯菲尔德及类似相关学说理论才是必要的。

但莱布尼茨的法哲学提出了一个明显更为深层次的问题,即非局限于历史视角的方法之价值评估,总体上,这一提议已由前述缘由证明,但最好应使其具体化和清晰明确。科学研究本质上都以所谓的"假设—推理"的方法展开,即在较为确定可行的基础上进行假设,而后依照逻辑对其进行推导,最后辩证地、实证地检验推论结果。目前,随着充分假设方法论的发展,在判断好或者坏、何为实现特定目标所必需等问题上引入道德体系的充足讨论尚未有出现。②归结起来,这正是莱布尼茨法哲学理论的巨大优势,且此项成果已经成为科学系统研究的标杆,即经由西方哲学的最伟大思想之一而提出假设,并通过在精密科学中已经取得巨大成就的实证推理方法而深入思考论证。在他的法哲学体系中,两项基

---

① 7 Jefferson, Writings (1907) 155.
② 关于晚近的讨论,参见 Cohen, A Preface to Logic (1944) 155 et seq.

本假设为:(a)单子是构成混合物的单质,即意味着不可再分;(b)混合物是由简单物组成的集合或复合物;有混合物的存在,就必定存在单质。在上帝之城的理论指引之下,随着莱布尼茨的不懈推论,上述假设在他的哲学和法哲学理论中被用到了极致。相较于物理学中由理想着力点而组成的物体一样,莱布尼茨的假设中的要素也是理想性的,并且,就莱布尼茨以及物理学家们的论证目标而言,这些理想假设在现实中是否存在是无关紧要的。在他的法哲学理论中,他采用了同样的方法,严格法、衡平法或博爱、以及正直或虔诚都是在社会中并不存在的理想类型,但通过这些类型,现实社会中的事情可以被分解和评定。无可否认,这一理论体系在许多方面并不完善,特别是其不能应用于现实生活。在科学研究的历史中也存在类似不足,即并不关注研究方法的有效性。无需否认的是,理论构建并适用于实践的难度是巨大的,但正如时下实证主义者所主张的那样,这并不意味着如此一个理论体系的构建是不现实的。不关注实践应用的自然法理论顶多只是无聊的推理游戏,而忽视实践规范的实证法理论则是彻头彻尾的缺陷。

四、法律与社会秩序

莱布尼茨自己创造了与其自然法理论平行的社会法理论。正如他对特定现实法律问题的大量作品所充分显示的那样,莱布尼茨是一个不折不扣的实践主义者,他对实体法问题的理解毫不逊于其在自然法领域中所表现出来的成熟。在实体法领域,他的思想观念基本上是社会学的,亦即,其思考着眼于群体或人类整体——这一核心观念在当下正是我们所称社会学理论的,而他的社会价值观是改良于自然本性的,以致于19世纪他的追随者不得不澄清他的理念(并非"社会主义的")。在其他方面,他提出,国家应当保障人们工作的机会,应推进一个充分的保障体系,如合理的殖民政策、现代化的征税体系以及国家对酒的垄断地位。① 对此,罗素评论道:"他努力的全部取向,如同他的哲学理论一样,均旨在促进教化、教育和学习,以避免愚昧的善意。"②如果在社会法理论方面,他的思想观念并不足够清晰的话,那是由于教会已在该方面问题上表达了明确的立场,他坚持不懈地全方位尝试并努力使其观点与主流理论相协调,而那些板上钉钉或不可能更改之处,他选择了毫不犹豫地继受。但尽管如此,我们绝不可能误解他思想的真正指向或者不理解他从社会因素的角度理解和分析法律问题,他说:"法律制定的目的并非在于摧毁或击垮人们,而在于人们之间关系的维持。"③依照莱布尼茨的社会法理论基础,法律秩序中法律与正义是相互嵌入的一个整体,并坚决反对法律与正义天各一方的主张,当然,这并不意味着法律与正义之间毫无冲突,例如,正义绝不会是不公正的,否则世界将陷入自我矛盾;而法律,却极有可能不公正,因为法律的订立与维护需要权力的存在,而权力有可能缺乏相应能力或善良意志,恶法便是由此而生。④ 在该情形下,地方治安官的责任与市民的责任是无差别的,即都应严格遵守法律秩序的规则,哪怕法律规则明显地有违真正正义。⑤ 就此而论,如果说莱布尼茨尝试更为实用地处理法律与正义之间的关系,那他所做的的确不够,考虑到个体抵制与社会变革的事实,对社会进程进行更为精确的描述正是与卢梭(Rousseau)相联系的理论学说,即遵从的基础在于同意,这意味着,政府的行为活动应受监管,同时也预示着在特定情形下权力可能导致混乱状态,历史经验已充分显示,人们一直为反抗责任严重不平衡设计的法律秩

---

① Hartmann 80.
② Russell, Philosophy of Leibniz (1900) 202.
③ 4 Dutens pt. 3, 256.
④ Mollat 51.
⑤ Id. at 108.

序而斗争,包括莱布尼茨在内的学者们的理论学说强烈谴责强加责任的做法,因其忽视了人类社会的基本传统。

依照莱布尼茨的社会法理论,正义被视为一种公共美德,一种维持共同体的且仅仅为该共同体的美德。"共同体"系指为了共同目的而由多人组成的联合体,①在该共同体中,法律的产生并非基于自然社会的条件需要,而是源于人们对幸福的共同追求。人类并不建立法律秩序,与特定动物一样,人类基因中拥有社会地生活之倾向,正如亚里士多德所言,人是社会的动物。换言之,人们社会地生活在于他们对幸福的渴望,每一个体都希望增加自己的福利同时免受他人伤害,因此,与其孤军奋战,不如为共同保护与提升而与他人联合,共同体由此产生。当然,以共同和最高幸福为旨趣的共同体是最完美的共同体。

莱布尼茨总结了共同体的6种类型,每一种类型均对应一种法律秩序。其中,由少部分人组成的基本类型有三种:夫妻、家庭(父母及其子女)、主仆;第四种为家族,其由前三种综合而成;第五种为市民共同体,包括市、省及国家;第六种为涵盖所有类型共同体的天主教会,其使命是普度众生和宽宏大量的,作为一个内涵自然性质的道德世界,上帝自身是无形的主导者和统治者。上述类型均属于自然共同体,其分类正是基于自然的需要,在自然共同体中,维护并发展该共同体的自然法则应运而生。

每一类型共同体的形成都可根据以下原理予以理解。夫妻共同体是为了"人类种族的延续",延续性是所有幸福的基本前提,也是幸福本身。家庭(父母及其子女)共同体一方面子女获得父母的培育,另一方面父母收获与子女相处的乐趣,同时他们自己也在教育孩子的过程中走向完美。因此,家族共同体旨在实现幸福这一目标,尽管齐默尔曼批评莱布尼茨的家族概念并没有穷尽家

---

① I Gunhrauter, Leibniz' Deutsche Schriften (1838) 414.

族应囊括的内容。第三类自然共同体——主仆——依照为智力缺乏的体力劳动者提供生计的自然性质而存在,自然而然地,该人担任仆人角色并且必须在他人的指导下工作,他由此而获得生计,但剩余价值归主人所有。但是,莱布尼茨并不希望该主张被用以作为奴隶制或农奴制正当性的论证,就此,他曾质疑此种仆人仅为主人利益而存在的奴役制度能否建立,特别地,一方面灵魂是不朽和自由的;另一方面,当仆人有机会学习知识并加入主人的行列而享有相应的幸福之时。因此,如果仆人有习得知识的机会,主人有义务通过教育促进他的仆人的自由,某种程度上讲,这也正是仆人的幸福之需。总结起来,莱布尼茨认为这一类型的共同体仅仅存在于人类与家畜之间。家族共同体为"日常紧急事件"的处理而存在;市民共同体则在于为更迅速地获得幸福同时保障安全,其宗旨是相对短暂的福利;教会共同体的追求则为终极幸福。

莱布尼茨的法学理论中有两项重要理念:其一,努力在社会规律中寻求法律的基础;其二,努力在社会规律的框架中探求法律的宗旨。就第一点而言,莱布尼茨的总体看法是社会有其相对稳定的结构,实体法便是建立在这些结构基础之上并由这些结构决定的。这一理念与当下关注众多社会组织类型的社会思潮有着共通之处,如共同体、群体、阶层、家庭、包含国家在内的组织机构、各式各样的经济组织。上述社会结构通过各种社会控制方式得以建立和维持,其中最为重要的便是法律手段。在社会结构中寻求法律基础的思维进路与社会学家有着极大的相似性,但这一点却极少被法学家尝试,法学家们一般将法律与国家、道德理想、权力原理等相结合,并且要么以缺乏证据的主观形式呈现,要么通过主权、立法机构、法院或其他官方机构来展示法律基础。也许,当代法学家以法学视角对社会规律进行总结的最为成功的要数梅因爵士了,在梅因看来,古代社会以身份为基础而组织,而现代社会则转向了契约。当下,法学家们宣称法律是社会控制手段之一,但他们却很少或几乎没有对这一陈述进行深入分析,例如,社会控制手段中的法律秩序的有效性问题。社会学家们曾建立了社会结构原理的基础理论,但到目前为止,他们仍缺乏足够的专业知识将其运用于法律秩序。就此而言,尽管莱布尼茨对社会结构原理及法律基础的初步探索还仅仅只是一个开始,但当结合两位著名法学家——梅因[1]和乔丹(Jordan)[2]——对法律分析任务的说明,其影响力和客观理智对待问题的态度一直以来唤醒了从更为广阔的视野分析法律的可能性。正是以此为开端,社会结构原理发展起来并挑战着当时极具影响力的法律哲学的理论基础。耶林(Jhering)的研究告诉我们,国家是各项冲突利益的平衡或调节器,进一步地,在曾给利益作经典分类的庞德(Pound)笔下,"利益,是人类个体或群体之欲求的满足,是文明社会人际关系之规范应予考量的因素。"[3]然而,至于是否因为主观构造的利益组织机构不太现实,或者主观事实并不遵从于现实秩序要求,或者主观秩序与设想的状态不能相提并论等原因而导致了该理论的衰落,尽管有进一步较为明确的批评评论,但这一点我们不得而知,因为尚不存在前辈们的利益秩序理论中所面临的问题。

在莱布尼茨的法律目的论中,他强调了两项在当下法律讨论也特别关注的基本任务:(1)坚持人本主义关怀;(2)达成作为社会价值衡量的共识。进一步地,诸如主仆之类的经济关系仅在表达智力等级关系时具有正当性,这一主张曾消解了奴隶制之下的财产权、个人特权等思想,且拒绝认同人仅仅是一种工具的观念。这一自我实现的道德理想图景与永恒理念有着深度关联,代表法律权利的智力优势内在地要求其所有者有义务提供或营造曾消除

---

[1] Maine, Ancient Law (1861).
[2] Jordan, Forms of Individuality (1927).
[3] Pound, Outlines of Lectures on Jurisprudence (5th ed.1943) 96.

绝对依赖关系的精神共同体,①主仆关系内含为自由而教育的目标与任务。这些价值观为排他性权利设定了在理想体制中不会有的障碍,尽管个体权利及其自由是被认可的,但在现在的条件下,该自由权应被视为道德奴役和道德不完全的象征。②社会应在财产权之上,财产权应基于社会需要而控制。在严格法权利阶段,其目标在于限制并保障人们在划定的界限内活动;而在衡平权利阶段,消极规则转换为积极规则,即通过积极的社会参与和合作促成个人目的实现,这要求个人自愿放弃非合作时享有的利益。③正如卡西尔所言,"共同体本身的客观目标便决定了法律与社会的结构",④将法律目的概念从柏拉图、西塞罗以及阿奎那等的理论中分离而出的做法几乎不被推崇,前者认为法律的任务应限定在保持差别的社会主要功能上,后两者则认为应以量能分配为原则获得各自应得之物。直到20世纪,莱布尼茨的法律秩序之目的论才在法学家的作品中被予以充分表达,与他同时代的法学家们如今正在该领域推广无疑由他提出的理念⑤。

结　论

对于大多数读者而言,莱布尼茨表达其思想和理论的方式显得陌生和难以理解,他法律方面的著作正是从当时科学、哲学以及神学三大分支之中所提炼出来的概念整合而成的,当然,还应包含我们现在称为社会科学的第四分支。他从不认为上述任何一门学科

---

① Mollat 16.
② Mollat 9.
③ Mollat 14.
④ Cassirer, op. cit. supra note 33, at 456.
⑤ For a summary of the present-day leading ideas, see Pound, Twentieth-Century Ideas as to the End of Law in Harvard Legal Essays (1934) 357, 365-366.

的知识能够自给自足,他希望他所提出的主张和命题都能被充分地证明,无论是通过科学、哲学还是神学的途径。由此,在所有他研究的具体领域中,他所构筑的理论框架都倾向于借用其他领域的基本要素,并清晰明确地阐明之中的关联性,然而,莱布尼茨的伟大雄心却导致了这一交叉学科的方法走向极为复杂和晦涩的局面。当然,还应当提及的事实是,尽管莱布尼茨的智识能力无疑属于与柏拉图相当的水准,但他的大部分哲学思想并没有被全面解释和推广,并且他已经出版的著作也没有被完全收集。罗素曾说,研究任何一位主要的哲学家持有的态度应是:"站在该哲学家的立场思考,直到可能足以理解其理论的主张和观点,而后,转换为一种批判的态度,并尽可能达到使对手放弃坚持该立场的程度。"①这一建议非常适合于对莱布尼茨的研究,他思想的复杂性无需太多奇思妙想的反思便能获知,但莱布尼茨的方法论是尽其可能的严格科学化的,当面对此种研究,最明智的办法是记忆。他尖锐地指出,"如果我们理解此中的设想……就不会认为其抽象概念有什么错误",并且在此基础上,他不仅通过数学家们所使用的完美线路、匀速运动以及其他理想实体来论证其观点,同时他还对其他领域的类似概念进行比较②。对莱布尼茨研究的主要任务便是充分理解这些抽象概念。

---

① Russell, A History of Western Philosophy (1945) 39.
② New Essays Concerning Human Understanding (Langley's trans. 1916)

克里斯琴·托马修斯的实践哲学[①]*

【加拿大】F.M.巴纳德 著

钟文财 **译**

托马修斯,对于其同时代及近乎同时期的德国学者而言,是偶像级的人物。然而19世纪的学者们常以非系统、轻率、杂乱无章之故而将其搁置一旁,尤以黑格尔派哲学家为甚。[②] 仅仅是在当

---

* 本文译自 F. M. Barnard: "The 'Practical Philosophy' of Christian Thomasius", 载 *Journal of the History of Ideas*, 32, 1971, 页224。

** 钟文财,西南政法大学2017级博士研究生。

① 亚历山大·冯·洪堡基金会(the Alexander von Humboldt Foundation)授予我资深研究员职位,这使我能在德国对托马修斯做进一步的研究,对此我感激不尽。与此同时,我希望对克里斯多夫·休斯(Christopher Hughes)教授及以赛亚·柏林爵士(Sir Isaiah Berlin)表示衷心的感谢,是他们鼓励我继续自己早期对托马修斯的研究。

② A. Tholuck,《理性主义史前史》(*Vorgeschichte des Rationalismus*, 共两卷, Berlin, 1862)。这或许是黑格尔派哲学家对托马修斯所持态度的最佳范例,该态度认为哲学思想等同于舍入体系(rounded-off systems)。此点可同见 Walther Bienert,《基督教德国新时代的开端》(*Der Anbruch der christlichen deutschen Neuzeit*, Halle, 1934),页37-39。19世纪研究托马修斯最佳参考书目为: Karl Biedermann,《18世纪的德国》(*Deutschland im 18. Jahrhundert*, Leipzig, 1858),第二卷,页386-388; J. K. Bluntschli,《现代政治学史》(*Geschichte der neueren Staatswissenchaft*, Munich, 1881),页215-246; Ernst Landsberg,《德国法律科学的历史》(*Geschichte der deutschen Rechtswissenschaft*, Munich, 1898),页107-111。19世纪头十年里唯一出现的关于托马修斯的专著是 H. Luden,《经历命运之后的克里斯琴·托马修斯及其作品》(*Christian Thomasius nach seinen Schichsalen und Schriften*, Berlin, 1805)。

今这个世纪,①才重新兴起一股研究他的兴趣,然而在德国之外仍鲜有耳闻。即便是在德国,也仅有三部主要的作品(其中之一本质上还属于传记类的)被人们引用。② 这些作品均无英文版本。③

问题是托马修斯是否被人们合理地遗忘了?这个问题的提出,相当自然地,几乎是无可避免地令人感到困惑,为何他会受到如斐特烈大帝(Frederick the Great),莱辛(Lessing),赫尔德(Herder),席勒(Schiller)以及歌德(Goethe)等声望之人的崇拜,更不用提 A. L. 施洛塞尔(A. L. Schlözer)、J. C. 戈特舍德(J. C. Gottsched)等那些如今鲜为人知而在当时备受尊敬的学者。④ 这

---

① 即 20 世纪——译者注。
② Max Fleischmann,《克里斯琴·托马修斯》(*Christian Thomasius*, Halle, 1931), Bienert, 以及 Erik Wolf,《德国思想史上的伟大法学家》(*Grosse Rechetsdenker der deutschen Geistesgeschichte*, Tubingen, 1939; 1963), ch. 页 10。Han M. Wolf,《德国启蒙运动的哲学》(*Die Weltanschauung der deutschen Aufklärung*, Bern 1949), 其中关于托马修斯的章节是一个更新近的出色贡献。有关托马修斯的研究文献或参考目录见 Rolf Lieberwirth 所著的《克里斯琴·托马修斯》(*Christian Thomasius*, Weimar, 1955)。唯一的非德语著作便是 Felice Battaglia 的《克里斯琴·托马修斯》(*Cristiano Thomasius*, Rome, 1935)。
③ Sir Ernest Barker 翻译的 Otto Gierke 的《自然法与社会理论》(*Natural Law and the Theory of Society*, Cambridge, 1934)一书中有简短地但却有洞见地涉及到托马修斯。唯一更详尽的论述请参见 Andrew Dickson White 的《人与非理性斗争中的七位伟大的政治家》(*Seven Great Statesmen in the Warfare of Humanity with Unreason*, London, 1910) 页 61-113, 其中一章几乎完全是传记式的, 以及 Leonard Krieger 的《德国自由思想》(*The German Idea of Freedom*, Boston, 1957) 页 59-66, 其中的一章。
④ Frederic II,《腓特烈二世作品集》(*Oeuvres*, Berlin, 1789), 卷一, 页 211, 及卷二, 页 38, 引自 Bluntschli, 页 262; Lessing,《莱辛作品集》(*Werke*, Lachmann 编, Leipzig, 1900), 卷 15, 页 292, 页 382; 卷 22, 页 278。Herder,《赫尔德作品集》(*Werke*, Suphan 编, Berlin, 1877-1913), 第 8 卷, 页 234; 第 5 卷, 页 413; 第 9 卷, 页 425; 第 14 卷, 页 323; 第 17 卷, 页 205, 页 274; 第 18 卷, 页 70, 页 466, 页 493。Graf 与 Leitzmann 合编的《席勒与歌德的通信》(*Der Breifwechsel zwischen Schiller und Goether*, Leipzig, 1912), II, 页 215; 关于 Schlözer, 参见 H. Luden, 页 300, 以及关于 Gottsched, 参见 Th. W. Danzel,《歌德与他的时代》(*Gottsched und seine Zeit*, Leipzig, 1848), 页 330。

些学者远不是盲目的崇拜者,然而他们都视托马修斯为新黎明的预言者,指明德国启蒙运动的最佳知识传统的精神教父。他们看中了他的什么?正是这个问题驱使我去扫除他皇皇巨著之上已牢牢积淀着的厚厚灰尘。

假设我们要将思想的原创性和论述的系统性作为排资论辈的标准,托马修斯会面临怎样的一个结果?在第一点上,很明显,他通过理论构建所要表达的很大一部分内容被霍布斯(Hobbes)、洛克(Locke)、格劳秀斯(Grotius)、普芬道夫(Pufendorf)、笛卡尔(Descartes)和贝尔(Bayle)等前人频繁且深入地阐述过,并且在当时这等人的论述更为人信服。他甚至对自己借鉴的观点有着毫无保留的坦诚,并对他的"债权人"有着近乎过度慷慨的赞扬。倘若他因此被贴上了杂乱无章的标签,这样的属性是他应得的,虽然这远不会冒犯他。

在第二点上,即便是系统性方法的取得很显然都是不存在的,这必须也得到承认。一个个主题被接起讨论,却又仅是为了在逊色于点头之交后被抛弃。当它们被探讨到一定深度时,托马修斯频繁地将其貌似更具合理性的构思误认为是理据充分的论述。最终,他深思熟虑得出的反智主义、"即时哲学"(instant philosophy)的主张很快招致了肤浅的非难。

他当时是否仅仅是位八面玲珑的政论作家,一位精明且非凡的、无畏的雄辩行者,不得不诉诸于18世纪德国中产阶级知识分子所涌现的自信?抑或,他至多是位二流的思想家,帮忙塑造大场面的"万千繁叶"中的一叶?[①] 我认为不是。托马修斯没有以一流思想家的身份伪称对一些问题的严肃思考,因而很可能缺乏跻身于知识分子伟人之列所需的必要条件。

[①] 约翰·莫利(John Morley)使用这一表述来辩称并非只有伟大的作家才能对人类思想的塑造施以影响。(引自 Barker, xiii。)

很显然对于大部分的——如果不是全部,思想家而言——原创性主要还是一个程度上的问题。正如以塞亚·伯林爵士(Sir Isaiah Berlin)在讨论另一个"折中的"赫尔德的文章中所说的那样:

> 如果一个人被要求指出洛克、卢梭(Rousseau)、边沁(Bentham)、马克思(Marx)、阿奎那(Aquinas),甚至是黑格尔(Hegel)等人的个人学说中严格意义上的原创部分,他不用费太大劲便能查找出几乎是他们所有学说的在先"出处"。但这并不会对这些思想家的原创性和才华造成贬损。①

再者,折中主义(Eclecticism)对托马修斯而言并无贬损含义。他认为折中主义与宗派心强的教条主义(dogmatism)相反,等同于思想的开明。② 宗派主义者(sectarian)决意要广收那些像奴隶一样追随并固守导师每一个思想的信徒以建立自己的"学派"。托马修斯评论道,在这个过程中,思想在概念上变得僵硬固化,被机械地封闭起来,类似于导师与学生都套上了同样的束身衣。在《*Aulicam* 哲学引论》(*Introductio Ad Philosophiam Aulicam*)中,托马修斯并未对这点闪烁其辞。正如他并不期望他的读者(*auditoribus*)变成他的宗派成员(*sectarii*),他认为自己也不应受缚于坚持以往所形成的每一个想法,而是要在适合之时修改它们。③ 倘若(思想家)出于对破坏自身理论系统性的恐惧而固守每一个想法,他便要失去其智识上的节操,其作为学者的自尊,反而变成一个顽固的学究,变成胆怯的墨

---

① Isaiah Berlin,《赫尔德与启蒙运动》(Herder and the Enlightenment),见 Earl R Wassermann 编写的《18 世纪概貌》(*Aspects of the Eighteenth Century*, Baltimore, 1965),页 53。
② Thoumasius,《神圣法学教程》(*Institutiones Jurispreduntiae Divinae*, Francofurti et Lipsiae, 1688),引言部分,第 33 段。
③ 《*Aulicam* 哲学引论》(*Introductio ad Philosophiam Aulicam*, Leipzig, 1688),序言部分。

守成规之徒。倘若克里斯蒂安·沃尔夫(Christian Wolff)的理论体系是对科学方法的神化,那他将一无所得。①

然而,尽管或可能是由于他的折中主义以及其对体系构建怀有的抵触情绪,他能够超越那些他从中获得力量的文化遗产。与莱布尼兹(Leibniz)和沃尔夫(Wolff)等启蒙运动中更著名的思想家不同,他并不信奉如预定和谐论一般的首要哲学原则。其值得赞扬之处则在于具有智识上的勇气与诚实,以坦陈其找来研究的问题中内含有令人困惑的复杂性及冲突,承认其一度确信的问题又存疑了,重新讨论以往其认为已经解决的问题,朝这看来(至今看起来)相当不可能是解决办法的方向不厌其烦地埋头苦干,摸索着缓慢前行。然而事实是,他所呈现的形象与他所希望的截然相反。尽管其"实践哲学"在意图上如果不是轻率的话,简单地有点近乎无礼,然而在内容上却与其所宣称的简单性完全不符。他要成为启蒙者(Aufklärer)——人民导师的首要决意,帮他掩饰了其思想真正的复杂性。

我曾试图在早期的一篇文章大致地说明为何我认为托马修斯的著作不应被人们淡忘。这篇文章介绍了他对启蒙运动(Aufklärung)的总体贡献,更具体地讲,他对普鲁士官僚政治之下新兴的民族精神的影响。② 在此文中我希望集中讨论一些概念的区别,这对我而言不仅仅是纯粹地出于史学兴趣。我将在托马修斯在其大部分哲学著作中深入思考的三大主要问题这些领域的语境中展开讨论:(1)理性与意志的关系;(2)道德义务与政治义务的复杂基础;(3)自由与权威的问题。然而,由于托马修斯曾宣称被这些问题所困惑仅仅是因为它们与实际生活、人生践履的关联性,我将首

---

① Bienert,页257。
② F. M. Barnard,《克里斯琴·托马修斯:启蒙运动与官僚政治》("Christian Thomasius: Enghlightenment and Bureaucracy"),载于《美国政治学评论》(American Political Science Review, 59, 1965), 430–38。

先简要说明其认为何种哲学方能满足实践的关联性要求。

一、学术性习得与实践哲学

学术性习得（Gelehrtheit）与实践性习得（Gelahrheit）的区别是托马修斯《理性理论引论》（Introduction to the Theory of Reason）的论述开端。前者，学术性习得（academic learning），是涉及知识本身的知识，尽管它在日常生活问题中的可适用性微乎其微。由于其晦涩难懂的语言——在某种意义上既偏僻（为拉丁文）又（有众多）专有名词——其必然具有仅为少数专业人士所掌握的排他性特征。后者，实践性习得（practical learning），在另一方面，是一种知识（Erkenntnis），它通过使人能区分真假善恶，并且发现因与果之间的真实或可信的关系，进而赋予人为自身或他人之福祉服务的能力。这为人认真对待日常生活中的无常变迁提供了必要手段。① 他无需为获取这种知识而研习拉丁语或其他外来语言，也无需贵族身世或天生地拥有财富。男人和女人，年轻人和老年人，穷者和富者，不管是何门第出身的人，原则上均拥有获取实践性习得的能力，因为它并非是某一特定专业的独占之物。唯一的前提条件便是要有培养它的意志，该意志又以摆脱自我偏见的意愿为前提条件。实践性习得，作为人类理解力的帮手，只有思想开明者才拥有识别其范围与局限的能力，方能依理性来区分可识别的与不可识别的（比如不可知的神圣启示）。②

有趣的是，托马修斯对于实践性习得的实践是否恰当的区分标准，要先于休谟（Hume）的实证主义出现。对于无法凭经验证明对错的事项，比如味道，美，甚至是宗教信仰，他在《理性理论的

---

① Thomasius,《理性理论的产生》（Einleitung zu der Vernunfft-Lehre, Halle, 1691），页76。
② 同上，页81-88。

实践》(Application of The Theory of Reason, 1691)中指出,知识纯粹是个人的且非客观的,因而最好只交由个人来自行判断。对于拥有实践性习得能力的人而言,关于这些事项的所有争论均是纯粹且完全地浪费时间。① 他在别处指出,这些事项也太微妙因而不易为实践理性所左右。② 同理,演绎性推理逻辑、先验的形而上学、神学,以及严格来说的认识论,均属实践性习得范畴里的细分类。一个三段论推理并不能产生任何新知识,因为结论已蕴含在前提条件中。它仅是润饰已知知识的一种时髦方式,或至多是资料分类的一个工具。③ 至于形而上学及神学,托马修斯怀疑其中有多少能补充进圣经的已有内容中。④ 他关于认识论的立场则更加模棱两可。该理论的价值创造取决于它能在多大程度上帮助人克服在理解力范畴领域的偏见。⑤ 知识是否因真实而有用,抑或因有用而真实,虽然有若干线索表明托马修斯并未准备接受后者,但这一问题的答案却从未完全明晰。⑥ 我们将在下节中回过头来讨论这点。

托马修斯主张以实践性习得替代学术性的哲学研习,这背后很明显有挑起论战的意图。其抨击形而上学的首要目标便是神学家。然而这本身并没有他对这一敌意所给出的原因那么值得注意。因为他们明白地指出,他拥护实践性习得的本质是巧妙伪装后的质问社会现状的意图,如果不是意在质问政治现状的话。神学家及神父们通常会挑起他的怒火,主要是因为他们构成了森严

---

① Thomasius,《理性理论的产生》(Einleitung zu der Vernunfft-Lehre, Halle, 1691),页294。
② Thomasius, Summarischer Entwurff derer Grund-Lehren (Halle, 1699),第五节,第61段。
③ 《引论》,页266。
④ 同上,页270。
⑤ 同上,页84—93。
⑥ 同上,页92—93, 225f。

的等级制度的一部分。尽管从某种相当不可言明的意义上讲,托马修斯是非常虔诚的(教徒),但他因此反对一切有组织的宗教。①在世俗事务方面,他对所处时代的种种社会弊病的担忧,均通过他频繁提及的法律不公、对罪犯(尤其是犯法的穷人)的严苛待遇、对持异端者所表现出的偏狭等现象充分地展现出来。酷刑的使用、对巫师、持异端者及犹太人的迫害,对未婚母亲施加的野蛮惩罚,托马修斯的日记及更受欢迎的书中充满了对这些行径的批判。② 尽管他最初是执业律师,但冗长且昂贵的法庭诉讼模式剥夺了那些贫困及接近贫困的人获得法律救济的途径,这很快就使他离开了这个行业。很显然,当时对富人实行的是一套法律,对穷人实行的又是另一套法律。

很难看出,在我们学识渊博的法官们的判决里,或者,甚至是我们基督教牧师他们自身的态度里所包含的基督教伦理有哪些。一个贫穷而单纯的灵魂允许自身被引诱进而怀孕,她的堕落(verhurt)并未及许多长年过着通奸或妓女一般生活的"令人尊敬的"女士的千分之一。然而,前者却被当做妓女,戴上颈手枷当众受辱,且须到教堂苦行赎罪,后者却被奖以极为重要的头衔,并在教会中占据着令人垂涎的高位。一位被强征入伍而在战时服役的贫穷士兵,退伍后因贫穷或交友不慎而参与拦路抢劫,其罪恶并未及许多位"绅士"的千分之一,他们通过熟练的贪污和可疑交易不仅在我们这个时代和社会中堂而皇之地将自己的腰包填满,加之还收获了声名

---

① Thomasius,《小德文作品》(*Kleine Teutsche Schriften*, Halle, 1701)第一章,页42。
② 特别是 Thomasius 的 *Freymüthige Lustige und Ernsthaffte jedoch Vernunfft und Gesetz-Mäßige Gedancken oder Monatsgespräche* (Halle, 1690),以及 *Ernsthaffte aber doch Muntere und Vernünfftige Gedancken und Erinnerungen über allerhand auBerlesene Juristische Händel* (Halle, 1720-21)。

与尊敬。①

通过主张每一个人,不论其社会地位高低或财富多寡,均有获取实践性习得的潜力,并且通过主张每一个人不仅能这么做,事实上也应当去这么做,托马修斯同时隐晦地要求了一种获得实践性习得的手段的权利。因而,实践性习得的社会意义,不仅限于打破能接受教育的少数人与被剥夺受教育权利的多数人之间的障碍。然而我意识到,托马修斯的实践哲学所具有的这一明显的社会学含义却从未被评价过。

鉴于其以行动为中心的取向,实践性习得本质上涵盖了世间最广泛意义的伦理学,包括道德的、法律的、政治的以及教育的哲学,这并不令人感到意外。所有这些方面都以托马修斯的意志理论以及意志与理性、与理解力的关系为中心。这其中还蕴含了一些极具原创性的洞见,不仅不同寻常地预言了休谟和康德的道德哲学的诞生,同时也预言了德国浪漫主义的重要组成部分的诞生。

二、理性与意志

若非托马修斯在有可能认识洛克等人之前便已详尽阐述了很多与他们的思想有着惊人相似之处的思想,他很多关于理性和人类理解力的著述都可以简单地归因于洛克的影响,尤其是通常在洛克的作品刚刚发表出来之时,托马修斯自己一读完,就反复地参考这些作品。② 因此,我们可以在1688年发表的一篇作品《被尊为神的法学阶梯》(*Institutiones Jurisprudentiae Divinae*)中找到其关于感知作为理性运作不可或缺的一个辅助手段而不是一个条件的

---

① Thomasius,《道德理论的实践》(*Ausübung der Sitten-Lehre*, Halle, 1969),页541。
② E. Wolf, (1951),页395。

坚决主张,其中援引了圣托马斯·阿奎纳(Saint Thomas Aquinas)《论三位一体》(De Trinitate, I, 3)中的亚里士多德哲学格言:"凡在理性中的,无不先在感觉中"(Nihil est in intellectu, quod prius non fuerit in sensibus)。① 在阅读洛克的作品之后,托马修斯进一步阐述了这一基本原则,但下文所表达的内容显示的似乎对自身早期思想的进一步发展,而非简单地全盘吸收(他人的思想)。

> 不论是缺乏理性的感知,还是缺乏感知的理性,对人均一无用处。如果要寻得真理,人必须同时拥有两者。诚然,感知正是理性形成的运作基础,可以说,感知是理性赖以建造其大厦的地基。因而,没有任何一个仅凭理性运作而推导出的命题可以被视为真理而接受,如果这些命题与通过感知而获取的知识相冲突。②

尽管托马修斯紧随洛克在《人类理解论》(Essay Concerning Human Understanding, 1690)中区分感觉与反省的脚步,他同时也与洛克分道扬镳(在此,他可能试图兼收笛卡尔的思想),提出某些反省模式均有一个在先(a priori)的本原;例如,若非人有进入纯粹思考过程的在先能力(actus purus der Gedancken),人几乎不可能形成数字、长度和时间(数量的想法)(ideae quantitatis)的概念。③ 在讨论理性与意志关系的过程中,托马修斯甚至还曾责难洛克未能足够清晰地区分意志与理解力(understanding),并且未

---

① Introductio ad Philosophiam Aulicam,第五章,页 34;参阅《神圣法学教程》,第一卷,第一章,第 51 段。我在此对 E.沃尔夫(E. Wolf)教授表示感谢,是他让我注意到了这一情况。
② Thomasius,《精神本质探寻》(Versuch vom Wesen des Geistes, Halle, 1699),页 7-8;《理性理论的产生》,页 139,页 155,页 225 第六段。
③ 《理性理论的产生》,页 168-172。

能认识到意志是人主观精神世界(human mind)中的统摄一切的原则①(这点碰巧是相当奇怪的,因为托马修斯在阅读洛克作品之前自己就强调理解力(understanding)才是统摄一切的原则,而非意志[will])。② 同样的,当托马修斯赞成洛克的物理实在论(physical realism)及其对第一性的质和第二性的(primary and secondary qualities)的区分时——关于这点,在洛克之前对此便已经存在一个完善的惯例——他对这一区分的详细阐述揭示了两人在概念上有着显著的分歧。然而对于洛克而言,身体通过第二性的质而产生的"想法"仅仅是实在身体里事件的形迹(signs of events),并未体现身体本身的一点性质。托马修斯言明了这些想法的实在性质:"真理是人的思想与思想之外的存在之性质之间的一致性"。③

在我看来,托马修斯自身对其所受洛克的"恩惠"的解释有些太被人们照字面意思所接受。毫无疑问,托马修斯钦佩这位英国人——这一点对洛克在德国出名起了很大作用——以及怀有其公开表达过的诚挚。④ 同时,有相当具有说服力的证据表明,托马修斯(非常不成熟的)知识理论及其(相对成熟的)道德哲学均得到了洛克的肯定,而非从洛克处得到灵感。尽管洛克确实有对其产生影响,但结果常常都是引起分歧而非赞同。

相比起对洛克毫不掩饰的热忱,托马修斯则咄咄逼人地批评笛卡尔。他认为笛卡尔主义"充斥着矛盾与错误",质疑"思考是存在的充足证据"这一论点,并且否认理性可以被视为是至高无上、绝对可靠的真理的裁判者。最重要的是,他拒绝对精神

---

① Thomasius,《教会法学预先思考上的谨慎》(*Cautelae circa Praecognita Jurisprudentiae*, Halle, 1710),第10章,第13段;《探寻》(*Versuch*),页183。
② 《小德文作品》,页75。
③ 《理性理论的产生》,页139。
④ Thomasius, *Programmata Thomasiana*, (Halle and Leipzig, 1724),页647-650。

(mind)与物质(matter)进行区分,拒绝对精神世界与物质世界的"存在(things)"进行区分,因为这在他看来在因果关系含义上属于不成熟的机械论及单一论。① 因此,为了将他自己对理性的概念与笛卡尔哲学中的"理"(ratio)相区分,托马修斯采用了适当的形容词"理智的"和"健全的"(gesund),英文最接近的相当词可能就是"常识(common sense)"。

尽管托马修斯对笛卡尔思想的批评可能有些缺乏确实根据,且有肤浅的种种迹象,但这表明他在试图为认识论提出一个强调互动而非分析的、更加"机体式的(organismic)"进路。对他而言,精神包括人的总体性(totality)。意志(will)、理性(reason)、理解力(understanding)、感官知觉(sense perception)及感觉(feeling)仅仅是(总体性的)不同维度而已,而非单独的实体,因为它们在实际运行当中均不可分割地交织在一起的,尽管他在其1688年以后的所有作品中一贯坚称意志(will)有着占支配地位的影响力。

但当他意在其认识论里兼收并蓄时,却下决心要在自己的伦理学及政治学领域自立门户,斩断两者与神学之间的脐带。然而,这被证实是一个比托马修斯一开始所预见的更加成问题的艰巨任务。只要他认为完全的互动是正确的,进而相信意志为理解力所影响以及理解力同样地为意志所影响的可能性,主要的工作就会变得简单:剔除掉理解力运作过程中的障碍,比如偏见、对形而上学问题的思索以及类似的思想越轨。然而,当他背离自己对人性本善的乐观信念,转而提出人的意志本恶的至上理论之后,该项任务变得极其复杂,如果不是注定失败的话。对于这点,托马修斯看得太清楚,其内心甚至已经绝望。

托马修斯在伦理学方面的两篇主要著作是《道德理论导论》(*Introduction to Moral Theory*)与《道德理论的实践》(*Application of*

---

① 《谨慎》,第12章,第89段;第14章,第32至33段。

Moral Theory），两书的创作跨越数年（1690-1696）。恰好是在他刚要完成《道德理论的实践》一书时，他觉得自己再也无法假装已经证明人能够单纯地从自然理性或常识中推究出自身的道德义务。他现在承认，自己早期的乐观是个严重的错误。在深深的沮丧之中，他恳求自己的读者"把他的书都丢掉并紧紧握住上帝的圣经"。① 唯有对神圣恩典怀执着信念，人才能支撑起对人世俗救赎的希冀。②

在关于意志是人的首要原则这一假定上，托马修斯是普芬道夫（和霍布斯）真正的追随者，他宣称二人的思想是其法律和政治哲学的基础。③ 永不停歇的理解力（voluntas semper movet intellectum）是他1688年以后的作品中一直出现的主题。但其中变化的是他对意志的定性，并且由此与普芬道夫分道扬镳，并在后续思想的领域中的多个方面先人一着，特别是对比休谟和康德的思想，另一方面则是对比浪漫主义者的思想。

实质上，托马修斯的意志理论是一种矛盾的理论。与洛克一样，托马修斯将人的自由作为一种能力与人的意志作为另一种能力相区分。他承认人只要没有外在限制都能自由选择，但拒绝承认意志的自由也是如此。人享有完全的选择自由，即便他的意志不能自由地选择善。④ 这是因为意志为人的感官性质所主导，为人的激情与冲动所主导。

> 所有心灵的激情均源于人的感官性质。当哲学家们声称

---

① 《道德理论的实践》，页464，页490第6段。
② 参见：Thomasius,《道德理论导论》(Einleitung der Sitten-Lehre, Halle, 1692; ed. Used 1720)，页8;《道德理论的实践》，页95。
③ E. Wolf, (1963), 页398; Thomasius,《自然法与万民法的基础》(Fundamenta Juris Naturae et Gentium, Halle and Leipzig, 1705)，卷一，第1章，第37段;《探寻》，页184。
④ 《道德理论的实践》，页514。

理解力之中无一不先从感觉中来,所以我们同样可以认为意志之中无一不先从感觉中来。①

这样一来,在实际行动中,与沉思所不同的是,并非是理解力和感觉(刺激),而是意志及感官刺激(*stimuli*)对人施加影响,使其有能力自由地行动。

> 刺激驱动理解力,意志则通过刺激来影响理解力,将思考过程转变为行动。而另一方面,理解力并不会对意志产生影响。因此,行动或是所有与行动相关的理解力活动都缘起于人心,这一假设是错误的。就目前所知的而言,这应当归因于理解力本身;它在任何时候均缘起于意志。理解力同时也遵循其乃一被动原则而非主动原则的准则。其受意志支配,而非其支配意志。②

意志激发的行为被托马修斯称为是自愿的或道德的,与之相对的是那些个体为外界所强迫的行为,这被他称为是非自愿的或被(物理地)决定的。但意志不是一个自由的驱动力,其本身无所谓自发的或道德的,而是人必备的一项自然能力。意志唯有在成为所有道德行为的起源时,才能被称为道德力量,这不是说它的本原,而是就其效果而言。道德行为(即那些为人所自由选择的行为)若符合理性则是合理的。理解力,若非为意志所激发,而是如此被激发(比如在实际行动中或在意在行动的思考中)去为意志服务,便可独立判断善恶。其单独而言无所谓自由的或是被决定的;其纯粹是(实现)选择能力的一个手段或工具。但与其所服务

---

① 《道德理论的实践》,页92。
② 《探寻》,页183-184。

的意志不同,理解力自身无法运用选择能力。人能自由行事且为自身行为负责,并非因为他从内在(心理的)束缚中摆脱出来了,而是因为其行为归根结底由且仅由自身意志所决定。人为其激情服务时,在某种意义上讲,他是不自由的,但在另一种意义上讲,倘若其以意志激发某一行动,其仍是自由行事的道德代理人。换言之,我们并不对自身的感觉(feelings)、内驱力(drives)、直觉(instincts)或欲望(desires)负责,而仅是对以行为方式而非其他方式作出的实际选择负责。在许多或大部分行为中意志可能是"激情的奴隶",尽管如此,意志仍然是一种与之截然不同的能力。因而,出于"盲目的本能"或是"盲目的激情"所作出的行为并不够格成为道德行为,因为这些行为并不涉及意志经由理解力的作用过程。① 因此,一个行为够格成为道德行为的必备条件便是以意志激发该行为的意识。

托马修斯意志理论中的矛盾因素,源于他假设人的意志是几乎不可逆转地听命于邪恶的欲望。据此,人是(自人类的堕落以来)世上最卑鄙的动物。人有着自欺欺人、颠倒是非的习性,并期待该习性能延年益寿、增进幸福,因而其悲惨无论如何也不能得以减缓。② 托马修斯筛选出如果不是决定着便是左右着人的意志的三个主要欲望:色欲(lust)、雄心(ambition)与贪婪(avarice)。紧接着,他细心地将这些在不同人身上烦扰人的情绪用最常见的组合制成表格,试图提供一种动机类型学(typology of motivation)。③诚然,托马修斯承认这些邪恶的性情未受到如仁慈与同情心一般存于人内心的更高尚的情操的挑战;甚至,这些情操据称"每天都在与前者搏斗"。但他坚称,它们(高尚情操)并不能仅凭自身之

---

① 《自然法与万民法的基础》,卷一,第一章,第46至57段。
② 《探寻》,页188。
③ 同上,页187。

力完全地征服它们(三个主要欲望)。① 健全的理性(Sane Reason)在这一矛盾的理论中仍发挥着重要作用,尽管它不再是他早期实践哲学中的万灵药。它如今被视为是帮助人达到内心"安宁(Tranquillity)"状态的调节手段。托马修斯用"安宁"意指感觉的中止,在这种状态下人体验到的既非快乐,也非痛苦。② 唯有在这种状态下,人才被认为是处在一个能接纳信念的境况,若非接纳确信的话。如此,矛盾的解决才可能通过使意志与理解力所认可的美德相一致而实现。因此被激发的意志被称为"理智的爱"(区别于因此不够格的纯粹自然的偏爱和力比多(libido))。③

然而,托马修斯不太相信,倘若人不寻求神恩的帮助的话,理智的爱能取得多大程度的力量或持续多久。因为只有通过某种将圣灵内存于人心的方式,意志才能被有效地激励以往美德的方向发展。归根结底,冲突存在于人三元论恶灵(the threefold evil spirit)、人的意志以及发源于上帝的纯粹的善灵之间。对托马修斯而言,力争将善灵"内化"(internalization)乃是"最虔诚的祷告"。④

托马修斯试图在各处打捞他最初的"实践哲学"的残骸。尽管托马修斯显然错在太过相信人能凭借健全理性的一己之力获得世俗救赎,但他仍相信在实践中它能起到"强大的暗示作用",足以点燃存于人心的理智的爱的星星之火。⑤ 无疑,托马修斯知道自己关于意志性本恶的理论是最难以让人接受的。然而他却没有一点办法来修复它。倘若起初他急于构建内在一致的哲学理论,

---

① 《探寻》,页189。
② 《道德理论导论》,页85-86。
③ 同上,页187,页369。力比多(libido)即性力。由精神分析大师弗洛伊德提出,这里的性不是指生殖意义上的性,它被称为:"力比多"(libido),泛指一切身体器官的快感,包括性倒错者和儿童的性生活。弗洛依德认为,力比多是一种本能,是一种力量,是人的心理现象发生的驱动力——译者注。
④ 《探寻》,页189。
⑤ 《道德理论的实践》,页516;《自然法与万民法的基础》,卷一,第5章。

他毫无疑问会抑制住自己的疑虑,或是将其憋在心里。但他自觉无法也不愿这么做。结果便是,这一试图为解决争议构建概念上的途径的尝试,英勇却无法让人信服。

然而,这一理论作为道德理论的明显缺陷不应遮盖它的确实成就。托马修斯对道德的构成要件——有意识的主观促成(conscious willing)与意志有意识地促成之行为(an act consciously willed)的客观内容的区分具有重要意义。因为这点明了自由与道德德性的区别。脱离后者,前者是无法理解的,而自由本身并非其出现的一个充分条件。同样地,意志生来本恶的论断也有助于引出"行善(doing good)"与"道德地行事(acting morally)"之间的区别。前者可能相当合理地被认为符合后者而非具有与之完全相同的意义。我们可能并非在有意识的主观促成下做行善,正如我们同样可能如此作恶一般。无论属于哪种情况,都不应该说我们应当受到嘉奖或谴责。倘若人总能自然而然地用意志去促成善行,那么人显然将不再需要道德,因为人皆圣贤。人通常不会自发地用意志去主观促成善行这一事实,正是道德层面的"应当"的存在理由(raison d'être)。最终,在将有意识地选择的行为而非行为者的心理状态作为道德认同的客体的过程中,托马修斯展现了卓越的、批判性的洞察力。尽管我们通常很可能会将有助于引起行为的心理动因考虑在内,但为了使我们的道德评判做到公平或不管出于其他什么原因,这绝不能对该行为的道德评判施与任何影响。因为在此,我们仅关心引起行为的有意识的动机。

托马修斯承认人仅凭一己之力无法解决内心矛盾以选择善,这使得其意志理论作为道德理论的条理性招致了最严重的质疑。难道不是像康德所坚称的那样(你能,因为你应该)(du kannst, denn du sollst),"应当(ought)"意味着"能够(can)"吗?倘若获得神恩的帮助真是关键因素,人能否因为成功或未能成功做到这个而受到嘉奖或谴责。在类似这种情况下,我们在任何可识别的意义上是否负有责任或是负有道德上的义务？尽管托马修斯希望在实践中即便是他那悲观的意志理论,通过提醒人自身内在的本质进而引发其对自身自发的冲动进行反省,在心理上也会取得理想的效果。然而,我们同样可在心理动因层面似真地提出,这会导致相反的效果,这会使人对美德的感召(the call to virtue)感到绝望或完全地漠视它。因而,我们非常难去否定这样一个结论:尽管最初托马修斯关于道德意志的主观促成的实践哲学使得世俗救赎这一目标的实现太过轻松,但他对实践哲学的修改则将这一目标变得几乎无法实现。

三、道德义务与政治义务

托马修斯承认(人)不能将健全理性作为道德行为绝对可靠的向导来依赖,与之相伴随的,是他坚信没有绝对可靠的道德理论能授人与德性,更勿谈某个可奉为神圣的单一道德法则了。①因而,他所提供的便是在实践中可能帮助人产生道德行为的必要条件及达到内心安宁状态的可行规则。

每一个行为唯有以每一个能独力为自身行为负责的个体的自由选择为基础方可称为是道德的,托马修斯对此的道德标准可被恰当地称作是个人主义的。然而,倘若我们去探寻人的道德义务实质上存于何处、道德规范根本上缘何而起,甚至,是何赋予人道德存在物这一状态,托马修斯给出的答案用的完全都是社会性的语言。他认为道德行为必然要通过反省进行,通过思考如何扬善的过程进行。脱离语言,这般思考是不能想象的,因为思考和语言是永不间断且不可分割地交织在一起的。托马修斯使用了隐语(inner speech)这一经典概念来描述思考。并且,紧随着洛克对内

---

① 《自然法与万民法的基础》,序言,第19段。

在的精神活动经由感觉无一不可溯源至外在体验的假设,托马修斯推断隐语起源于外部言语(external speech),反过来说,外部言语预设了一个社会的语境。① 因而,伦理学应当以人的社会互存性这一事实为出发点,将关于这一事实的意识作为其基本的感觉材料(datum)。尽管意识到人的社会交互性是一心理特征而非一道德品质,但它在既定情境下对人的动机施以影响的模式构成了它道德上的合格要素。

从托马修斯关于追求人的至善(summum bonum)及内心安宁的坦途的描述中可以相当清楚地看出,其伦理学具有社会取向。托马修斯宣称,这在于增进我们所爱之人的福祉,这些人的苦难可能比我们自身的苦难更能牵动我们的心。在这么做的过程中,我们给予了理智的爱(reasonable love)——区别于非理智的爱(non-reasonable love)或动物的爱(animal love),②一个实践性的表达方式。正如一位评论家所认为的那样,虽然托马修斯(不像康德)并未谈及这一义务(或其他任何义务)本身在道德上是必要的,③他也并未将这一义务简单地等同于遵照外部道德律行事。托马修斯在这点上相当明确。单纯地增进他人的福祉而缺乏这样做的"衷心希望",也许会赚得社会的认可,但这样的行为缺乏内在价值。因为正是动机而非行为的外在表现决定行为的道德价值。④ 你应当是想要做自己该做的,尽管在本性为恶的意志看来你所应该做的并非是你自发地想要做的。因而,为使意志将"应当的"现实化,意志应当超越个体自私自利的欲望,并代之以理智的爱。唯有如此,意志方能为人真正的而非想象的利益和福祉服务⑤。因而,

---

① 《理性理论的产生》,页 100-108。
② 《道德理论导论》,页 93,引自 H. M. Wolff,页 37。
③ Bienert,页 309。
④ 《道德理论导论》,卷 IIIf.; H. M. Wolff,页 37,页 42。
⑤ 《道德理论导论》,页 60;H. M. Wolff,页 37;E. Wolf,页 400。

托马修斯在别处评论道,真正的智者寻求公共利益而非追求一己所得。他将共同善(common good)置于君主的宽宏大量之上。① 托马修斯甚至认为人对同胞的理智的爱等同于人对上帝的爱,他深谙路德(Luther)的思想,然而在此他很明显地与其分道扬镳。②

劳动的义务(the duty to work)是托马修斯的伦理学中占据显要位置的另一个具有社会取向的义务。在这点上他紧随加尔文主义中神的感召(the calling)的概念。他不仅抨击对懒惰者的援助,也反对富人退出积极的工作生活。人注定要过劳动的生活,不只是或不主要是为了其自身的个人利益,而是为了公共利益(public good)。③ 他将同样的推理运用到积累的财富上,其正当用途不在于做慈善("供养无用且累赘的生物,比如僧侣和乞丐"),也不在于铺张浪费,而在于能够产生最大化就业和收入的富有成效的投资。④ 托马修斯反对因循守旧者的观点,这些人认为每一个人在社会上应当被给予一个固定角色,并按惯例设定好相应的收入和生活水平。劳动的义务并不以达到这样的惯常水平为目的。⑤ 然而这并非以关于成就的人生哲学为依据,而是以理智之爱的原理为依据,以服务理念为依据。(服从)神之感召的义务显然有别于获取私利的欲望。在这一点和其他地方一样,托马修斯的实践哲学既是前瞻性的又是为传统所束缚的。

社会取向这一在托马修斯的伦理学中如此显著的特征,也渗透到了他的政治思想中。尽管其伦理学关注的是人类和社会活动领域,这一领域的重要性将会遗失殆尽倘若这些活动屈从于强制力,然而其政治哲学和法律哲学则涉及那些可实行武力强制的领

---

① 《小德文作品》,页451。
② H. M. Wolff,页39-40。
③ 《谨慎》第4章,第5章,第17章。
④ 同上注,第17章,第8段。
⑤ H. M. Wolff,页40。

域。不幸的是,这一宽泛且相当粗糙的区分,招致评论家将极其墨守成规的、我想说是扁平的思维方式归于托马修斯的政治哲学。①诚然,他将其认为仅关乎个人之事,比如品味、宗教及一些关系自身的责任,比如养生,与那些涉及外部关系的事项相分离。对于前者,规范性原则完全是内在之事,然而对于后者,对规范、信念的共享及相互理解则是关系型事件,任何一个社会制度缺乏后者都不能长久存在。但他并未将自愿原则的运用局限在纯粹的个人之事上,也并不认为政治等同于法律强制和动用武力。

这些评论者所未能认识到的,是托马修斯关于(i)政治权威的形式结构与其生效或合法化,以及(ii)政治活动的精神气质(ethos)或文化与左右它的非正式的相互性规范之间的批判性区分。两者都涉及到外部联系以及制裁,但只有前者以武力支撑的法律体制为特征。用稍微不同的方式来说,托马修斯将政治学界定为(i)政治科学以及(ii)政策科学。迄今为止,他对政策科学的关切几乎已经不为人所注意,因而我打算先讨论这一问题。

在《政治哲学家》(Political Philosopher, 1724)一书中,托马修斯谨慎地指出:被认为是政策科学的政治学,不应该等同于狡诈和欺骗之术,也不应该等同于训练有素的法学家的渊博学识。"法学家和政治家之间的共同之处就像政治家和医师之间的共同之处

---

① Walther Bienert 曾写道(页314),"托马修斯关于政治的概念与该词的现代意义几乎没有共通之处",这在三十年代也许是正确的,尤其是在德国;貌似不那么合理的是,为何如 Erick Wolf 一般如此有鉴别能力的学者亦如此直截了当地宣称(甚至是在其战后出版的书中)"托马修斯根本就不是一个政治思想家,因为他未能形成关于国家的自有理论",似乎后一种情况(不管它可能意味着什么)可以充分地使他的结论正当化(页408)。本文应该足够清楚地表明,我与这些观点存在分歧。我认为托马修斯是首批现代思想家之一,他一方面结合了这样的观点:政治活动可以批判性地与法律程序、伦理学、经济学、有组织的宗教甚至国家本身是相区分的;另一方面结合了这样的观点:政治活动在更宽广的社会架构下同时也是与大部分的,如果不是全部的,这些领域相互交织在一起的。

那样多,或是那样少。"①它也不要求哲学家所受的训练,更无需神学家所受的训练。② 相反,它应当被认为是自成一类(sui generis)的一门学科,一门同样应当在如高等院校一般的场所里教授的学科。③ 这一新学科将政治学的核心问题视为是政策制定的问题,不仅是在严格的财政和行政领域,这点已经在泽肯多夫(Seckendorff)相当有影响力的作品《日耳曼公国》(*The German Principality*)④强调过,也要更多地在更广泛的政治教育和政治传播领域这样做。托马修斯强烈要求一种能对公共意识产生影响、激发(公众)兴趣,说服甚至是操纵(公众)的新政治风格、一门新的政治语言的出现。政治应该变得对人民有意义,以便使人民能够理解国家是为他们的利益、安全和福祉而存在的。但为了让政治使用人民的语言,政治家们,不论他们是作家、教师、行政官员、议员或是君主,必须了解更多地普通民众的日常问题,包括他们的心理需求。简言之,政治学,作为一门政策科学,应当教授关于人民的运行原理。⑤ 在另一项研究中,托马修斯竟曾试图提出一种行为心理学。《如何从人民的日常谈话中发掘他们隐藏的甚至是违背意愿的内心》(*How to Discover the Hidden Heart of People even against their Will from their Daily Conversation*, 1692)呼吁务实的实

---

① Thomasius,《政治哲学家》(*Der Politische Philosophus*, Feankfurt and Leipzig, 1724),序言。
② 同上注;*Erinnerung wegen deren über den Andern Theil seiner Grund-Lehren* (Halle, 1700),页 21;*Erinnerung wegen zweyer Collegiorum uber den Andern Theil seiner Grund-Lehren*, (Halle, 1702),页 32。
③ 历史上有意思的是托马修斯所执教的哈雷大学是德国首创政治学职位的大学。参见:H. Dernburg,《托马修斯与哈雷大学的创立》(*Thomasius und die Stiftung der Unicersität Halle*, Halle, 1865),页 4; Gustav Schmoller,《腓特烈威廉一世统治下的普鲁士官学地位》"Der pressische Beamtenstand unter Friedrich Wilhelm I,"载《普鲁士年鉴》(*Preussische Jahrbücher*, Berlin, 1870),第 26 期,页 148f。
④ *The German Principality, Teutscher Fürstenstaat*, 1655.——译者注
⑤ 《政治哲学家》,序言。

地考察、采访以及与社会各阶层人民的非正式的讨论,以得到一种政治家为有效的政策制定所需的知识。① 他在《关于政治审慎的简介》(A Brief Sketch Concerning Political Prudence, 1705)中进一步阐述了这些建议,其间他再次将政治科学和政治思索与政治审慎或政治智慧相区分。前者以正式的理论化为导向,常与遥远的过去或未来有关,而与当下迫切的问题和具体的需求无关。后者可通过在实际情况中运用常识(健全的理性)这一最有成效的方式获取。文明社会不是一个抽象的普遍存在,它不是一个拟制的人,而是一个具体的世界,一个由实在的、活着的人组成的世界,由一个个家庭、私人团体、商事企业以及多样的联合组织在一个共同政府管辖下的领土上组成的世界。② 哲人王(Philosopher kings)对托马修斯而言并不是统治者的典范。柏拉图关于哲学家应当统治或统治者应当是哲学家的理念对他没有丝毫的说服力。他认为历史充分证明有思索嗜好的人是最无能的领导者和立法者。③ 他认为最恶劣的违法者是宗教狂热分子,特别是那些极力煽动统治者通过立法来引入和维持基督教教义的基督教狂热分子。④ 他非常厌恶所有的乌托邦主义和完美主义,它们是作为政策科学的政治学的诅咒。⑤

在某种意义上,这种对实际的政治行为、政治游说和政治操纵的专注不可否认地鼓励了权宜之术、政治策略和战术,而非鼓励了

---

① 完整的标题表明托马修斯在此提出了一个"新的发明",一门为政治学服务的"新的科学": *Die neue Erfindung einer wohlgegründeten und für das gemeine Wesen höchstnöthigen Wissenschaft, Das Verborgene des Hertzens anderer Menschen auch wider ihren Willen aus der täglichen Conversation zu erkennen* (Halle, 1692)。

② Thomasius, *Kurtzer Entwurff der Politischen Klugheit* (Frankfurt, 1705; Frankfurt and Leipzig 再版, 1713),页 169-70。

③ *Erinnerung wegen Zweyer Collegiorum*,页 34。

④ 同上,页 32。

⑤ 同上,页 34-35。

规范性的考量。然而,我们必须铭记,托马修斯在此推动了一个在统治者与被统治者之间的关系上相当具有革命性的变革,并且他特别渴望说服前者,听取他的建议会最符合他们作为统治者(与人民不同)的利益。但与莱布尼兹不同,托马修斯并未选择谨慎的高层对话的方式或学术期刊、学术团体的途径。他诉诸于那些能够且愿意阅读他作品或听他讲座的人,这两种方式都不再局限于通晓拉丁文的那些人。① 并且由于他的作品不仅包括学术性强的长论文,也包括对日常事务有趣的甚至是耸人听闻的描述,尤其涉及到行政权力滥用和司法不公,这些作品被广为传阅且频繁地再版。② 尤其是他的月刊《月月谈》(Monatsgespräche)——德国出现的第一个大众月刊——不能不对更广泛的公众造成影响。因而,托马修斯关于政治决策的开创性思想,与国家财政学派者(Cameralists)的政策科学所不同,在唤醒公众关于以前是怎样和现在应该是怎样这方面的意识起了很大作用,专制独裁者也无法承受去完全地忽略其所营造的这股思想情绪。

但即便是他专注于政治权威的正式结构及其道德和法律基础的更加学术性和理论化的作品,也展现了这样一种清晰的意识:政治严格地说并非道德的也非合法的,而最按字面意义来说毫无含糊是行为的。在这点上,托马修斯使用正直原则(honestum)、合宜原则(decorum)和公正原则(justum)这些概念分类,作为韦伯式(Weberian)意义上的理想范例有着极为关键的重要性。

正直原则意指人对自身和他人的道德义务,其约束在于良知的内在规范性原则,它要求"你仅为自己做你所希望他人为他们

---

① 一项关于托马修斯和莱布尼兹的有意思的比较研究见:Karl Biedermann,《两位著名的莱比锡人》("Zwei beruhmte Leipziger"),载 Westermann's Monatshefte (Braunschweig, 1884), LVI,页363—370。
② Bienert,页353。

自身所做的事"。① 合宜原则意指人在社会上的民德(mores)或惯常义务,其约束即在于传统互惠原则的外在规范性原则,它要求"你要以你所期望他人对待你的方式来对待他人"。② 最后,公正原则意指人的法律义务,其约束则在于实在法的外在规范性原则;用否定形式的话来说,它要求"己所不欲,勿施于人"。③ 托马修斯承认,他甚至强调,这三个原则在实践中会按变化不居的程度和不同的组合方式来运行,理想的情况下,好公民实际上将会按法律的告诫行事,因为这与其正直原则和合宜原则的观念一致。此外,这些类别之间并非是层级结构的关系,而是并列关系。形式上,这三者之中哪一原则在引起或者避免任何行为的发生方面事实上是最关键的,这并没有社会政治的或法律的意义。至于我们仅仅是出于畏惧刑罚和在公正原则下行事,我们显然不是出于道德确信这一观念在行事,但这是否应当受到谴责则是另一回事。遵守被认为是恶法的法而不觉得存在道德强制,这甚至可能值得称赞。因而,托马修斯坚称,正如我们将在最后一节中留意到的那样,任何一个统治者都不能强迫臣民觉得其对与其良知相抵触的法律负有道德上的义务。

合宜原则与我们当前的论题是最相关的,因为它原本就要运用到托马修斯所说的"生活的政治"(politics of life)当中。④ 对他而言,它象征着不断发展中的社会和政治体制的基本母体和必要条件。缺乏合宜原则,公民社会的产生和存在是无法想象的。因为在合宜原则缺席的情况下,人要么必须是完全受正直原则约束的圣人——在这种情况下有组织的社会完全是不必要的——要么是完全受对公正原则的畏惧支配的可怜奴隶,在这种情况下有组

---

① 《自然法与万民法的基础》,卷一,第6章,第40段。
② 同上,第41段。
③ 同上,第42段。
④ *Kurtzer Entwurff*,页5。

织的社会,假设它真能持续存在,也几乎不值得拥有。简言之,合宜原则一方面是通往(不可企及的)极乐——一种人间天堂——的唯一选择,另一方面或是通往(不合需要的)完美的严格控制(或是混乱)——一种人间地狱——的唯一选择。合宜原则包含为构建可行社会关系所需的如此多元却相互联系的要求,比如接受一套行事的方式方法的习惯准则,接受一个关于共同期望的共识,以及给予跟我们打交道的人至少是一点点公平与体面的意愿。①

倘若所有公民都是理性的,但在任何绝对意义上或道德层面上不一定是善的,合宜原则在一个国家中将足以构成社会和政治稳定的基础。不幸的是,传统规约本身对一些人来说并不足够,而最明智的准则如果不被他们遵守也毫无用处。恰恰是因为这些少数人一旦不遵守准则,对合宜原则的运行极为重要的关于互惠原则的普遍预期就会遭受严重破坏,公民社会的持续存在将会置于危险之中。正直原则与合宜原则接着就会自拆长城,智者看起来是愚蠢的,愚蠢之人就会为其想象中的智慧而沾沾自喜。由此得出结论:"因为脱离权力的德性是无能的,而缺乏德性的权力则是万恶之源,在公民社会中赖以生存的唯一可行的基础便是德性与权力的结合。"②

在托马修斯看来,这其实才是国家和那些中央权威机构被授与至高无上的强制力的真正的根本原因(rationale)。继承而来的契约理论,与自然法的传统理论相比毫不逊色,与其对自然权利和既得权利的区分一同,仅仅是作为一种虚饰,一种律法主义游说术的传统工具,借以改善统治权的行情。诚然,通过明确建立中央权威的这三个活动领域,而不像霍布斯的单一领域,托马修斯使得社会联合行为(the act of social association)取决于联合这一事实本身

---

① 《自然法与万民法的基础》,卷一,第5章,第58段;同见第4章,第32至64段;第6章,第35段,第7章,第1至5段。
② 同上,第7章,第1段。

以及政府所要采取的形式这两方面的民意(popular consent)。①但是由于每一个人不仅放弃了其天生的自由,并且使自己的意志服从于统治者或统治者们的意志,真正生效的契约并非真的是平等双方之间的协议,因而对缔约各方并不具有同等的约束力。②因此,协议(*pactum*)(联合行为)应当明显地与统治权(*imperium*)(中央权威的建立)相区分。"统治权存在于不平等主体之间,而协议存在于平等主体之间"(*Imperium est inter impares, pactum inter pares*)。③ 然而,政治义务并非源自这些契约本身,而是源自业已建立的权威所颁布的法律。确切来说,只有法律才有约束力,而权威机构不管他们以何种方式产生,本身并不具有约束力。④ 不可否认的是,被统治者绝对地享有某些抵抗统治者侵犯的自然权利。⑤ 但是,与统治者制定的"有法律效力的法(perfect law)"相比,由于这些权利缺乏合法的武力作支撑,因而并不具有法律上的可强制执行性,将这些权利视为神圣不可侵犯的自然法则被称为"无法律效力的法(imperfect law)"。尽管托马修斯认为两者具有同样的道德约束力,但只有"有法律效力的法"才具有法律约束力。由此可以得出结论:抵抗统治者的法律这一行为缺乏法律基础。⑥

那么,政治义务是否没有范围?授予统治者的权威是绝对的

---

① 《神圣法学教程》,卷三,第6章,第29至35段。
② 同上,第31段。
③ 《自然法与万民法的基础》,卷一,第6章,第92段。
④ 同上,第5章,第3段和第27段。
⑤ 《神圣法学教程》,卷一,第ⅰ章,第109段;《自然法与万民法的基础》,卷一,第5章,第11段。
⑥ 《神圣法学教程》,卷三,第6章,第63段。因此,与格劳秀斯和普芬道夫不同,托马修斯并不认为国际法是适当法(law proper)。它并不具有法律约束力,因为:(一)它在本质上属于一种契约(正如我们所见,托马修斯并不认为合同本身具有约束力)以及(二)它是无王(*rex*)之法(*lex*),缺乏能够强制施行它的最高权力(E. Wolf,页409)。

吗? 在这样一个格局中,留与个人的自由如果有范围的话,这个范围有多大? 如今我们把注意力转向这些问题。

四、自由与权威

在如此明晰了政治义务的法律地位与政治权威结构的形式要求之后,托马修斯把自己的重点放在了它的渊源和合法化问题上。尽管他将统治者所被授予的强制力视为在法律上是至高无上的、绝对的,他并未对这一纯粹的法律规定所具有的政治不平等抱有任何幻想。正如我们所见,其正直原则和合宜原则理论清楚地证实了这点。它们所传达的信息是不会被误解的。它们声明,最高统治者倘若仅仅依赖武力将会是愚蠢到可怕的。尽管他作为统治者在法律上无须服从自然法,但他与他的臣民一样,在道德上同样地受自然法约束。他将会是同样的愚蠢和错误,托马修斯进一步强调,如果他通过援引上帝的直接授权来为自身至高无上的权力来寻求合法性。① 因为,为有效地行使该权力,臣民的同意之于君主与君主的保护之于臣民,一样地至关重要。② 因而,他将会审慎地诉诸于其臣民的正直原则和合宜原则观念,而不亚于诉诸于他们的公正原则观念。简言之,劝导能力如果不比武力重要的话,对国家的平稳运行也有着同样的重要作用。顾问(counsellors)与老

---

① 《神圣法学教程》,卷三,第6章,第69段;《自然法与万民法的基础》,卷三,第6章。在托马修斯1688年12月那期的月刊(*Monatsgespräche*, II, 762f)中,他开始与丹麦的宫廷传教士以及神学教授 Hector Gottfried Masius 争论,后者在其一部作品中为君权神授理论争辩,坚称他们的主权直接来源于上帝。一个神学家为了拍其君主的马屁,竟如此渎神地对待宗教,在说明了自己对此是有多么的震惊之后,托马修斯承认主权在本源上是神圣的,但他坚持认为神的授权是间接地而非直接的,而其政治正当性以人民的同意为要件(同见 M. Fleischmann,页30-31,页64)。
② Thomasius,《福音派君主处理神学纠纷的法则》(*Das Recht Evangelischer Fürsten in Theologischen Streitigkeiten*, Halle, 1696; 1699 再版),页12。

师(广义而言)对这一宗旨的实现极为重要,因为他们(或应当是)训练有素,且够格来提供缜密的建议、解释问题及开展对话。毫无疑问,他们的忠告不是法律,因而缺乏外部约束力。但是,托马修斯强调,这在政治上具有如此高的相关性以致于这在某种意义上可被看做是国家机器中不可或缺的一个组成部分。商议与政府统治(*consilium et imperium*)对彼此而言都是不可或缺的。缺乏商议的政府会走向暴政,脱离政府的商议则显得微不足道。①

克里格(Krieger)教授曾发表一番有趣的言论:一边是顾问与老师,另一边是君主们,他们"不相上下地构成了国家的权威"。②不可否认的是,托马修斯的确是如此看待政治权威的结构和运行特质的;同时他也谨慎地指出,法律上的(*de jure*)权威只属于统治者,因为他独掌有效支持其命令的权利和能力。有限政府或混合政府对托马修斯毫无吸引力。他将它们列为政府的病态形式之一。健全政府要求的不是同等级权威之间决策权的共享,而是将权力集中到那些权利和义务就是统治的人手中。③因此,顾问应当明显地与统治者相区分,以免公民对法律的渊源以及支撑法律的可强制执行的制裁存有疑惑或感觉模糊不清。④

尽管托马修斯坚决拥护实在法绝对的至高无上的地位,但他同时也急于限定它的适用范围,这相当明显地体现在他关于基督教君主在宗教事务上的权利的论述中。尽管其首要意图是明确主张世俗政治属自治领域,这同时也提出了将这一领域限定在严格明确的边界内。因此,在提醒神职人员公民社会"并非是为推广教堂的礼拜仪式或是虔敬言行而创建起来的"之后,托马修斯立即提醒君主们他们不是私人财产的世袭所有人,而是担负着明确

---

① 《自然法与万民法的基础》,卷一,第4章,第33至64段,第78至80段。
② Krieger,页64。
③ 《神圣法学教程》,卷三,第6章,第39段。
④ 同上,第1章,第104段;《自然法与万民法的基础》,卷一,第4章,第77段。

义务的公共善的守护者①。这一论述以一系列草案的形式展开,简洁且清楚地说明国家行为的范围和限制。其中,更多的一部分论述意在保卫个人自由,主要而不完全是在思想领域和宗教崇拜领域的自由。我说"并不完全"是因为这些构想通常都足够宽泛以同时容纳其他自由。比如,其中之一写道:"不管是何作为或不作为","只要它不妨害公共和平——甚至它恰当地宣扬自己——并不受制于君主的管辖"。②抑或,"即便是思想或行为本身就有着可辨别的恶,或是行为人这般承认,倘若它们并未妨害公共和平,那也不关国家的事"。③

不可否认的是,公共权威与个人自由的并置中存在着内在的紧张关系,而天平明显地朝前者倾斜。因为,倘若不是由统治者来判断公共和平是否受到妨害的话,谁来?这一令人不安的问题并没有让托马修斯气馁。他将信心寄托在公众的关注上:让正直原则、合宜原则及公正原则这些根本法则牢固地扎根于公共意识,余下之事便水到渠成。公开宣布好让世人知道:臣民们不可亵渎的权利正被"无须服从他们的君主"所篡改。④诚然,君主可以强制臣民服从命令而臣民不应该反抗他,但他不能强行要求这成为政治义务,他仅能通过认知(它)并作好榜样来获得它。非自愿的义务观念是荒谬的。没有任何一个权力,无论是多么的至高无上,能够向作为公民维护王国和平的持异见者任意地施加刑罚。持有异见不是犯罪,信奉宗教异端亦非违法。如果一个臣民的良知禁止他服从其统治者的命令,他应当被允许自由地带着所有个人动产

---

① Thomasius, *Kurtze Lehr-Sätze vom Recht eines Christlichen Fürsten in Religions-Sachen* (收录在了他的文集 *Vernünfftige und Christliche aber nicht Scheinheilige Thomasische Gedancken und Erinnerungen* [Halle, 1723-25], 引自 Bluntschli, 页 226-231), 草案 25、26; 同见《神圣法学教程》, 卷三, 第 6 章, 第 114-135 段。
② *Kurtze Lehr-Sätze*, 草案 10, 引自 Bluntschli, 页 227。
③ 同上, 草案 14。
④ 同上, 草案 17。

离开他的领地。一个信仰基督教的君主确实应该谨小慎微地奉行他作为人和作为基督教徒的义务,但这不应与他作为统治者所肩负的公共职责相冲突。①

引人注意的是,托马修斯在私有财产权方面并不是那么的坚决。当父母权威、思想自由、宗教自由以及自我保存都被纳入到与自然权利范围之内,私有财产权却被归为一种既得权利,即以制定法或实在法为基础的权利。② 人类的自然状态——托马修斯将其与早期基督教联系在一起的状态——是一种(人类)共同持有财产的状态。私有财产的出现据称是"因为人与人之间爱和团结的纽带被破坏"。③ 当他试图去证明其存在的正当性时,他采用的方法与洛克所采用的存在惊人的相似性,令人惊讶的是他在洛克之前就已这般做了④。然而,这些思想紧接着是那么地与他的加尔文主义的感召信条、劳动义务相一致,以致于他在此也只能在洛克的理论中找到(私有财产存在的正当性)证实而非灵感。

托马修斯继承了普芬道夫对立宪主义的蔑视,出于几乎是相同的原因。立宪主义意味着传统主义,而且是一种非常令人困惑的传统主义。这意味着在政治权威的渊源、旧德意志帝国特有之恶方面存在几乎是系统性的含糊不清。这意味着在权利、权限与特权之间,在诉与反诉之间,在制约与僵局之间,会存在可怕的、一团糟的混乱。在这片政治灌木丛中,或高级或低级的贵族们都在探寻宪政的根本原理,以证实他们认为对比君主制下的封建领主们(princely overlords)自己按照传统所享有的诸如此类的自由是

---

① *Kurtze Lehr-Sätze*,草案 3、11、65(Bluntschli,页 229),以及 87(Bluntschli,页 230)。
② 《自然法与万民法的基础》,卷一,第 5 章,第 11 段。
③ 《道德理论导论》,页 301。托马修斯反对这样一个观念:私有财产的废除将自动地复原人与人之间的情谊和爱。他甚至担心缺乏爱的公共财产将会使"社会矛盾成千倍"地增加。因此,他主张"首先使人们去爱,就无须为余下的私有财产或公共财产之事操心了"(页 309-310)。
④ 《神圣法学教程》,卷二,第 11 章,第 39 段。

存在的,而这些封建领主们反过来则对比大君主(the Emperor)也加入到这些消遣活动中来。除罗马法外,没有任何一部有着天赋权利思想的法令与英国的大宪章(Magna Carta)、人身保护令(habeas corpus)和权利法案(Bill of Rights)一般深入人心了。更重要的是,这么多的君主制国家中,几乎没有一个国家的议会比得上英国的下议院。因而,立宪主义与民主责任制毫无共同之处。

托马修斯并非没有意识到这样的事实:他要求负责任的统治者遵奉个人自由仅仅是一种请愿,并且他们怀疑责任这一问题是否具有明确的政治意义。然而,进一步地认为立宪主义是其"自由主义"的归宿,这对他而言显然仍为时尚早。如果要想收获不是完全不确定的话,很多基础工作仍有待完成。托马修斯拒绝在这紧要关头投身于各种宪政蓝图,而是将它们视为无用的学术训练而不予理会。① 规划未来得先质疑过去。他做到了这点,以一种让普芬道夫好奇的精力,普芬道夫好奇自己所钦佩的朋友是否"正在拆毁比他在任何时候所能在这些地方建造的更多的房子"。②

>自由探究始终贯穿这一对传统发动猛攻的整个过程。
>
>不受限制的自由,没错,自由本身就能给予所有人本真生命。缺乏自由的人类理解力,无论它在其他方面可能存在多少优点,看起来也几乎是无生命的,丧失了它的灵魂。③

对真理的追求不应为对既存权威的不当尊崇所限制。"在发

---

① E. Wolf,页414。
② 这封信注有日期1693年5月20日柏林,收录在 Emil Gigas 编的文集《赛缪尔·普芬道夫与克里斯琴·托马修斯的通信》(*Briefe Samuel Pufendorfs an Christian Thomasius*,1687-93,Munich and Leipzig, 1897)中,页73。
③ 《小德文作品》,页418-419。

现真理的过程中决不要依赖于任何权威,如果你自身缺乏对其真实性的内心确信"。① 在给学生作演讲时,托马修斯除了警告他们不要盲目信任外,还要求他们做到无偏袒地聆听:"我并不希望你相信我所告诉你的一切"。② 然而,他并不提倡彻底的怀疑论。他所强烈要求的是理据充分的论证,而不是系统性的怀疑。纯粹的成见可能导致错误,不加质疑地接受迄今被视为不可抗拒之真理也可能导致错误。但托马修斯充分认识到,这些错误也有可能是错误推理的结果。人仅是一个有限存在,因而人的推理也受制于特定的局限。它不是绝对可靠的;只有上帝才是永远正确的。③ 过分信赖人的理性来发现万物之真理,并不比过分依赖历史久远的真理之权威更有保障。再者,推理也有可能被误导。有很多事情是不能被证实也不能被证伪的,认识到这点要好过哄骗自己和他人接受对于科学真理的信仰。④

因而,挑战权威或真理就预设至少一丝可能性的存在:它可能会被自由的和合乎逻辑的探究所证成或驳倒。如果存在这样的可能性,那么证成或证伪的责任就落在了那些声称或质疑权威和真理的人身上。接着,这一责任的根源就隐含在对权威的肯定和否定中。托马修斯并不愿去否定教育、社会和政治生活领域对权威的需求,也不愿去否定这些领域里权威本身的真实性。但他决心要说清楚的是,对真理的接受以及对权威的承认或是服从,对于能够推理的成年人来说,不应该是盲目迷信、卑怯之事,不应该是幼稚地依赖之事,不应该是敬畏或尊崇之事,也不应该仅是出于兴趣和利益之事。对法律的尊重、爱和忠贞不渝的虔诚在接受权威的过程中可能是可取的、甚至是必要的要素。信赖那些声称要证实

---

① 《理性理论的实践》(*Ausübung der Vernunfft-Lehre*),页 16。
② 《概括性草案》(*Summarischer Entwurff*),序言,第 30 段。
③ 《理性理论的实践》,页 46。
④ 同上,页 294–295。

真理之人的诚挚和正直,可能甚至通常对有意义的沟通起到关键作用。但是,所有的这些都不可能也不应该是真理或权威的唯一或关键的决定性基础。不然的话,通过理据充分的论证来证实两者或其中之一的需要显然将变得多余。于是那些声称真理或权威之人将会被免除在被质疑的情况下解释清楚为什么的责任。

将真理、权威和自由相耦合是托马修斯最伟大的智识成就,也是他对社会哲学和政治哲学最具原创性的贡献,尽管它不为人所知。因为他通过提出这个结合体,严肃地质疑了(如今仍普遍的)这些概念的极端化。根据契约理论的虚华辞藻,唯有建立中央权威机构方能安全地保护基本的自由,他并不赞同通过契约理论的这一传统方式来将自由和权威紧密联合。相反,他复兴了亚里士多德哲学和斯多亚学派(Stoic)关于权威和法律的思想,并且通过将权威与自由和真理巧妙地交织在一起,使卡尔·J.弗里德里希(Carl J. Friedrich)恰如其分地所称的"理据充分且详细地阐述的可能性"①变成权威的试金石。托马修斯承认,对权力、权威或真理的接受实际上并非一成不变地取决于理据充分且详细的阐述。尤其是对于愚蠢之人,我们不被要求、不被指望,甚至也不值得向他们解释为何他们应当相信所被告知的一切、遵从所被命令的一切。②但托马修斯表示,承认这一点决不意味着那些可假定为不是愚蠢之人的多数市民,不可以或不应当问个究竟,为何权威要被接受,并期待一个合乎逻辑的回答。这一主张显然是相当有力的;托马修斯最热衷的信徒之一,腓特烈大帝,一成为国王就公开认可了这一主张,尽管他在实践中并未一如既往地奉行它。③

托马修斯未能清晰地提出一个自由宪政式或民主参与式的义

---

① Carl J. Friedrich,《权威,理性与判断力》之权威一卷("Authority, Reason, and Discretion," *Authority*, C. J. Friedrich 编, Cambridge, Mass., 1958),页35。
② 《自然法与万民法的基础》,卷一,第7章。
③ 《腓特烈二世:作品集》(Frederic II: *Oeuvre*),特别是卷一,页123,及卷九,页197。

务或自由学说。他未能提出防范权威滥用的制度性保障,甚至在改变专制主义的统治结构方面也毫无建树。然而,他所成功做到的,是使它的运行理念及其权威渊源发生深刻的质变。但更加重要的是,他证实了尽管绝对的权力可能存在,但绝对的权威是个荒谬的提法。他做到了这点:通过识别出自由和真理乃是权威的必要先决条件从而推溯出权威的本真,且不论它们在认识论和本体论上的"实在"。其"实践哲学"的重要性和相关性的线索就在于此。

五、结论

乍看之下,我们会觉得奇怪,一个思想要旨是如此明显地关于宗教方面的人,却主要地作为思想史上伟大的现世主义者被人们铭记,被誉为敢于斩断伦理和政治的宗教束缚的"德国启蒙运动的光荣开创者"。[①] 正如一位新近的评论家所机智地暗示的那样,因为他并未间接地再结合自己已经直接分离的东西吗?[②] 这个问题在某种意义上有重要性,尽管在另一层面上它有误导人的倾向。诚然,托马修斯最初看起来的确是要努力把这一分离弄得比在后来的作品中他认为可能的(或必须的)分离更釜底抽薪。但并没有证据显示他意在彻底地割裂伦理和政治与宗教之间的联系,也无法证实他曾经将他本来所希望分离的再次结合,那就是将道德的和政治的思想和生活从有组织的宗教中分离出来,这一有组织的宗教具身于在大学里占统治地位的神学院,具身于在公众思想

---

① Paul Hazard,《欧洲思想》,J.路易斯梅译,(*The European Mind*, trans. J. Lewis May, London, 1953),页 176; Fritz Brüggemann 在《德国启蒙的世界观》(*Das Weltbild der deutschen Aufklärung*, Leipzig, 1930), 第 17 页中称托马修斯为"启蒙之父"(the father of *Aufklärung*)。

② Krieger,页 62。该评论指的是写作《神圣法学教程》时的早期的托马修斯。

中占统治地位的等级森严的教会中。如此看来,历史记录终究显得不那么奇怪。

不过奇怪的是,除此之外他通常不因其他的很多方面而为人所铭记,比如,他作为一位法学家和政论作家对焚巫及使用酷刑的斗争。因为在纯粹的历史学意义上(以及社会学意义上),他的"实践哲学"的影响易为人所直接察觉,在累积效应下也是深远的。当英国和法国对社会精英和政治精英的重构已经不易察觉地、几乎是不为人知地开展了一段时间之时,在德国,尤其是普鲁士,这不是一个引发彻底的知识分子再定位的过程,而很大程度上已是一个对彻底的知识分子再定位进行反思的有意识的进程,这体现在——如果不是充分地体现在——将教育(Bildung)作为社会价值的有效评判标准的思想的兴起中。在18世纪的下半叶,

> 贵族的社会地位的降低首先是因为人的价值分级以及关于价值、值得尊重的品德和社会地位的评价出现了新的标准。个人基于显著的智识上或艺术上的努力和创造性的成就而取得的显赫声名,冲击了数个世纪以来社会分割造成的等级森严的世袭身份的首要地位。①

这一思想的产生和传播在很大程度上是托马修斯开创性作品的成果。更重要的是,他为教育(Bildung)这概念增添了不同寻常的实践特色,这导致了知识界与活跃的日常生活之间的界限变得模糊。并且他是直接地通过在新闻界的大胆尝试以及他实践哲学的民众化的导向,以及间接地通过将经验主义引入德国,成功做到了这点。

---

① Hans Rosenberg,《官僚政治、贵族政治与独裁政治:普鲁士经验》(*Bureaucracy, Aristocracy, and Autocracy: The Prussian Experience*, 1660 – 1815, Cambridge, Mass., 1958),页182。

托马修斯的思想与许多当前关切问题——尤其是现已被称为政治社会学以及政治文化研究的关切点——的相关性,无疑提高了它们在当代所受到的关注度。但这,严格地说,并不会提高或贬损它们的内在价值。

主题论文(二):批判与反思

自　然　法[*]

[美]霍姆斯　著
姚　远[**]　译

对浪漫的骑士而言,你同意说他的夫人是个很招人怜爱的女孩,这还不成——如果你不承认她是上帝曾经缔造或打算缔造的绝代佳人,你俩就得决一胜负。所有人都打心眼里渴望完美无缺的事物,这一渴望殊为挚烈,无从获得完美无缺事物的可怜虫不得不借酒意淫。在我看来,当哲学家致力于证明真理的绝对性之时,当法学家寻求普遍有效的准绳——这些准绳被归于自然法的旗号下——之时,他们的行为深处就涌动着上述渴望。

想当年我常说,真理是所向披靡的那个民族的多数决。我们显然可以预料,关于当前这场战争的主流意见在很大程度上取决于哪一方获胜(我衷心希望胜利属于我们),而且我认为这条论点仅在如下意义上正确,即它意味着我们的真理标准立足于赞成我们看法的多数人,该多数人要么存在于当下,要么存在于假想的未来。如果套用我在别处的提议,把真理定义为我的(智识)界限的

---

[*] 译自 Oliver Wendell Holmes, "Natural Law", in *Harvard Law Review*, Vol. 32, No. 1, 1918, pp. 40-44。这是霍姆斯阅读惹尼(François Geny)《实定私法的科学和技术》(*Science et Technique en Droit Positif Privé*, 1915)之后有感而发。本译文是江苏高校品牌专业建设工程资助项目的阶段性成果。

[**] 姚远,南京师范大学法学院副教授,中国法治现代化研究院研究员。

体系,那么真理客观性的事实依据就是:我发现我的同胞或多或少(但并不完全)服从于同样的"不由自主"(Can't Helps)。如果我认为我正坐在桌前,我发现在场的其他人都表示赞成。如果我说三角形的三角之和等于两个直角,情况同样如此。如果我的看法无人认同,他们就会找来医生或者把我关起来;而且我能够远远超越令我信服的自身的感官证据或理性证据,进而意识到假如我特立独行,很可能是我这边出了差错。

[主观]确信(certitude)并不是[客观]确定性(certainty)的判断标准。我们素来对许多今非昔比的事物深信不疑。请允许我再次援引自己的观点,财产、友谊和真理共同扎根于时间。如果谁被拽出自己栖身多年的蜗居,定会感觉自己有性命之忧。我们最热爱、最敬重的东西,一般取决于早年的联系。我爱花岗岩和伏牛花丛,这无疑是因为我那些历久弥新的儿时欢乐与之息息相关。然而,一方面,个人的经历使其固守某些偏好,另一方面,一个人如果意识到这些偏好的来龙去脉,就能发现其他人(那些凡夫俗子)或许同样固守另外的偏好。而这还是意味着怀疑精神。这不是说一个人不再维系他的信念或爱意,也不是说我们不会为了重要的信念或爱意赴汤蹈火——我们全都在奋力缔造我们喜欢的那种世界,无论我们是否认识到这一点——而是说我们已经学会认识到,其他人也会凭着同样的真挚或信念,为缔造一个不同的世界而赴汤蹈火。根深蒂固的偏好是不容置喙的——你无法通过论证让一个男子爱上啤酒——因而,一旦分歧足够深重,我们就努力消灭另一方,而不是让他自行其是。但这完全不妨碍我们承认:乍看之下,人家的理据跟我们的一样靠谱。

相信自然法的法学家们,在我看来十分天真,他们把那些耳熟能详且为自己和周围人所采信的东西接受下来,视之为必须被天下所有人采信的东西。诚然,在我们目力所及的范围内,耳熟能详的制度的某些安排和基石似乎是任何社会的必备要素,它们可能源自我们自己的社会,并且对我们来说是文明的:(1)某种长久的两性结合形式;(2)一定量的私有财产;(3)某种迫使自己将来做出某种行为的方式;(4)至为根本的是,某种人身保护。然而,若不思量如下社群是否可以想象,即它丧失了前三个要素,连仅存的最后那个要素还得经受我们多数人深恶痛绝的限定,那么关于自然法的"应然"的疑问就始终存在。

诚然,信念和愿望的根据是主观臆断,就此而言它们有着超验的基础。你不由自主地怀有和感受着那些信念和愿望,仅此而已。人们希望活着,这是一条主观臆断的事实,而我们或多或少肯定地说,人们只有在某些条件下才能活着。要活着就得吃喝。这一需要是绝对的。如下需要不么关键但实际上广为接受,即人们得生活在社会中。假如人们生活在社会中,照我们看来就引出某些进一步的条件。立足于经验的理性的确告诉我们:如果我们仍然希望活着,那么唯有在那些条件下我们才能做到。但在我看来仅此而已。我没发现存在着以那种方式与他人一起生活的先天义务,我只发现关于如下问题的断言,即假如我希望继续活下去,那么我必须做什么。假如我确实与他人生活在一起,他们会告诉我有一大堆事情是我必须做和不得做的,否则他们就会逼我就范。我相信他们干得出来,而且人同此心,我不仅接受了那些规则,久而久之还对它们抱以认同之情,并谈论起义务和权利。但正如我们谈论那解释了空间中的物体运动的引力,就各种法律目的而言,权利无非是一番预测的基础,也就是设想支撑着如下事实的实质,即公共强制力将被调动起来制裁那些做出践踏权利之事的人。无论权利话语还是引力话语,都没怎么增加我们在没有这些话语之时的既有知识。显而易见,这些法律权利的背后是权利维护者的斗争意志,及其情感向作为维权基础的一般规则的延伸;但在我看来,那并不等于对义务的所谓先天识别,或者对事先存在的权利的主张。一条狗也会为了自己的骨头而战。

不仅在战争中,而且只要人们认为社会利益(也就是共同体中主导势力的利益)需要,所谓事先存在的权利中最基本的一项权利(即生命权)就会被义无反顾地牺牲掉。没人说得清那种利益是不是人类的长期利益,而且对于那些并不认同康德和黑格尔的人来说,它无论如何只是一种利益罢了,既然如此,神圣性也就消失殆尽。我记得一位心思细腻的法官认为,纵然明知会使底下的人窒息,为灭火和防范货物毁损而关闭舱门也是正当的。这里无庸赘述,因为对那些赞同我的人来说,我这些话都是老生常谈,而对那些不赞同我的人来说,我忽视了思想的必要根据。先入为主之人(the a priori men)通常把反对者称为肤浅之人。但我的确同意他们的如下信念,即一个人在这些事情上的态度,与他对宇宙的总体态度息息相关。如前所言,大致说来,这主要取决于早年联系和性情,以及对于绝对指南的渴望。人们在很大程度上相信他们想要的东西,尽管我在这里找不到一种向我们告知应然需求的哲学的基础。

当我们来讨论我们对宇宙的态度时,我找不出如下事情的理性根据:要求完美无缺的东西,除非确认我们的真理乃是普世真理(倘若真有这么个东西的话),除非确认这小小地球上的小小造物的终极判断乃是浩渺寰宇的盖棺定论,否则就不心悦诚服。假如我们终而认为意义、意识和理想不过是有限者的标志,这也不等于说法国怀疑论者的惯常路数就是正当的,亦即高高在上,对一个破败不堪的世界极尽嘲讽之能事。真正的结论是:部分无法吞没整体,我们的范畴实际上或者可能不适于表达我们无法认知的东西。假如我们相信,我们脱胎于宇宙而不是宇宙脱胎于我们,那么我们就得承认,当我们说起原始物质(brute matter)时,我们其实并不知道我们在谈论什么东西。我们的确知道,某种能量体(complex of energies)可以摇尾巴,另一种能量体可以进行三段论推理。[1] 这些

---

[1] 很可能分别指狗和人。——译者注

都在未知者的能力范围内,而倘若未知者兴许还拥有我们无法理解的诸般更强大能力,正如法布尔(Fabre)关于本能的研究会令我们信服的那样——他的研究曾为柏格森(Bergson)哲学带去最强劲的思路之一,并曾使得梅特林克(Maeterlinck)能让我们一度在冥冥中以为自己听闻现象背后的动静——倘若果真如此,那我们为何不安分点?我们为何竟要用宇宙赐予我们的能力去挑衅宇宙、向着苍天挥舞我们的拳头?这样的举动在我看来愚蠢透顶。

宇宙所包罗的东西超出了我们的理解范围,列兵们(private soldiers)对作战计划不得而知,抑或即便确有一项[切实的]作战计划,而非某种更加庞大、难以设想、无以言表的作战计划——凡此种种并不影响我们的行为。我们仍将乐此不疲地奋斗——对我们所有人来说,理由在于我们想要活着,而至少对某些人来说,理由在于我们想要实现我们的自发冲动并证明我们的力量——而且我们不妨把关于我们必定珍视的东西的所谓最终评价,托付给未知者。明确如下事情对我们而言便足矣:宇宙造就了我们,我们所信所爱的一切事物都蕴含在宇宙之内,跟宇宙相比是小巫见大巫。假如我们不自视为宇宙外面的小小神祇,而自视为宇宙内部的一个神经节,那么我们的背后就矗立着无限者。无限者为我们赋予了我们唯一的意义,但这同时也是我们恰如其分的意义。一粒沙有着同样的意义,但有多大能耐的人会以为自己理解一粒沙?那同样超出了我们人类的把握范围。如果我们的想象力足够丰富,能将我们自己视为不可与其余世界相分离的部分,并能让我们的终极旨趣超越我们身体的界限,那么这就为不惜牺牲我们生命以满足外在目的的做法提供了正当理由。的确,其动机就是我们从人心中发现的共同欲求和理想。哲学并不提供动机,但哲学向人们表明,做自己本来想做的事情不算愚蠢。哲学直面我们赖以安身立命的渺茫希冀,直面人类思想最天马行空的展望,直面未知者鼓荡出来的和谐旋律。

一位现实主义者的自然法观[*]

[美]卢埃林 著
姚 远 译

我们有时被技术性细节搞得头晕眼花,有时被不知变通的执法所折磨,有时对没有节操的法律人利用如下事实的做法痛心疾首,即这件事"不是取决于正义,而是取决于法律";纵然如此这般,在奋力处理法律事务时,没有哪个人不会逐渐意识到:在那些时而困扰他、折磨他或触怒他的事情背后,涌动着某种对于正当、正派或正义的渴望,即被驱使着迈向某种理想标志,人们不妨把这种理想标志视为一切法律和全部法制的一种妥当的终极目标,而且实际上是原原本本的妥当终极目标。"自然法"的概念在我看来就是这种渴望的表达:该表达为这种渴望所感染,并指向这种渴望的进一步落实;但该表达仅仅部分有效,因为在它趋于兑现的过程中,作为其批判和救济对象的法律技术在一定程度上困扰着它。

我自知在这样叙事的时候,背离了关于"自然法"用法的一种牢固传统。"自然法"被用来指称一套特定原则的标识,这套原则的目的是正确调整任何人类社会,正因此它极为宽泛,要求殚精竭虑令其获得具体适用,具体到足够在法律实务中发挥作用。在我

---

[*] 译自 Karl N. Llewellyn, "One 'Realist's' View of Natural Law for Judges", in *Notre Dame Lawyer*, Vol. 15, No. 1, pp. 3-8. 本译文是江苏高校品牌专业建设工程资助项目的阶段性成果。

看来,如此宽泛的原则不是属于法律人的"自然法",也不是法律人所指的意义上的"自然法"。法律人(或曰法学家)的一项主要职能,是凭借准确到让任何相关具体个人或团体知晓自身地位的术语,处理可适用于既定鲜活社会的细化原则和规则。法律人的"自然法"力求使得哲人的"自然法",以类似法律人的方式实际规制各种特定的人类冲突问题。关于"自然法"一词的用法,还有另一种传统:该传统体现在格老秀斯的某些著述和曼斯菲尔德的某些判决中,将"自然法"视为一套能够适用的规则。我无意在这两种传统中做出取舍,它们彼此间其实完全融洽。但我的确认为,哲人所指意义上的"自然法"影响到正常法律学者的工作,后者所关心的"自然法"是他自身劳动的基础和试金石,而"自然法"又为进一步的实际劳动留下余地。正常法律学者的劳动本身,势必在很大程度上关系到为其所属社会条分缕析地表述稳妥的规则,同时,那些规则要符合哲人的"自然法",或许还会博得哲人"自然法"的加冕。但那些规则很少来自哲人"自然法"的命令。它们的目的兴许常常来自哲人"自然法"的命令,但它们的形式即便果真如此,那也是十分罕见的。而法律形式的问题对法律人来说是安身立命之本。

我将从他的这一专属于法律的工作层面,把这样的法律学者称为"自然法学家";本文在"自然法"这一名号下所探讨的,正是他为其社会表述的规则。

从一个重要方面来讲,我们不妨认为"法律"由规则和规范性概念所构成,包括笼统的规则(通常称为"原则")和比较精确的规则(通常称为"规则"),也包括具有动态规范性质的理想术语,其中有些相对精确(即"概念",如果庞德所指的"概念"就是这个意思的话),另一些则相对模糊(即"标准")。就此而论,人们是这样理解法律的:它能够并确实设想到外行人或执法者对它偶尔的漠视,但仍能够并确实扛得住而且有效。对义务的违背会催生强制实施,错误会催生矫正。正式表述的规则,及那些为人所感受到而非阐明的半正式表述规则,始终是初始行为的指南,以及修正或谴责实际越轨行为的指南。它们这样的素材,还始终要根据一切法律的目标来接受批判,而且(我们希望)始终要为了更加妥当地反映正义而逐渐自行修正和调整。

在我看来,法律人的"自然法"正在此刻登场。他的"自然法"与实定法——实定法被视为一套实际盛行的规则和概念——的关系,诡异地类似于这类实定法与实际盛行的人类行为的关系。实定法的出入并不影响"自然法"的效力或美德;纵有此类出入,"自然法"仍岿然不动;它具体地指导人们创制实定法,以及修正糟糕的和离谱的实定法。

关系的相似性不限于此,还有另一个方面,这个方面对法律人"自然法"观念的实效性和作用范围至关重要。这个方面是指"自然法"和实定法交汇于———如实定法和具体行为交汇于——判例法法官的思维和话语领域。法律人或法学家的"自然法"其实表述为种种规则,亦即为所描述的可能事实类型附加规定的法律后果的种种规范性条文。这些"自然法"规则号称是正确的规则,是真实的规则,是原原本本的真正规则,是唯一真正的规则,是唯一真正的法律规则。在审判过程的每个环节,它们与法官联袂出场,不紧不慢地建议动用判例法法官享有的一切灵活性,去修正不正确的实定规则表述,使之可以更加契合原原本本的正确规则表述;此种"自然法"的目的和功能,就是不断被这样用作实定法的渊源;这一点不仅适用于判例法规则和原则的不断重新表述,也应当同样适用于制定法的解读("解释""阐释""适用")或发展。

这个特点可以解释此种"自然法"在我看来的一项固有局限。既然被当成"法律",它就必须致力于对社会的规范。既然被当成实定法的指南,那么它规范某个社会的方式,必须不明显区别于规范其所指导之实定法的所属社会的方式。如果正义被视为终究由善而非需要来规定的东西,那么,历史所给定的这样一个社会,总是不得不同诸多明显不义之事妥协。此类不义之事表现在哪些地方,仁者见仁智者见智;但确实存在不义之事,而且有些不义之事是不得不去妥协的,人们对此没什么分歧。在我看来,只要自然法学家在处理某一给定的社会结构,他们就常常做出类似的妥协。比起纯粹的"实定"法学家,他们在迈向他们的正义观时,的确为自己保留了实质上更多的余地;但他们的妥协也在所难免。

如前所示,这在我看来完全说得通。给某个具体社会的指南,必须扎根于该社会。给某套实定法律体系的指南,势必要么接接该体系的地气,要么变得不着边际。

关于"自然法"的上述看法,似乎会得出一些结论,而这些结论无疑会比那些看法本身受到更严重的挑战。第一条结论是:如果要到那些极其笼统、因而同时适用于过多法律时代、体系和社会的表述中,寻找法学家或法律人"自然法"的内容,那么它将在多样化的世界中丧失其固有功能。法学家或法律人"自然法"的美德正在于高度的具体化(concretization),从而使之能够渗透到一套具体给定的实定法,这种渗透不仅涉及宽泛的指南,还涉及细致的规则。另一类"自然法"研究——威格摩尔的《担保观念》[①]是这方面的里程碑——即探究某些条件与某几类法律制度在一切时代的固有同步性,或者某几类法律制度在世界各地的固有发展顺序。这种研究所寻求的是社会学因果关系意义上的"自然法"。仅当这种研究揭示出必然事物并且必然事物是正确事物的先决条件时,这种研究才揭示出正确的事物。更严格意义上的"自然法",所具有的是不同意义上的"自然"性,即"自然"意味着"符合理想本质"。

[①] 参见 John H. Wigmore, "The Pledge-Idea: A Study in Comparative Legal Ideas", *Harvard Law Review*, Vol. 10, Nos. 6-7, 1897, pp. 321-350, 389-417, Vol. 11, No. 1, pp. 18-39。——译者注

第二条结论是:但凡实定法的律令和概念具有可塑性,未被阐述为不可变更的权威语句,并受到惯常传统的不断重新审视和重新表述,则"自然法"便颇有用武之地。"自然法"在判例法体系中如鱼得水、备受青睐;因为判例法体系要求法官负责日复一日地重新表述规则和原则。在判例法体系中,规则的语言装扮并不固定;进行改写从而不断趋近更正确的措辞,不仅无可厚非,而且学者和法官都责无旁贷。

在这样一套体系中,若适逢周围社会中变革和情势的压力,迫使具体的判例法更充分且更自觉地利用判例法体系所固有的灵活性,那么法律人的"自然法"此时更是如鱼得水、备受青睐。继往开来的重新表述,正是数世纪以来我们的判例法引以为傲的事情;一个世纪之前作为美国判例法命脉的那种对于未来的格外强调,近二十年来重新与我们同在。因此难怪我们发现"自然法"正在美国强劲复兴。

第三条结论是:如果发现某位"自然法"论者和某位所谓的现实主义者互相拍砖,我们会感到些许惊讶。他们都把此时此地的实定规则和概念视为现实有力的。他们都将之视为需要根据有效的通常价值而接受重新审视。他们认为,实定规则和概念的一大评价指南,就在于经过考察发现的它们为其社会母体提供或没有提供的服务。他们都努力利用立法所允许的较大余地,以及从一国裁判发展出来的判例法体系所允许的较小余地,缔造一套更妥善更富实效的行为指南和审判指南。若是被称为现实主义者的学者里面,竟有谁的终极法律理想不令人诧异地近似于哲人"自然法"原则的类型、甚至内容,那么我会感到不可思议。

最后,我坚信,持有各种法理学信念(这些信念已化作标签,而且是变得愈加具有论战气息而非描述性质的标签)的学者在实际工作中阐发和遵循的工作方法——我坚信,这些被打上不同标签的学者的工作方法,彼此间相映成趣、相辅相成。无论如何,我这位"现实主义者"欢迎现代"自然法"运动，包括其中那些我肯定尚未领会的部分。我也不揣冒昧地告诫这场运动中的干将：所谓的现实主义者们，已把许多古老且备受推崇的法律工具打磨得锃亮，而任何法律工作者都最好仔细检查、甚至在自己的工作台上安装这些工具。诸如"哲人自然法"和"法律人自然法"之类的区分，相当古老，相当明显，相当有用——而在当下的时代，它锈迹斑斑，无人问津。

关于自然法的若干自然混淆[*]

[美]菲利普·索伯^{**} 著
刘小平^{***} 译

导 言

各种科学理论随着知识的进步经常有过时的风险,但诸道德理论一经建立,似乎就免于伦理学的各种时尚观点的影响。因此,现代物理学让亚里士多德对组成物质之"元素"的讨论变得滑稽可笑,但无论休谟、康德还是罗尔斯,都没有使《尼各马可伦理学》在今天比它写就的当时,变得更少相关性。① 各种关于良善生活的论辩、或关于个人如何决定去做什么的论辩,看来很多是通过好的文学作品跨越社会和文化变迁而保存其价值的方式,自始至终

---

* Philip Soper, Some Natural Confusions about Natural Law, in *Michigan Law Review*, Vol. 90, No. 8, (Aug., 1992), pp. 2393-2423.
** 菲利普·索伯,密歇根大学法学教授。1964年和1965年先后在圣·路易斯的华盛顿大学获得学士(B.A.)和硕士(M.S.)学位;1969年获得哈佛大学的法学博士学位(J.D.);1972年在圣·路易斯的华盛顿大学获得哲学博士学位(Ph.D.)。
*** 刘小平(1978—),男,湖南武冈人,吉林大学理论法学研究中心教师,法学博士。
① 我们可以把亚里士多德的自然科学著作《论天》(*De Caelo On the Heavens*), in The Basic Works of Aristotle 398 (Richard McKeon ed., 1941))与他的伦理学著作《尼各马科伦理学》(Aristotle, *Ethica Nicomachea (Nichomachean Ethics)*, in The Basic Works of Aristotle, supra, at 935.)相比较。

保持着其生命力。各种基本观念在伦理学中和文学中的存续（persistence），可能有一个共同的解释：这两种事业（both enterprises）关涉的都是人类条件（human condition）的诸方面，这些方面即便真的有所变化，也太过于缓慢，以至于在一个把古典视野和现代视野分离开来的相对短的时间跨度内，根本难以被察觉。

最近，无论是道德还是法律理论上对自然法之兴趣的复苏（resurgence），都展示了这一存续现象。在法律理论中，作为对法律实证主义的一种切实的挑战，回归自然法最为引人注目的标志是罗纳德·德沃金的著作。[①] 在道德理论中，对克拉伦斯·托马斯的大法官委任听证会，使大众的兴趣——通常是批判性地——聚焦在自然法上，它构成了对基本的道德或公共政策问题的一种潜在指南（guide）。

把这种对自然法兴趣的重燃描述为一种*复苏*，毫无疑问确实意味着，与自然法概念相关联的各种观念极为重要，以至于不可能长期弃之不顾；而*复苏*也意味着，自然法无论基于什么原因，都已被赋予一种对当下正统的挑战者之角色，而非卫冕冠军之角色。大体来说，我认为关于一般公众所赋予自然法之角色的这一推论是正确的。在我们的社会中，*自然法*看来引发了一定程度的怀疑论，这种怀疑论迫使任何被称为自然法的理论，较之其他更常见的理论面临更大的自我辩护责任。在这篇文章中，我揭示了这一怀疑论的某些原因——在我看来，这些原因表征了关于自然法概念必然包含什么的诸多混淆，而不是代表对自然法各种实质性原则的正当异议。

基于两个原因，我把我所考虑的诸多混淆称之为"*自然的*"：首先，我认为对于这些混淆，可以从历史或逻辑层面来很好地加以

[①] 德沃金对实证主义的挑战始自他富有煽动性的论文《规则模式论》（*The Model of Rules*, 35 U. CHI. L. REV. 14（1967）），而在法律帝国（1986）一书中达到顶点。

解释——实际上，在许多情形中，正是自然法的拥护者引发了这些混淆并使之长期存在，并由此阻碍了大众对他观点的接受；其次，我希望对这些共同误解的"自然"根源的揭示，将会有助于我们抛弃这些混淆，并且由此给自然法提供一个更好的机会，使之能基于自身的术语，证明其正当性的理由(make its case)。

一、对道德理论与法律理论的混淆

在我上文的论述不经意中表露出来的一个持续的混淆源头，就是*自然法*既指向一种道德理论，又指向到一种法律理论，这二者中任何一种都与对方不具有任何明显的逻辑关系。在这两种潜在指涉中，作为一种道德理论的自然法具有更长的理论谱系，并且产生了更多的文献作品，从古希腊和罗马哲学家、中世纪神学家，到当代的道德理论家，都可以发现其支持者。他们的大部分著作，尤其是在古典思想中，强调这样一种类比，即把从人性的推导中发现道德法则，与发现科学的自然规律进行类比。这一强调让我们至少提取出一个使道德理论得以成为一种自然法理论的特征，也就是这一主张：即道德诸原则是客观有效的(objectively valid)，并且可以经由理性发现。

这一对道德判断之客观性的主张，及其有关人性之理解的理论基础，本身并不能把自然法的各种道德理论与更为常见的功利主义理论，或者以康德主义为基础的理论区分开来。① 实际上，这一相似性正是问题的一部分：解释什么让自然法不同于其它各种"客观的"伦理学理论，可能会导致这样一种混淆，即把一种特定的自然法版本(例如，一种主张有关人性的神学见解之特殊角色

---

① 进一步的论述，参见 Philip Soper, *Legal Theory and the Problem of Definition*, 50 U. CHI. L. REV. 1170, 1173-75 (1983) (reviewing John M. Finnis, Natural law and Natural Rights [1980])。

的自然法版本),与一般意义上什么是自然法所具有的典型特征相混淆。然而,除了客观性主张以外,一般性意义上什么*是*自然法所具有何种典型特征,本身就是一个能够引发大量哲学讨论的主题。① 就本文的目的而言,我并不试图为自然法做一个准确的定义,而只想表明,某些对自然法的误解,本身是如何由关于自然法理论必定是什么的各种隐而未显的假设所产生的。基于这一目的,我将甚少关注一种道德理论是否被贴上*自然法*标签这一问题,而更多地关注任何一种道德理论的内涵之意,这种道德理论一般来说赞同这样一种古典观念,即认为道德真实(truths)如科学真理一样,能够通过合理的人类经验而达致。②

与道德理论相对照,作为一种法律理论的自然法看起来可能稍微更容易辨识其特征,部分原因是,它是在与法律实证主义的明确论战中形成的;法律实证主义主张,在法律和道德之间不存在必然的联系;而自然法法律理论家则否认,法律概念和道德概念之间的截然分离是可能的。诚然,这一简要的特征表述,掩盖了实证主义和自然法各自的诸多变种。但这一描述总体上是足够准确的,从而使人们能够探寻法律理论和道德理论之间存在着何种关联

---

① 例如,可以参见 William K. Frankena, *On Defining and Defending Natural Law*, in Law and Philosophy 200, 209 (Sidney Hook ed., 1964)。各种试图把自然法与其他客观伦理学理论区分开来的努力,所导致的最为持久的问题就是,自然法是否意味着一种普遍道德真实的存在,这使自然法不能相容于那些在伦理学"真实"中认识到文化或社会多样性的理论。这可以参见 Joseph Boyle, *Natural Law and the Ethics of Traditions*, in Natural Law Theory 3, 18 (Robert P. George ed., 1992)。更为晚近的一个问题是,自然法是否意指一种本体论上的而不是形而上学的关于真实的理论。见 Lloyd L. Weinreb, Natural Law and Justice 8 (1987)(批评向"道义论"(deontological)自然法的转向,例如它可以在菲尼斯的著作中可以被发现)。对后一问题的讨论,参见 Robert P. George, *Natural Law and Human Nature*, in Natural Law Theory, supra, at 31。
② 关于其他的具有不同含义的自然法理论,它们也在指涉任何客观伦理学理论的意义上使用这一术语,可以参见 Michael S. Moore, *Law as a Functional Kind*, in Natural Law Theory, supra note 4, at 188, 190-91。

(若有的话)。

表面上看起来,法律理论和道德理论之间不存在明显的联系。因此,人们可能赞同法律实证主义者的观点,即不在根本上参照道德而确定"法律是什么",这在理论上总是可能的;然而在赞同这一点的同时,人们在衡量和评价法律时仍然可能是一个自然法道德理论家。相反,人们可能承认法律和道德之间的联系,然而却否认法律所关联的道德,是自然法道德理论家所主张的那种道德。简而言之,自然法的法律理论,看来处理的是法律与道德这两个概念之间的联系这一问题。不论这一概念性探究的结果(upshot)是什么,关于何种道德理论是真确(true)的问题,看来都指向独立于这一探究的论辨和结论。

那么,为什么同一个术语会既在法律理论又在道德理论中被使用?为什么那些一开始是在捍卫一种自然法道德理论的人,经常会几乎毫无觉察地滑向对一种自然法法律理论的捍卫,似乎一种立场必然会导致另外一种立场?①

(一) 混淆的历史根源

一个可能的解释是历史的:托马斯·阿奎那对自然法的讨论仍是经典,不幸的是,它常被错误地加以解释。② 阿奎那在他的神学思考中,提出了一种道德理论——作为这种道德理论的一部分,其包括了对自然法(上帝赋予的道德法)和人造法之间关系的思考。今天我们会把这一问题看作一个政治理论问题:在何种程度上法律能产生遵守它的道德义务,即使它是不正义的法律?然而,最终阿奎那对这一政治理论问题的讨论,被解释成关于如何确定法律是什么的一种概念性事业,而非关于法律产生道德义务之能

---

① See, e.g., Finnis, *supra* note 3.
② 对阐释阿奎那理论所涉及的问题的讨论,see id. at 29-36。

力的一种道德事业。这一混淆部分可归因于阿奎那引用奥古斯丁的方式,阿奎那引用奥古斯丁而提出:"一个不正义的法律,看来根本就不是法律"。① 抽离出其上下文语境,这一主张很容易被现代思想家看成是对法律实证主义者的一种直接否定,法律实证主义者试图在不涉及正义或道德概念的情形下,来确定法律效力之检验标准(test)。然而,在其上下文语境中,很明显阿奎那并不关心识别法律或者确定法律效力;他不过是提出了关于法律的道德力量的主张:不正义的法律"并不约束良心……"②。这一观点完全与法律实证主义是相容的。实际上,现代法律实证主义强调的只是,仅仅把一个规范(norm)确定为法律(通过实证主义的法律效力标准),并不解决这一问题,即法律是否应当被遵守或是否具有任何道德力量的问题。③

(二) 混淆的词源学根源

对于把道德理论和政治理论中对*自然法*术语的使用联系起来的趋向,另一种可能的解释是词源学上的:即*法*(*law*)这一词语本身内在的含混性。当道德理论的古典支持者使用*自然法*这一术语来阐述他们的观点,它与科学的"自然规律"之间明显的类比,有助于强调其核心主张,即道德真实是经由理性而被客观发现的。不幸的是,一旦*法*(*law*)这词语被引入,另一类法——人类法——成为一种同样明显的潜在指称对象,它导致了一种类比,不是与客观的科学真实之间的类比,而是与单独由命令(fiat)或意志创造出来的规范之间的类比。认为上帝的意志自身可以是道德真

---

① Thomas Aquinas, Summa Theologica ques. 96, art. 4 (Fathers of the English Dominican Province trans., 1952).
② Id.
③ 这一点是哈特与富勒之著名论战的中心问题。参见 H.L.A. Hart, *Positivism and the Separation of Law and Morals*, 71 HARV. L. REV. 593, 594-600, 615-21 (1958); see also infra notes 14-16, 46, and accompanying text.

实的根源的各种自然法理论,非但没有阻止这一可能的混淆,事实上有助于把这一混淆永久地保留下来。

一旦沿着这一特定的路径前进——即在命令或意志中发现自然法和道德义务的根源——自然法理论家必定加紧把人类意志之命令与上帝意志之命令区分开来。这一过程可能导致自然法理论家断定,对法律实证主义的反对终归是一种自然法道德理论的一个合乎逻辑的结果。此外,这一结论弄错了了实证主义所主张的东西:实证主义可能主张,人类意志是解释法律是什么的关键因素,但是如何评价这样的法律(是诉诸上帝的意志还是关于人性的合理原则)是一个单独的问题。

(三) 诸多概念混淆

对这种从自然法道德理论滑向一种关于法律之性质的反法律实证主义观点的趋向,最后一种可能的解释是概念性的。一种自然法道德理论在其核心主张中,反对这样一些理论,这些理论主张道德完全是惯习性的(conventional)。与之对照,法律实证主义主张,至少法律只不过是惯习(convention)。人们可能认为,自然法道德理论家在反对各种道德的惯习理论时,也有着某种合乎逻辑的理由来反对各种法律的惯习理论。再一次,要了解这为什么会这样却不是那么容易:赞同法律实证主义关于"法律"通常是惯习性地被使用的观点,而认为道德却不是这样,这里不存在明显的矛盾之处。然而,倾向于无论法律还是道德都采取同样的反惯习立场的这一取向,引发了一个一般性的问题,即在某人的道德理论(无论何种类型)和其法律理论之间,是否存在着任何联系?如果我们知道这一般性问题的答案,我们就可以运用它来评价在自然法这种特定情形下关联的可能性。

(四) 关于道德理论和法律理论的一般关联

首先让我们来考虑自然法道德理论家的对立面,即那些主张道德完全是惯习性的,甚或更激烈地主张所有的道德判断都是相对的或者无意义的理论家。在这里,在某人的道德理论及其法律理论之间,至少看起来可能存在一种逻辑上的关联。如果某人认为道德判断是无意义的,那么,提倡这样一种法律理论就没有什么意义,这种法律理论主张人们在确定法律是什么的时候,不仅仅通过对已为人所接受的各种惯习进行事实性探寻,而且还通过诉诸于最低的道德标准。如果道德没有任何内容或意义,那么它几乎不可能充当对法律实证主义的法律效力标准的一种检验,至多能充当对个人行为的一种检验。

这一结论的问题是,它忽略了这样的一个事实,即"法律"的意义并不是个人利用各种道德理论,为他们自己做出决定的问题。上述结论在某一意义上是完全适当的:*道德虚无主义论者*认为这样一种理论中没有任何意义,这种理论推动官员或公民们部分地诉诸于正义或道德的观念来确定法律。但是道德虚无主义者认为这一理论没有意义的这一事实,却不能够阻止一个社会——尽管在虚无主义者看来它可能被误导了——继续主张在道德(如社会所认为的)和法律的各种惯习之间的某种联系。简而言之,甚至虚无主义者可能也不得不承认,对"法律"的意义的惯习式理解把一种道德或正义的理论结合进了对法律效力的检验标准中去——对于这种道德或正义理论,在虚无主义者看来是无意义的,但在社会上看来可能却并不如此。在这一情形下,只要他能够描述和运用社会的道德理论,虚无主义者就可以成为一个自然法法律理论家,而仍然是一个道德虚无主义者。

人们可能提出反对意见认为,在这一情形下的虚无主义论者(方便起见,我将把这个想像中的道德虚无主义者称为凯尔森法官),并不是一个真正的自然法法律理论家。凯尔森法官能够援用对道德的惯习式理解来评价各种法律惯习,但他也不过是视这些道德主张本身是惯习性的。人们可能会论辨道,一个真正的自然法法律理论家拒绝承认不公正的法律是"法律",是因为这样的法律是真正地不公正的,而不是因为这些法律只不过是被惯习性地认为是不公正的。凯尔森法官被证明事实上只不过是一个精致的(sophisticated)实证主义者,他采用的完全是同样的法律实证主义的谱系或来源标准,来建立起确立法律效力的"道德"标准。无论是直接的法律实证主义还是在凯尔森法官式的"自然法","法律是什么"被证明只不过是一个什么被人们所惯习性地接受的问题。

1. 自然法的隐秘议程

在我看来,这一异议是富有启发的,因为它揭示了当自然法道德理论家涉及法律理论时,可以被称为其隐秘议程的东西,且因此它有助于解释在文学中发现这两种理论相互关联的倾向。自然法道德理论家想要利用法律理论来强化那些有关客观性和真实性的主张,而这构成了自然法道德理论之典型特征。这样做的方式之一是主张,惯习不能单独确定人们的法律义务,亦即人们还必须在很大程度上重视被宣告的义务之道德性。[1] 正如上述异议所阐明

---

[1] 关于惯习的道德或法律相关性的主张,应当首先与如何确定惯习是什么的这一不同问题区分开来——一个令人伤脑筋的问题,它看来为"自然法"判决理论提供了一个自然的繁殖基础。参见 e.g., Ronald M. Dworkin, *Social Rules and Legal Theory*, 81 YALE L.J. 855, 867 (1972)。("社会规则理论……相信,社会实践创建了一个为规范性判断所接受的规则。事实上,社会实践有助于为一个规范性判断表述的规则,提供正当性理由")正如我在下文的第三部分第二小节的第一点中所讨论的,自然法法律理论内部向裁判理论的转向未触及到这一点;只要法官的判决即使错误也具有"法律"效力(也就是,即使法官适用了错误的判决理论或对正确理论进行了错误适用),那么,他应当诉诸的那些标准是否是那些为实证主义者或自然法法律人所确认的,这一点就没有多少意义了。最终具有价值的是法官的命令(可能是善意地决定的)。在目前的语境中,在自然法的道德和法律意义上发现一种联系(在共同反对惯例自身作为探求真理的线索而不诉诸"理性"这一点上)的努力是误导性的:问题不是怎样去确定社会规范是什么,而是一旦社会规范(无论以何种方式)被确定下来时,如果它足以被证明不正义的话,我们应该做什么。

的,除非就*道德*而言,人们考虑到比惯习更多的东西,否则他们主张这一观点就没什么意义。因而在法律理论中为自然法立场而斗争,间接上是一场皈依客观性、反惯习性道德观的战争,这一道德观构成了自然法道德理论的特征。法律实证主义者很可能主张人们对法律理论和道德理论的问题加以分离,并且很可能宣称,当论及道德时,他(实证主义者)完全相信客观真理,并且愿意像任何别人一样,促使人们忽略或违抗不正义的法律。但这正是问题之所在:法律实证主义者把道德判断的有效性和客观性(且由此法律的道德性)的问题留给另一个领域来解决,然而,自然法理论家却不能允许这样一种"奢侈"的做法。通过反对法律实证主义,并且主张只有那些不是过于非正义的人类指令才是*法律*,自然法法律理论家促使人们不仅仅直面就*法律*而言我们意指什么这一问题,而且也直面就道德或正义来说我们意指什么的问题。

然而,这一对于道德理论与法律理论之关联的解释,看起来仍然最多不过是心理学层面或战略层面的,而非逻辑层面的。对于这两种理论之间所声称的关联,以下几点看来是不可否认的:

(1) 首先,仍然真实的是,一个并不共享上文所述之"隐秘议程"的自然法道德理论家,能够接受"法律是惯习性的"这一法律实证主义观,而依然可以不相抵触地主张道德是客观的。

(2) 其次,持有任一道德理论(而不只是一种自然法道德理论)的任何人,都有可能具有一个类似的"议程",为使她自己的特定类型的道德被提倡为*法律*的检验标准的一部分,而走向反对法律实证主义。这一事实突出显示了这样一点,就*法律*而言我们意指什么,至少部分上是一个概念性的问题,应该作为概念性问题加以看待而无需那些"隐秘议程";如果概念性探究显示法律和道德是互相联系的,那么我们实际上在决定"法律是什么"以及"我们应当如何做"时,不得不面对法律和道德两方面的内容。

(3) 最后,接受一种纯粹的惯习式道德观的人们在涉及到法律理论时,不必只是一个精致的(sophisticated)实证主义者。实证主义者可能强调法律是惯习性的,但大多数实证主义理论所做的比这更多。他们也在确切地讨论,如何把法律惯习与其他的社会惯习区分开来。例如,一个实证主义法律理论家通常会把某套官方的规则或标准制定为"法律"惯习,以不仅与道德也与其他社会惯习区分开来。[1] 因而,我们想象的凯尔森法官可能断定,某些基本的法律标准(经由法律实证主义有关法律效力的基本检验标准而被确定为"法律")与其它的社会之道德惯习相冲突。在这种情形下,凯尔森可能充当了一个反法律实证主义者,拒绝维护"不道德的"法律标准,而又继续主张这种判定法律标准的"道德"本身只能是惯习性的。虽然凯尔森最终将会通过诉诸为惯习所接受的东西来确定"法律是什么",但是这一事实本身,并不必然使凯尔森成为一个法律实证主义者。成为一个自然法法律理论家看来需要的只是,人们在确定法律效力时,不仅仅诉诸于实证主义的谱系性检验标准,而且诉诸于道德——包括惯习性道德,如果它被证明是真正的道德理论的话。[2]

---

[1] See, e.g., H.L.A. Hart, The Concept of Law 79-88 (1961) (提供了一个大体上能够被用来区分多种惯习性社会规则的模式:包括道德规则、法律规则、游戏规则、礼节、审美规则等等)。

[2] 当然,一种特定的实证主义法律理论,可以以一种消除上述法律和道德惯习之间的差别的方式,包含有惯习性道德作为法律合法性的检验标准,这完全是可能的。(有人提出,德沃金的法律理论最终只不过是一种这样版本的实证主义理论,其中实证主义对法律的社会事实的检验标准被扩大至含括了惯习性的或实证的道德,也包括更为传统的法律惯习。) See Rolf Sartorius, *Social Policy and Judicial Legislation*, 8 AM. PHIL. Q. 151, 156 (1971); Philip Soper, *Legal Theory and the Obligation of a Judge: The Hart/Dworkin Dispute*, 75 MICH. L. REV. 473, 509-16 (1977)。在这一方面,一种惯习性的道德理论可以被认为,是以一种其他的道德理论所不能的方式与实证主义相容的。然而,这一结论将不会为所有的实证主义者所接受。例如,哈特看来乐于表明,如果道德标准部分由一种法律标准所造成,象宪法的正当程序那样,那么这些道德标准是法律的一部分,并且与实证主义是一致的,不管它诉诸的是惯习性道德还是"真正"的道德。See HART, supra note 12, at 199-200. 但是参见 Joseph Raz, The Authority of Law 45-52 (1979) (他主张即使道德标准被明确结合进法律标准,它本身也不能是实证主义法律的一部分)。See generally Philip Soper, A Theory of Law 101-09 (1984)。

2. 一个可能的接触点

那么,到现在为止,我们没有任何理由修正我们最初的观点:即作为一种道德理论的自然法与作为一种法律理论的自然法之间,并不存在任何逻辑上的关系。尽管如此,提出这样一种观点看来稍微有点不能令人满意,即认为对文学作品中这两种理论之间的持续性关联的唯一解释,就是这一利用法律理论以推进道德理论的隐秘议程。对于这种联系,可能存在另外一种解释,它不同于目前已做出的各种观点,直指法律理论本身内部争论的核心。

我所考虑的这一解释从隐秘的议程转向法律理论的核心问题。任何对一个概念之含义的探究,必定从有关所探讨现象的某种前分析性(preanalytic)观念(notion)入手。法律也不例外。对我们所称的法律意指什么的探究,总是假定了某种大致的前分析性的法律观念,它有待更准确地进一步加以分析阐明。在法律实证主义者那里,这一前分析的现象大体上总是这样一种一般性观点,即法律是一套被设计用来引导行为的官方指令。进一步的分析和辩论集中在此类的问题上,究竟这些指令只是事实权威的强迫性命令,还是为官员群体所自愿接受的规则,或者是各种具有公认的规范力量的指令,它们在某些方面类似于普通的道德规则所主张的规范力量,在另一些方面却与之不同。简而言之,法律实证主义从一开始就认定,一种法律理论应当为其要旨是引导行为的那些指令提供一个模式。

在我看来,只是在最近这一点才变得清楚起来,解释法律实证主义者和自然法法律理论家之间区别的一种方式是,自然法法律理论家从一开始就内在预设了一个不同的前分析性对象。自然法法律理论家相信,我们正在试图模式化的不是那些只在于引导行为的指令,而是那些以某一确定的方式引导行为的指令:法律指令意图制造对法律"忠诚"的道德义务。我们不可能在阅读朗·富勒和 H. L. A. 哈特之间的著名论辩时,却感觉不到这一起点上的不同必然会使两人的观点分道扬镳。富勒认为,一种法律模式的要旨在于,表明法律应当是什么,以为法律提出的"忠诚"诉求提供正当性依据——这就是为什么他一篇文章的标题聚焦于"对法律的忠诚"的原因。① 相反,哈特雄辩地坚持认为,人们错误地认为法律实证主义导向对丑恶可怕的法律指令的道德支持,甚至包括恐怖的纳粹法律体系。对于哈特来说,没有什么比这距离事实更远了。实证主义鼓励人们通过把法律是什么的问题和作为一种行为指南的法律之道德相关性的问题分离开来的办法,来运用他们的道德批判能力。② 因而,富勒和哈特各自从完全对立的假设出发,一方(富勒)认为,法律的模式必须维护对道德忠诚的诉求,另一方(哈特)认为,法律必须像霍姆斯曾经采取的那样,经由严峻的酸处理而冲刷掉任何必要的道德内容。如果人们从如此不同的关于法律模式的目标出发,很容易就会看到关于这两种冲突的法律模式之细节的进一步争论是如何的毫无意义;这两种观点的分歧在于它们的出发点,而不在于进一步的细节当中。③

如果朗·富勒是对的,即一个适当的法律模式,应当说明对法律忠诚的诉求如何能够被正当化,那么,自然法道德理论家的隐秘议程,就变成了对法律的性质进行概念性探究这一核心问题。自然法法律理论家将不会是只不过为了发展他自己的道德理论,才极力主张道德必须充当法律效力的一个检验标准。相反,法律规范必须具有道德效果的这一主张,将成为法律自身的核心主张,并且,概念性探究将必定体现了这一主张。自然法法律理论家坚持通过客观的道德标准检验法律惯习的观点,将是解释法律这一前

---

① Lon L. Fuller, *Positivism and Fidelity to Law — A Reply to Professor Hart*, 71 HARV. L. REV. 630 (1958).
② See Hart, supra note 12, at 206; Neil Maccormick, H.L.A. Hart 160 (1981).
③ 数年以后,富勒最终带有某种明显的惊讶而承认,他和其支持者自始至终有着各自潜在不同的前提。See Lon L. Fuller, The Morality of Law 200-07 (rev. ed. 1969).

分析性现象的一种努力。就此而言,自然法法律人就避免了道德理论决定其法律理论立场的这一指责。事实上,在这一视角之下,这一相反的看法反而是对的:法律理论使道德理论成为捍卫法律主张的最为可靠的方式。①

那么,上述观点是不是表明在法律理论和道德理论之间存在着一种关联?我认为不是。当然,首先,人们可以争论恰当的前分析性现象是什么这一问题。法律体系是否提出一种实质的道德忠诚的诉求,以及如果这样的话则其所诉求的是何种忠诚,这是需要解决的两个不同问题,并且它们可能只能在探究之后才能解决而不是一开始就想当然。但是即使人们接受这样的观点,即法律提出一种法律理论必须思考的实质性道德主张,人们也不会把致力于一种自然法道德理论作为模式化这些主张的唯一方式。例如,人们也可以坚持认为,这类主张是没有正当性依据的,并且尝试通过一种法律理论和政治理论的结合表明,法律体系能够且应该限制甚或消除任何对道德忠诚的强烈主张。最终,即使人们倾向于把法律的道德主张接受为在法律理论中必须加以说明的一个核心特征,对法律的忠诚主张本身并不必然使一种客观伦理学成为必要。除了自然法以外,其他的道德理论也可以为这样一种主张提供基础。

看来我们最多表明,在法律理论和各个法律体系所做出的这一*主张*——即该体系的各种行为是在道德上加以正当性证成的,这二者之间只有一种可能的关联。这可以解释为什么某些现代自然法理论家们相信,他们已经在法律体系的态势中发现了一个同盟者的原因———一个以广泛而重要的实践形式出现的同盟者,他看来为施加于公民的义务假定了一种客观真实,这种客观真实类

---

① 对于这一进路的一个最近的例子,参见 Michael S. Moore, *Law as a Functional Kind*, in Natural Law Theory, *supra* note 4。

似于发现于自然法道德理论中的关于客观义务的核心议题。如果这实际上是法律体系的态势(并且这要求论证和理据),那么,人们在不轻视自然法道德理论的主张和法律体系的道德主张之间的这一联盟的重要性的情形下,仍然需要注意这两种主张必须要被加以检验和论证。在这一意义上,法律和道德理论之间的联系,仍然不是一种逻辑上的必然联系,而最多是在试图捍卫关于道德(和法律)判断之客观性的主张上的一种意气相投的合作关系。

二、道德理论内部的各种混淆:
自然法的各种不幸的隐含意义

一个新闻记者描述了当一个潜在的最高法院法官被揭露出可能实际上信奉自然法时所带来的反应,"就好像这人无意中泄露了采用拇指夹进行严刑逼供一样……(或者)揭发了一种对炼金术的隐蔽且可能是邪恶的信仰一样。"①另一个记者指出这就像是批评者们"发现他(托马斯法官)穿着印度教克利须那派教徒(Hare Krishna)的长袍出现在机场一样。"②并不是只有托马斯的反对者关注对他名声的可能损坏——而不涉及他被委任的前景——如果他被打上信仰自然法的烙印的话。丹福斯(Danforth)参议员,听证会上托马斯的最重要的支持者,全力平息关于作为被提名者的他"相信自然法这些可怕的事情"③的观点,而托马斯法官本人在听证会开始那天,赞同把他以前关于这一主题的著述描

---

① Peter Steinfels, *Beliefs*, N.Y. Times, Aug. 17, 1991, at 9.
② Stephen Chapman, *Is Thomas'Belief in Natural Law Unnaturally Odd?*, CHI. TRIB., July 18, 1991, ? 1, at 27.
③ See David G. Savage, *Thomas Backs Off Abortion, Natural Law Statements*, L.A. Times, Sept. 11, 1991, at Al (引用 Sen. John C. Danforth [R.-Mo.])。

述为,不过是一个"业余"政治理论家的"哲学上的沉思"。① 他所反复强调的主要观点是,目前他不相信,也从来不曾相信在宪法判决中自然法会充当任何角色。

这些反应显示了关于自然法的两种可能关切。第一种关切涉及到道德理论本身,以及人们经由人性推导(reasoning about human nature)而确定道德真实的方式。第二种关切是司法制度所独有的,它指出无论人们如何考虑道德理论,关于自然法观点的某些东西,是与法官一般来说在法律体系中所充当的角色,或至少法官在一个像我们这样的宪政民主体制当中所充当的角色,是不相容的。我认为,后一种忧虑展示了关于*自然法*这一术语所必然内在包含什么(what the term *Natural law* entails)的最为引人注目的混淆,在本文下一部分中我将在一定深度上来思考这一问题。然而,在此之前,有必要简要地确认自然法道德理论自身通常具有的不幸的隐含意义。

(一) 宗教关联

如果一种自然法道德理论的核心观点只不过是主张,道德真实是客观有效的、并且可以经由理性加以认识,那么比起其他任何关于道德的"客观"理论来说,就没有更多的理由来怀疑和反对自然法理论。② 实际上,如托马斯听证会期间某些评论家所急于指出的,自然法很适合于用来描述我们的社会中许多人会毫不怀疑

---

① See *The Nomination of Clarence Thomas to the Supreme Court*, Federal News Service, Sept. 10, 1991,来源于 LEXIS, Nexis Library, Wires File。
② 关于一种功利主义理论是否自然法理论的一个例子,有着某种争论。这一争论部分来自于这样的观点,即自然法假定绝对的和普遍的道德原则的存在,这种观点与一种功利主义的主张不相一致,功利主义认为任何道德原则,尽管显然是神圣不可侵犯的,却在理论中可能不得不服从于更高的社会善。See Soper, supra note 3, at 1175 n.21; see also supra note 4.对这一问题的解决不是本文的目的。

地加以接受的那些道德理论。① 据称,在托马斯法官的例子中对自然法理论的普遍关切,只不过是掩盖对托马斯法官的实际价值观点的真正关切——尤其是关于堕胎问题。②

这一对自然法的辩护,即把它作为一种经由主张道德判断的客观性而得以识别的道德理论,它确实把自然法拉回到伦理思想的主流当中(至少在社会上,如果不是在哲学家中间的话)。它也给留给自然法以同样的问题,这些问题为其他任何主张其判断的真实性的道德理论一直以来所面对:如何证实(substantiate)这些主张,并且对价值上的不一致做出解释。如果我们接受这一观点,即认为自然法只不过是以另一种方式来主张伦理陈述可以是正确或错误的,那么,我们将不得不承认,接受这一理论的人们仍然能在基本道德问题上达致不同的结论,而无任何明确的方式来对它们加以评判。实际上,在托马斯听证会期间急于捍卫这一自然法观点的评论家们很快指出,这一理论并没有为关于堕胎、特殊的性行为方式、或关于人性的其他方面的问题(这在历史上通常与自然法理论联系在一起)指示了任何特定的道德立场。③

这一对自然法的不幸的历史上的隐含意义的引述,指出了关于自然法的怀疑论的一个原因之所在。正如我先前所指出的,作

---

① 托马斯委任听证会期间新闻界对这一问题的最好澄清,可以见之于 Steinfels 发表在纽约时报上的文章:

> 提出关于一种特定自然法版本或它对于司法审查的相关性的问题,与对于这一自然法观点扬眉表示惊讶是不同的。广义的自然法观念,对于其所有变种来说是简单明了的:关于正当和谬误的客观标准,人之理性能够把它辨识为内在于人类本身和整个社会之中的。

Steinfels, supra note 18(作为例示性的倡导者的范例引用了洛克、孟德斯鸠、杰弗森、亚当斯、亚伯拉罕·林肯、马丁·路德·金(除了别人以外))。
② See, e.g., Michael Moore, Perspectives on the Supreme Court; Unnatural Brawl over Natu- ral Law, L.A. Times, Sept. 3, 1991, at B5.
③ 25. See id.

为人们道德真实之主张的基础,自然法理论经常没能对信念和理性做出区分。一旦某一信条与某一特定的自然法版本联系起来——例如,一种从神的启示中寻求道德真实之源头的自然法理论,或者甚至更为狭隘地,从某一特定教派所理解的神的启示中寻求道德真实之源头的自然法理论——那么,很容易就能够理解为什么那些不具有同样信仰的人会不信任这一理论。①

(二) 启示的世俗替代品：自义(self-righteousness)和自明(self-evidence)

各种现代版本自然法道德理论,把对道德真实的诉求建立在理性而非信仰之上的,它们应该不会比任何其他的客观伦理理论面临更大程度上的怀疑态度。然而,实际上人们经常发现,自然法理论家遇到了客观伦理学的重大问题——证明问题,或人们怎样能知道什么是真实的这一问题——在某种程度上,现代版本的自然法的证明方式,在某些人看来,是通过个人性的神性启示获得特殊顿悟之主张的世俗等价物。因而,如果在一种自然法理论中对于真实的检验标准是,一个命题是"自明的",那么那些不同意的人们看来只能承认要么是不道德的,要么是愚蠢的。② 由此而来的自义的观念(perception)可能解释了,为什么甚至当其支持者并

---

① 我并不想否认,人们可能有理由想知道,在任何特定德情形中,自然法是否在宗教或世俗的意义上被利用。实际上,正是因为历史性的含义仍然盛行,所以在托马斯法官的事件中怀疑才会产生。让我们比较 Patrick Riley, *Thomas' Nod to Natural Law Is No Crime*, L.A. Times, July 22, 1991, at B5(天主教联盟之管理事务的首脑,他极力主张对自然法的一种宗教性阐释,而反对世俗的、人道主义的和实证主义的阐释)和 Danny Goldberg, *Perspec-tives on the Supreme Court; It's Religion in Sheep's Clothing*, L.A. Times, Sept. 3, 1991, at B5(按照南加利福尼亚州的美国公民自由协会组织主席的观点："关于一种取代了人类法的'自然法'之观念,并不是一种司法观念,而根本上是一种神学观念,它与许多最深层次上的对引发权利法案的……的宗教不宽容的关注直接相抵触"。)中的观点。

② 进一步的讨论,see Soper, *supra* note 3, at 1178-79。

不想要与神学发生特定关联的时候,也会产生一种对*自然法*这一术语的敌对反应。

此外,应当很清楚的是,对自然法的这种憎恨,并不是一种对自然法理论本身的有正当理由的反应,而最多是一种对自然法理论一些特定版本的貌似有理的反应,或者对特定的自然法倡导者们推行其观点之狂热情结的反应。就此而言,自然法与其他客观性理论并无不同。对人们何以得知真实的解释,将会是任何这样的客观性理论所面临的一个问题,并且甚至作为真实的最终检验标准的"自明",在道德哲学中也有一段长期的——即使有争议的——历史。如果在心理上把自身从与"上帝所提供的真实"①之意识的历史性联系中解放出来,自然法理论家存在困难的话,那么这可以解释他们对其观点过分自负的倾向;这并不能解释为什么自然法理论本身应当被怀疑。

三、法律理论内部的混淆:自然法的困境

(一) 引言

从法律理论的观点来看——其中实证主义和自然法长期以来有着相当专门的含义——托马斯法官委任听证会上所出现的各种反应,指向了一个更令人迷惑的和尚未为人探知的困境,任何自然法法律理论家都必须面对的这一困境。我将称之为自然法困境,虽然我暂时将不描述和讨论这一困境,而首先关注关于自然法在司法自身内部的角色的某些其它误解。

---

① See, e.g., Linda P. Campbell, *Thomas' Belief in 'Higher Law' at Center Stage*, CHI. TRIB., Aug. 18, 1991, ? 4, at 1("一种自然法哲学最为危险的一点是,个人极为肯定和固执地坚持他们的观点,因为它们被认为是上帝给予的真理。"(引自 Erwin Chemerinsky, People for the American Way, Clarence Thomas' Natural Law Philosophy 8 [1991]))。

为了防止与道德理论当中所使用的*自然法*的各种意义的进一步混淆,我将简单地使用"道德性"(morality)来讨论在托马斯法官委任听证会中具有高度重要性的这一问题:一个法官的道德观点(无论它是什么,自然法的或者其他观点)应当在何种程度上影响他在一个法律案件中所做出的判决?

托马斯和拜登参议员看来都同意的一点是,任何一个法官从来都不应当退回到自然法,而得出一个与宪法或实证法所要求的结论不相一致的结论。自然法的这一可能的隐含意义,正是拜登与其他人一样,想要确信托马斯法官并不信奉的。① 进而言之,自然法的这样一种可能的隐含意义——即自然法意味着一种比宪法更高"高级法",一个法官可以随意使用这种"高级法"来反对宪法和法律的明确指令——正是媒体经常对自然法信念所做出的关键界定。②

1. 混淆自然法论辩与阐释主义论辩

需要引起注意的是,拜登(在这一问题上,托马斯法官也如此)看来承认,某些宪法条款当然只能借助于基本的客观道德真实来加以阐释。③ 就此而言,拜登至少与反对宪法的狭义解释观

---

① See Joseph R. Biden, Jr., Law and Natural Law: Questions for Judge Thomas, WASH. POST, Sept. 8, 1991, at C1("如果克拉伦斯·托马斯相信最高法院应当在宪法之上适用自然法,那么在我看来他不应该担任大法官"。)

② See, e.g., Katherine Bishop, *Diverse Group Wants Juries to Follow Natural Law*, N.Y. Times, Sept. 27, 1991, at B16("一种关于实证法如果违反普遍道德原则就无效的自然法,考虑到托马斯法官关于这一主题的言论,近来已经为大量的报纸所报道。"

③ Biden, *supra* note 29("自然法的美国传统已经保护了个人在道德意义的事务上的做出决定的权利……")。最终,关于自然法是否能够被用来解释宪法的模糊条款,托马斯的立场仍然是不清楚的。尽管他拒斥一种对宪法判决的"高级法"进路,他却提出,"正当程序条款的自由成分"体现了制订者的自然法观念,并且将会要求一种按照"我们的历史和我们的传统"解释的方式。The Nomination of Clarence Thomas to the Supreme Court, Federal News Service, Sept. 12, 1991, at 16, 来源于 LEXIS, Nexis Library, Wires File。

点的那些人持同样的见解,不是因为探知宪法原意事实上是不可能的,就是因为宪法显露出来一种允许司法对未被明确列举出来的基本价值加以实施的意向。当然,我们在这里所涉及的是一种古老的(虽然最近又得以复兴)关于司法审查和如何解释宪法的论辩,它变得新鲜之处仅仅是因为这样的一个观点,即我们在以某种方式在讨论"自然法",而不是讨论"宪法的狭义解释"或"阐释主义"。

这一论辩并非为自然法所独有这一点,在劳伦斯·却伯教授和米歇尔·麦克康内尔之间发生在纽约时报的专栏上的交锋中,可以看得更为清楚。在一封提出对托马斯法官的批判性问题的信件中,却伯认为,对自然法的援引最近一次还是发生在八十多年以前,在现如今已是声名狼藉的主张司法能动主义的 *诺克纳* 时期(*Lochner* era)。① 麦克康内尔在回应时,批判了却伯的前后矛盾之处:"托马斯法官的反对者们不能够见风使舵(have it both ways)。他们不能够即攻击伯克法官,因为他拒绝承认建立在自然法基础上的权利,又攻击托马斯法官,因为他支持这些权利。"②却伯澄清道:"正如麦克康内尔先生所知道的,我反对的并不必然是'自然法'思想,我同意自然法思想有一个令人尊敬的历史,有不少值得称道之处。我关注的是托马斯法官如何运用自然法思想的方式。"③再一次,被关注的问题是,这一理论是如何被运用的,而不是理论本身。

那么,宪法是否允许或授权法官寻找超出所列举价值之外的价值这一问题,就是一个独立的问题,它不依赖于一个人是自然法

---

① Laurence H. Tribe, *Clarence Thomas and "Natural Law,"* N.Y. Times, July 15, 1991, at A15.
② Michael W. McConnell, *Trashing Natural Law*, N.Y. Times, Aug. 16, 1991, at A23.
③ Laurence H. Tribe, *Letter to the Editor, The Case Judge Thomas Shouldn't Have Heard*, N.Y. Times, Aug. 30, 1991, at A22.

法律理论家还是实证主义者。实际上,诉诸于基本道德价值来阐释宪法的最为强有力的理据(argument),本身正是一个实证主义的理据:也就是说,文本本身,在像正当程序条款或第九修正案这样如此含糊的标准之下,为了确定法律,就不可避免地要求对道德原则的援引。①

2. 自然法作为"高级法"

拜登关于自然法将会与实证法的明确指令发生冲突的担忧会怎么样呢?一旦我们得以超越关于原意和阐释主义的论辩,我们是不是应当担心,一个信仰自然法的法官甚至在文本很清楚的地方,都可能会替代以他自己的道德观点——不是因为他是在阐释或适用宪法,而是他直接不考虑宪法了?

我们首先应当注意,我们已经进入了这样一个世界,在其中*自然法*和*实证主义*这两个术语较之于它们在法律理论内通常所具有的含义而言,被以极为不同的含义加以使用。如果有什么区别的话,实证主义者应当关注一下某些像参议员拜登那样的人,因为实证主义者坚持认为,决定法律是什么,并不必然关涉到关于法律人们应当做什么这一道德问题。公民是否应当遵守法律,或就此而言,法官是否*应当*(作为一种道德事务)遵循或运用法律,而不是如果可以的话试图推翻法律,这对于实证主义者来说是一个单独的问题,他极力主张,法官和公民同样都在已确定了"法律是什么"之后,再来认真地考虑这一问题。② 实证主义,正如由拜登和实际上由许多媒体所使用的那样——完全意味着别的东西:它趋向于作为阐释主义论辩中的原旨主义者一方的同义词,而那些

---

① See, e.g., HART, *supra* note 12, at 199-200(注意,美国宪法通过与这一道德原则的结合,使得道德在以一种完全与实证主义相一致的方式上,确定法律上的相关性)。

② See Hart, *supra* note 10, at 618; see also *supra* notes 10, 14-16, infra note 46,以及相应的文字。

只信仰书面或文本权威的人被标记为*实证主义者*。① 或者它趋向于被等同于这样一种道德理论,这种道德理论使人类的法律成为强制性的,而不管其道德价值——正是这一主张,作为对他们理论的一种误解,为实证主义者所强烈反对。

但是我们能够忽略术语上的不同,依然追问一个与拜登极其有关的核心问题:一旦法律被创立,那么一个法官的义务是什么?法官如果认为法律极为不道德,她是否能够用其道德观点取代法律的指令?这一问题,是无论实证主义者还是自然法理论家同样必须面对的问题——不是作为一个法律理论内部的问题,而是作为一个政治或道德理论问题。完全可能的是,如果人们把这一问题作为政治理论中的问题加以思考的话,那么人们将会断定,法官有一种道德责任去"适用法律"。但是这一结论将不是建立在法律如此要求这一事实上面——一个明显的循环。这一结论将不得不建立在关于法官角色中固有的义务的某种一般性道德或政治理论上,用以制衡邪恶(evil),她相信如果她履行其角色将会助长它。或者人们可以决定,就职宣誓(拜登提出的唯一理论)产生了适用法律(不管它正当还是错误)的义务,虽然作为这一决定之基础的关于允诺性义务的理论,将会给许多人以不可信的印象。②

---

① See Dworkin, *Law's Empire*, supra note 2, at 404-07("包容的整体性"[inclusive integrity]理论"参照其他制度和职位的权力来界定一个法官的权力");Robert P. George, Judges and Natural Law, WASH. POST, Aug. 12, 1991, at A17(注意到自然法理论本身可能要求法官"认识到出于尊重法治时其自身权威的限度");see also David O. Brink, *Legal Positivism and Natural Law Reconsidered*, 68 THE MON- IST 364, 376-84 (1985)(主张法官并不能具有一种道德义务去适用同样不公正的法律)。

② 一个实施法律的承诺,并不能被解释为目的开放的 open-ended,所以任何法律尽管可能是不公正的,都内在于这一承诺的范围中。See, e. g., David Lyons, *Justification and Judicial Responsibility*, 72 CAL. L. REV. 178, 192 (1984);see also Steven D. Smith, *Why Should Courts Obey the Law?*, 77 GEO. L.J. 113 (1988)(讨论法官实施法律的义务中的复杂问题)。

本文在此不讨论这些议题所产生于其中政治理论中的这些问题。注意到这些议题独立于法律理论中的自然法/实证主义论辩就足够了。但即使我们事实上并不去回答,当面临不公正的法律时一个法官之职责之限度的问题,我们至少能利用这一问题来说明,通过提及自然法困境我开始干什么。

(二) 自然法困境

让我们来解释一个著名的问题,一个自然法理论家想要什么?例如,对于一个法律体系来说,自觉接受一种自然法法律理论会意味着什么?接受一种自然法理论,将会对法官裁判案件或法律体系的运作将会产生何种影响?

正如上文讨论所指出的,自然法法律理论家的核心观点看来是,一个法官将把他或她关于客观道德或客观正义的评价,与为各种社会事实所明确要求的判决相提并论,这些社会事实由权威性的实证主义的法律材质(legal materials)(宪法,法规和法律先例)所构成。由于实证主义者也作为一种政治理论问题,可能要求法官忽略或推翻那些极为不道德的条文,因此,实证主义者和自然法体系之间唯一的实际区别就在于这一点:实证主义者看作是在政治理论中的一种可能性(a possibility),自然法理论家却想要把它描述成一种为法律本身所允许(或要求)的可能性。对于自然法理论家来说,法官不会面对这两种义务的冲突,一种是由其职责所施加于他的发现和适用法律的义务,另一种是道德责任所施加于他的防止邪恶判决的义务。相反,正是因为对于法律来说,实证主义者的条文并不是其全部,因此,法官将会在其角色范围内达致"道德"的判决。

自然法和实证主义者立场之间的这一区别,看起来通常不过是措辞上的(verbal)。在这两种理论体系中,法官都将会以同样的方式行事,唯一把二者区分开来的问题是:法官是否背离他或她的"法律"角色。当然,接受自然法法律人提出这一问题的方式,可能会有以下相当实际的后果:人们将不能批判那些忽略"不道德"法律条文的法官,说他们违背了其法律职责,因而他们将很少会冒有丧失其工作或声望的危险。即使这些法官被撤职或被取代,按照社会自身对他们角色的定义,他们仍然是在"履行他们的工作"。他们可能是在拙劣地履行其工作,但他们确实是在做其本职工作。

如果这就是实证主义者和自然法法律人之间的论辨中的最为紧要的(at stake)——也就是作为其职位描述的一部分,法官是否被允许在其职责范围内考虑法律指令的道德性——那么这两大理论之间的区别,有可能会在任何一个像我们这样的社会中消失,在这一社会中,基本法律条文已经吸收进了各种道德标准,作为评价其他的法律标准的判准(guides)。如果正当程序条款,或第九修正案,或权利法案的模糊地带(或上述三者的某种结合),被解释为鼓励法官宣告并执行那些基本的但却未被列举的价值,那么任何一个法官都能够诉诸于他或她对基本价值的看法,而无需负疚于偏离他或她作为法官的职责。这就是为什么诸如拜登所持有的观点会给人以自相矛盾的印象的原因:像许多其他人一样,拜登拒斥宪法的狭义解释的观点,而接受一种认为宪法向基本道德论辩开放的观点,然而同时,他却认为法官有一种遵循法律的义务,且当法律与他们自己有关道德的观点相冲突时,法官不能偏离法律。在上下文中,这看来是一个没有可区分特征的区别(a difference without a distinction)。①

---

① 拜登的立场将会具有更少的混淆,如果他的真正意思是,法官对宪法的模糊道德条款的解释,依然应当被限定为在实现我们社会中的实证道德,而不是用他们自己的道德观点来取代共同体的道德观。这会让拜登看起来像一个精致的实证主义者,他在恰当的案件中,把惯习性道德以及其他法律惯习包括在对法律的检验标准之中,而不是最终的或关键性的道德。See *supra* note 13. But see Ronald　（转下页）

那么，作为一个自然法法律理论家相对于一个实证主义者可能具有的区别，一个可能的候选(candidate for the difference)在于：自然法法律理论家可能提出，一个对于实证主义者来说只不过是偶然发生的问题（一个特定的法律体系是否包括一个一般性的基本道德条款，以支配对其他法律条文的解释和实施？），对于自然法的支持者而言，却变成了一个概念性的和必然的问题。每一个法律体系，为了证明其对法律所做出的道德主张是正当的，必然会潜在地鼓励法官利用真正的道德来检验法律惯习。虽然在一个其基本宪法中碰巧（偶然地）有一个基本道德条款的法律体系中，自然法和实证主义之间的区别将会是无法察觉的，但是在一般法律理论中会察觉到这一区别，并且这一区别对那些缺乏这样一个条款的法律体系将会具有意义。在后一类法律体系中，自然法法律理论将会把为某些法律体系所明确采用的同样的基本道德条款，实质性地植入每一部基本宪法当中，而不管任何相反的明确指令。

我认为，许多自然法理论家未必乐于做出结论认为，上面的解释是对作为一个自然法社会相对于一个实证主义社会所具有的区别的完整的说明。首先，这样的一个问题——即对法律的道德评价是否是通过政治理论而被考虑，而不是通过对法官职责的描述——看来是如此细微的一个区别，以至于不能够证明一直以来在实证主义和自然法之间的争论中所投入的精力是有价值的。某些更大的区别看来更为紧要，并且实际上，许多最近自然法法律理

（接上页注①）Dworkin, *Hard Cases*, 88 HARV. L. REV. 1057, 1105-06 (1975)（解释甚至一个非实证主义者（自然法？）的法官，是如何被要求做出一个与法官自己的道德观念不一致的判决）。无论如何，大多数拒斥宪法的狭隘解释的人们通过这种拒斥，意图的不过是用另外一种惯习（实证道德）来取代一种惯习（制宪者宣称的意图），这是不可能的。他们最有可能意味着，法官应当寻求关键性（真正的）道德来实现其这些规定。

论著述的研究进展似乎显示，存在某些更为紧要的区别。但我认为，在人们直面并解决了下文所述的自然法困境之前，这一假定是没有根据的。自然法反对这样一种观点，即"纯粹的"惯习或人之命令在决定一个社会中的"法律"义务上面具有最终的发言权。按照自然法法律人的观点，这些惯习要通过诉诸于"真正的道德"加以检验，并且只有它们不至于太过于偏离这些道德标准的要求时，才能被实施。这一困境就是，只有人类制度机构才能够做出这种检验。一个法律体系可能采用自然法法律理论，并且自觉地鼓励官员和公民们通过诉诸于真正的道德规范来检验法律的正当性。然而在统治其公民时，国家和它的代表机关仍然必须按照他们自己对什么是真正道德所要求的东西的最佳评判来行动。这样，最终，任何关于什么是道德所要求的东西的决定，将会由容易犯错的人类机构来做出，并且如果可以作为法律加以实施的话，那么它仅仅是因为某些人这样说而被实施，而不必然是因为这些决定是正确的。看起来，命令必定要么总是在支配——或者它从不能支配（法律从不仅仅因为某些人包括法官已经确定了它在道德上是适当的，而被认为强加了义务）。在前一种情形中，自然法对命令的反对是不相关的，而在后一种情形当中，法律义务完全坍塌为道德义务。

　　这一困境在某些方面是常见的。它代表了自然法法律理论家一直以来所面对的一种指控。也就是，他们的理论不幸具有一种朝向无政府主义的固有偏好，正如实证主义者朝向权威主义（authoritarianism）的固有偏好一样。由于这一针对自然法的指控，看来只不过是对实证主义者的指控的反面，我们可能从审视实证主义者过分权威主义的指控所做出的回应中，有所裨益。

　　我们已经注意到，现代实证主义者否认，其理论具有任何偏见，它给予法律惯习以道德上的支持，仅因为它是惯习。实际上，实证主义者回应道，其理论的全部要旨是要把法律是什么这一问题,与法律的道德价值或其实践涵义问题分离开来。在别的地方,我曾经提出,实证主义者的这一回应显示了一个悖论。其中吊诡的是,实证主义的目标,即提供一种对法律的规范性主张的准确描述,导致实证主义在描述各法律体系时,本质上主张为其所否定的东西;也就是,主张在法律和道德之间存在着一种必要的联系。①

自然法法律理论的困境,正是以一种与实证主义的这一悖论相反的样式而出现。实证主义者在涉入实质性道德理论上自我施加的限制,意味着它不能够解释(证成)法律的规范性主张,他观察到了这些法律主张,但只能指出和描述这些主张。结果是,实证主义者自己的独特论点(否认法律和道德规范之间存在联系),在人们事实上通过政治理论对它加以检验之前,其本身必定仍然是存疑的。相反,自然法在规范性法律主张上面不存在任何困难,因为其出发点就是假定法律和道德之间有一种真正的联系(而不仅仅是一种声称的联系)——这正是法律看来会做出的主张。自然法的困境是,虽然它主张,道德作为"高级法"被用来检验人类机构的各种主张,以确定各种通过法律的义务,但是关于在一个实际法律体系中如何实施这一"高级法"的检验,这一理论却并没有提供任何建议。因而,即使人们信奉自然法观念,人们也不能避免这一事实,即那种实证法因之而得以被评判"高级法",最终必定是由容易犯错的司法或其他的人类机构来援用和阐释的。既然人类在做出他们的判断时总是会犯错误的,那么,在关于从法律的观点来说我们应当做什么的任何主张当中,命令(在实证主义者意义上的)将不可避免地仍是最后的终点站。

简而言之,实证主义强调法律的命令因素,而很少甚或不考虑命令背后的各种理由,这些理由能够为国家的规范性要求提供正

---

① See Philip Soper, *Making Sense of Modern Jurisprudence: The Paradox of Positivism and the Challenge for Natural Law*, 22 Creighton L. Rev. 67 (1988).

当性证成。而自然法强调,国家关于法律的规范性主张必须基于理由加以正当性证成,但却忽略了在发现和运用这些理由的过程中,命令所具有的不可避免的角色。

(三) 困境的阐明:自然法不是什么

通过考虑自然法法律理论内部的最近进展,上文的一般性评论能够被进一步阐明。这些进展代表了对自然法这样一些观点,在我看来,它们并没有在一个法律体系运行的方式上产生任何可辨识的不同之处——至少与自然法的核心观点没有任何的不同,自然法的核心观点认为,道德,而非单独的惯习,在确定一个公民的法律义务中充当着某种角色。在接下来的部分中,我将要思考正是,这一核心观念如何*能够*实现(且可能做出一种区别)。

1. 自然法作为一种裁判理论

在作为实证主义之替代性理论的自然法最近的复兴当中,一种支配性的趋势认为,自然法理论表明了法官在裁判一个案件时,必须"深深地涉入到政治和道德理论中去"[①]。这一观点在特征上意图反实证主义,大概是因为实证主义者会把法官限制在解释和运用公认的惯习上,而不管规则的道德价值。但基于上文中刚刚讨论过的原因,把自然法描述为一种替代性的裁判理论,却有把自然法洞见变得无足轻重的危险:如果一种自然法理论唯一的要旨是允许法官在考虑惯习性法律标准的同时也考虑道德标准,那么倘若最终法官对这些道德标准的运用成为了权威性的和有约束力的法律决定,我们并没有获得任何东西。我们所做的所有事情,就是把对控制性命令从立法机构(或者在一种普通法情形下先前的司法先例)的那里转移到当前案件中法官那里。

人们可能有理由认为,一般而言,法官较之于立法机构能更好

---

① Dworkin, *supra* note 11, at 877.

地对一个案件中的道德价值进行评判,或者现在的法官较之于过去创造出被认为是有约束力的先例的法官,能更好地评判规则。但是来自于政治理论中被要求用来捍卫这些信念的理据(arguments),不可能说服大多数人。如果没有别的东西的话,让我们来思考政治理论中这些常见的观点,它们解释了为什么一个民主国家中法官应当从属于立法机关的判断。简而言之,自然法的这一版本只不过是一种关于谁的命令更好——立法机关的还是法官的——的无充分论据的主张。它不是一种对道德真实优于惯习性观点的主张,而只不过是一种关于哪一部门的道德判断应当具有权威性的内部争论。[1]

我们很容易弄清楚,为什么自然法法律理论家可能会误入歧途,认为其理论的要旨是发展出一种非实证主义的裁判理论。关于法律义务像道德义务一样必须体现某些客观真实(一种"高级法")的主张,引发了这样的一种主张,即一个公民对国家施予对他的强制的指控,必须通过某些对其道德和政治权利的真实评价来加以衡量,而不只是通过习惯性地为人们所接受的东西来衡量。至此,(这种观点)还是恰当的。这样一种理论在一种意义上是反实证主义的:实证主义者如此长时间地坚持这样一个观点,即人们能够在不诉诸于道德的情形下来确定法律效力,以至于对实证主义关于法官事实上如何以及应当如何判决案件的解释提出质疑是有价值的。但是停留于此就会错过实证主义法律理论的主要论点。其主要论点一直以来都是,最终正是由人类的意志和命令来

---

[1] 足够奇怪的是,认为立法机关的判断应被视为并不具有权威(除了在理论的意义上,把立法机关的判断看作是,立法机关关于最佳做法的建议的各种实例)的观点,是由实证主义者和自然法法律理论家一起做出的。可以比较 JOSEPH RAZ, THE MORALITY OF FREEDOM 28-31, 48-53 (1986)(提出实证主义主张)and Joseph Raz, *Authority and Justification*, 14 PHIL. & PUB. AFF. 3, 14, 18 (1985)和 Heidi M. Hurd, *Sovereignty in Silence*, 99 YALE L.J. 945 (1990)(采取自然法立场)二者的观点。

确定法律是什么。只要法官的判决成为法律上有约束力的,那么在最为重要的意义上这一体系仍然是实证主义的,法官不过是取代立法机构而充当了最高权威。

当然,某些法律现实主义者一直承认这一论点,并且很大程度上围绕这一简明的洞见建构了复杂的理论。如果法官的观点是最终的、并且具有法律上的权威,那么更具有现实主义色彩的就是,接受法律实际上乃是法官所说的,而非"纸面规则"所表达的条文。像哈特那样的实证主义者拒斥这一突破(debunk)法律标准的企图,① 但是其他人看来赞成这一观点,至少在关于一个法律体系的权威这一点上。② 由此,难怪支持这一争论的自然法法律理论家看来难以区别于实证主义者或现实主义者。

一个自然法法律理论家为了防止蜕变成一种不同种类的实证主义——一种把法官而不是立法机构推为最高权威的实证主义,他必须做些什么? 一种诱人的回答是,自然法法律理论家必须拒绝让任何人的命令——法官的或立法者的——来确定一个公民实际上的法律义务,或为实施制裁提供正当性证成。在下一部分中,我将揭示这一主张的含义。目前足以指出,甚至罗纳德·德沃金这一近来最具影响力的自然法理论家,对一个法官之判决的约束力都几乎无话可说。不管一个法官的判决如何错误,这一判决可能无论是在道德还是在强制的意义上,也都具有法律约束力(force),即使作为一个先例这一判决的引力效应(gravitational effect)可能被严格地限制了。③ 简而言之,像德沃金那样的自然法理论家,使用有关错误的理论(theories of mistake)只是要获得一系列正确的法律/道德标准,而不是要在任何特定的案件中限制人

---

① See Hart, *supra* note 12, at 120–50.
② See Raz, Morality of Freedom, *supra* note 42, at 26; Raz, Authority and Justifica- tion, *supra* note 42, at 5.
③ See Dworkin, Law's Empire, *supra* note 2, at 108–13.

类(司法)命令的约束力。

2. 作为一种要求个人良心之主权的自然法

如果允许一个人类决定具有法律约束力的任何裁判理论,最终都是一种实证主义的法律理论的话,那么对自然法理论必定是什么的一个可能解释就是:一个自然法法律理论家必定承认,任何判决都不能仅因为某人这样说而具有法律约束力——无论是法官还是立法者。这一理论的要旨是促使公民认识到,在理论上,命令必须始终服从于公民对行动或反对行动的理由的自身评判。

当然,人们在采取自然法立场时所面对的困境,是我上文较早时候已经指出的困境:自然法理论家在不得已放弃这样一种理论时——这一理论不过是变换了命令在法律上(和道德上)变得有效的位置,他看来除了提倡一种无政府主义以外,并没有任何东西可以提供。在惯习的意义上,不存在任何的"法律",而只有由立法者、法官和公民所做出的关于什么是最好的做法的判断。当然,公民通常将会有很好的理由服从官员的判断,但是即使这样,他们这样做的时候,也不过是在运用他们自己的判断。所以这些案例也没有涉及到出于法律自身的原因而承认法律的约束力。唯一的"法律",是历史(或上帝)的最终判断事实上证明为所做的正确的事。

这是一个自然法理论家所持有的一个不幸的立场。首先,现代实证主义者——他们中许多人做出的正是同样的主张——将会又一次热切地接受,而不是拒斥这一立场。一种实证主义法律理论的要旨是,通过澄清法律事实以及它与人们应当如做什么的关联这二者之间的分离,维护个人良心的主权。① 更为关键的问题

---

① See Maccormick, supra note 15, at 158–62; Neil MacCormick, *A Moralistic Case for A-Moralistic Law?*, 20 VAL. U. L. REV. 1, 10–11 (1985); see also supra notes 10, 14–16, 36, and accompanying text. See generally Philip Soper, *Choosing a Legal Theory on Moral Grounds*, Soc. Phil. & Poly., Autumn 1986, at 31.

是,这一立场,虽然类似于无政府主义,却强调了自然法法律理论所缺失的东西:即认识到这样一种可能性,亦即命令(尽管可能是错误的)可能具有的、恰好为法律体系所要求的那种道德约束力。没有在事实上致力于这样一种道德理论,这一道德理论将检验命令可能会胜过理性(出于自身的充分理由)的程度,自然法理论家就不能够知道,作为一个正确的政治理论问题,惯习性的、实证主义的法律检验标准将会还是不会产生"真正的"政治和道德权利。

(四) 困境的解决:自然法可能是什么?

1. 一种自然法理论的各种参数(parameters)

那么,如果一种自然法理论明确被一个法律体系所接受的话,它能期待实现什么?它怎样能防止只是成为另一种实证主义,或一种对个人无政府主义的要求以及法律的终结?

虽然在此(在本文中)我并不试图明确回答这一问题,但是我所论述的已经足够勾勒出某些可能性。首先,且对我认为重要的参数做一个简要的审视:

(a) 一种自然法法律理论必定是一种关于惯习或命令充当基础之能力的限度的主张,在惯习或命令的基础上,国家能够证成它就其法律指令所做出的各种道德主张。

(b) 为了防止只是成为另一种实证主义版本的观点——这种实证主义观点认为惯习是一回事,而惯习的道德性又是一回事,自然法理论家必须能够在法律体系的实际运行中植入关于惯习之限度的特有主张,无论是自然法法律人还是*作为政治理论家的实证主义者*都接受这一主张。

(c) 要把对命令的限制植入一种法律理论中,所要求的不止仅是围绕对法律标准做出道德评价之场合(point),所做出的变换(shifting)。立法机构如果诚意地行事的话,它们可能认为其法律标准是道德的;法官在重新评价一个法律标准的道德性的时候也会具有同样的自信,并且公民也会同样信任他们自己"评价"官员指令之道德性的努力。对命令的各种限制,本身必须是对这些主张的被官方公认的例外,这些主张是法律体系对其法律指令所提出的。

(d) 大体上,一个法律体系必须承认的针对命令约束力方面的那些例外,是这样一些例外,一种关于国家强制性力量之限度的恰当的政治理论,将会对此提供正当性证成。如果一种恰当的政治理论表明无政府主义者是正当的——国家不能够为其*任何*强制性行动或道德主张提供正当性证成——那么,所有的法律都应当被认为,不具有任何其作为法律的道德力量,并且任何关于法律规范的道德主张都是不恰当的。但是如果政治理论建立起了国家权威——这将是一个无政府主义者所不能承认的,那么,关于法律规范具有道德力量(即使它是错误的)的主张,在这一意义上就是恰当的。自然法成为了一种指出国家的主张之权威性的限度的方式,任何国家自身都应当能接受它。

实施一个满足这些条件的方案的努力,必定会遇到两个初始的(initial)问题:(1)一个国家对其法律规范所做出的各种主张,确切地说究竟是什么?(2)一个国家如何能够在没有矛盾或悖论,以及不滑向无政府主义的情况下,对这些主张做出限制?

2. 国家的各种主张

我将从这样一种观点开始,即一种法律模式的要旨,不仅要确定一个社会的法律标准,而且还要体现国家就这些法律标准所提出的道德主张。无论是自然法理论家还是现代实证主义者都同意这一点。但是现代实证主义满足于这样的一种模式,这种模式只是注意到,法律提出了各种道德主张;实证主义者并不致力于这些道德主张是否被加以正当性证成。

实证主义者对于正当性证成问题的超然态度,可能是恰当的,如果国家的各种主张仅仅是普通的道德主张的话。由此,任何有意识地违反他人利益的人,如果思考他的这一行为的话,可能都相信,他所做的能够在道德上被正当性证成。他的信念是一回事,而他是不是正当的却是另一回事。因此,对于国家来说也是这样。国家可能相信它的法律是公正的,并且惩罚那些不遵守法律的人,而这一信念是否正确是一个独立的问题。

但是,表征了任何严肃行动之特征的这种对正义的普通主张,与国家的道德主张,对二者之间的这一类比,在一个对于法律理论来说极为重要的方面上是不能成立的:国家的正义主张不仅宣称是其法律的内容是正义的,而且,作为其独有的特征还宣称,即使其法律内容是不正当的,国家在按照其判断行事以及比如惩罚那些不服从的人时,仍然是具有正当理由的。普通公民是否能做出可与之相比的类似主张,并不清楚。如果我相信,我出于自卫或者说为了保护无辜的第三方而殴打你是有正当理由的,那么我通常并不会认为,即使我是不正当的,我的行动也是有正当理由的,仅仅是因为出于我的信念而相信我是正当的。① 相反,大多数人认为,国家主张的关键性方面在于,某些特定的行动在道德上是被允许的或被要求的,仅仅因为法律(惯习)是如此要求的。这就是为什么在提出一种假定的法律理论时——这种法律理论不能直面法律体系事实上所做出的实质规范性主张,实证主义者会面临一种悖论。

国家所提出的这些主张——仅因其惯习性地位而对法律惯习所提出的主张——究竟是什么?主要有以下两种可能性:(1)当惯习性法律被违反时,国家主张惩罚的权利,而不管法律的内容是

---

① 人们可能辩解道,人们的行动应当得到申辩,即使它是不正当的,如果它是人们在各种情形下所能做出的最好的行动的话。就此而言,在普通个人的行动和国家的行动之间,可能会较之通常承认的,有着更大的类似性;也就是说,甚至国家可能主张的不是其规范的内容上的独立(content-independence),而只是一种犯错的权利,个人只能按照他们的最好信念行事的观念,必定包含这样一种权利,并且由此即使行为后来被证明是不道德的,也可能并没有犯下了道德错误。

否适当;(2)国家主张公民有义务遵守规定的法律,正因为它们是"法律"。

在这两个可能的主张中,第一个主张作为一个经验性问题在我看来是无可否认的,并且,它看来是一个法律体系在放弃与其他规范性实践的一致性时,能够承受的唯一主张。显而易见的是,除非人们认为在道德上是正当的,否则人们不能同意以法律的名义加之于他们的各种后果(没收财产,限制自由和剥夺生命)。国家是否也主张,公民不管法律的内容是什么,在道德上都有义务服从法律,这更是成问题的——无论作为一个经验问题,还是作为一个规范性上一致性的问题。我在其他文章中已经提出,各个法律体系一般来说的确提出了这些主张,①但是这一问题毫无疑问是存在着争论的。首先,虽然如果法律体系建立在一种对服从义务的广泛信念上以及官方对服从义务的主张上,它们可能越来越变得更为有效,但是实证主义者可能正确地注意到,法律体系可能单独在强制下运行得还不错。于是,如果强制在道德上是被证明是正当的,那么对服从义务的额外主张可能在没有规范性矛盾或实践不一致的情形下也会消失。② 其次,这样的一个事实,把关于法律体系是否确实提出这一主张的经验证据弄得模糊不清,这一事实即:国家当然将始终主张,公民具有一种依赖于内容(content-dependent)的义务,国家在相信其法律之适切性的情形下,将会主张在任何特定的情形中都会产生这一义务。出于这些原因,在不打算对关于服从义务的可能主张具有偏见的情形下,我在本文的剩余部分将把讨论限定在每一个法律体系都必须提出的最低限度道德主张上面:人们所主张的实施法律的权利,仅仅是因为人们相

---

① See Philip Soper, *Legal Theory and the Claim to Authority*, 18 PHIL. & PUB. AFF. 209 (1989).
② 在确定法律是否要或是否应当主张一种服从义务时,需要更多的引述那些并不做出这一主张的社会的相关诉求(道德的?美学的?)。

信(按照惯习)这些法律是正义的。

解释一个国家如何能够在不考虑法律的内容情形下,对惩罚做出正当性证明,这并不困难。国家的主张结合了两个常见的观念:(1)必须有某些人("官员")来裁决社会中的争论;(2)只要经授权的官员已经诚实地做出裁判,那么因而产生的行动就是正当的(没有产生任何道德上的不正当),即使人们后来发现裁判本身是错误的。

关于必须有人做出裁决的第一个主张,在我看来通过古典政治理论——远远早于这一主张,即国家有确定人们的道德义务的权威——很容易确定。差不多所有的政治理论都从这样的一种认识开始,在霍布斯那里最为明显,即国家全部的基本原理在于需要集中决策机构以及控制权力,它作为自然状态的替代情形而存在。这一简单的认识,并不能够被如每一种古典"守夜人"理论[1]所主张的、国家只具一种有限的角色的观点所推翻。这一认识依然将是,某些人甚至不得不对这些关于国家之恰当角色的争论做出决定,在此,"决定"意味着,他们在自己关于国家之恰当角色的最佳判断的基础上采取行动。简而言之,那种给私人活动领域留下某些选择机会的决定,如果它本身足够具有争议性,而要求一种制度上的解决的话,那么它本身就是一种国家决定。

那么,必须由某些人做出决定,就是对命令的一种快速辩护——命令是不可避免的。各个特定的法律体系将会确定决策点(decision point),在不同的点上某些官员的判断具有终极性。某些法律体系会给予立法机关以法令发布权,某些体系会把它交给法庭。而某些法律体系甚至可能允许公民做出决定,而官员仅仅充当一种顾问的角色(在这种情形下,可能并没有任何法律,因此

---

[1] See, e.g., John Locke, Two Treatises on Government 374-94 (Peter Laslett ed., 1985)(1698); Robert Nozick, Anarchy, State and Utopia 25-27 (1974).

也没有任何惩罚,来阻碍公民按照他或她自己的见解行事)。但不管这一决定是如何做出的,一旦做出了这一决定,那么法律体系在按照它行事时,不过是在行使基本的决定权利,这种决定权利隐含于任何拒斥无政府主义的国家理论当中。

第二个主张——即国家仅因为这是法律而具有惩罚权——在我看来也是一种简单明了的观念。实际上,它差不多是一种对决定权利的界定,它如果意味着什么的话,绝非仅仅是提出建议的权利。这一主张只依赖于国家依其自身最佳道德判断的行动,并且不会因为法律被证明是不正当的而无效,这正是法律体系的一个常见的特征。考虑一下在任何法律体系当中,程序(获得真相的良好尝试)是否经常胜过实质。一些无辜的人可能被羁押数年,后来不过发现在事实上犯了错而他们并没有犯罪。在大多数情况下,这些人很少有一种作为正当权利的补偿要求,而只是依赖于立法机关赐予的救济。简而言之,我们为运用法律上的错误进行了正当性辩护,其依据是我们已经尽力了。那么,要对这些法律——它们被恰当地适用,并且在当时被认为是公正的,但后来被确定为不公正的——进行正当性辩护,还能有比这更容易的吗?同样的,这里我们在当时已尽力按照我们所认为的正义行事的辩解,看来也是容易接受的。①

简而言之,命令(fiat)提供的对惩罚加以正当性证明的理由是强有力的。它体现在许多常见的法律原则中:没有对法律是否真正在道德上是正义的这一问题的某种中止讨论,那就不可能有任何最终的判决,也不可能有对这些判决事后的辩护,这些判决依赖

---

① 所以,同样,许多人认为 Korematsu v. United States (323 U.S. 214 (1944))这一案件——它主张二战期间拘禁日本公民与宪法规定的法律保障是一致的——做出了错误的判决。但是很少人提出,如果这一判决和由此产生的制裁是诚意地做出的话,那么通过承认其对犯下的错误,它以某种方式而无效。推翻判决的最近决定建立在程序的基础上。See Korematsu v. United States, 584 F. Supp. 1406 (N.D. Cal. 1984)(由于起诉不当而撤销有罪判决)。

于那些当时被接受为正义的、但后来却被宣告为不正义的和非法的(甚或视情况也可能是合法的)法律惯习。赋予命令以这样一种道德上可证成的宽泛角色,自然法理论面临着被证明是一种毫无价值的理论的危险。它的目的在于把建立在惯习基础上的道德主张与,真正的法律和道德主张进行对比,但如果"真实"是,惯习确实证明了,许多刚才所提到的法律以多种方式所做的事情是正当的话,那么实证主义的模式将会证明是恰当的,*并且*,同时关于法律体系的主张将会得到正当性证成。

3. 限制国家的各种主张

上文所刚揭示的诸问题指明了道路,以为自觉采用自然法观点,发挥出最为合理的效果。自然法如果会产生的任何不同的话,这种不同必定在自然法理论对某些内在于法律的概念的影响中找到(而不是在它对这些理论的影响中找到,这些理论是关于何种特定制度将会做出最终决定的)——比如说法律判决的终局性或事后立法的合法性这些概念。这一最后的评论,提出了一种对纽伦堡原则的明显类比:即这样一种观念,当法律的内容如此不正义,以至于"我们按照我们诚意地最佳考虑而行事"的理由也无效时,为命令提供正当理由(包括惩罚的权利)就触及到了一个界线。由此,不超出这些界限,就充当了一种理论上的界限,限制国家为其单独基于惯习的行动提供正当性证成的能力。

基于以下两个原因,将会很少出现触到这一理论上的界线的情形:(1)只有那些严重的道德错误(任何通情达理的人都不能基于良好地信念进行争论)才会限制法律的规范性力量——这是一种在任何合理正派的社会中都较为罕见的情形。并且(2)甚至已经触及到这一界线的决定,本身将不得不由一个潜在容易犯错的人类机构所做出。基于这两个原因,对自然法的自觉采用,除了充当对极端情形(甚至那些诚意地行事的人,有时都可能走向某种极端)的象征性提示以外,将可能没有任何明显的效果。

得出一个在某些方面是常见的,而在另一些方面对任何正派社会具有太少的实际作用的结论,可能会让人失望。这一结论正是人们所经常听到的那个:即完全不正当的法律,并无任何义务也不具有任何道德力量,为惩罚提供正当性理由或为那些因信任法律而行动的人辩护。不仅仅是纽伦堡所详细披露出来的恐怖行径,而且更为晚近在西德(和其他地方)对那些自称在合法规则的名义下犯下反人类罪行的人,所做的可能犯罪指控,都证明了自然法观念值得持续下去。在这样一个温和的结论面前,人们可能会稍感安慰的是这样的一个事实,即这一简单观念的存续可能正是一种对他们的真确性的反映,尽管令人失望的是,其真确性不及自然法理论家经常考虑的那么复杂。

结　　语

在他一篇相当著名的早期论文中,朗·富勒提请起注意,人们必须承认,无论是理性还是命令在法律中都有其角色。① 富勒写作时,其明确目标是要在一个命令看来支配着法律理论和普通法判决研究的时期,恢复判决中理性的角色。②

今天,这种不平衡看来已在一个相反的方向发生了改变。人们给予了法律中命令的角色以太少的关注——不仅是实证主义者在他们探索一种法律合法性模式时,一直以来所强调的那种角色,而且在今天,也是命令在为国家的道德主张提供正当性理由时,所充当的那种角色。

在自然法从与实证主义者相反的另一端入手,来建构一种法律模式时,其困境产生了——它集中讨论接受法律的各种理由,而不

---

① Lon L. Fuller, *Reason and Fiat in Case Law*, 59 HARV. L. REV. 376 (1946).
② 这是萨默斯的解释。See Robert S. Summers, Lon L. Fuller 63-70 (1984).

是聚焦于已经被接受的那些规则。但是这一困境通向了在思考实证主义的悖论时,所触及的同一难点。自然法法律人必然在确定国家权力的界线时,遭遇到政治理论,这种国家权力通过(合乎逻辑的)命令创造义务,或为惩罚提供正当性理据。直到他们这样做之前,他们都不能排除这样一种可能性,即在建立法律和道德之间的联系——这一直是自然法法律理论家的核心关注——上,社会事实(实证主义者意义上的)充当了主要的角色。

评 论

作为国际犯罪的侵略战争和"罪刑法定"原则[*]

[德]卡尔·施米特 著

方 旭[**] 译

导 言

许多不同的情况之间存在差异,不仅从表面的细节上看,还要从本质上考察,在其法律结构上用"战争罪"一词指代。它们之间的差异并不仅仅是理论性的,这些现象经过司法裁决或者审判,就可以直接认定其具有巨大的实践意义。然而,不同背景法律之间的差异关系密切,同时也相伴产生一些实在的正义问题:犯罪组成的要件是什么?谁是犯罪主体?谁是共犯、从犯、教唆犯?同样

---

[*] 本文系"国家社科基金西方马克思主义视阈下'例外状态'社会治理及其应用前景研究"(17XKS016)阶段成果。[中译按]"Nullum crimen, nulla poena sine lege",此句原意为"法无明文不为罪,法无规定不处罚",为使得标题简洁,将其翻译为"罪刑法定"原则。据英译者努南所说:本文德文底本来自于 Helmut Quaritsch 主编,Das internationalrechtliche Verbrechen des Angriffskrieges und der Grundsatz "Nullum crimen, nulla poena sine lege", Duncker and Humblot, 1994。此外,本篇文章的导言有个副标题,将副标题辑录如下:与战争犯罪相对的(违背战争法和人性,具有暴力性质的犯罪),在特殊情况下作为国家犯罪的战争形式。本文从 Timothy Nunan,《施米特的战争论集》(writings on wars, Polity, 2011)英文文本译出。感谢武汉大学法学院国际法研究所金海波博士为本文提供法语翻译援助。

[**] 方旭,中共重庆市委党校马克思主义学院讲师。

还存在一些问题:谁是原告？谁是被告？谁又是当事人呢？谁是法学家或者是谁组成了法庭，又是以谁的名义下达判决？

所有这些问题都应该放在具体情况和背景下讨论。这些问题的意义以及审判是否成功都依据对这些问题的正确回答。在这里——没有法律,也没有正义,而而是罪犯从他们的困惑中获利。在此,两种战争犯罪的概念应该首先被排除出我们的讨论:

第一种：违背战争习俗和规则,基本是由拥有大规模武器主导战争的国家认定。这种认定违背了所谓的战时法(jus in bello)，例如违背海牙判决,战时航海法规范,战时战俘权利等诸如此类。这类法律预设了战争是被允许和合法的。他们必须从根本上改变——如果战争本身是禁止的、或者甚至是一种犯罪。但是这些特殊的战争犯罪形式应该不在考虑之列,因为他们独特的本质不需要任何更多的解释。1914 年之前提出"战争罪"时,一般来说,只有这种不法行为才有意义。这种犯罪长期以来为人所知,在刑法层面和国家主导的战争的军事指导下,或者在国际法层面讨论,事实上这既包含假设,也是指法律后果(复仇的行为,战争毁坏财产的补偿,犯罪者对于自身和敌对的国家的合法责任)，更多的是,武装力量构建秩序作为某种辩护或者无罪辩解的理由——常常讨论这些违法行为。①

《凡尔赛条约》228-230 款(分别为巴黎和会的《圣日耳曼条约》的 173 款和其他条款)在某种意义上是违背战时法的战争犯罪形式。在某种程度上这些和平条约代表了一种创见——1914年以前国际法是有效的,即被击败国家有义务将自己的作为战犯

---

① [英译按]本文提到文献书目,我们能够发现一些有代表性的作品,比如 Josef L. Kunz,《法 的 概 念 与 法 的 中 立》(*Kriegshandlung und Neutralitätsrecht*, Vienna, 1935)，页 35 以 下, Alfred Verdroβ, Die völkerrechtswidrige Kregsrecht und der Strafanspruch der Staaten, Berlin, 1920,两部作品包含了专门分析和关于这个话题的深刻探讨。

交给敌对国。我们注意到,不管 228-230 条款之间自己特殊特征,我们自己国家主体的结构性基础都应该得以保存。更多的是,"罪刑法定"原则仍然得到保证,甚至与假设的犯罪(违背法律和战争习俗的行为),惩罚与量刑(通过法律惩罚)存在联系。

第一次世界大战战争犯的进一步惩罚,尤其可以在此后的部分看到——莱比锡德国宪法法院的审判已经对以上内容作出了预示。①

第二种:第二种战争犯罪必须要从根本上区分不同的本质。从具体意义上说,这种暴行是一种对手无寸铁的民众进行有组织杀虐和非人道施暴。他们不是军事行为,尽管对他们的判定是基于 1939 年的战争——因为他们既是这场战争的犯罪者,做了某种非人道精神的表达,这在 1939 年的战争中发挥到了极致。这些战争犯罪的野兽行径超越了人类的理解。这个词充分的展现了某种邪恶的暴力犯罪(scelus infandum)的内在含义。他们推翻了国际法和刑法的框架。这样的罪行将犯罪者置于法律之外,使他或她成为不法之徒。上级的命令不能为此类罪行开脱。在某种特殊情况下,他们提出:是否犯罪者可以声称这样的行为是处于一种紧急状态之下,或者紧急状态是否能为他们的罪开脱。这绝不意味着例外状态的犯罪成为我们讨论的主题,否则将转移这些畸形犯罪话题,我们要打消任何的例外状态的意识。我们要指出关于战争犯罪的单一性的种类,也就是我们常常所说的一种真正的"暴行"和"暴力犯罪",并在结论中我们提到了一种他们留意的观点,对

---

① [英译按]在第一次世界大战之后,西方联盟(Western Allies)向魏玛民国的领导层列出 854 项罪名要引渡或者驱逐这些战争犯,这些战争犯中不乏杰出的军事指挥者。此举引来民众的公愤与不满,西方联盟担心这将引起新的一轮的战争危机,为了引渡这些德国人,西方联盟同意莱比锡宪法法院(德国最高法院)的提议,对他们个人监禁或者审判。其中只是列入 9 项罪名执行判决,其他所有的人,要么无罪释放,要么从轻发落。这场审判失败最大的原因在于没有证据断定这些西方联盟已经认同罪名:他们最终将罪名缩减为 45 个。

于我而言这看上去是区分法律形态的一种必要。

我们能够意识到以上提到的两种战争犯罪(违背战时法和真正的暴行)之间的更多差异。然而,这些并不需要发展和详细论述。事实上,这两种类型独特的本质已经具有一些简单的预兆,第三种合法的案例——同时也是最让我感兴趣的战争犯罪的类型以及清楚的呈现。

第三种:战争犯罪这个词第三种意义就是侵略战争,这种侵略战争被解释为一种犯罪,甚至是一种违背国际法的犯罪。在此,战争本身是一种犯罪,我们真正需要关切的并非是一种战争的犯罪,而是——确切的说是一种"作为犯罪的战争"。这种战争被解释为某种国际犯罪,既是违背国际法,又违背刑法,与此前的法律状态比较——不仅是新生事物,还具有某种创新性。根据当下的情况,毫无疑问,所有主权国家拥有诉诸战争法权(Jus ad bellum),从国际法的角度来看,它们之间并未区分侵略战争与防御战争。国际法对侵略战争刑事定罪——如果我们回顾早期历史的文献——在第一次世界大战和巴黎和平协议开始初露端倪。在1920至1930年之间,日内瓦国际联盟加强了刑事定罪,在1924年10月2日所谓的日内瓦公约讨论,并作为1928年8月27日的白里安—凯洛格公约的特定解释,最终将侵略战争的作为一种国际犯罪。结果——问题既然来了:1939年夏天,爆发的第二次世界大战,按照国际法来看,是否要将侵略战争进行刑事定罪呢?现在看来这不只是一种假定,换句话说,在普遍意义上,这不只是一种法理认同(de jure condendo),而是某种基于公认的犯罪。这个意义要从"法无明文不为罪,法无规定不处罚"的角度来看。因此,有必要对这个原则的实际意义做一个简短的分析。

一、"罪刑法定"原则的实际意义

现有的国际法和刑法都未将侵略战争作为一种威胁行为明确犯罪惩罚。至少,在1939年夏天之前,美国方面所声称的侵略战争的国际刑事化是否已经得到了执行,这一点是值得怀疑的。侵略战争作为一种国际犯罪,因此——不像其他的形式的战争犯罪——在任何时候看来这都是一种新的犯罪。结果,第一次犯罪认定的理由是基于其次所说的"罪刑法定"的格言。如果这个行为不因为它的犯罪而受到惩罚的威胁,从普遍意义和国际上对这句法谚的认可来看,这一普遍和国际公认的条款包含明确的禁止承认刑事处罚。

所有的法学家都应牢记整个世界和德国的血海深仇,在国家社会主义制度下,1933年3月29日的卢贝法案(Lex van der Lubbe)引出卢贝执行绞刑死刑的可能性,甚至他被断言、或者在犯罪时受到另一种死刑形式的威胁。① 《德国刑法典》第13款裁定死刑要执行砍头。禁止回溯惩罚在此成为参照性制度,并不是给予惩罚将其处于不利地位,而是处死的惩罚。关于此事引发极为强烈的国际公愤,1933年夏天,按照希特勒的指令,不应该绞死的卢贝,被执行斧刑砍头。我们可以回忆起更多的国际争论,1935年6月28日该法案得以通过——这个事件引出了《德国刑法》新的第2款,这个类似的刑法认可和根据法律和流行的观点认同这个刑法决定,创造一种新的正义。这个观点并未将国家社会主义政权的合法更替认作他们的客体内容。他们制造的概念混乱依然留存于我们的记忆,并揭示了"罪刑法定"原则是一种普遍性的公

---

① [英译按]1933年的法案向德国刑法提供了一种事后的惩罚。他被处死而非被监禁,处以绞刑而非将他带上断头台,某种特定犯罪的可能性,拓展了监禁一词的内涵。这项法律可以追溯了两个月的时效。

认。随后以1938年6月22日的高速公路法为例,1936年1月1日高速公路上发生街头抢劫罪,将处以死刑,①与此同时,骇人听闻的暴行仍不断上演,尽管并不能同日而语。然而,1938年可以将希特勒政权视为这个文明的世界中的一种不同寻常的正义。

考虑到普遍观点和历史背景,当前的情形是显而易见的,对于此——我们应该指出,存在一些非主动意义上的惩罚威胁,作为一种犯罪的威胁,甚至是作为一种死刑犯罪,根据不同的方面引出"罪刑法定"原则纳入到某些关键问题的讨论。我在这里所说,正如我此前所说的,并非一种战争犯罪,而是将特有的、新的侵略战争的国际犯罪视为一种"国际犯罪"。由于这种新的犯罪所具有的争议性的特征,一些法学家试图将其视为"罪刑法定"原则对这类问题的解决方案,并且是某种刑罚合法的认同观点。欧洲大陆的刑法学家认为实证性的刑法将得出这样的结论。与此相反,无可非议的认同"罪刑法定"原则是一种普遍公认,在欧洲大陆、安格鲁—撒克逊以及美洲大陆以不同的方式适用这个原则。

(一)

欧洲大陆思维方式的显著特点是,它在国家颁布的刑法的实证意义上解释了"法"中"无法"。过去的两个世纪,这个解释对于一般的欧洲大陆法学家是天经地义,但对于法学家个人而言,他几乎没有意识到其他解释的可能性。正如在欧洲大陆的法律是一种成文法、实证法,国家法律汇编作为所有法律呈现的典型方式,并且要求符合"罪刑法定"原则和法治国家(Rechtsstaat)发展的要求。② 法国法的发展成为现存大陆国家的最为典型的例子——始

---

① [英译按]本案指的是两起在柏林发生的犯罪,Max 和 Walter Götze 二人由于多次盗窃停车场的汽车和摩托车,被警察在高速公路上追捕。这条法案设定的死刑有两年半的追溯效力。
② [英译按]这里提到的法治国,宪法国家与以往的独裁国家区分开。

于1789年《人权宣言》的第7、8款：

> 第七条：除非在法律所规定的情况下并按照法律所指示的手续，不得控告、逮捕或拘留任何人。凡动议、发布、执行或令人执行专断命令者应受处罚；但根据法律而被传唤或被扣押的公民应当立即服从；抗拒则构成犯罪。
>
> 第八条：法律只应规定确实需要和显然不可少的刑罚，而且除非根据在犯法前已经制定和公布的且系依法施行的法律以外，不得处罚任何人。

在日耳曼国家，这种解释经由现代德国刑法学家的创立者费尔巴哈（Anselm von Feuerbach）成为了主流观点。我提到他的名字在于"罪刑法定"原则的结构形式，在当下的世界已经相当普及，这个原则并非来源于古老的罗马法，也不是来源于英语传统，而是在1801年费尔巴哈的作品中第一次体现。1871年《德国刑法典》第2款和《魏玛宪法》第116款中充斥着大量相关的成文宪法和法律裁决，在同样的法律实证主义下清楚的表达了同样的思想。对于国家法而言，"正义"的概念实证化至今只有成文的法律可以刑法化某种行为。每一个试图发现或强化惩罚的普通法的实例，甚至每一个类似适用刑法的判决都是被禁止的。如果在某种意义上，国家法是正确的，实证法发现某种惩罚必须威胁不相关的惩罚。根据欧洲大陆法的解释，按照这种方式，"罪刑法定"原则包含三重禁止：一是可以回溯刑法适用时效，二是所有普通法试图建立或者加强惩罚，三是现存的刑法的任何类似适用。

（二）

按照英语世界的解释，刑法回溯禁止基本不言而喻。我们经常在受人尊敬的教科书和评论中可以看到，"罪刑法定"原则的英语起源以及该原则在英语世界的法律思维。这个原则最有可能追溯的是 1215 年的《大宪章》,尽管《大宪章》与绝大多数人没有切身联系,是否这种传统观念处于某种法律—历史的批判之中。我试图从记忆中摘出《大宪章》的一句话:

> 任何自由人,如未经其同级贵族之依法裁判,或经国法判决,皆不得被逮捕,监禁,没收财产,剥夺法律保护权,流放,或加以任何其他损害。

"Lex terrae"是指的是国内法,即英国的普通法。在 1928 年英语世界具有较大影响力的《科克法学总论》,"Lex terrae"(国内法)被翻译为"正当法律程序",除了回溯禁止原则适用于刑法,还可以得到对被告的进一步保证。洛克,作为一个对法治国理论发展起到巨大作用的思想家,他强调的是,法学家的裁决仅仅依靠的是一种封闭的规则(不变恒定的规则),并且只是进行"法律允许的惩罚"。洛克在安格鲁—撒克逊区域,欧洲大陆,美国等地区具有非凡的影响。他也将禁止追溯的基本原则植入到现代法学工作者的意识。

按照这种方式,在英国与欧洲大陆法之间存在大量与"罪刑法定"原则相应的观念,这容易导致使得我们得出这样的结论:独特的英国法律思维方式已被抛弃,特别是大陆和英国法律思维方式之间的差异尤为重要,我将回到"罪刑法定"原则的中心含义,并做一些恰当的补充。然而,法律实践和欧洲大陆法律考虑的是法律是否具有成文法属性,或者是否具有精确的形式,国家法成为某种法律,或者说是英国法律,尤其是英国刑法呈现出的普通形式——从根本上,或者不可避免的保存了普通法,或者换句话说,保存了习惯法。这可能存在大量个体法令,但是不存在与普通法违背的刑法法典。普通法的本质是不同的习惯法,并依靠先前所判决的案例执行。从原则上看,这个概念的深层次的因素仍是中世纪的:法律并非是制定的,而是从某个案例裁决中产生。因此,这些此前的案例并不能创造一个新法。相反,它仅仅能够在某种程度上给当前的法律带来一些观点。事实上,从某种意义上说,这并非新法。先前案例的新的和创造性的本质在于揭示或者隐藏以前已经存在的东西。

普通法传统的和法律的特征揭示了它们通过刑法案例创造法律的思想与以实证为中心的欧洲大陆法学区别。然而欧洲大陆法系拒绝任何习惯法,这种习惯法会产生新的惩罚并通过习惯法宣布不允许的惩罚,但英国刑法整体而言是基本的普通法。正因为如此,它开启了先前的判例构建法律惩罚创造的可罚性。那么,如何通过这种途径在新的环境中实现新的惩罚?回答是通过论证方式的"结构性"途径——欧洲大陆的法学家应该看到的不仅仅是"实证主义刑法",而是某种自然法。这种论辩方式提到的是"自然正义","实践权宜之计",以及"常识判断力"。"结构性"的案例的和所谓"创造性的前例"的可能性存在于理性判决(rationes decidendi)。

如果按照某种老的形式来看,我们也可以提到传统的英国法学,所有的惩罚行为,既是自然犯(mala in se),也是法定犯(mala prohibita)。布莱尔(Hascal R.Brill)编撰的《刑法百科全书》(Chicago,1922,页852)写到:

> 自然犯包括了所有违背公共和平和秩序、损害个人和财产、导致公共骚乱、违背善良道德和意愿,以及违背公职责任的腐化堕落。

在不法行为(malum in se)的案例中,事先判例所揭示的特征没有更多的加以讨论。没有新的犯罪产生。仅仅是有一些对所有人健康,人类正义观念的犯罪都是犯罪行为,即使这种情况似乎是新的或者从未听过的名称。与此相反,法定犯首先是通过实证法规则和成文法,以及"其他情况下不存在错误"构成受惩罚行为。因为这些成文法适合更为严格的解释,大陆刑法的法律实证主义者将他们视为一种人造的和智慧的作品。在 Edw. VI c.12, 38 的成文法中"盗窃马匹"一词的解释便是个典型例子。① 这完全与不法行为不同。因为某种传统普通法的思维方式,"罪刑法定"的问题并没有展现,并且从原则上是无法理解这个问题的。欧洲大陆法学家们的法律实证主义的解释描述了以上的观点,在他们的眼中,这是属于一种"自然正义",而不是讲其他犯罪转变为法定犯。

(三)

美国的解释完全受到英国普通法的影响,但并非等同英国。欧洲大陆的思想是直接呈现的,美国则是一个成文法国家。它的成文法和成文刑法内容与英国的实践完全不同。洛克和孟德斯鸠对美国的影响尤为深远,同时它也受到了欧洲大陆法的影响。美国各州拥有大量关于人权的宣言,比如马里兰州,北卡罗来纳州,马塞诸塞州,新罕布什尔州,这些州——尤其是它们的刑法禁止法律效力的回溯,尤其是刑法法令,被庄严的宣布。按照这种方式,成为此前所述的1789年法国大革命的人权宣言的一种模型:

> 这个可以法律回溯而言,如果所犯罪惩罚的事实发生在现有的法律之前,就被判为犯罪,那么这种判决是令人压抑的、不正义的、并且与自由不相符的,不应该事后立法。(马

---

① [原注]这个成文法规定——无论是谁,只要被认定盗窃了马匹,就应该被处以死刑。正如法学家不再认为死刑不具有足够的现代性,他们依靠成文法的裁决也没有指到底是一匹,还是几匹,正如在这部法律中所述,马匹(多数的),无论是偷一匹马还是多匹马,都应该作为一般的盗窃受到惩罚。

里兰州《人权宣言》第 15 款)

甚至在这些规范当中,我们并不能忽视法的实证概念与安格鲁——撒克逊的普通法直接的差异。尽管如此,存在实证的合法性和道德合法性之间的矛盾,一方面是基于自然法则,另一方面的信念形式。关于这一点,美国的思想界实际上是欧洲的镜中之象,尤其是在欧洲大陆与英国思想之间存在的巨大差异。禁止刑法回溯效力完全是美国正义和美国法律思想的自证。

但是,或许比起英国法律思想更为明确的是,美国如何回答:何为一种新型法律下的犯罪构成。这个问题常常导致道德和司法观念相联系和混淆。对于实证主义的欧洲大陆法学家而言,甚至在这种新情况下的惩罚问题背景下,道德应与司法分开。在美国,两者观点相互联系并且影响"罪刑法定"原则的限制,这一原则对于真正的英国法律传统下的法学家的影响较少。

(四)

显而易见的是,杰克逊(Robert Jackson)①试图将当期的战争犯罪审判作为一种特殊的形式,应对作为战争侵略的新的国际犯罪。我们并不从原则上拒绝"罪刑法定"原则。相反,我们有必要揭示这种新犯罪的内在问题,体现出某种创造性的先前案例,并且某种不法行为适用于违反人类的犯罪,换句话说,适用于真正的暴行——他们并不适用于侵略战争的某种新的国际犯罪。在最后一次世界大战来临之前,这种暴行在某种意义上被视为一种犯罪,在这个战争期间,必须视为一种自然犯。他们的暴力行径是如此恶劣,所以才能接受这样的事实,他们所谓的犯罪者建立在犯罪责任

---

① [英译按]Robert Jackson(1892-1954)是美国最高法院法学家,同时是纽伦堡审判的起诉者。

之上,没有现存的实证刑法的依据。在此,所有自然感觉的、人类感觉的、理性的、正义的论证认可用实践的方法证明一种信念:在任何形式意义上要求没有实证规范。我们并非要求犯罪者需要具有某种形式上的犯罪内容。这一切毋庸多言。面对这种犯罪,没有人能够提出"罪刑法定"原则的主体到底是什么,也没有人希望用怀疑的眼光通过实证主义的刑法考察自身。如果存在特别的残暴的暴行,将不会有现行的刑法与之印证,这个解释将回答古老的立法者的一个问题:为什么不能将弑父在他的刑法中作为一种特殊的犯罪行为。这位高明的立法者回应到:我们不能命名任何这种令人厌恶的犯罪,也许不能清楚的表达这种可能性。

然而,所有提及这种战争犯罪的都将其命名为暴行,但并不能经常复制——我们的任务并非揭穿如何论证惩罚,而是讨论是否可以惩罚。对于其他的战争犯罪的种类,传统意义上说"战争犯罪",在1919年巴黎和会上论及委员会的责任时,美国代表已经表达了"罪刑法定"原则。我将在下面的文章中(页139)引用这些论述。但是这个案例与第三种战争犯罪的例子完全不同,战争的侵略战争作为一种新的犯罪,其本质是一种"国际犯罪"——这是问题的所在。在此,所有的进攻因素(侵略行为和战争侵略)和国际联系这两种因素,以及这种犯罪特征事实上具有某种新鲜的、独一无二的特质,必须要意识到"罪刑法定"原则是某种惩罚性的约束,尤其如果平等的、普通法以及刑法正义的观点受到此前存在的判例约束。对于随后讨论的细节而言,这点将变得异常清晰。

二、《凡尔赛条约》中的战争犯罪与战争罪

新的战争概念已经开始偏离此前的国际法,进入这个概念的的最为重要的途径是两个凡尔赛条款:第一个是227条款,这个条款将前凯撒威廉二世定为战犯,以及作为战争罪条款的231款。

这两个条款——以他们实证的、契约性的形式——只适用于1914年至1918年之间的第一次世界大战。然而,他们必须要认为这是战争概念变化的征兆,在国际法对战争的解释中,如果不存在先例。第227、228条款应该包括这些条款起源的历史根据,正如此前提及的——在古老的意义上,尽管这些条款,提及了战争罪,第227条款包含了将新的战争种类视为犯罪。

(一)

针对前凯撒威廉二世的第227条,在《凡尔赛条约》第七部分冠以"处罚"的标题。在此,通过这个标题,认定惩罚行为已经昭然若揭。

原告是"联合和联盟的力量",不限于五大国。也并不区分是个体的或者国家集团,还是所有全体国家作为原告。通过和平协议的方式,他们公开认定德皇威廉二世是战犯。威廉二世因此成为新兴国际犯罪的唯一被告,甚至帝国总理,霍尔维格(Bethmann Hollweg)在1919年公开宣称,他履职帝国总理期间(1914至1917)[①]对德皇所有的职能行为负全责。没有一个原告回应——解释帝国总理的宪法责任。因为这个新的战争犯罪,犯罪的认定限定在国家领袖个体身份。

第227条规定了应被指控的犯罪构成是:"对国际道德和条约神圣性的最高层级冒犯"。然而,法院接受第227条款的指导原则,即法院应该根据国际政治的最高主旨,而不是国际法来判案,因为在传统国际法的公共观念中并不将这种行为视为犯罪。更进一步看,法院还须尊重国际条约中的正式义务。五位法学家组成的法院:每一个结盟国家和相关的大国都不能作为主要权利

---

① [英译按]霍尔维格(Theobald von Bethmann Hollweg)在1909-1917期间是帝国总理。

任命法学家。

在这个过程当中,被告要符合辩护方的基本保证("使他确信具有辩护权利基本保证的必要性")。至于惩罚,法院应据其实际情况予以最为恰当的惩罚(这是被认作是强加的惩罚")。

与此同时,根据先前已经存在的国际法以及刑法原则,批判和拒绝227条款也并非什么难事。现存的国际法并不承认一个国家的国际管辖权超越另一个国家,也不能凌驾另一个主权国家元首之上。平等者之间没有管辖权。① 根据统治的观点来看,国际法的法理主体,甚至国际法的某种违法行为的主体——应该是国家。从严格的犯罪理论来说,按照国内刑法的规定——国际法的某种违法行为绝不能等同犯罪。严谨的说,战争应被解释为国与国的关系。正如国际法所关心的,战争并不是由某个人发动,也不是因为作为国家元首的个体发动,而是由国家本身。第227条并没有对此种新型犯罪予以特别限定。对于这些法学家而言,这些指导原则提到的只是道德性和政治性,而不是专门针对法律。这种惩罚是不确定的,并完全将裁量权交给法学家辨识力。从表面上看,法庭在任何案件都强加某种惩罚,通过控方的心理暗示,法学家的决定已经可以预期。这已经明目张胆的违反了"罪刑法定"原则。通过对个体的个人具体化的称谓——威廉二世和含混不清的案件事实,以及无法定义的惩罚,227条因而成为过于个人化的例外性的正义。

因此,这很容易解释欧洲侵略战争国际犯罪化的途径,对于欧洲人民和政府的法律意识没有产生持久影响。整个事件是借着国际犯罪的理由,试图将前德皇,威廉二世带上国际法庭——很快被欧洲国家抛诸脑后。1920年,英国和法国政府实际上已经放弃了将德皇带上法庭的尝试。

---

① [原注]Par in parem non habet jursdictionem

从 1918 年 11 月起,威廉二世仍然呆在中立的国家荷兰。荷兰政府根据国际法拒绝英国和法国引渡的要求。两个政府也并没有更多的坚持引渡。① 这个裁决必然扩散,至少在欧洲正如第 227 条款所包含的内容,创造了一个新的类型的战争犯罪,这种犯罪不仅不成功,反而成为一个反对观点的先例。

但是,如何看待美国呢? 在巴黎和会的谈判中,事实上,美国代表坚持将侵略战争描述成一场不义之战。事实上,这种宣称具有某种决定性——与其他宣称正好相反,根据当下的国际法上战争并非禁止的行为,而不是非法行为。这种含混变得越来越明显,因为这个案例有不同的法律视角,在普遍意义上我们论及战争犯罪,惩罚威廉二世是一种违背战争法的惩罚,并且涉及赔偿问题。我将在接下来的第二部分对战争罪相关法律条款(231 条)进行评论。

首先,有一种说法是"委员会应该对另一种形式的战争负责",这种说法饶有兴趣。② 这个委员会既要处理第 227 条款,对威廉二世的惩罚,也要处理第 228 条款,在古老的意义上,早期讨论战争犯罪的惩罚。正如后面提到的,在兰辛(Robert Lansing)③ 领导下的美国代表,宣称完全反对英法代表所称的,明确主张将反人道主义犯罪的惩罚与违反战争法的犯罪行为的惩罚等同起来是错误的。他们提到 1865 年的沃兹(Henri Wirz)的案例。这个案例关注的是陆军特别法庭执行华盛顿的陆军审判委员会的决议的进程,他们反对在内战结束之后处死监狱中南方联盟前线指挥官,

---

① [原注]这两个联盟的国家在 1920 年 1 月 15 日和 2 月 14 日向荷兰发去公函,同时,荷兰在 1920 年 1 月 21 日和 3 月 2 日拒绝这些信函。这些内容发表在 Fritz Berber 编,《凡尔赛条约》(Das Diktat von Versailles, Essen: Veröffentlichungen des Deutschen Instituts für außenpolitische Forschung, 1939),页 1195-1202。

② La documenation internationale. La Paix de Versaills, Vol. III: Responsabilité des auteurs de la guerre et sanction, Paris, 1930.

③ [英译按]兰辛(Robert Lansing)在 1915-1920 年期间是美国国务卿。

1865 年 11 月判处这位身陷囹圄长官死刑。① 美国的代表强调,这个战争犯罪——也就是说,对于违背战时法,并且他们的惩罚原则——"罪刑法定"必须坚定不移执行。他们也提及了 1812 年哈里森的审判,其中清楚的提到,这种行为被定义为一种犯罪。如果法庭审判允许的话,通过联邦法律惩罚,这种法律力量必须授予某种法庭责任。因为从以前意义上的战争犯罪来看,美国代表拒绝反人类为内容的新的战争罪。"就像在讨论中所声明的那样,这些美国代表认识到,任何书面的国际法则和国家间条约(它们因违犯战争法则或战争惯例而产生)都不会在惩罚威胁下以管辖法院的名义制造一种国际罪行"。这个解释继续谈到:

> 正如美国代表一再提到的,战争就其本质而言一直存在着不人道的一面。但是战争行为应该符合战争法和习俗,他们不向任何违背人性的法庭妥协。只是法院只关注于现存法律本身,他们只是向这种法律提供他们自己的发现,再移交给更高级别的法学家,告之他们违背了道德以及他们的行为与人道主义的要求相背离。美国代表确信,他们试图创造某种国际刑法法庭:这种法庭既没有先例,也不符合任何国家习俗。

这种解释是清楚、并具有决定性。但是他们提到了这并非第 227 款,而是第 228 款,因此,不能直接适用于侵略战争的问题,而是仅仅适用于过去意义上的战争概念。事实上,我们考虑 227 条

---

① [中译按]在 1865 年 11 月 10 日的早晨,亨利·沃兹从旧州议会大厦里的牢房中醒来,并且写下给他太太的最后一封信。他是罪大恶极的南方联盟前线指挥官,现在被关在佐治亚州的安德森威尔(Andersonville)监狱里,将在这一天到华盛顿特区接受绞刑。瑞士出生的沃兹在内战退出这天——也就是 1865 年 5 月 7 日被逮捕时,他是监狱里唯一的南方联盟官员,因此,成为敌人眼中南方联盟官员的代表。

款,确切的说,美国代表需要惩罚国家元首,并且将侵略战争视为某种反对人类的道德犯罪惩罚。典型的美国解释可以参看《委员会应该对另一种形式的战争负责》一文,可以从1919年3月12日的草稿见:

> 只有迫切需要使用武力来保护本国国民的生命安全、维护国家权利或者是保护人类和自由时,发动战争才(有道义上的权利)。任何其他理由引发的战争都是专横的、没有必要的,并违反国际正义和国际道德规范。这类战争不可能是正义的。以此为标准来判断,1914年发动的第一次世界大战是一场非正义的、无法被人接受的战争。①

更多的关于国家元首的责任的解释参看:

> 同盟国的元首(这里是在最为原始的文本中)希望占有土地和其他势力的主权,并且允许同盟国的其他国家加入到征服的战争中,这种战争超越了所有其他的现代意义的战争,对于人类的生命和财产造成了不必要的毁灭,它们所带来了前所未有的恐怖和不可承受的伤痛。显而易见的是,反人类的道德犯罪已经盖棺定论。由于受到某种荣誉的阻碍,法律无法将正义从法律中区分开,遭受了巨大创伤的国家也没有能力通过中立的法律对这种战争造成的罪实行惩罚。但是这场令人羞愧的战争的发起者却没有打上任何标签,也不会进

---

① [中译按]本段法语原文:Le droit moral de faire la guerre existe seulement lorsqu'il y a nécessité impérieuse d'employer la force pour la protection de la vie nationale, le maintien du droit national ou la défense de la liberté et de l'humanité. La guerre inspiré par tout autre motif est arbitraire, inutile, et s'accomplie en violation de la morale et de la justice internationale. Elle ne peut être justifiée. Jugée d'après ce critérium, la guerre commencée en 1914 était injuste et inadmissible. Ce fut une guerre d'agression.

入历史。为了使他们受到人道主义的法学家的审判,他们应该引用世界观点旗帜鲜明的否定这场有史以来最为恶劣犯罪的发起者。

这个解释显然已经偏离了现存的战争法。然而,我们谈到的既不是侵略战争的普遍性的犯罪化,而是反对人道主义的道德犯罪,只有国家元首被认作是罪犯,其他人得以幸免。对于先前案例的影响,我们也要考虑司各特(James Brown Scott)和兰辛的评论只是一种内部讨论,并没有试图针对公众,而这些解释跟美国代表的言论背道而驰,例如,后面我将引用杜勒斯(John Foster Dulles)关于战争罪问题的讨论,他声称其坚持的是旧的战争概念。然而,作为先前判例,美国的案例并没有将第七部分(惩罚部分)交由他们最终判决。

众所周知的是,美国并没有认可凡尔赛条约,取而代之的是与德国在 1921 年 8 月 25 日签订的《特别和平协定》,在这条特殊协定的第 2 款列举了《凡尔赛条约》具体的部分——美国将自己的权利和战争优势在第 5、6、9 等部分主张。第七部分包含了第 227 条和第 228 条,换句话说,战争犯罪是缺席的。我们细心观察,这一部分谈的并非是美国与德国国际关系的客体。任何一个先前判例,可能都是根据美国代表宣称的"委员会应该对另一种形式的战争负责",因此对于德国而言,可能起不了什么作用。

当然,我们并不能忽视这个时代的盛行的美国观点,他们代表的是另一个方面。在本世纪二十年代在美国享有盛誉的杂志《文摘》曾做过一个调查,他们统计美国法学家会如何处置威廉二世的观点。一共大概超过 328 个回应,其中大约 106 人支持死刑,137 人主张流放,58 人认为应该处以监禁或者其他的惩罚,只有 27 人认为应该免除处罚。一方面这代表的是官方行为和公共观点,另一方面则说明这个问题并没有被忽略。只要这种对立的观点有更多的或者更重要的案例支撑,这两种对立的意见意味着衡量第二次世界大战反对国际法的犯罪,已经涉及到"罪刑法定"原则的讨论。在欧洲,这是不可能的,但是无论如何,基于欧洲政府的态度,在任何情况下都不可能观察到先例的任何影响。

(二)

《凡尔赛条约》第231款的战争罪并没有冠以"刑罚",而是"赔偿",因此有可能更多的是从经济的角度来考虑这个问题,而不是从其他涉及犯罪的法律。它关心的是战胜者的经济需要,但是他们要求的并不是旧时意义上的战争赔偿,而是要求损毁补偿:换句话说,战胜国的法律要求可以与法律责任相分离。我们并不需要从实体上进入战争罪的问题,众所周知的是,这个问题已经被各类出版物所讨论。这些讨论的核心问题在于同盟国——正如1917年1月10日已经签订的协议——发动了一场不正义的侵略战争,并对无限制的摧毁负有责任,或者是否他们宣称赔偿的法律基础是1918年秋德国接受的威尔逊方案,尤其是参考兰辛1918年11月5日的备忘录,说明了赔偿方案的必要性仅限于备忘录的列举。法国的代表提出民法建构的假设,他们引用德国民法典第823条规定,对违法行为造成损坏负有责任。意大利人引用德国民法典提到了第830条作为一种 societas sclericis 责任。这些法律建构基础的例子——其核心在于——德国的战争是不义的战争,并且是侵略战争这一理念。但是在犯罪—法律的背景下,我们并不能说,已经有充足的理由将侵略战争转变为国际犯罪。这个指控认为——同盟国相互勾结,导致了一场侵略战争,并且应该对所有的破坏负有全责,并且对违反比利时中立的补偿,破坏平民生命和财产的补偿,负有无限制的责任。

我们对于战争概念的解释的问题依然保持兴趣,我们对231款讨论的结果,甚至美国代表杜勒斯都认为,按照现在的国际法,当时的战争并不是一种违法的行为：

> 赔偿并不是要承担所有由战争引起的破坏，除非战争完全是一种非法的行为。这绝不意味这个结论认为国际法（尤其是海牙法院）认为这是某个国家的权利，相反，在某种特殊的定义之下，在缺乏相应条约的情况下，宣称并且控告是一场反对另一个国家的战争。

威尔逊总统本身是一个正义战争理论的拥趸。但是这种法律暗示他应该从那种混乱不堪的认识中清醒。甚至认清楚战争的道德罪的问题，他的立足点并不指的是一种刑法。在他1919年10月26日的演说中，他提到：

> 称之为战争，并非是一种简单的事实，而是一种对整个欧洲体系下对战争之罪的最终判断，这是联盟和协议之乱，也是政治阴谋之下的复杂之网，可以肯定的说，在这一张大网之下，所有与之相关的国家都将成为其囊中之物。

侵略战争与赔偿责任之间的联系最终得以实现，并不仅仅依靠委员会的诉求，同时也依靠1919年5月，在凡尔赛和同盟国政府的德国代表之间的回应。在这个方面，德国代表反对战争的唯一发起者的指控，并且提及德国的赔偿责任是基于1918年11月5日兰辛备忘录。对于这个问题的回应，同盟国强调兰辛备忘录中所包含的"侵略"字眼和德国——通过对这个备忘录的接受，并且认识到它们对战争的责任。事实上，"侵略"一词，在兰辛的备忘录中以下的内容中呈现：

> 他向1918年1月8日的国会提出了更多的和平条件：必

须要从入侵的领土撤退,释放相关人员。同盟国政府应该无可争议的允许这样的条款存在。他们理解应该由德国承担所有同盟国通过海陆空侵略对平民和财产的损失进行补偿。①

在关于赔偿责任的讨论中,存在一大堆罪名的指控,这提出了一个问题:"侵略"一词能否被视为一种侵略战争的国际犯罪的先例?如果我们在德国这一部分谈论"罪",并且发现这是一种属于侵略战争的罪,即便如此,从整体上看——某种战争导致的罪,实际上是代表了某种刑事犯罪意义上的罪。但是实际上只是讨论赔偿问题,换句话说,讨论的是德国在经济上赔付,而不是凡尔赛条约》第七章所指的惩罚。在凡尔赛体系下,绝不存在创造出某种新的刑罚,也不会取消已经公认了200多年的战争概念,我们已经确定了所有现存欧洲国际法的法律结构,这对主导战争的国家和中立国家存在影响。倘若早有这样的计划,就应该提供符合需要的更为精确的解释,这些解释不能含混表达犯罪化的概念,并且不只是普遍不正义的宣称。《兰辛备忘录》只是提到了德国入侵中立国家比利时,并质疑德国对平民造成破坏所要赔偿的范围。我们在备忘录中,我们既没有发现试图宣称战争的不义,也没有发现创造某种新的战争概念和一种新形式的国际犯罪。

自从1919年开始,关于战争罪的讨论开始——就与赔偿问题息息相关。在涉及个人的刑事犯罪和国家犯罪责任两者之间存在巨大的意识矛盾,后者是基于涉及经济的法律后果,并且所有欧洲国家的国内法得到普遍公认,通过这个发现法律禁止的行为导致破坏的赔偿,或者全新刑法意义上的国际法犯罪类型引向欧洲公法。

---

① [原注]《兰辛备忘录》是1918年11月5日威尔逊与魏玛民国总理巴登亲王会谈的第四次备忘录,参看,《美国的对外关系》,1918,附录1:世界大战,第一卷,页468-469。

我们是否打算考虑凡尔赛体系,也就是国际联盟协议的影响?至少我们不得不从形式上宣称侵略战争是作为某种犯罪性的重罪。事实上这并没有发生。通过对德国战争罪的裁决能够实现某种模糊的先例——实际上,这也是一种无能无力。因为在这个领域,怀疑仍然存在,他们能够决定欧洲的法律意识。尽管威尔逊总统自1919年之后的完全退出《凡尔赛条约》,使之置身于欧洲政治问题事外。1921年8月25日美国在与德国签署的特别和约中故意回避了刑事责任的问题。

三、1919年至1939年期间,国际法中侵略战争的惩罚之发展

1919年至1939年——二十年间,这是一个试图建立国际法的某种新秩序的时代。1919年美国总统威尔逊在巴黎和会中建立了某种新的秩序——这样最为重要的尝试,但随后美国从欧洲这团泥淖中抽身而出,让欧洲国家承担自身的命运。接下来整体的概述并非着力阐释1919年至1939年期间的那个混乱的时代,而是回答了这样一个问题——是否在这个时代可以尝试取消战争,或者将战争视为一种犯罪行为?这将真正实现对欧洲国家的普通国民的惩罚。换句话说,是否这些建议以及在1919年至1939年期间的尝试——在国际法的新秩序之下,将不属于政治统治阶级的国家公民视为某种战争的罪犯?是否眼下欧洲国家的一位普通商人都会被定罪为侵略分子——与眼下的情况、现存传统矛盾的是——这是一种现实的犯罪行为,不仅是某种争议性的计划,而是一种受到法律支持的"规范化"?除非个体国家公民能够作为一个犯罪者参与到战争新的国际犯罪之中,并对自己行为负责。

所有的国家公民、尤其是所有的商人,他们深知取消战争的问题的实质在于裁军和安全。他能够以他们的实践方式——判定取

消战争的司法形式。由于存在细微的差异,也就是存在大量具有争议的方案,对于他而言,这都是因为许多欧洲国家缺乏主权性而呈现出的问题。在不同的司法妥协形式当中,为了对抗某种对凡尔赛条约的修改,不难发现各国政府在赞成或反对修订凡尔赛条约的斗争中所采取的政治策略。有印象的是——美国公民对战争的参与,比如斯科特、肖特维尔(James T. Shotwell)[①]、以及密勒(Hunter Miller)[②],以及其他人——美国政府追求一种中立、甚至孤立的严格政策。这使得公共观点和美国的官方政策产生了激烈冲突,然而,欧洲国家的公民是根据官方政策指导他们的政治实践。

事实上,在这一时期中,通过国际法裁定战争罪的尝试将面对一种两难困境,存在与普通国家公民正义感的对立:比如司法的和政治的思维方式的对立,道德与法律责任之间也存在差异,政治与经济问题也存在某种程度的分歧,最后,私人出席与官方缺席之间的对立也日益凸显——此时也存在美国与欧洲之间矛盾。下文所述的问题是上述诸多矛盾中关于公民参与欧洲政治的参与者,这是最为棘手的一个。

(一) 1924 年 10 月 2 日《日内瓦议定书》

1919 年的日内瓦联盟协议包含了某些预防战争的条款(第10-17 条)。和平的破坏者被定义为没有遵守"诉诸战争"程序的国家。其他成员国可以采取货币、经济以及军事力量作为一种对和平破坏的制裁(第 16 条)。在此并未提及战争罪。由于国际联盟协议包含了,甚至暗含了基于刑法禁止战争的理念,1919 年在

---

① [英译按]James Thomson Shotwell (1874-1965)是历史学家、外交家和巴黎和会的美方代表。
② [英译按]David Hunter Miller (1875-1961)是美国学者以及美国代表在巴黎和会的参议。

主权平等的基础上,所有国家平等的理念依然占据主导地位。或许,一些尝试能够被用作对刑法禁止战争的实践解释。但是对巴黎和会能够施加有效影响的美国却在官方上与国联保持距离。

在 1920 年至 1924 年期间,有很多加强日内瓦联盟的防御体系的尝试和建议。然而,这并没有将战争,或者某种类型的战争设计成为某些人应该接受国际犯罪的制裁。按照欧洲大陆法学家的思维方式,这是"犯罪"一词的自我解释,只要案件、犯罪者、惩罚、法院四者不能通过清晰的词汇体现,这就不是一种"法无明文不为罪,法无规定不处罚"意义上的惩罚。

1924 年 10 月 2 日通过的所谓《日内瓦议定书》中关于"日内瓦和平解决国际争端议定书",我们发现"侵略战争是一场犯罪"的原则。在这个意义上,战争作为犯罪的概念第一次由欧洲明确提出。此前,在某种侵略,或者侵略战争中,曾设计过某种保障性的协议和互助契约,其中则首次明确提到作为某种国际性的犯罪。但是日内瓦联盟协议没有产生任何影响。可以确定的是,1924 年 10 月 2 日的日内瓦国际联盟第五次会议有以下国家签署协定:阿尔巴尼亚、比利时、保加利亚、智利、捷克斯洛伐克、爱沙尼亚、芬兰、法国、希腊、海地、拉脱维亚、利比里亚、巴拉圭、波兰、葡萄牙、西班牙、乌拉圭、南斯拉夫。只有捷克斯洛伐克真正认可(1924 年 10 月 28 日)这个协议。在英国的抵抗之下,它最终失败。英国政府的宣称是在 1925 年 3 月 12 日由张伯伦(Sir Austen Chamberlain)在日内瓦国际联盟会议上发布,对于接下来的引用而言,这是一个异常重要的文件。

1924 年的《日内瓦议定书》的发起者是一群美国人。其中哥伦比亚大学历史学教授绍特维尔(Dr. James T. Shotwell),作为巴黎和会的美方代表成员,在这个群体中是一位说话有分量的发言人。在 1924 年 6 月,日内瓦联盟委员会通过这个群体"前所未有的行动"的报告,也就是所谓的"绍特维尔草案",作为一个官方文件递交联盟,结果这个私人性的"美国精英联盟"群体直接影响了日内瓦国际联盟的决定,即使美国本身并不是日内瓦联盟的成员,并且从一种根本性的孤立主义中将其自身从欧洲政治事物中脱离。"绍特维尔草案"包含了"非法的入侵战争"的标题的句子:

> 第一条:缔约国宣称侵略战争是一场犯罪。他们连带承担不属于他们所犯之罪的责任。
> 第二条:某个国家并非以防御的目的参与战争,按照第一条的描述则触犯了国际犯罪。
> 第三条:国际仲裁法庭常设仲裁院应该拥有管辖权,按照所有缔约国的意见,不管他们是否犯了第一条所描述的国际犯罪进行裁决。

接下来,我们要更加细化侵略和制裁条款的定义,这些条款从根本上说,并不是针对刑法,而是针对经济。事实上,所有的缔约国应该制裁发动侵略的国家。更多的情况是,这些被判有罪的国家补偿了发动侵略国家的损失。

《日内瓦协定》同样宣称侵略战争是一种犯罪。它只是将国家视为侵略者和新的国际法罪行的罪犯,但依然对国家主权保持尊重,而主权则是(在真正刑法意义上)将战争罪刑化的实际障碍。以经济、财政和军事等方式实施的威胁性制裁也仅针对国家。并没有提到特定的战争发起者,例如,国家的首脑,政府成员或者新的罪名下具体的犯罪者。实际上,他们背道而行。日内瓦协定的第15条,第2款阐明了发动侵略的国家反对这类制裁:一方面,他们最大程度上承担了制裁赔偿,另一方面,在日内瓦协定中的第10条中,日内瓦联盟的所有成员都应该考虑维护领土完整,但是他们既没有领土完整,也没有政治独立。根据第15条,第2款所述:

无论如何，按照日内瓦协定第 10 条规定，它不能在当下的草案中得出任何的制裁结论，并且在任何情况下不能损害侵略国的领土完整或者政治独立。

在美国人看来，对已经犯罪的侵略国如此照顾并保证其政治独立的是不可思议的。正如在日内瓦，欧洲政府表现出来的强大，是因为他们的国家主权意识。鉴于"制裁"避免提及某种犯罪惩罚，欧陆刑法法庭的法学家并不是预设任何明显的刑罚，也不能为刑罚提供任何惩罚的基础。侵略战争的"犯罪"被视为国际法某种特殊类型的犯罪。这符合欧洲国际法的传统，与某种犯罪类型相异。根据先前的纯粹的国内刑法，使用"犯罪"这个词并不意味某种刑法化。我将在另一个部分谈到其他语境下的海盗相提并论。但是海盗并未在日内瓦协定中提及。

我们假设美国公共意见圈认为"法外"战争和"犯罪"充分的刑法化和犯罪化，甚至在某种意义上，侵略战争的发动者受到犯罪惩罚。然而，就目前而言，新的"侵略战争"尚未搞清楚。我们今日回顾 1924 年《日内瓦议定书》和 1932/1934 年《解除武装会议》的种种努力，一旦我们认同战争的概念应该废除，欧陆法学家与美国公共思维方式明显不同。这种深层次的对立能够只有搞清楚新型国际犯罪的司法构成。回顾战争违法性——我们必须要谨慎的注意到这样一个问题：是否我们应该将侵略战争视为总体性的战争（这种战争考虑的问题是，是否是战争、联合战争等等，即统一的整体战争），或者是否侵略的本身被视作一种具体性的事实构成，我们应该将其与广义的战争从法律上区分。就整体而言，发动战争的国家——打响第一枪和第一次跨越国界显然不是同一个概念。战争罪，侵略战争的罪，以及侵略罪，在三个不同的犯罪事实中，这是三个截然不同的犯罪。作为公共意见的重要组成部分，它们之间的区别看起来像是一种法律技巧。

乍一看来,侵略战争与侵略行为之间的差异并不那么真实。只要我们提出这样的问题——某人的行为因为犯罪而遭受惩罚,法律必须要做出详细说明。从法律上说,这种区分对于其自身而言并不困难。每一场战争,甚至侵略战争,作为战争的本身,一般而言是双向进程,也是这双方斗争。与之相反,侵略是一种单边行为。战争正义与否,甚至侵略战争也意味着与侵略行为的正义与否的判定标准完全不同,无论这种侵略行为是否导致一场战争或者及时阻止战争。侵略和防卫都不是一种绝对的道德概念,而是根据这种情形决定的某种事件。

尽管如此,现实的情况是我们毫无察觉的被英语词汇中"入侵者"字面意思迷惑,我们常常将这个字面意思理解为"背叛者",并且将该词等同于"攻击者"。我们以布莱克斯通对英国法律评论为例:"事实上,作为一种公共犯罪,这并不是一种复仇,而是生命消耗和财富折损,不可能赔偿私人错误。只能从侵略者的道德层面考察"。这个表达同样体现在法语之中,"攻击是一种行为、行动;入侵是一种行为,这种行动被认作是道德性的并且为了知道谁是第一个攻击者"。这成为了利特雷新版的《法语词典》中的定义。尽管如此,入侵与攻击仅仅只是改变某种情势的一种方式。绝大多数的矛盾冲突都是一方属于进攻方,另一方则属于守卫方。无论谁打了第一枪,还是第一次入侵了国界线——换句话说,从发生冲突的时效性来看,这就是侵略者——按照整体的斗争范围来看,这都不是侵略者的必要条件。正如我们此前所说,他必然不总是战争的发起者、第一动因、或者罪恶的一方,并且总是错误的一方。正如在某些特定的时刻,入侵的一方由于防御需要或者基于正确的选择,往往要转向守方。

我们不得不保留进攻和防御两个词的字面含义,因为禁止侵略也就意味着对侵略战争的入侵。在此,我将用事实证明19世纪的概念,我们此前所说的"侵略罪"作为"进攻的罪名"(而不是侵略的罪行),在这种情况下的法律情势要比德国明朗得多,"侵略"既包含侵略的含义(羞辱和堕落的含义),也包含了"进攻"或者"攻击"的种类(价值中立)。显然,当这两者如果都被禁止了,那显然是非法的。尽管如此,打响第一枪的犯罪在某种程度上仍然从不义之战的犯罪中排除。如果战争可以合法禁止,毫无疑问这是不正义的战争。对侵略战争的禁止仅仅只是对不义的战争的禁止。从整体上来说,战争的正义的问题不能脱离对毫无理由(justa causa)的战争的考察,换句话说,也不能排除对战争的原因和外国政治的背景的考察。所有希望废除战争的努力都在这几次会议中讨论了三个核心问题:1923 年的日内瓦承诺协定,1924 年的《日内瓦议定书》,1928 年《凯洛格公约》,但更多代表的是政治问题,而非法律问题:安全,解除武装,以及和平变革。当英国政府被 1924 年 10 月《日内瓦议定书》拒绝,他们提出了三个本质问题,这样做——也预示着国家力量的衰落。1925 年 3 月 12 日的日内瓦国际联盟张伯伦提出了这些问题,其阐述是非常清晰的:

> 持有大规模杀伤武器是因为对暴死的恐惧,实际上,这与普通的国际社会的一般的不和并无什么关系——日内瓦联盟中的不和很好处理。同时,也存在一些因为历史或者其他原因强行划分了强大帝国导致的敌对。这些恐惧有时可能是毫无理由的。但是如果他们通过商讨或者裁决机制有效的处理这些争执,这些所谓的恐惧也就根本不存在。因为恐惧的本身并非不正义而是战争——战争是征服和复仇的目的。

就其自身的特征,战争的正义与否和战争罪的内涵的问题导致历史学、政治学、社会学上的困境,如果有一些人希望获得某种实践结果的话,我们也并不能等到这些人道德辩论的结论。相比之下,至少如果它要成功的将侵略行为从某种法律语境中抽离,或者更为精确的定义,或是禁止侵略行为,侵略的个体行为正义与否的问题则更容易回答。

用法律来定义侵略是一个长期工程,通过裁定侵略行为,何为侵略者的身份得以解释,而并非通过某种形式主义的趋势。为了裁定侵略,并且尽可能明晰和简单的定义侵略者,我们在努力寻求确切的理论基石。例如,侵略者是动用武装力量首先移动的一方?还是首先违背对方领土神圣的一方?抑或违背应该遵守裁定等待期,或者某种特定的程序宣战?在此,这个理念具有某种的简单标准,能够顺利地套用在现实情况中,更多的是能从纷繁复杂的外国事务裁定谁是某种基于事实(ipso facto)的侵略者。侵略者本身的限制是合适的,甚至为了避免正义战争和战争罪问题——这是必要的。

日内瓦国际联盟的成员已经认识到要保护日内瓦协定第10条中的某种"侵略者"。当然,这是某种防止战争的最终结果,相反,"侵略者"的法律背景仍然清楚的与"战争"区分。在日内瓦协定第16条中已经提到,这裁定了日内瓦联盟成员可以通过经济、货币和军事制裁反对某个"诉诸战争"的成员。然而,在这里指的是"战争"一词,而非"侵略"。与此同时,显而易见的是"战争"一词,并不具备"战争"的含义,其实是侵略,因为在即将到来的战争之前,他们要避免战争和停止侵略。因此,侵略本身作为一种独立的法律背景从战争的定义中区分开来,因为制裁和援助的契约,如果要裁定侵略生效,则无需等待战争爆发。在1925年洛迦诺公约和大量反侵略条约中,甚至非日内瓦联邦的成员,如苏联——他们都总结道,较之侵略战争,侵略行为的法律本质显而易见。关于侵略本质的讨论,以及1932-1934年的解除武装会议上,希腊代表和政治新闻记者将"侵略者"的内涵出乎意料的扩大,得到了苏俄外事大臣利特维诺夫(Maxim Litvinov)①的支持。但是本问题的法律核心并未改变。

这个讨论触碰到了每一个国际法学者充分关注的事实,但是对于公共观点而言则是普遍无知和陌生。事实上,我们有必要提醒读者,关于侵略和侵略的战争两者区别的实践意义,因此可以确切的说,纯粹的法律和纯粹的政治之间本身存在巨大差别,这一点显而易见。我们不能忽视禁止侵略行为的这一事实,也不能无视在定义"侵略"和"侵略者"的含义费尽周折的折中方案,这一切的努力在于避免爆发不正义的战争,甚至在于定义何为正义的战争,或者正当理由(justa causa)的战争。率先提出所有国际争端的和平调解机制的先驱者是塞西尔(Lord Robert Cecil),他是这个1923年重要的保障条约草案的发起者,明确的阐述了战争正义与否的区别。他明确表达需要对侵略者有一个简单明了的裁定。侵略者是否能够被定义,应该通过日内瓦国际联盟委员会四分之三的投票认可。这个保障条约将侵略者定义为"有目的的和预先谋划侵犯他国领土"。著名的英语和平奖获得者强调:

> 日内瓦国际联盟委员会决定何为"侵略者",实际上委员会也不知道法律诉讼是否正确,但是它知道认定谁发动了第一次敌对行为。这样意味着,这个保障条约明确,只要一个国家蓄意入侵其他国家,就会被认定为"侵略者"。

按照这个方式,法学家就很容易定义谁是"侵略者",也可以与客观性的正义战争问题区分。对于受到整个世纪法学教育的国家,它们对占有(possessorium)与持有(petitorium)两者之间的区分

---

① [英译按]利特维诺夫(1876-1951)是苏联外交家。

非常熟悉。① 同样,对于所谓的抽象和形式的区分真实存在。法学家注意到了这种区分,在面临这类案件时,不仅制定了某种反对国家的经济、或者军事的制裁,而且制定针对具体个人的犯罪惩罚,换句话说,如果这是一个真正的罪刑化行为,按照"罪刑法定"和"法律的正当程序"原则制定的真正刑法。然而,战争——作为一个大问题,不仅是法学家所考虑,而是全球公共观点关注的问题。他们通过法律实现某种形式主义,甚至通过某种转移这个宏大问题的实质。

法律和政治两种思考方式的进退两难,在一种困境和危险的方式揭示自身。一方面,如果要真正实现战争刑法化的宏大目标,法律的具体化是必要的。另一方面,(公众最为关注的)战争是否合法的问题和战争责任问题被回避,同样,在对"侵略者"所作的定义中,亦未考虑战争的深层原因,例如普遍扩军和安全性的缺乏。这种两难的问题还在于,一方面,用法律禁止战争的方式符合1924年日内瓦协定的内容,另一方面,政治—道德—客观的解决方案对于引发战争的大问题的讨论显得更为热烈。一旦我们考虑对战争这类宏大问题的实践,这些问题就将变得真正的噩梦。在这个两难的环境中,只有国家公民陷入混乱之境时——例如欧洲1919-1939年期间,他们意识到"禁止战争"和"宣称战争是一种犯罪"两者存在某种困难的法律联系,它们并不能从根本上真实的消除战争的危险。1919年至1939年,所有欧洲国家的,修正主义者和反修正主义者的主要经验。这个问题宣告了日内瓦协定所有努力的落空。

---

① [英译按]宣称"占有"是某种来自"占有"的宣称("Besitz",也就是不管财产的合法性与否,从而达到某种实质性的占有),相反,某种"持有"是基于对某种所有权的宣称,也就是某种对财产控制独一无二的权利)。

起先，我们已经提到，1925年3月12日英国政府的官方声明导致《日内瓦协定》失效，这直接阐明了这个困境和此问题的两难性。英国提供的"书面"定义："侵略者"不能决定是否能够以服务防卫为目的动用武装力量。

除了一些明显的目标，大家都希望增加某种已经明确指明的线索，但是这些问题本身晦暗不明，任何书面上的定义都无法区分其内在的差异，开拔军队的目的在于从事真实的防卫，并且只能用于防卫，如果调动军队的目的是某种不可告人的进攻目的，他们只能给不明真相的群众带来危险，而不是保护无辜的人。他们的立场永远不会被接受。

英国政府的声明更多的阐述了形式上裁断何为"侵略"和"侵略者"，但这不能促进问题的解决，也无法回应战争的起源，尤其是回答为何要解除武装？他们的观点反而阻碍了这个问题的解决，因为他们正在准备开展一场反对某个特定侵略者的战争，因此他们提出义务援助，这将引发战争的扩大化——当他们与那些日内瓦联盟的非成员国发起战争之时，联盟内部发起义务性的援助，这个想法非常危险，这将导致这些非成员国的经济抵抗力量变得毫无意义。

《日内瓦协定》的主旨在于自行阻止进攻的理念，使其不得不在一开始跨过国境线时候就停止。因此，它不得不卷入修正主义和反修正主义两者的讨论。为了避免这种讨论，英国的和平主义者要将战争掐灭在萌芽之中，他们致力于和平演变，这不仅要依靠形式—法律的方式，还需要客体—政治性阻止战争。主流意见（至少是欧洲）认为《日内瓦协定》通过某种众所周知的话语表达了他们内在的含义，也就是从形式上定义"侵略"和"侵略者"，使其成为"罪犯的标志和无辜平民的陷阱"。①

1924年《日内瓦协定》的失败在于无力回应,也不希望回应何为正义战争内涵问题。值得注意的是,《日内瓦协定》在欧洲的国家和政府,尤其是从1925年3月12日的英国政府看来,《日内瓦协定》是全然失败。它妨碍不仅欧洲法律的稳定性,还无力确立新的国际犯罪。无论如何,美国支持"战争之违法性"的人却没有在这种失败的气氛中迷失,在1928年,通过凯洛格条约——这是一种形式上的谴责,也是"放弃将战争作为一种国家政策的手段"。我们必须考察是否能将凯洛格条约"谴责战争"策略视为"法无明文,不罪不罚"意义上的刑事犯罪。

(二) 1928年8月27日《凯洛格条约》

在某种程度上,《凯洛格条约》是美国人对废除战争的典型回应,也是每个人对于1924年《日内瓦协定》在欧洲失败的反戈一击。我们发现,就法律—制度而言,日内瓦协定是典型的欧洲大陆思维。早在1925年3月12日张伯伦一针见血的指出武装问题和战争的真正起因,要知道这是体现英国态度的官方文件。然而,《凯洛格条约》中的美国是放逐运动(outlawry movement)的集中表现,由于莱文森(S.O.Levinson)创立,1927年11月12日博拉(William Borah)参议员在美国国会提交的一项决议中找到了自己的立场。"文明社会的天才们"只发现了两种解决人类争端的方式,即法律和战争。在今天看来,所有文明国家的战争都是野蛮的。以战争为基础的需要,联邦制,以及以战争为基础的计划,作为实现和平的一种可能性,带来了一种对和平怀有敌意的军事统治。因此,那种战争受到蔑视,也应该要避免。同时,应该以国际法庭的

---

① [英译按]这个观点是张伯伦在1927年11月24日在英国下议院的演讲内容,其中关键是:"因此,我仍然要反对定义侵略者的尝试,因为我相信这会造成无辜平民的灾难,并打上一个犯罪者的标签"。

形式建立一个管辖战争争端解决机构,他们的裁决应该依据公意,而非战争来执行,类似于美国最高法院的裁决。

博拉参议员的这项决议不仅表明了对和平安排和废除战争的方法的概念有多么不同。该决议还表明,最重要的是,美国和欧洲的意识状态存在巨大差异。在美利坚合众国,公众舆论是强有力的,在欧洲,它四分五裂。自从威尔逊总统从欧洲撤退,这是 1919 年至 1939 年间欧洲历史的决定性事件之后,欧洲国家的意识已不再是某种裁决的权威。参议员博拉取消战争所依赖的国际法庭的权威,对当时的欧洲而言,似乎只是一个大胆的希望,而没有认识到普遍裁军和其他和平的先决条件。最重要的是,欧洲各国政府和国家的公意对公众舆论的关注程度要低于美国的官方行为。这对凯洛格条约的判断很重要。

然而,《凯洛格条约》并不等同博拉方案。《凯洛格条约》常被描述为一种"法外之战条款",只是没有点名"法外"一词。《凯洛格条约》并未摆脱日内瓦联盟的法律责难。它没有提及侵略者,而是谴责战争本身。它闭口不谈《日内瓦协定》的法律裁决,转而寻求某种禁止侵略的限制。这也并非是战争本身定义。对于欧洲的时间意识,这并非不重要。相反,侵略的行为的精确的法律定义看上去是可行的,1919 年之后,作为真正惩罚基础的司法定义可能是有效的,因而变得更加困难和棘手。当然,1923 年 1 月法国和比利时占领了鲁尔并不能被视作一场战争。1923 年意大利对科孚岛的占领也同样不能视为一场有效的军事行动,或者甚至是作为将引发《国际联盟宪章》第 16 条的制裁程序的侵略行为。"战争","军事复仇","裁决"和"强制和平"可能会相互溶蚀。1931 年的日本仍然是日内瓦联盟的成员之一,甚至是日内瓦委员会的成员,它们占领了东亚大部分地域,我们不希望看到这类"诉诸战争"。当时的中国上海周边,还将有一场大规模的战争。1932 年,伟堡在和平主义者杂志 Die friedenswarte 发表了引发诸多讨论文章,他认为从法律意义上说,不能把日本引发的军事行动称之为战争,只是某种夹杂着或多或少程度上的战斗罢了,本质上仍是用和平方式解决问题。很多年以后伟堡回顾了自己的观点。①这个观点并非集中在伟堡身上。但是作为国际法中的战争概念——这些评论不能不提及。如果某位和平主义者近十年来都致力于消除战争的活动,那么同时,作为一位学术性的法学家,他有活跃政治家或政治家没有的客观性,换句话说,这个法学家兼和平主义者针对基本法律概念发表了如此多不确定的观点,面对这些法律含义上的混乱,难道我们期待一个政治煽动的国家,或者如此的公共观点吗?

无论1924年《日内瓦协定》,还是3月25日英国拒斥《日内瓦协定》的声明,以及1928年8月27日《凯洛格条约》他们都具有简单一致的特征。它们既要避免"侵略"一词以及"战争"一词的裁定,同时还要提到爆发战争的原因。战争——作为国家政策的工具,理应受到谴责。自然的,这些谴责只是针对违背《凯洛格条约》的战争行为,这仅仅是一种不正义的战争。"战争"一词没有更多特殊的规定,尽管法律禁止战争和政治禁止战争巨大困境已经通过1919年《日内瓦公约》和1924年《日内瓦协定》解决。在《凯洛格条约》语境下,"谴责"一词是根据缔约国所承担的法律义务,由欧洲政府法学家直接认定。这一义务是否仅仅包含了一种契约上的放弃战争作为国家政策的工具或完全的非法行为? 当然,仅仅是退位并不是对"战争"的惩罚。《凯洛格条约》在欧洲占据主导地位,如果要维护条约,就不能与《国际联盟宪章》矛盾。依据这个事实,《凯洛格条约》只是要求某种放弃战争的手段。此前就已经说过,"非法"不仅在《凯洛格条约》中出现,它曾经被使

---

① [原注] Hans Wehberg, "Hat Japan durch die Besetzung der Mandschurei das Völkerrecht verletzt？Friedenswarte 32（1932）,页1；Hans Wehberg,"Das Kregsproblem in der neuerren Entwicklung des Völkerrecht,"Friedenswarte 38（1938）,页129,140。

用过,它不会有其他含义,至少它要符合 1924 年《日内瓦协定》中相应的短语一样,欧洲大陆法学家脑中的刑法化的理念不会受到任何影响。欧洲大陆的思维方式需要裁定法律条件、犯罪者、刑罚的对象以及刑法法庭。这并非一种普遍意义上的"非法"——至少原始和中世纪的法律意义上没有这种"非法"。非法行为只能在法律上被执行,是指那些在一定的法律条件下有充分权利的人。现代的法律知道,要论某个具体的案件,符合特定个人的"非法"的只有海盗行为。在国际法的视野中,海盗是一种法律之外的存在。按照当前的实践存在某种例外——当海盗入侵了国家管辖区域,任何国家都能依据法律谴责它。我应该再次回到关于"犯罪者"概念的主题讨论。

然而,我们不能在执行层面上将战争和海盗两者概念相提并论,在无条件放弃战争这个意义上,他们并未考虑正义和不正义的战争,《凯洛格条约》中对战争的谴责并非那么绝对。国际法的历史熟悉取消战争的机制。1856 年 4 月 16 日巴黎会议《关于海上戒严法的若干原则》,例如用"武装民船仍然被取消"的条款剥夺了武装民船。1928 年的《凯洛格条约》并没有任何"武装民船仍然被取消"的话。这谴责了某种特殊类型的战争,如果这样的话,预设了这是一场不正义的战争,甚至都要通过同样的行为裁决正义的战争。《凯洛格条约》并没有宣称所有的战争都是激进派和平主义的犯罪。正如以前一样,正义战争不仅是允许的,而且甚至是必要的。因此,欧洲人民的法律意识并没有废除战争,相反,一场可能是正义的战争再次得到承认。正义和非正义的战争所赋予的全部问题依然存在:一方面需要通过精确的法律阻止战争,另一方面则在普遍意义上有保留的谴责战争的两难处境。

《凯洛格条约》是一个没有定义、没有裁决、没有组织的条约。我们基本同意战争是恶的这一事实。只要没有一个安全的、运作良好的程序来确定一场具体的战争的正义,每个国家都必须把自己拉入一个混乱的欧洲,在它的武器上张开双臂,参加普遍的重整军备。每个国家都特别要确保在这样一种情况下,它将决定一场战争的正义和它自己的危险。所有国家的保留在于——他们有自我防卫的权利,这种权利在《凯洛格条约》中一次一次被强调。正如1928年6月23日,美国对另一国家强调的:

> 美国的草案对于反战条约毫无意义,他们通过其他任何方式限制或者修复自卫权。这种权利对于内在于每一个主权国家,并且蕴含在每一个条约之中。所有的国家在任何时候都拥有这种自由,不管条款防卫的是外部袭击或者入侵,它自身能够决定他们所处的环境是否能以自卫的方式诉诸战争。

在美国参议院外交关系委员会于1928年12月7日发表的声明中,美国参议院外交关系委员会秘书凯洛格在1928年12月7日在美国参议院外交关系委员会的发言中解释了凯洛格条约不包含任何道德义务的事实:

> 如何使美国具有道德义务,并将这种义务一并推向欧洲——惩罚入侵者,或者惩罚制造战争的一方,在这个协商中,我们永远不会暗示,也没有人会同意,没有任何一个国家会背负这样的道德义务,这已经超越了我的能力。我不会理解这点。
>
> 正如我所看到的,我们最多去惩罚那些破坏反战条款的人,而不是惩罚那些破坏其他条款的人。

在1929年1月3日,美国外事委员会主席博拉参议员在参议院逐字解释:

> 在任何地方或者任何时间,这个条款并不能建立在武力理论或者惩罚策略之上……不存在任何制裁。这个条款被赋予了一个完全不同的哲学……
>
> 换句话说,美国具有打破这个条款的自由。如果这个条款从未写明,他们有完全的自由选择他们自己的方式。

在这个报告中,1929年1月15日美国外事委员会向参议院介绍了这个观点,并提到了制裁和刑罚措施:

> 美国外事委员会更需要理解的是,这个条约并不能通过明示和暗示提供制裁。对于这个条约而言,所有的缔约国或者所有国家都应该支持这个条约,如果违背这个条款,不存在任何明示或者暗示的义务或者责任,要求其他的条约缔约国施加惩罚或者强制措施,反对违背条约的国家。其他国家违背条约的责任,同样这也免除了这个国家的违背条约责任。

1929年3月1日白里安在法国议会解释道:

> 如果我们过去有一个反对战争的契约——这显然会更好,你可能尽可能的希望拥有一个仲裁组织或者制裁者。

史汀森国务卿在1932年8月8日在美国外事委员会说道,《凯洛格条约》没有包含任何所谓的制裁措施,不过是通过公共意见的谴责:

> 白里安—凯洛格条约提供了一个非武力的制裁。它并没有要求任何缔约国要以武力方式的方式干涉违背条约的国家。相反,它的方案依靠的是公共意见的制裁,并且认为这种

制裁是最为有效的世界制裁。任何其他方式,通过国际政治中将缔约国拖入某种纷繁复杂的境地。将造成不同程度的混乱,条约的简单的目标和防止公共观点的发展。公共意见是和平时期国际协商裁决。

对于我们而言,这个条约最让人感兴趣的问题是,是否这个条约没有定义,也没有裁决,甚至没有架构,只是被设定为基于公共意见的道德谴责而设计的协议,这种谴责能够作为一种新的国际犯罪的种类、一种特殊人格的犯罪惩罚的法律基础存在,尤其要考虑"法无明文不为罪"的原则和要求"法律正当程序"的背景。我们不能假设基于这种条约的引用与解释存在问题,因为他们只是提到的国家,正如日内瓦协定所述,指向的制裁仅仅指的是诸如入侵国之类。

更多的是,在《凯洛格条约》创制期间,增加了很多基础保障条款,并且他们注明在犯罪法律意义上刑法化规范很难有效。所有的缔约国宣称这些保障条款,有一些是明晰的,而另一些则秘而不宣。这样做的目的在于,将对战争的谴责置于某种基础背景之下。正如此前所讨论的,1928年1月21日法国政府宣称的,如果《凯洛格条约》不与《日内瓦协定》的义务相矛盾,他们认同放弃战争。1928年3月28日,法国政府还强调,放弃战争依赖于保存自卫权进一步保留,如果《凯洛格条约》的反对者违背了自己的义务和条约本身,它强调《凯洛格条约》的缔约国不再受《日内瓦协定》约束。这些保留意见是在1928年6月23日的美国附注中明确提到的,它被添加到条约的订正草案中。其他国家也做了大量保留,尤其是英国,他们的保障性条款不仅包括大英世界帝国的运输航线,还包括国家荣誉的维护。

这些保障条款从根本上讨论了,对日内瓦国际联盟,尤其那些享誉世界的美国作家(Edwin Borchard 和 William Potter Lage)的批判。① 对于我们而言,我们并不想批判《凯洛格条约》,而是更多的讨论这些保障性条款如何平衡已经存在几个世纪的法律裁决之间的关系,以及如何产生某种惩罚非政治性国家公民犯罪的法律基础,他们做到这一切——不仅仅着眼于它们的作者,而是考察欧洲国家更为广泛的范围,提供 1928 年至 1939 年之间国际法律意识的当代状况。

《凯洛格条约》不只是某种强加于保障条约的规范,它没有定义,没有制裁,也没有组织。也就是说,除了其他保障条款,《日内瓦联盟协定》可以裁决这一类保障条款。1931 年 9 月 25 日第 12 届联邦会议的决议组建一个由所有日内瓦联盟成员代表的委员会,他们在解除武装会议期间集中开会,并提出各自建议。但这个委员会从未召开过任何会议。自从这个决议之后,推迟协调《凯洛格条约》和日内瓦公约之间的问题。

与之相反的是,某种非官方性质的联盟,国际法联盟,在 1934 年第 38 届布达佩斯会议上出台了一系列"解释《凯洛格条约》的文章",这些文章多次讨论作为真正的、正面的原则在美国公共观点中讨论,这些原则具有国际法的权威。官方声明和非官方私人声明之间的矛盾开始变得有意义,这个矛盾我们还将继续讨论。当欧洲的法律思考方式影响美国法学家的裁决就会引起诸多的歧义。布达佩斯条款编撰入 1939 年由哈佛大学出版的"发生侵略时国家的义务与责任"的会议草案。美国国务卿史汀生指出这组文章已经经过美国参议院外事委员会考察,并将这组条款视为《凯洛格条约》真正的、正面的解释。尤其考虑到的基本问题,通过《凯洛格条约》取消战争中旧的国际法中立。旧的中立性权利无

---

① [英译按]Edwin Borchard (1884–1951) 是国际法学家、外国干涉理论的反对者。William Potter Lage 是美国政府法律顾问,Borchard 合作作者。

法区分正义与非正义的战争。结果,只要我们拥有中立的旧的权利,国际法意义下的侵略战争刑法化就无法实现。鉴于这个背景意义巨大,我将介绍布达佩斯条款的全部内容:

《凯洛格条约》本身是一个多国法律制定的条约,因为每一个缔约国都将自己的观点与其他国家进行捆绑,并且所有的缔约国都参与了 63 个国家签署协议,放弃在国家政策上将战争概念作为某种合法向其他国家施压的工具,并且要放弃任何诉诸武力解决国家之间争端的行为。

(1) 缔约国不能通过不遵守条约,或者控诉他国的方式使自己免于条约义务。

(2) 缔约国威胁动用武力解决国际争端是一种违背条约的犯罪。

(3) 缔约国援助违背条约的国家的行为本身就是违背条约。

(4) 如果某个缔约国通过武力或战争侵犯其他的国家违背条约,其他国家可能不应该承认违背某种对条约,或者国际法规则,应该按照以下情况行事:

1. 拒绝承认违背条约国家的交战权,例如访问、调查和封锁等等;

2. 拒绝遵守国际法赋予违背条约国家的义务,除非因为谋求中立的战争权。

3. 向被袭击的国家提供经济或者物资援助,包括军火援助。

4. 以军事援助被袭击的国家。

(5) 当某个国家违背条约,缔约国不能以任何形式授权他们所需要的合法区域,以及事实上的其他有利条件。

(6) 违约国要对他们的对缔约国以及缔约国的附属国

赔偿所有因为他们违约承担的责任。

（7）这个条约不能影响人道主义的义务，例如1899年和1907年的海牙会议，1864、1906和1929年的日内瓦会议，以及1929年关于对待战争囚犯的国际会议。

即使这些布达佩斯条款谈的只是"违约国"，但是关于他们，仍然存在一个问题：在"法无明文不为罪"的意义上，这些条款包含了针对侵略战争中特定人群的刑法化内容吗？欧陆思维的法学家作出否定性的回应。对于所有欧洲法学家而言，这是不证自明的——1934年国际法协会的解释，不能在战争爆发后任何积极意义上有所作为，也不能对所有国家具有效力，甚至针对国家公民个体。欧洲的法学家从此前的宣称中得出这一事实：《凯洛格条约》是个混乱的条约，实际上它是一个没有制裁的条约。战争爆发之后，不允许存在任何一种有事后溯及力的制裁。在任何情况下，关于刑法法的制裁都必须有效力。事实上，这一点很可能此前提到过，欧洲与西半球思考方式之间的矛盾逐渐显现，并且越来越尖锐。即便这种思考方式能够产生某种形式的胜者，这将成为某种不正义——将欧洲国家的个体国家公民拉入两者对立，使他们基于这种矛盾基础之上成为某种意义上的罪犯。在此，再次提到与之相关的侵略战争作为国际犯罪，并非参与传统意义上的暴行或者战争犯罪。

新的国际犯罪问题解决国家法律意识有多么不充分，最终揭示了此前讨论的，即将战争作为一种犯罪的讨论中，是否要将侵略战争作为一种政治或者共同的立场犯罪。所有法学家都知道——政治性的犯罪概念是特殊犯罪，它与共同刑法性的犯罪存在差别。在国内法之中，政治犯的概念导致一系列的具体情形，例如，从宪法的角度控诉某位部长，或者某项"剥夺公权法案"的问题。这个问题在国际法中似乎司空见惯，尤其是对待在庇护或者引渡法中的政治犯。如果战争——作为一种最高程度的政治事件——被宣称为某种犯罪,问题是这种犯罪是否被间接归为一种政治犯罪呢？新的犯罪的政治性质必须要对犯罪的立法环境,犯罪者以及法学家判决的问题,以及最后的诉讼本身有效。尽管凯洛格条约和战争犯罪化两者之间存在广泛的讨论视野,至今我没有对这一重要问题进行单一性讨论。

既然如此,我们并不难认为某个大陆欧洲法的法学家对《凯洛格条约》的印象:缺乏定义、制裁、组织,并且最终使用公共观点作为制裁基础。但是这并不能作为一种新型罪名法律制裁的基础。但正是在这一点上,美国法学家的理解变得异常激烈,因为在我们的分析中,所有的对立观点都在不断地累积:法律与道德,法律与政治,实证的与理性法律的思考方式。对于这一点,我们要增加两对新的矛盾——国际法的一元论和多元论解释,以及公共观点与官方观点的矛盾,这是欧洲法学家将特别强调的一种舆论。最终,美国和欧洲的政治环境之间的差异加深了所有这些矛盾。美国法学家的真正论据在于:《凯洛格条约》将所有国家和国家联系到人类的普遍信念上,并且根据这种信念,战争是希特勒及其同谋毫无疑问犯下的罪行。

与之相反的是,仍然存在一种需要再次提醒的可能性,我们先不说参与暴行的人,更要考虑的是,那些没有参与要施以惩罚的暴行中的非政治性国家公民,他们是否应该被当作暴行的参与者,而遭到侵略战争中新的国际罪名的制裁,原因是这场战争是他们政府所主导。

对法外之法运动的支持者而言,战争如海盗行为一样被认作是一种犯罪,那么参与战争的人就与海盗没有什么区别。对法外之法的忠实信徒而言,这不仅是一种修辞行为,而是一种基于人类现代和普遍意识的法律。两者深层次的矛盾在于他们将海盗行为比作战争,而这个话题我们将在下一个部分讨论。

(三) 海盗作为一种国际犯罪的例式

个人是否可以成为国际犯罪的作恶者或参与者的问题,似乎通过几个重要的例子找到了一个积极的答案。我们发现,尤其是安格鲁—撒克逊的作者的国际法系列讨论,他们从纯粹的国家关系的意义来看,以及所谓典型国际法的犯罪的角度,某种"国际犯罪"的类型并非"国际法的犯罪"。更进一步说,他们的特点在于由国际法规范组成,并在不同方面支持个人。犯罪者是一个国家的个体,他们不仅违背的是国内法,还违背了国际法规范。他们在法律上——甚至是刑事上——对此负有责任。然而,我们必须提到的是,这种刑法裁决不是国际性的,而是指的是特定国家的国际法庭。与此同时,今天所谈及的这些特殊案例仍然称作"国际犯罪"。包括以下的语境:海盗(在其他的语境之下,等同于贩卖奴隶)、损坏海底电缆、中立国一方在战时阻碍运输和禁运贸易。事实上,在某些关键的意义上,这个案例对于我们的讨论非常重要——主要是关于海盗行为的讨论。封锁运输和违禁品交易属于海上战争的中立法,对于我们这个问题并不具有决定意义。根据广泛的解释,封锁运输和禁运贸易对于讨论"国际犯罪"的关联与海盗相比要疏远的多,他们并不与法律和非法性的矛盾,而是涉及到他们自身的威胁下的"冒险"。我将把基于海盗的刑罚犯罪的案例与侵略,或者侵略战争比较。

安格鲁—撒克逊的法律思想将海盗解释为一种国际犯罪,这点与欧洲大陆的法律思想的差异泾渭分明。欧洲大陆法的思想试图使法律变成实证法。在对刑法实证化过程中,也是国家化同步的体现,导致国家法律才能成为惩罚的依据。鉴于此,欧洲大陆的法学家几乎持有不证自明的观点,我们很少意识到他们与其他法学家观点的矛盾。按照这种实证化形式,在很多国家的刑法法典中,欧洲大陆法学家认为在海上抢劫是抢劫事件。例如,《德国刑法典》第三部分第 250 条将海盗定义为"公海之上的抢劫行为",也可以等同于"公共道路,街道,火车上的抢劫行为"——换句话说,就是清晰的将之定义为抢劫案例,我们并不认为在任何特殊的意义上这是一种国际犯罪。事实上,在公海之上的抢劫行为被视为犯罪,换句话说,这是在本国的幅员之外,却导致了对其他国家的责任的某些实际后果。海盗行为要受到世界上任何一个国家的法律惩罚。但是几百年以来,欧洲大陆的主要国家对海盗的解释并未将其视为一种特殊意义上国际犯罪。根据欧洲大陆的法学家的观点,他们只是持有一种共同认识的形式,"扩张国内的规范和权威能力的范围"。

由于这一点,欧洲大陆的解释失去了海盗罪的具体国际性质。与之相反的是,根据安格鲁—撒克逊法,英国的解释对海盗行为熟悉,在这种语境限定之下,海盗行为作为国际法的犯罪属于英国法规。传统的"海盗万民法(jure gentium)"依然存在,从根本上将国家海盗行为与国际犯罪区分。海盗万民法是所有人类共同的敌人。毋庸置疑的是,他是全人类公敌。海盗的掠夺毫不区分直接指向所有国家。因此,所有的国家都要除掉他。他不属于任何一个国家,甚至任何一个民族——也无法容纳他们。海盗的非国家性作为他的海盗行为的某种结果。我们不能要求海盗保护他的国家,任何国家也没有权利保护他们。

至少对于大陆国家法学家的法律意识,这是一种不寻常的结论。由于我们所提到的"海盗"是全人类之敌,并且具有"非国家性",可以理解的是,宣告战争和宣布其被定义为某种与海盗万民法相关的国际犯罪。战争,至少不正义的战争和侵略战争,要以海盗为范例定义为国际犯罪。新的国际犯罪"战争"的犯罪者本身就是海盗,也是一个法外之人。许多战争的反对者发现这是一个很著名的类比。海盗通过这种形式成为某种范例和国际犯罪的理想类型,正如波立蒂斯所说——这是一个"典型的范例"。大多数将战争刑法化的措施都与海盗概念相关。将海盗与战争犯罪对等视之很容易造成公共观点的认识歧义。但是即使法学家在此所看到的，如果不是某种先例，也就是说有某种可类比的例子，某种"典型例证"，从国际法和直接刑法的角度，对国家和政府首脑的个别国家国民的抓捕有其帮助的可能。

我需要进一步考察国际法中所谓的海盗概念，关于所谓的海盗行为的国际法为参考的可能性惩罚战争已经在德国完全被忽视。与此同时，海盗与战争犯罪之间的联系必然不会存在更多的误解。这个联系不仅仅是某个法案的理论构建基础，或者是国际法的再创造，更是通过我提醒读者阅读的四个案例，海盗概念的使用的巨大象征性的意义。四个例子中的前两个存在于1914年至1918年之间的第一次世界大战期间，他们关切的是国际法下的潜艇战争的问题。根据英格兰流行解释，潜艇上的全体船员和司令官他们应该要被视为海盗，因为他们击沉了商船，违背了海战既定规则。他们与其他战俘区分，如果一个人不想起诉他们在刑事审判中，他们将被拘留在特殊营地，至少区别于其他战俘。第二个例子是1917年4月2日威尔逊总统的演说，在这个演说中并没有用"海盗"一词的表述，但是德国潜艇战争被视为"海盗"的同义词——作为一种"反人类的战争"——这场战争是反对整个人类的战争。1922年2月6日，"海盗"这个词第三次在华盛顿照会中提及。在此，潜艇主导战争的原则被列入海战的普遍规则之中，他们规定对商船的袭击。在第三款中，他们声称任何人违背这些原则加入的任何势力，"无论这种人是否服从政府领导的命令"都应该为其"海盗行为负责"。在此，战争罪在某种意义上是对战争规则的挑战，将其实质上与海盗罪等同。1922年的华盛顿协议并没有得到认可，但是作为某种标识性的意义是显而易见的。这个意义通过第四个例子加强。1937年9月11日召开的尼翁会议，也被称之为"海盗的定性会议"。1937年9月14日，会议的官方文本签署阐明了这样的事实——商船被潜艇击沉的行为将被视为是某种"海盗行为"。

因此,不容忽视的是,海盗的概念是国际刑事化和惩罚战争的目的。在国际刑法联盟的提案中——以及例如波立蒂斯这类作家,他们以及提到了这些问题,当然这并非针对国家法庭,而是国际法庭应该应对这些问题。尽管如此,既非 1924 年的日内瓦协定,也非 1928 年凯洛格公约,更非其他官方文件或者官方提案都未能终结这些问题。战争与海盗的平行关系有其严格的边界。如果战争是可以被禁止的,也可以被宣称是某种犯罪,那么这就不包括防御性的战争。即使凯洛格公约裁定不正义的战争。因此,战争完全不会基于事实(ipso facto)和绝对性——称做一种犯罪。相反,要区分正义与不正义的战争。只是在某个激进的和平主义者和不节制的"不抵抗"哲学的信奉者看来,无论在任何情况之下,战争总是犯罪——跟正义或者不正义没什么关系。然而,即便是在海盗的案例中,也无法区分其正义性和非正义性。海盗是某种不法行为(malum in se),也是一种不允许实施防卫的行为。

更进一步的区分是战争的外在和内在的政治特征。非政治性的战争是不可想象的。相反,它属于海盗的某种本质,海盗是某种非政治特征。至少,根据传统的解释,海盗行为具有一种非政治性的动机。这只是单纯为了占有某物的行为。他是一个劫匪、一个盗贼和掠夺者。他拥有某种目的性的盗窃(animus furandi),他的行动如果具有政治性,他就不再是一名海盗。他犯的是叛国罪,这就不是一个海盗。叛国行为不是海盗行为。这些革命,叛乱者和叛变者——他们是一个合法政府军舰上的司令官,只要他们的舰船在公海上不偷盗不掠夺其他国家,他们就不是国际法意义上的海盗。只是因为海盗非政治的本性才有可能认识到这只是作为某种国际侵权行为,尽管如此,对这种行为的惩罚也只能依靠个体国家的国家法院。

当下对海盗解释的基础至关重要:海盗行为并不是国际法意义下的战争,故而这不过是针对海盗的国家行为,不是一种战争。当下的解释强调将海盗行为视为某种共同犯罪,在国际法意义上将海盗行为与战争对立。事实上,战争与犯罪风马牛不相及,根据此前国际法的裁决也不能更清晰的揭示战争行为与海盗行为之间的对立。

但我们在这里遇到的真正反对太过尖锐,无法通过这种司法辩论来克服。在这里某种进步的、文明的,以及人道的裁决具有说服力。对于这种法外之法行为,在当前的形式下,战争不过是某种野蛮的和回归原始的暴行,所以必须要停止战争的直接影响,正如海盗行为也要停止。这句话来自于"海上战术原则"的作者柯伯特(Julian Corbett),他对战争与海盗之间的对比阐释比任何法律讨论都要清晰,"海盗行为是一种导致海战的前知识阶段"。[①] 尽管这个宣称揭示了战争与海盗两者对比的真正含义。国家无法弃绝战争,战争的处境使得国家本身游离于现代"共同体意识"之外,并且使国家按照某种文明的方式替换成某种人类卑鄙的敌人——比如海盗。德国真正的犯罪在于他违背了"共同体意识"。但是从实际上说,这只是指的某种真正的暴行。对于我们而言,他们不能假定指责德国真正的罪恶在于科技过于发达,而后太过于适时地发明了核弹。

(四) 国际刑事管辖权

目前为止,并没有建立任何一个国际刑事法庭。一旦发生海盗和与之相类似的案例,依然是由国家法院裁决。众所周知,当下的国际法的国际管辖权和国际制裁很难实现。政治纠纷基本上不

---

① [英译按]Julian Corbett(1854-1922)是一个大英帝国海军历史学家和地缘政治学家。

是可以理解的或者是仲裁的。事实上,战争无可争议的是某种政治性的,甚至可以说是高度政治性的事件。在这个事件中,如果政治的本质的保留意见,很大程度上对于非刑事管辖权和刑事仲裁具有效力,那么难点就在于,作为一种入侵战争的新型犯罪的结果,国际刑事管辖权发挥更为显著的作用。

有一些建立国际刑法法庭的议案。他们试图通过国际法庭第227条惩罚威廉二世,而不是将其送至某种特别法庭。1920年诉诸海牙某种临时国际特别法庭,德康男爵(Baron Descamps)提议国际刑事法庭审判国际犯罪。尽管这个提议通过监察委员会法学家向国际联盟委员会提供了一些保留意见,由于问题无法解决,国际刑事犯罪的问题将在第一次国际联盟会议上搁置,并且无法解决这个问题。通过1921年,莱文森(S.O.Levinson)在芝加哥暗示了美国一方的提案,这个提案影响了1923年博拉(William Borah)参议员在美国国会提出的"非法性"的议案。议案将战争视为某种反对国际法的犯罪,所有国家都有义务按照美国宪法规定——赋予国会权威惩罚,而不是国际法,惩罚通过战争中牟取暴利的人。1926年8月,在维也纳会议上,国际法学会多次采纳巴洛特(Hugh Bellot)教授的建议。1924年的柏林、1925年的华盛顿为代表的各国议会都在讨论这个问题,要组建一个长久性的委员会,从而保障实施罗马尼亚法学家佩拉教授试图建立的普世性的国际刑法典。1926年在哥伦比亚大学的课堂上,著名的国际联盟法学家波利蒂斯提出,海牙的刑事法庭应该由五位法学家组成不同的刑法室。将海牙的国际法庭转变为刑法法庭的理念开始提上日程。这里存在着更古老,或者更为一致的议案,然而,他们可能引入更为广泛的文献,并不是建立国际刑事法庭的机构。将凯洛格公约与《国际宪章》相一致的努力,无论是在这方面,还是在任何其他方面,都没有导致实际结果。更多的是,这是某个形成管辖权的组织,它们试图使侵略战争刑法化的努力付之东流。

国际刑事法庭属于国际刑法。对事后法律的禁令至少包括有正义或者不明晰的规范,包括对事后刑事法庭的禁令。我们应该在此重新申明,我们关切的是侵略战争是一种"国际犯罪",而不是非人道的暴行。

(五) 裁决的事实

国家的法律裁决只是某种简单、初级的经验,是一种过渡性的决定。不同观点的对立和复杂的妥协形成了大量的国际协议,导致当下欧洲人民对裁决疑惑。然而,一些裁决的事实产生巨大影响,在此我仅仅举两个例子说明。

(1) 首先,1935 年至 1936 年之间,意大利在入侵阿比西尼亚被视为一种"宣告入侵"的例子。这个事件众所周知。国际联盟绝大多数成员对法律程序的反复考察,将意大利被定义为侵略者,这个被戴上"侵略者"帽子的意大利反对集体直接裁决的协商体系。没有一个字提到犯罪的意义上的国际犯罪。在意大利占领阿比西尼亚之后,1936 年 7 月 4 日国际联盟会议决定推翻侵略者的裁决。国际联盟的一些成员国,尤其以英国和法国为代表,直接认可意大利吞并阿比西尼亚,其他成员国也以英法为马首是瞻。英国不仅从事实上承认 1936 年 10 月对意阿比西尼亚的吞并事实,并在 1938 年从法理上认同该事实。英国对意大利施以恩惠,并影响国际联盟委员会的下一次会议,以防其他国际联盟成员国不认可意大利拥有阿比西尼亚主权。考虑意大利的请求,接下来的观点在 1938 年 5 月 12 日的委员会上提出,"这个裁决结果导致了当下的阿比西尼亚的情形。"英国外交大臣哈利法克斯勋爵将这个讨论公开,他建议他的政府,将委员会的注意力转到"非正常的情形";大多数国际联盟成员国开始意识到意大利吞并阿西比尼亚,而另一些成员仍然无法下定决心。英国外交大臣补充,他的政府不会就阿西比尼亚战争与国际联盟分享它所提出的制裁措施,联盟成员应该有义务等待对意大利吞并阿西比尼亚事件形成统一认识。相反,英国作为作为国际联盟的成员之一,他们为意大利在此时的选择辩护,但如果这样做的话,他们违背了国际联盟公约。哈利法克斯勋爵继续论证,在他认识到意大利吞并阿西比尼亚之前,英国政府并没有义务在这个问题劝说其他国际联盟的成员,最终确认则是意大利作为国际联盟成员之一入侵阿西比尼亚,这也是作为所有阿西比尼亚战争中国际联盟成员的共同行为,这个事件关系到联盟的所有成员。哈利法克斯勋爵提到的是阿西比尼亚的现实情况,不再有任何有组织性本国权威力量存有再度征服这个国家的希望。他提到,维持当下和平的利益比追求某种崇高的不安定的目标更为重要,这个无穷尽的崇高目标附着于某种抽象的国际法原则。他继续说道,如果我们不希望生活在虚幻的世界,我们迟早有一天要认识意大利对阿西比尼亚全境控制的事实。我们在1936年5月12日的国际联盟政府公报(第333-45页)中找到英国政府的声明。埃塞尔比亚的皇帝尼古斯(Negus)的抗议并不能改变眼下的现实,除了日内瓦国际联盟成员的代表,如中国、玻利维亚、苏维埃联盟和新西兰之外,他们都赞成英国的建议。日内瓦国际联盟议会的主席拉脱维亚人蒙特解释说,国际联盟议会中所讨论的问题证明,大多数议会成员认为对意大利占领阿西比尼亚是所有联盟个体成员所裁定的事件。

显而易见的是,尽管表达了某种形式的后悔,大多数议会成员的观点是与当下讨论的问题相关,日内瓦国际联盟的个体成员理所应当根据他们自己的处境和义务决定他们自己的态度。

1936年9月,由国际联盟委员会提出的对超越力量审查的报告已经被接受,"国家首脑动用国家权威"被认定政府特别权力的有效标准。更多的争论涉及是否尼古斯真正具有某种足够权威（exercice suffisamment réel）的法定权利。在 1938 年 11 月 3 日哈利法克斯勋爵在英国上议院会议上说：

> 对于所有的事情，我可以说的是覆水难收，无法回头，没有谁能够将拿出来的东西放回去。它（指的是意大利实际主权）是某种事实，让我们认识到这是一种法律事实，就这一次就能够搞清楚所有显而易见的问题。

只有意大利加入战争反对英国后，英国政府按照 1940 年 6 月 19 日下议院和 1940 年 8 月 13 日上议院要求宣布，他们保证埃塞俄比亚充分的贸易自由是有道理的。让我们感到惊讶的是，至少欧洲国家，在 1938 年至 1939 年之间——在阿西比尼亚问题上，英国政府的态度和其他政府的观点影响了其他国家裁决。

（2）尽管 1924 年的《日内瓦条约》的努力和 1928 年《凯洛格条约》可以裁定，但它们并不能提供战争新的合法地位，自 1936 年以来，迄今为止现有国际法的制度中立性完全被重新定义。瑞士便是国际法的典型案例，他们在 1937 年宣称不再参与国际联盟任何裁决，并保持完整的中立地位，因此，1937 年 8 月 1 日瑞士总统莫塔（Giuseppe Motta）解释，"过去的经验促使我们要保持与国际联盟相关的中立"。著名的瑞士国际法学者施林德尔（Dietrich Schindler）教授在 1938 年写道："在国际联盟的失败后，不可能以公正和非正义战争的标准来区分"。1938 年 4 月 29 日瑞士联邦议会向日内瓦联邦议会发函，说明瑞士的计划。鉴于其持续保持中立地位，瑞士不能参与任何日内瓦公约中的裁决，甚至不担负任何 1920 年声称所需要担负的义务。1938 年 5 月 14 日，日内瓦联盟议会作出一个决定，他们接受瑞士的这个计划，并且不要求瑞士参与任何制裁。

在1939年秋天,包括美利坚合众国在内的所有中立国,在旧的国际法意义上承认它们的中立。这与此前提到的《布达佩斯条约》矛盾,并且直到1939年夏天《凯洛格公约》并没有成功,至少在欧洲,新的秩序没有取代传统的战争观点。

四、国际犯罪"侵略战争"的原则和共同目的

每一场战争,既包括正义战争也包括不正义的战争,也包括侵略战争和自卫战争,本质上是集体行为。现代战争一般有上百万人参与,他们既包括最勇猛之战士,也有流水线上的产业工人。在某种特殊条件下,浩大的战争俘获了所有单个的人,对个体而言,他们看上去是如此的渺小,但对整体来说,他们的作用又如此巨大。当我们说现代战争的整体性时,我们必须注意到,战争带来的是某种国内的和国外的政治形势,它们并不能将谋杀、盗窃、或者其他个人犯罪进行比较。我们反复重申,在这里谈到的侵略战争是一种新型的犯罪行为的案例,并非一种暴力形式的战争犯罪。

刑事法庭法学家他们将现代世界战争判定为国际性犯罪,他们并不希望满足其自身确定某种集体性责任,必须确定某种被视为真正犯罪或者参与到集体行为的个体犯罪。刑事法院法官必须在客观和主观的水平上,具体地确定这些肇事者和参与者的参与程度。这些对于掌握政治决定权的主体而言很容易。一些人因为罪大恶极被当作犯罪的首要分子受到惩罚。然而,一旦这种暴力犯罪者或者参与犯罪者超越了个体而投入监狱,一旦人们不是政治性的,而是非政治性接受审判,那么,普遍的问题就来了。至少如果保存"法律适当的程序",他们是罪犯。我们有义务服从一种非法的秩序,显然这是毫不相干的法律问题,当我们面对与实证法、或者非人道秩序相反的秩序,是否存在某种权利或者义务拒绝服从。对于违反法律的命令不服从的问题出现了,换句话说,对于

我们已经以完全不同的方式识别的三种战争罪中的每一种。

对于个体国家公民由他政府领导的侵略战争的法律考察主要有以下两个方面：一是国际法下的国家与个人之间的关系，尤其是居于他的国家之间的个体国家市民。二是在战争的国际法犯罪的意义上，区分施暴者和参与战争者两者的关系。

（一）

根据某法学教科书著名理论，国家是国际法唯一的主体，至少是一般意义和典型意义的主体。这个理论最大的特征就是划分内外。国际法与国内法不同，是作为特殊的、需要区分的法律。个体国家和个体国家公民不受国际法直接责任的限制。他们并不是任何国家间的（国际的），也不是只是国家之内（国家）地位。因此，国际法不法行为的唯一实施者只能是这样的国家。因此，在现有的实践和理论中被称为"国际法的不法行为"，因此从根本上不同于犯罪意义上的不法行为。作为这种理论的产物，个体国家公民不能作为某种国际犯罪的主体。只有作为国家机构的一部分，他才能够担负起属于国家，或者其他国家相关的国际责任。只有触及到国际法中国与国之间特定的金融、经济和政治的问题（赔偿、制裁、抵制、战争相关的责任）。在国际法中，国家作为一种平等和主权的主体存在。这种平等的地位实质是由各方拥有的战争权利和中立权利。国际管辖权的存在只是在一国对另一国的自由契约服从的基础上，而且只能根据仲裁或管辖合同的具体规定。根据这个解释，在犯罪意义下的国际犯罪的裁决简直是无法想象的。当下并不存在国际法犯罪的裁决，如果存在的话，只有根据特别和明确的契约服从才可能。

主权国家平等的概念是1907年关于陆地战争的法和习俗海牙会议，以及1919年日内瓦协定的基础。在这种意义上，国际法的结构依然没有改变。只有国家才能发动战争，而非某个政党，其他任何国际组织,也不是其他个体国家公民。只有国家才是日内瓦公约或者制裁客体意义上的侵略者。我们观察到,18世纪到19世纪之间,战争从一种纯粹国与国之间的事务,"巨大进步"迈向关乎全人类的国际法。个人国家公民,尤其是战争中,如果不是被他们的国家征召,就是国家之间的调停人。从实践的角度来说,这就意味着国际法的规范永远不会直接针对个人。相反,在任何的情况下,这都是一种转换——国际法的规范,权利和义务转变成个体国家公民能期待的国与国之间的规范,权利和义务。

自从1919年开始,国内和国外,国际法和国内法之间的巨大差异,常常被视为学术性讨论的目标。所谓的国际法一元论者,他们反对国际法和国内法二元论。这些一元论常常包含国际法下的国内组织和个人国家公民,但这并不是将此一直包含在内。在很多案例之中,这个讨论是非常理论化并且看上去非常抽象。他们的实践意义事实上是指,作为一种形式上的案例,个体国家公民不再通过国内法律和政府切断他们与国际法之间的所有责任。这种严肃的二元论不再回应安格鲁—撒克逊的解释。安格鲁—撒克逊的解释秉持着这样的原则:"国际法是陆地法的一部分"。它们从个人角度看问题,并且强调个人,甚至国际法必须保留所有的权利。我提到第一次世界大战前的一个典型案例,韦斯特莱克(John Westlake)杜撰了某种理论,国家可能是"居中的","个人则是国际法终极主体"。安格鲁—撒克逊的作者更多的都是持有个人主义的观点。

鉴于国家与个人对立,我们不能忽视国际法中占据主导力量的英国语境,奥本海代表的清晰性和精确性与德国作家一样,国际法和国家法个人是作为国家之间的调解者,还是征召入国家的严格二元论,"国际法是陆地法的一部分"这句法谚并不排除某种可能性,即,在国家秩序与国际法规则矛盾之时,英国法学家将遵守国家秩序。1924年《日内瓦公约》中,正如此前所提到的,只有国家才能够称之为侵略者。只有国家才能够为战争行为负责任。《凯洛格条约》也没有提到任何否认国家中的战争理由。更多的是,国际法的所有国家实践有一个共同事实,国家和个人基于某种清晰的理由相互区分。美国的实践意识到国家与个人的差异。这直接发展到美国混合索赔的诸多不同的决定。同样的是,国家责任和个人犯罪(私罪)之间并非不可分割。如果没有其他特殊的规定,在国际法庭和国际仲裁法庭面前,国家要成为受审判的一方。根据1920年的国际法第34条,只有国家才能在海牙正义国际法庭成为受审判的一方。

然而,非法运动的忠实拥趸认可国家与个体,国际法与国内法,外部和内部的法律区分,这是纯粹法律和技术建构典型。一旦这些问题停留在法律和技术层面,一旦他们包含了道德内涵,他们便与现代世界战争的问题相联系,国家与个人之间的联系提出某种本质性和道德性的问题。在这一点上,这个联系的问题很容易下降至道德—哲学,理念论,或者宗教讨论。尤其是美国作家,他们希望将道德同情强加于个人,而不是国家组织,或者任何其他组织,他们把个人视为国际权利和义务的承受者。如果我们将这种普遍性的问题转向国家与个人、集体行为和个体行为之间根本对立的问题,这个语境就开始发生了转变。将国家神圣化,黑格尔主义,并将军国主义的罪名栽在德国和德意志民族头上已经上百年。观念和建构主义如果不是将国家视为某种束缚,或者像奴隶一样的品性,就呈现出某种统计哲学的形象。通过与战争犯罪化的问题联系,这个旧的问题将引发新的趋势。事实上,如果形而上学和道德对立,将带来现代战争引发的可怕灭绝性后果,我们将遇到不可预估的困境。

讨论威廉二世的战争罪名(《凡尔赛条约》第227条)之时,就已体现了这两者的尖锐矛盾。1919年,基于主权平等理论,这个矛盾存在于欧洲传统的国家主权理论和国家平等之中。因此,他们相对容易从法律上解释,在国际法的视域看来,某个政府的刑罚犯罪,在另一个政府则不被视为犯罪。《凡尔赛条约》第227条本身就是制裁德国的协定。我们不希望放弃德国作为一个国家的地位,也不希望按照国际法规范提供的基础,在国际法的刑法法庭上审判"霍亨索伦威廉二世"个人。因为第一次世界大战,这些问题被美国学者提出。此前尝试对德国皇帝审判的失败,越发增加了前一次世界大战中战败一方的罪孽。如果1919年威廉二世免于国际刑法的审判,因为这样的观念存在于国家和主权的国际法,这将是这个解释的伟大的先行者。因为"法无明文不处罚"的原则,新的罪名不会再一次失败。这是世界战争胜利者的坚定决定。我们能够通过法律观点支持他们,并且提醒他们试图考虑的不仅仅是某个新的罪名,而是一种完全新的罪。不仅是一种新罪,而是一种国际特征的、新的犯罪权利。通过法律和道德特征,区分战争法和现实的暴力行为。

假如如上所述,根据现有的国际法指出,只有国家才能发动战争,只有国家才是侵略者,这个问题的核心在于他们试图从其他的战争犯罪中描绘出一种"新的国际战争罪",并且在具体的特殊情况下发展这种犯罪。每一次战争,包括侵略战争和正义战争,就其本质而言是一种"集体意义"上的集体行为。根据刑法的现代解释,犯罪和惩罚不再是一种集体犯罪和集体惩罚。他们应该只是针对个人犯罪。如果这种典型的集体行为要被惩罚化和犯罪化,刑法法庭则面临一种新的尝试。即使战争是一种犯罪,人类会认为战争是一种等同于谋杀或者盗窃的"过犯"。假如战争以一种奇怪的方式呈现,施暴者与他的行为之间的关系则是一种新的问题。在这种新的国际犯罪中,施暴者和战争参与者的问题日趋明显。

（二）

谁是国际犯罪性"战争"的犯罪者，按照哪一种观点可以判定谁是犯罪者？作为拥有法律人格的国家，他们显然不能作为犯罪者。然而，侵略战争犯罪化的代表普遍拒绝这种定义。他们宣称这种诡计使真正的犯罪者免于处罚。

除了这种法律意义上的国家，也就是说，如果它与一个民主政权下的战争是一致的。民族作为一个整体，也被视为犯罪者。民族的集体责任将导致这样一个情形，所有的士兵，所有军需品工人，所有纳税人，简而言之，也就是民族中所有的成员都应该受到惩罚，无论男女，如果他们不能为自己开脱。如果我们将战争和海盗并置，就有理由用这样的并置达到某种集体性的暗示。也就是说，这里的海盗并非指的是一种个体性的海盗，不是指的海盗首领或者船员。根据古老的传说，这里的海盗指的是一种整体。每个只要在海盗船上的人都被视为海盗，如果不能明显判断的话，他就要成为囚犯或者当作海盗的牺牲者。

诸如此类的整体民族的集体惩罚将成为某种原始性的解释。这是一种严肃的责任，并非与真实罪名相关的责任，并且今日遭到普遍拒绝。法学家考察这种法律最原始性的意义，现有的国际法只是将国家视为严格意义上的责任方。当代学者的解释中常常引用著名的法谚，"你并不能起诉（惩罚）一个民族"。这个谚语的内涵是指，整体的集体责任剥夺了真正的罪，从而使真正该受惩罚的一方免于惩罚。借用拿破仑的话来说，"集体犯罪不指涉任何单独一人"。在新的罪名中，仍然没有解决如何裁定犯罪者和犯罪参与者的问题。

在新的国际犯罪中裁定真正的犯罪者，我们并没有考察战争的政治特性。无论从内在和外在来看，战争是一种高度政治事件。所有引发战争的重要决定都是政治决定，并且这种政治是针对所有人的政治。结果,宣布侵略战争的国家首领也要对战争负责。如果根据战争主导国家的宪法,按照法律形式(换句话说,通过议会决定)发动宣战,参与立法的人也该为战争负责,至少如果他们没有投反对战争的一票。在这个语境之下,我们发现这种所谓政治性的决定,实际指的就是"政府"。

我们已经第一次详细描述了犯罪者的范围,显而易见的是,我们还需要考察主导侵略战争的国家内在宪法条件。通过这一系列考察,一切变得非常清晰——并不是形式上的意义——这个人是国家和政府的领袖,并且应该成为为战争负责的犯罪者。对于发动战争的政治决议以及因果关系的真实责任,如果不作出刑事判决的澄清,只能根据进行战争的国家的具体宪法情况来确定。在专制主义体系中"国家的领袖"和"政府"意味着完全不同的两个概念,甚至在宪法国家中是相对的概念,在这里,通过他们自己的签署的命令,政府总理接管了国家领袖的政治责任,但是总理应该承担多大的宪法责任则是另一个问题。然而,以威廉二世为例,他要担负起国际法的战争责任,而俾斯麦则不需要承担宪法性的责任。关于威廉二世的裁决表达:威廉二世是个人的、权威的、和决断的政制,在这次世界大战中,这种独夫政制成为定罪的基本要素。

如果我们将这个观点转向对希特勒的政制考察,由于他集所有权威于一身,并且担负所有责任,作为一个最后一次世界大战的孤独的战争罪犯,希特勒则不得不为战争承担战争犯的责任。显然,新罪行反对国际法,犯罪者应该受到惩罚。不仅仅是因为希特勒本人,他的"政制"也需要担负犯罪责任。按照这个情况,对"政制"的惩罚是不可避免的。在使用"政制"的表达时,某种政治和社会的规则与其他国家和政府的形式区分。这个表达具有普遍意义,但是用于法西斯政制和国家社会主义政制中有一种特殊含义,它被描绘成了某种政治决定论的特殊方式。这两种政制的特征来源于政治决定权集中于党派首脑这一基本事实,这些首脑借助党派,统治整个国家,在整个政体中贯彻自己的意志。这样的政制依靠领导与被领导、控制与被控制之间的区分。只有这些人他们属于政制决策的核心,也是做政治性决定的一方。这也意味着——在这个意义上,事关犯罪者和国际性犯罪"战争"的犯罪者的问题,他们真正是政治理念的组成,应该被视为犯罪者。

照这么说,对这些人的裁决必须依靠内在的政治环境。尤其,希特勒的政权将权力集中于一个人,由此产生政治决定——这点非常尤其有趣,但是常常会产生某些混乱的事件。这个政制的核心在于,绝对统一的政制的虚伪外表背后是相互斗争的诸多权力。在这个全能的中心周围紧紧围绕着许多权力圈,这些权力圈不曾在国家和公众出现,毫无疑问他们阻碍了人们以最便捷的方式接触最高权力顶峰。18 和 19 世纪的极权主义被称作秘密顾问团(Camarilla)和密室政治团(Antichambre)。考察希特勒的政权,我们并不难发现,这个受到极尽吹捧的领袖已经在最大程度上变成了一种密室政治。在犯罪意义上,这个领袖周围已经形成了一群真正的阴谋团体、真正的阴谋家。对于这种情况的法律裁决,最为典型的意义在于,希特勒拥有一个特殊的偏好,就是这种所谓"誓言同盟"。在我看来,在这样的政权当中,国际犯罪"战争"意义上的犯罪者就是这些围绕在希特勒周围的"誓言同盟"成员。如果他们不能成功的裁定这个真正的阴谋团体,这个"团伙",这个"政治性犯罪"的团体,这个完全集中的"誓言同盟",就无法向世界揭露他们的真正面目,那么,反对希特勒政权的观点,以及上百万人民的正义之声则会悲剧性的归于寂静——尽管会迎来大规模的抗议。

这样的一种政制必然拥有某种特质。如果不认同这点,审判过程几乎不可避免将其他宪法语境中的法律概念混进这种政制,并发现真实情形将完全超越认识。这个危机正好的可以认识到

"政府"一词。从普遍意义上说,我们通过"政府"一词的理解,抛开国家领袖,总理不考虑——这两者既是个人的,也是密室政治团,他们属于国家最高机构,享有国家最高的地位。我们并不希望在任何情况下为希特勒的政权开脱罪名。然而,我们需要正确的评价真正的犯罪者,我们不能忽视,在当下的国家法的意义上,或者说,君主制的宪法和共和制的宪法,甚至开明君主极权主义中,他们都称之为"部长",希特勒政权中诸多部长他们担负的责任与领导人完全不同。在过去的几个世纪中的宪法一词的含义中,总理只是一个人,他们担负起统领诸多部长的责任,因为他只对他管辖部长单独负责。这样的总理成为国家领袖,依然保留了他对所有部长的权力,还拥有直接或者间接发号施令的权力。他能够拒绝忍受任何,抵抗不负责任的第三方的影响,从而避免对国家领袖的政治决断的干涉。这并不影响他对这些部长权力,从次部长到一般雇员,丝毫不受任何影响。

这些并不是希特勒政制中诸多"部长"的例子。"走向领袖"是一个特殊的问题。他们受到其他方面和其他的人,尤其是来自于总理、帝国大臣、帝国地方长官不可避免的影响。这些机构的命名,包括这些部长的职能,要求与纳粹党的总理府保持一致。纳粹党的总理府的首脑从根本上影响这些关键的进程,而不只是局限于他自身。总理府的首脑(党的总理府,帝国总理府,总统管辖的总理府,领袖总理府),在这个问题上,依靠超越部长的权威。帝国内阁会议从来不会在头几年召开。大量的特殊岗位需要具有现实权力的部长来履行职务。总理在他走向国家领袖之前,将这些岗位虚位以待几个月。有个问题提出,是否这些大臣要求他们承担诸如此类的国家事务。基于某种国际犯罪,"战争",没有任何对这种政制内在情况的具体规定,也没有限制任何政治决断的方式,为了体现国际法不允许刑事裁决大量个体人,国际法的犯罪者不会区分刚刚我们提到的这些具体情况。

"党"这一词,在不同的政治语境中具有不同的政治含义,并不能用作没有客观检验的标准。在我们熟知的一党制体系中:苏维埃的共产党,意大利的法西斯党,德国的国家社会主义民主党,这三种党派在不同的情形其功能也不同。一个党派在短时间内党员迅速增长至一千万,正如德国的国家社会主义民主党,基于他的规模,当作某种"秩序"或者"精英阶层",就不能按照"共产党"的持续"净化",或者按照人数较少的意大利法西斯党的方式处理。我们比较希特勒体系中的政党,比如 SS(党卫军),他们就更多的具有某种"秩序"的特征。我希望考察"秩序"或者"精英阶层"的普遍社会问题,只是对"政权"和政权"集团"问题感兴趣。

基于自由提升和公共性,这些新的政党将他们的名字分享某个缺乏自由提升和公共性的宪法体系政党中。外国的文献,尤其是美国的文献中,并没有认可我的观点,我们可以通过对德国 1933 年以前的文献考察(如,Robert Michels, Soziologie des Parteiwesens, 1910)没有坚持。① 正如我所看到的是,我们发现 1933 年柏林莱比锡商学院的 J.kendziora② 的专题论文《政治自由主义体系中的政党的概念》,正如标题揭示的,要将政党严格限制在近些年所谓的宪法条件中,并且只是行动党过渡类型。但是他并没有提到特殊的、意料之外的、不透明的希特勒政制。早期的一些作家,如韦伯、索雷尔(论政治性—犯罪组织),以及帕雷托(Vilfredo Pareto)的著作中可以发现一系列观察。例如,我引用帕雷托对"精英阶层"的定义:"精英阶层就是花最少的代价获得最高的回报"。帕雷托的解释限定在经济学领域,包含了一个重要的标准,大部分人并没有任何政治影响,他们不得不以各种形式捐赠、奉献和其他的方式"参与侵略"。我提醒自己,必须战在更为广阔的空

---

① [英译按]Robert Michels (1876-1936)是德国社会学家。
② [英译按]J.Kendziora (1903-?)是研究政治理论的德国学者。

间讨论这个新问题的社会性一面。

战争实际上影响了整个国家和国家中的个人。封锁、占领、复仇,以及其他方式产生了巨大影响,善与恶,正义与不义没有任何歧视性。通过战争和防御,正义和不义也不会有任何歧视性。这是一种巨大的不幸,但这并不能成为法律和道德的结合点。只要人世间犯罪的正义是由人与人组织起来,这将成为这两者(善与恶)的差异。如果某种犯罪的法律案件在关键的问题上犯错,这并不是一种日常性的错误,我们将这视为一种人类错误。这个错误导致的不义和灾祸符合全球性的罪名,这些受难的人对过往的审判赎罪。

(三)

侵略战争是外国事务。如果侵略战争是国际犯罪,则成为包括本国事务,也包括外国事务的罪名。这也意味着,所有的不法行为、共犯和参与犯罪者都被视为外国政治问题。侵略者的国家反倒是从犯。通过他们的行为,国家的上层政治阶层成员变成国家犯罪的参与者。依据这个案例,他们是第一要犯,或者是第二要犯,抑或从犯和教唆犯。英国—美国理论和实践关注的是在不同的领域参与犯罪行为,这与德国法学理论有着较大区别。其中一个最大的区别在于缺乏刑法法典的编撰。刑法典的公共部分与特殊部分缺乏一种区分,因此,在德国意义上不存在某种相类似的理论。古老的英国法学将实际的犯罪者与从犯区分。至于参与者的区分,我们仍然持有一种古老的,共同的法律基础,即,区分事前参与犯罪的人与事后犯罪。然而,犯罪者和参与者的区分并不能造成第一类的叛国罪。在第二类犯罪中,自从《1861年从犯和教唆犯法》实施,这些重罪的区分开始消失,结果所有的英美法的各种犯罪,各种形式的参与者都不那么重要,他们只是被视为一种不法行为,并且用刑法惩罚这种不法行为。当然,共同谋反

(conspiracy)作为犯罪的本身要受到惩罚,并不是(在当前德国刑法中这是某种"共犯")某种完全独立的犯罪,而是参与犯罪的条例的扩张,事实上,这在普通法中一般被视为一种"共犯"(共犯在拉丁文中表示 conspiratio)。主要要件在于两人为了共同的犯罪目的而行事,并没有考虑平等的犯罪分工。共同谋反就意味着可以平等的惩罚所有人参与者,甚至没有完成犯罪的人。"在犯罪的目的中,共同谋反是某种合作关系",根据 1866 年马尔卡希诉女王事件(Mulcahy v.The Queen 1866)威尔士法学家的经典定义:共谋是"两个或者更多的人具有共同目的去行使同一件事情"。正如德国刑法(德国刑法典第 257 条)处罚的是某种具体的犯罪,而不是参与犯罪的行为。当下——早期的参与者或者犯罪者的进攻行为被定位"第一要犯",前者则是"事实上的从犯",他们体现了一种行为上的犯罪。帮助和教唆发动进攻的党派被定义为"第二要犯"。

我们毋须进一步深入研究参与和牵连刑事犯罪理论。但是当我们谈到犯罪,我们不可避免的谈到参与犯罪。当某种国际犯罪,换句话说,外国政治参与的国际犯罪走向某种生死存亡之境,外国的共犯、参与犯罪者和教唆犯问题就随即提升至外交事务的难题。只要我们将此前提及的刑法中的从犯和共犯的问题,放在 1939 年的外国政治事务背景之下,犯罪审判的现实含义就会变得非常清晰。因此我不得不提醒我的读者有关参与犯罪理论的一些最为基本的词汇,将它们放到关于战争作为国际犯罪讨论时,我们常常会惊讶于两者之间的一致性。

因此,主张侵略战争犯罪化的人谈及新型犯罪的外国"共犯"。他们意识到,当国际法认同正义战争和某种国际法意义下的中立不再适用。他们竟然还对中立国家念念不忘,甚至还提及 1907 年海牙会议中立法,这个法案并未将经济援助国家主导的不义战争作为战争参与者。"如果一个国家援助违背日内瓦公约的国家,其本身也就是违背了日内瓦公约",正如1934年9月国际法联盟会议上的布达佩斯规定对凯洛格条约的解释。如果中立国家按照这种方式参与国际犯罪,这个国家理所应当与侵略国签订了互不侵犯条约。若非国家如此,发动战争者的战争责任负有某种犯罪责任,这种考察不得不扩张到中立国家内在宪法结构,或者国家要为互不侵犯条约负责。

因此,从新的国际犯罪的观点来看,我们不得不考察1939年夏天签订所有的互不干涉条约中"共犯是否属于犯罪"的问题。在这个时代,1939年8月23日德国与苏联的协定则包含某种1926年4月的中立条约的扩张和发展。这个条约将德国一方描述为"两个国家建立亲密互助关系的坚实基础",事实上,作为某种欧洲历史的转向,互不干涉条约被视为具有国际和历史重要意义的条约。1939年9月28日德国—苏联签订"定界"条约,在这个条约内德国—苏联确定双方各自在波兰占领的区域,并将此次"定界"视为最终边界,并且拒绝"其他第三方的任何干涉"。9月28日德国—苏联交流的信件来看,基于某种共同的政治目的,德国—苏联两国发展出全方位的经济贸易关系,根据苏联用原材料换取德国的工业制品的经济计划。依据这个计划,1940年2月的经济协定和1941年1月10日扩张的经济协定包括这两国。1939年9月,美国政府明确宣布恪守中立。这也反映出一个情况,战争犯罪的特殊之处在于合目的性与刑法化的联系,几乎不可能完全抛开外国政治背景,不考虑共犯和参与犯罪的问题。

五、个体国民的情形,尤其是普通商人的经济活动

个体国民并不是领袖政治人物范畴,他们既没有参与违背战争法规则的侵略,也没有从事被认定的野蛮行径,他们既不是犯罪者,也没有参与侵略战争的国际犯罪之中。因此,一些作者,通过

国际法的直接责任认为个体国民也要为军队,以及服从发起不义战争的政府负责。

在德国,处理刑法中个人在国际法中的直接法律现状问题,涉及到国内刑法能否处罚叛国罪,个体国民是否有权报告违反国际法或与外国政府现有条约的秘密行动。国家公民权利是由洪堡刑法学派的李普曼(Moritz Leipmann)于1919年提出。① 李普曼的学生瓦格纳(Artur Wegner)总结道,不义的犯罪,不义的国家,不义的民族(Hamburg, 1925),无论国内法律是否制裁叛国罪,个人都不能向外国政府汇报他自己的政府违背国际法的行为,但是他能够向国际共同体,也就是国际联盟汇报情况。② 根据这个观点,大工厂所有者或者商人有权将他的国家军方的秘密跟国际联盟分享,他的这些观点的立足点是他的国家违背国家责任。正如我们的问题触及到的国际刑法,然而,我们并不是非常关心国际法的行为受到国内法阻止的正当理由,尤其是叛国罪,我们关心的是,在一种不义的战争之下,是否个体国家公民负有国际法的责任,拒绝所有国家行为,并且如果它自身并没有参与到新的国际战争犯罪,他是否要服从国际法?在这一点上,著名的和平主义者伟堡(在他其他的作品中)提出"取缔战争"(Berlin 1930),这个论文是某种《凯洛格公约》的结论,"一旦侵略战争爆发,所有的公民和国家都可以依据凯洛格公约拒绝服兵役"。

在欧洲这种解释无疑是孤芳自赏,毫无影响力。地球上多有国家的主导观点和实践都与之对立——即在战争中,个体是要求强制性的忠诚和服从他所属的民族政府,并且决定战争的正义与非正义与否并非是个人,而是民族政府。我们必须注意到,这并不包含参与野蛮暴力行为,而是战争的国际犯罪问题。事实上,极端

---

① [英译按]Moritz Leipmann (1869-1928)是德国刑法和犯罪学家。
② [英译按]Artur Wegner 是德国国际法学家。

的和平主义者如伟堡并不能改变公共裁定,将当前的实证法弃之不顾,很明显这是国际联盟著名法学家波利蒂斯的评论,他在纽约哥伦比亚大学的主题课和1926年出版的题为《国际法的新趋势》的一书中,波利蒂斯强调,国际法中的个体直接责任导致大量的实际难题,并且与"传统的安全观"对立。可以确定的是,世俗的传统已经受到了个体作者的挑战和冲击,任何官方的申明和政府的实践在这里都值得质疑。所有地上的政府,都支持这样的观点——国家公民,甚至当他不再赞同他的政府的行为,他也就不再在战争状态下对政府效忠。

经院自然法并未取消这种普遍性的实践和理论。在关于正义战争的讨论中,那些杰出的作家他们提到了从中世纪到16世纪经院思想家的教义。这些学者最为声名卓著的是美国国际法学者斯科特教授,他是美国国际法学会会长,卡耐基国际法学会分会会长以及哥伦比亚大学国际法教授。斯科特教授在他大量的讲座和出版物中,尤其推崇维多利亚(Francisco de vitoria)和新托马斯主义者苏亚雷斯(Jesuit Suárez)①作为现代国际法和对他们时代战争概念诠释的奠基者。通过"正义战争"原则,1919年巴黎和会对威廉二世以战争罪起诉,斯科特教授在其中扮演了重要角色。鉴于他对美国和整个世界非凡的影响力,我们当前只好谨慎选择文艺复兴时期的经院原则讨论,使读者意识到他的理论的局限性。

经院神学家一般认为有两种情况。一种是中世纪的政治组织体,极强的封建性—或者基于领土性的特质,它们拥有宪法抵抗权。第二种则是16到17世纪的内战。一旦这明显是一种不义之战,他们认为个体(他们经常被视为中世纪的等级制度的纽带)有权抵抗和拒绝服从,同时他具有某种相应责任。当这些理论在今

---

① [英译按]Francisco Suárez (1548-1617)是西班牙耶稣会士、哲学家和神学家,他在17世纪的形而上学、神学、法哲学上有较大建树。

日被引用时,我们不能忽视背景和社会组织的根本转变。经院思想者的立场是稳定的教会精神秩序(ordo spiritualis),并且论证超越国家的权威的预设,也就是他们教会的精神力量(potestas spiritualis)。对于个人的裁决,他们并没有提到空间的开放,取而代之的是某种清晰机制,甚至考虑到某种形式的"良心",个人作为某种代表,以"内部法庭"形式确保他的忏悔。

我们只要将经院哲学教诲与为了寻求生命之源(Punctum saliens)的当前形势比较。只要稳定的国际机构不能为个人提供庇护,理所应当就不能假设———旦发生战争,对于国际法管辖下的国家事务而言,个人有义务拒绝他的国家和政府。经院神学家们谈到,一旦发生不正义的战争,他们对有权抵抗或者拒绝服从(在此,我们并不关心对违背个人命令遭受处罚的行为)国家政府法学家,而是服从教会的良心劝导者以及他们的教诲。他们的演说是作为教师职业的一部分,一种标准教材(missio cannonica),他们接受超越所有国家和政府之上的,来自神的一套机制。他们说的每一个字都是维护宗教信仰背景,并根植于良好组织的教会框架之中。当代的作家他们能够预见某种直接、国际性的权力,并且能够将个人与政府责任相结合,因此能够提到这种与国际机构相一致的权威、具有坚定意志力的,以及超越政治的属灵性。在欧洲国家的眼中,国际联盟并没有超越,并成为这样的机构。最早威尔逊总体打算在欧洲建立类似的机构,但他一无所获的从欧洲离开。海牙国际常设法庭并不为战争问题承担责任。更多的是,大不列颠、法国、澳大利亚、新西兰、南非和印度使自己与特许条款保持距离(正义的常设国际法庭条款第 36 条),随后爆发的战争他们与国家联盟中央委员会主席保持一致(1939 年 9 月 7 日至 27 日)。迄今为止,没有任何一家刑法法院裁定战争爆发或者矛盾冲突是否正义——也不需要等待任何冲突的结果。1935 年至 1936 年期间的意大利,不被视为"宣布侵略"案例,但是他们试图做出申明,起诉侵略国家的公民,或者控告这个国家的公民为国际犯罪的参与者。

这些努力的目标是预防从1919年至1939年发生的战争,当今世界秩序已经远离中世纪的基督教会"精神秩序"。我们希望讨论的是,1939年夏天欧洲政府是否存在侵略战争的概念,不仅仅指的是普遍认为的不义之战,还包括在犯罪意义上其他国家裁定的犯罪。我们不能对这个问题给出肯定性的回答。在1939年9月,所有国家的政府都没有发动战争,形式上他们宣告的是中立立场,并且给他们的公民制定了一系列中立法律。至少这样,欧洲国家的概念涉及到战争正义或者非正义的决定——只是针对政府,而不是个人。可以确定的是,正义战争理论的拥趸批判完美中立的立场。事实上,1938年的惠顿(John B. Whitton)控诉美国的中立法案实际上就是将侵略者和受害者放在同一标准,并没有试图保卫集体安全体系。① 这样,他表达了杰出的英美作家的观点。但是美国政府的官方态度与反中立的公共观点还是存在区别。这种对立必须让欧洲国家公民参与到战争才能认识到:国际法的地位仅仅是某种计划或者假设,然而事实上,他只是将自己扔给了命运,这个命运接受的是国家性、而不是国际性的决定。

1939年,个体国家公民决心违抗他们政府的不义行为导致的战争,他们会发现他们既没有国内舆论支持,也没有国内法的保护。由于劳动分工的差异,他被放入到某个高度专业化的现代工业组织。根据一些作家的理论,即便他没有获得任何信息,但只要他处在危机之中,无论如何他都会为他的国家和民族不可预料的外国政治结果作出决定。在这样的全球化的时代,面对危急时刻的世界之战时,尤其是在欧洲,他们面临的是国际政党引发的内战,谁能够将国际法的法律责任强加给个人,对他处以刑事惩罚?

---

① [英译按]John B. Whitton(1892-?)是普林斯顿大学国际法教授。

是某种互助互不侵略条约晦暗不明的体系？还是明显业已崩溃的国际联盟？

在这种情形之下，个体公民，尤其是从事经济活动的商人和手工业者，他们并不属于这种政制话语体系，他们不得不将战争正义与否的裁决交给政府。这实际上对应某种世俗传统，这种传统置于所有欧陆国家之上，这个传统被安全，新的机制取代。这个传统它深植于宗教和道德自然。它能够召醒德国路德宗的神学原则（《罗马书》13:1），①考虑到引用伟大哲学家康德之名的永久和平论反对战争的权威，我们不能忽视康德拒绝任何抵抗政府的权力，并且谈到人们应该"承受最为极致、最不能忍受的暴力滥用"。另一方面，公民应该应该清楚，当下世界上没有哪一个国家能够逃避区分战争的正义与非正义。一旦发生战争，公民可以拒绝服从和对抗动员，或者他们试图将他们自己放在其他国家的位置设身处地考虑。以便为战争的道德和司法评估提供必要的信息，当下很多欧洲国家政府被视为叛国者，犯有严重的暴力罪行的破坏者，或者应该遭受最为严厉的刑罚惩罚。再者，这并不关乎于某种权力或者某种责任，或者拒绝人们服从某种与法律相对的秩序。这是从整体和刑法内涵上裁定战争正义与否。

世俗传统的观点认为，一旦发生战争，基于历史传统——个人不能拒绝国家政府的征召。欧洲大陆的现代国家放弃了抵抗国家征召的权利，中世纪这种权利具有正当性和合法性。结果，欧洲大陆的现代国家的君权受到了国家和行政法学派的加强，伟大的法国学者奥利乌（Maurice Hauriou）②将个人对国家战事征召命名为服从（obeissance prealable）。公民强制服从某种法律秩序，服从某种形式的司法救济的可能性。所有现代国家创造出的司法救济都

---

① [英译按]在上有权柄的，人人当顺服他；因为没有权柄不是出于神的，凡掌权的都是神所命的（中译本采用"国语和合译本"）。

② [英译按]Maurice Hauriou（1856-1929）是法国法学家和法学理论家。

是针对国家法令。实际上,所有国家都以这种,或者那种形式呈现这类有效的原则——根据 1803 年的马伯里诉麦迪逊案(5USCranch 166/67)中首席大法学家马歇尔的著名裁决,可以将之称为"政治问题的原则"。这意味着,政府的行为,尤其是高度政治性的行为,类似于宣战这类行为,它完全可以不考虑任何法律控制。绝大多数欧洲国家,尤其是法国、意大利、西班牙和罗马尼亚,都认识到政治行为的独立原则与法律是相对立的,并且能够发展出某种"政府行为"的实践,这种行为既不属于民法,也不属于行政法管辖。没有哪个国家以政府的名义为个人对抗国家宣战行为提供司法救济。

为了揭示个体公民的在国内绝无可能诉诸于国际法,我再次提醒读者"政治问题"的特性。世界上的国际和政府他们坚持的原则是,当某人违背严重刑罚的法律,在战争中,国家将拒绝他服役。无论如何,公民基于良心的理由拒绝服兵役,这个拒服兵役的人在有的国家受到支持和尊敬。这个案例不愿意涉及特定战争的正义与否的问题,这点跟基于宗教动机拒服兵役有天壤之别。公民反对服兵役的目的在于,存在某种特殊的不正义的战争,所以并非要参与所有的战争和武装的征召,但是实际上,所有具体的、当下的战争是不正义的,一方面是基于他的国家和正义观念,另一方面是外国敌对势力。个体公民所做的并非某种宗教性的决定,而是一种具体的政治决定,这种决定反对他们自己国家,并且使得他的国家的外国对手受益。

在我看来,美国的实践经验并非例外。可以确定的是,《凯洛格条约》赋予个人有权反抗公共观点。虽然如此,权威与最高法院之间的态度依然晦暗不明。这一点在以下案件中得以呈现。

1929 年 5 月 27 日美国最高法院裁决施维默(Schwimmer)入籍事件,美国宪法的基本原则是:无论政府何时提出,美国公民有义务服从政府征召兵役。基于这个原则的裁决,鉴于宪法和政府的原则，法院强调反对接受军事征召拒服兵役的人要比一般拒绝服兵役的影响要更为恶劣。我们不得不承认在霍尔姆斯大法学家的领导下，三位仲裁法学家组成持反对意见的少数派，他们提到自由思想原则，登山宝训……认为个体公民有权拒绝服兵役。然而，施维默案件的裁决并没有关心这些问题，因为这个裁决只是从拒绝服兵役的宗教动机。无论如何，这个裁决都有一个明确的指向，基于宗教动机拒绝服兵役缺乏某种现实的政治品格，因为宗教因素拒绝服兵役是在最高层面上认定战争不正义。与施维默案件对立的是，1931年5月25日最高法院关于MacIntosh事件裁决跟我们关注的问题紧密相关。这个裁决为各国法学研究者熟知，正如劳特派特编撰的《1929-1930年国际公法案例年度摘要》所描述。因为这个案例具有较大的实际意义，我将大篇幅的引用。

神学教授MacIntosh是一位土生土长的加拿大人，与此同时他居住在美国，他申请入美国国籍。根据入籍法(34 US Sta L 596, 598)，MacIntosh要求宣誓，"要支持和捍卫美国宪法，反对美国所有的敌人，无论是外国的还是本国的。"关于这一点，MacIntosh称，"在这个标准之下，所有的行为都要符合国家利益，一旦发生战争，他有权保留判断战争的权利，如果他没有判断战争，他就没有任何义务参与任何战争。这个做法一开始就被拒绝，因为保留个人战争正义与否的判断，就代表无法向美国宪法效忠。于是他就向巡回上诉法庭提出申诉。1930年1月30日上诉法庭的判决保留国家权威对战争裁决的权利，并且要求申请人入籍必须遵守美国宪法。对于这个判决声明，Manton法学家解释，"公民如果可以基于自己的良心和宗教信仰保留自己对战争正义与否的判断，这也意味着他们能够拒绝所有的战争。国际法能够区分道德正义与不正义战争，近来《凯洛格条约》把这样的区分变得更为清晰"。这个法学家补充道，只要他是因为宗教因素，只要他本人是真诚的，那他也不是非要反对服兵役。然而，巡回上诉法庭维持了

1931年5月25日最高法院的裁决，尽管九位法学家中的四位都提出了反对意见。最高法院的裁决如下：

> 在战争期间，是否所有公民都将免于国家兵役，这取决于国会的意志，而不是个人的宗教情感，除非国会允许。迄今为止，通过发布成文法则，拯救了那些不适合从事服兵役的人，这些人属于秉着宗教良知拒绝服兵役的一类，并且这个政策具有较强的生命力在于，他们超越了事情变化的可能性。事实上，它认为，这个特权阶层就算是国会也无力夺去其权利……凭着宗教良知拒绝服兵役这是一种天生的特权，避免不兵役的权利并非来自宪法，而是国会的行为。正如所有具有天生权利的公民具有这样的义务，他不情愿依靠国会的长期政策，也不愿意依靠国会来赦免秉着宗教良知拒绝服兵役的人，与此同时，他们声称愿意服从任何宪法性的未来法律对他的要求，但是也揭示出当前拒绝为他的道德或者武力向任何未来战争提供支持的目的，按照他自己的观点，为国参争并不是一个道德判断，国会表达的国家观点显然矛盾。如果提出要求的人态度，正如他的声明所说，对于国家关系而言，是一种不重要的态度，那么国家的底线又在何处呢？

这样说，个体的公民在他们自己的国家宣称自己能够裁决战争的正义与否，从而拒绝政府的征召，这完全没有任何法律上的可能性。他的良知处于某种矛盾状态，一方面是由世俗传统约定俗成的旧式国家裁定，另一方面则是完全新的国际义务，然而他自己会宣称这种义务不仅仅是某种良心，还基于法律。然而，在国际法范围内，他发现没有任何能够求助的权威和机构。对于他而言，只能选择参加内战或者殉道。对于个人而言，国家和国际的义务具有可怕的矛盾，如果赋予个人国际法的地位，他则要面临国际刑法审判。然而,在极权的一党体制中的公民,他们发现他们比自由民主宪法的政体更为困难。在极权的一党体制中,所有对国家的抵抗都被视为背叛和蓄意破坏。如果个体公民服从这种极权体制,他们担负的法律责任——要么参与毫无希望的内战,要么就殉道。

当然,这种义务并不能针对战时民族国家的敌人。这只是某种国际性权威强加的行为。国际权威的语焉不详,并且命令所有国家公民参战。他们打着正义和道德的法律旗号为所有听从他们命令的人们提供充分保护。他们不能胡乱编造某种义务,如果这样做,则会将这些承担义务的人推向杀人犯的命运。从长远看,或者一旦发生紧急状态,他们也不能在这个层面上提供保护,就不能够要求他人承担义务。自然法学家强调的是,保护与服从这两者之间的对应关系,"服从和保护两者相互影响"。① 这个理念是,谁保护,就服从谁。从长远来看,没有任何法律责任提供保护,这是人类共同体的基本特征。著名的应该社会学家和国家多元论代表人物科尔(G.D.H.Cole)常常提到保护与服从两者的联系,他也赞成政治义务取决于保护力,所以便有了这句话,"我保护,因此我服从"。

这不仅仅是某种非凡的形式,而是一种重要的法律和道德原则。对于国家和国际法十分有效,但是对国家和国际义务之间的冲突,我们正在考察。国际法的义务缺乏确切的犯罪事实(corpus delicti),缺乏对犯罪者确切描述,也缺乏某种法律组织来决定这类案件的裁决,也并不能作为刑法裁决的基础,尤其是当这些案件关切的是非政治性的个体公民,他们面临的便是基于实体机构的国内法的裁决,以及高度争议(关乎1939年的战争)国际法之间的矛盾,最后将他置身于他所属的国家政府。如果这个政权是恐怖主义政权,实际上——这是有效的,甚至某种更高的层面。在这

---

① [英译按]引自霍布斯《利维坦》最后一章。

个案件中,对个体公民的惩罚的宣称,不仅是恐怖主义者,还包括实施恐怖主义者,以及恐怖主义的受害者也会成为犯罪分子。

结　　论

迄今为止,欧洲国家的公民和普通商人的法律概念依然受到关注,1939年夏天将侵略战争视为某种国际法下的非正义犯罪行为已经不再有效。1919年至1939年之间的艰难环境中,侵略战争的犯罪化和刑法化并未成为实证法。1939年夏天,忠诚的公民并未参与政治领导层,不能将侵略战争新的国际犯罪等同于现有的国家刑法、叛国、谋反或者反对自己政府的破坏活动。在战争中,公民的忠诚义务只建立在世俗传统之中,这种传统对叛国行动将判处重罪。关于这一点,刑法组织具有本国性的特征,而不具有国际性。当下的国内机构是否应该跳出国内和国际的视野,而考虑个体公民参与的整体法律位置。这个行为将符合国内要求成为某种犯罪,以前只是在国内的意义上受到惩罚,例如叛国、谋反、抵抗和蓄意破坏等行为,现在则符合国际要求,一旦他的行为不被国际认可,则会将忠诚的公民转变为国际犯罪。这种矛盾将演变成某种可怕的残忍,最终走向最为可怕的内战。一般公民本不属于政治统治阶层,将他们带入这种激烈的矛盾,并使之进入某种过往有溯及力的影响,这本身就违背人人平等的原则。鉴于这种创造不仅是新的,而且是完全新的国际犯罪,"法无明文不为罪"的原则开始发生变化。这不仅仅是一种有效的实证法原则,更是一种最大程度上的自然法和道德律,可以无条件的召唤公民参与战争。

后　　记

总体来说,战争问题,尤其是侵略战争的问题具有一个相当复杂的历史。在讨论 1924 年的《日内瓦公约》和 1928 年的《凯洛格条约》,以及多年对侵略者、解除武装和和平演变的定义的讨论,这些难题开始变得明晰。

这点无需多说——在第二次世界大战结束之时——人类有义务审判希特勒和他的同僚的暴力行为(scelus infandum)。考虑到这个审判的持续影响力,必须保持形式上的神圣。在 1825 年拿破仑战败之后,欧洲政府找到一种既神圣又有效的方式谴责拿破仑,对纳粹的谴责应该照这种方式指向,但希勒特犯罪要比拿破仑这些人的要严重的多。

更进一步说,希特勒的暴力犯罪,尤其是他的党卫军和盖世太保造成的残酷暴行,并不能从现行的实证法中找到适用于他们的行为的法律类别。他们既不是旧式犯罪或者宪法犯罪,也不是国际法意义上的帮凶,他们的行为只能在欧洲公法(jus publicum europaeum)中解释,即将欧洲基督教主权与 16 至 19 世纪联系。

但是希特勒和他的党羽,如党卫军作为一种例外,非常清楚的是——存在法律层面上不同的问题。尤其侵略战争的国际法问题作为某种国际犯罪与希特勒的其他犯罪应该区开。1939 年 9 月的声明将希特勒诉诸为 1924 年的《日内瓦公约》和 1928 年的《凯洛格条约》意义上的战争侵略,这明显不能与他犯下的滔天罪行匹配,也不能从整体上谴责纳粹主义和党卫军。两件事情并不能等同。更多的是,我们需要将两者结合,因此我们要转变审判重心和 1924 年的《日内瓦公约》和 1928 年的《凯洛格条约》。我们的目光应该转移,当在做审判准备之时,更多的考虑是审判本身,要从具体的任务转移到国际法的复杂问题上。不要让错误的判决成为最终的裁定。希特勒和他的帮凶的行为是由一系列的规则构成,这些规则和概念将使他们畸形的野兽行径变得独一无二。

他们的残酷暴行绝非要给他们开一个先例。犯罪一词就是属于刑法意义上的犯罪,这将唤醒刑法中其他专有名词,比如首犯和从犯,协同犯和教唆犯,共犯,故意隐瞒等等词汇,当这些词汇用于外国政策的行为——例如1939年的瓜分波兰事件——暗示了更多前所未有的结论。

亚里士多德主义美德法理学与儒家美德法理学^{*}

[美]索勒姆（Lawrence B. Solum）　著
王凌皞^{**}　译

【按】本文是索勒姆（Lawrence Solum）教授2009年9月在复旦大学社会科学高等研究院世界社会科学高级讲坛第十九期上演讲的译文。索勒姆是美国乔治城大学法律中心 Carmack Waterhouse 教授，主要研究宪法解释理论和法哲学，在哈佛、耶鲁、芝加哥、密歇根等诸多法律期刊和哲学期刊上发表八十多篇论文。索勒姆首次提出"美德法理学"（virtue jurisprudence）概念，搭建起基本的主张与架构，并为这一理论进路提供了全局性辩护。索勒姆所主张的美德法理学，在其理论图式与概念框架上受到当代美德伦理学中新亚里士多德美德伦理学较大影响，也借鉴了美德知识论的一些论证策略，主张从美德的角度来理解立法理论、司法理论和守法理论，在法哲学最重要的三个基础性议题上拓展了全新的理论空间。

---

* 本文系国家"2011计划"司法文明协同创新中心研究成果。
** 王凌皞，浙江大学光华法学院副教授，主要研究司法理论、法哲学，目前主要工作方向是美德法理学、美德裁判理论和司法过程的实证认知科学研究。

一、引言

在本次演讲中,我将讨论美德法理学的两种类型——亚里士多德主义美德法理学与儒家美德法理学。本演讲主要有以下几个目标:首先,我会介绍德性(aretaic,或者"以美德为中心")的法律理论:我将这种类型的理论称作"美德法理学"。其次,我会简要地勾勒出两种独特的美德法理学类型——第一种以亚里士多德的道德和政治哲学为基础,第二种则发展自儒家的社会思想。最后,我将比较二者异同,并在此基础上做进一步的讨论。

在探讨"美德法理学"之前,请允许我先对"美德"和"法理学"两个概念进行初步的厘清。英语中的词汇"美德"(virtue)来自于拉丁文 virtu,而这个拉丁文又来自于希腊语 arête。即使对于现代的英语使用者来说,"virtue"这个词的含义也并不是那么清晰明了。这个词可以指"优点"或者"好的特征",比如我们会说"这辆车的美德是它的里程数较少。"有时,"美德"又可以被理解为"贞操":我们可以这样运用这个词,"她在出嫁之前一直保有她的美德。"在美德法理学中,我是在哲学的意义上使用美德这个概念的。美德是指"人的卓越"——即,使人成为"好人"或者"卓越的人"的属性或者特点。"美德"的哲学意义扎根于古代西方哲学传统之中,我们可以在古希腊哲学家苏格拉底、柏拉图和亚里士多德的作品中发现它。亚里士多德认为美德包括了勇敢、实践智慧和正义等品质。

"法理学"也是一个模糊的词汇。"法理学"有时候可以被理解成某个部门法法律教义的总和,比如我们会讲美国最高法院的"宪法法理学"。"法理学"也可以用来一般地指称法律理论,或者更精确地说是法律哲学。当我说到"美德法理学"的时候,我是在理论与哲学的意义上使用这个概念。

二、什么是"美德法理学"？

美德法理学是一种独特的法律理论研究路径。在法理学中，有三个问题反复困扰着我们对法律的理论性思考。我们可以从美德法理学对这三个问题的解答来介绍美德法理学的理论核心。

第一个问题是："立法的目标或者目的（*telos*）是什么？"总体而言，美德法理学的答案是：法律的基本目的在于创造必要的条件来促进并且保持人的卓越或美德，以此最终来实现个体与社群的蓬勃焕发。不同版本的美德法理学对人的卓越可能会有不同的具体见解。

第二个问题是："合法的纠纷解决或者法律上正确的纠纷解决的标准何在？"总体而言，美德法理学认为，合法的标准应当和具有司法美德（或司法卓越品质）的裁判者将会做出的判决相一致。不同的美德法理学对司法美德也有不同的理论概括方式。

第三个问题："法律（作为一种社会实践）的本质与守法（作为一种美德）的本质？"美德法理学认为守法的美德与社会规范内在化有关，也就是遵守社会规范的行为倾向。这些基本的社会规范为整个社会广泛地共享，并且使得特定的人类社群得以蓬勃发展。

三、两种美德法理学：亚里士多德主义与儒家

美德法理学有多种不同的形式，它们各有其相应的关于人类卓越的理论。举例而言，在西方道德哲学中，我们就发现了各种不同的美德理论：柏拉图、亚里士多德、斯多葛学派、阿奎那和休谟都有独特的关于美德的理论。在西方哲学传统之外，还有其他哲学美德理论——其中就包括了儒家思想中关于人类美德的理论。在今天的讲演中，我主要讨论两种美德理论——其中一种和亚里士

多德联系在一起,另一种则来自于儒家——这两种理论都可以发展成相对应的美德法律理论:亚里士多德美德主义法理学与儒家美德法理学。

(一) 从亚里士多德伦理学到亚里士多德主义美德法理学

我们可以从亚里士多德的道德哲学入手,然后再转向当代的美德伦理学。

1. 亚里士多德的伦理学

亚里士多德(公元前384-322)是西方思想的奠基性人物——他既为社会科学、自然科学奠定了基础,也为形而上学、知识论以及道德和政治哲学设定了基本的方向。《尼各马可伦理学》是亚氏最为重要的作品之一,据传这部作品是亚里士多德的学生根据其课堂讲义辑录而来。

我们可以从一个问题开始入手来介绍亚里士多德的伦理学,"对于人类来说,哪一些目的或者目标是最有价值的?"或者"什么是人类所能取得的最高成就的价值?"亚里士多德论证说,这两个问题的答案一定要满足下面三个条件:一、这个最高的价值因其自身而被追求;二、这个最高的价值不可以是实现其他目的的工具;三、所有其他的价值因为这个最高的价值而值得追求。

符合以上三个要求的最高人类价值就是亚里士多德所谓的 eudaimonia——虽然不太确切,但我们一般把它翻译为"幸福" (happiness)。Eudaimonia 这个概念不同于我们现在所理解的"幸福"。Eudaimonia 不是通常而言的快乐或者幸福的感觉——这样的感觉仅仅是一种值得追求的心理状态。Eudaimonia 还是"活得好"(eu zên),这不仅仅是一种主观的心理感受,更是一种客观的生存状态。

幸福就其自身而言就是好的或值得追求的,这一点似乎显白无疑——这种说法的不妥之处并非幸福缺乏内在价值,而是这个结论本身就是一种同义反复。人们追求幸福并不是因为幸福可以作为工具来实现其他价值。我们可以试着将下面这个句子补充完整,"我想要幸福以便追求( )。"似乎没有其他哪一种价值可以填入这个括号将这个句子补充完整,因为幸福不是因其他价值才被追求的。

最后,亚里士多德论证说其他的人类目标——比如财富、健康或其他资源——是因为他们能促成幸福才值得追求。我将不再赘述亚里士多德获得以上结论的论证,但我确实认为亚里士多德对幸福的探讨在整体上是正确的,与我们中的大多数人对幸福的看法或者直觉相一致。

如果说亚里士多德对于幸福值得追求的特性的讨论过于抽象,那么他对幸福本质的讨论则更为具体有形。亚里士多德在发展他自己的幸福观的过程中运用了道德哲学中最有有名的论证之一——"功能论证"。亚里士多德以另一个问题来回答"什么是幸福?",他问,"人的功能(*ergon*)是什么?"

亚里士多德认为为人类所独有的功能是人能够依据人的卓越品质(或美德)的要求进行理性活动。所以幸福也就在于"在整个生活的过程中运用理性"。

为什么幸福与理性有关呢?因为人类是理性的存在;理性是人类的本质,是将人与其他生物区别开来的人类独有的特征。

为什么又要"依照卓越品质的要求"呢?因为一般来说,做某件事做得很好总是需要做事者具有适当的品质或者美德;因此行动者从事人类所从事的事务也就需要行动者具有相应的人类卓越品质。

为什么说"在整个生活的过程中"?因为人的幸福生活可能被尚未出现的悲剧断送掉;考察一个人的生活是否幸福的最佳着眼点是在生命的结尾,从后向前回溯整个生活的历程。

亚里士多德论证说美德是幸福的必要条件,但并非充分条件。

为了让一个人具有卓越的理性活动的生活,除了美德之外,我们还需要其他价值。不幸(可怕的意外)或者极端困窘(缺乏资源)可能剥夺一个人在整个生活的过程中依照美德的要求进行理性活动的能力。一个人如果终日从事过度消耗体力的劳作或者进行重复的机械劳动,即便她有机会来追求更高的目标,她也无法从事各种符合美德要求的理性活动,因此她的生活也就不可能是幸福的。

紧接着的一个问题就是"什么是人类的卓越品质?"亚里士多德建议我们把美德分为两类,智识美德和道德美德。智识美德是心智或者智力的卓越状态,心智是亚里士多德所说灵魂中的理性部分;道德美德则同品性和情感有关,根据亚里士多德的说法,情感是灵魂中无法自行理性运作但却能够依循理性来运作的部分。

在本文中,我们将着眼于亚里士多德对智识美德的看法。第一种智识美德是理论智慧(或者 sophia)——试想一下理论物理学家、逻辑学家或数学家所具备的卓越品质。第二种智识美德是实践智慧(或 phronesis)——试想一下我们称之为"正确判断"或者"常识"的这种品质。

亚里士多德列了一长串的道德美德(虽然这个列表并不完备),其中包含了勇敢、节制等性格特征。他认为每一种道德美德都是某一种道德上中立的情感的中道——尽管至少有一种道德美德"正义"不符合这个看法。

"某一种道德上中立的情感的中道"——这句话又是什么意思?我们可以用一个例子来分解并解释这个复杂的表述。让我们以勇气为例——这可能是亚里士多德能给出的最简洁明了的例子。

与勇敢联系在一起的情感是"恐惧"。当亚里士多德说勇敢就是相对于恐惧而言的"中道",他指的是恐惧和两种对立恶习之间的关系——我们一般把它们称为懦弱与鲁莽。懦弱这一恶习与过度恐惧有关;懦弱的人对危险反应过度。鲁莽则与恐惧不足有关；鲁莽的人对危险置之不理或者视而不见。勇敢是在特定情境之下适当地感知恐惧的性情倾向，不多不少，刚好是在过度与不及的中道上。

在我们上面的讨论中，还有一点显然也是很重要的——道德美德不是一种状态，而是一种倾向。我们没法说感受特定程度恐惧的状态就是符合美德要求的；勇敢这种美德是依照具体的情境适当地、不偏不倚地感受到恐惧的倾向。

在亚里士多德的美德论中还有另一点也至关重要。在亚氏看来，某个行动者外在行为符合美德的要求并不足以使我们判定这位行动者具有美德。具有美德的行动者在行动的时候必须出于正确的理由和动机。勇敢的行动者以符合勇敢要求的方式来行动，并且她如此行动是因为该行动是勇敢的。我们这么讲并不意味着，具有美德的行动者在做出实践选择的时候，就一定要克制自己的情感，甚至违背自己的自然情感。对于具有完备美德的行动者来说，符合美德的行动是完全自发和自然的——她不必用顽强的意志力克服相反的自然情感。在具备完美美德的行动者身上，理性、情感和欲望在和谐的关系之中。

至此，我只是介绍了亚里士多德伦理学的一点皮毛，但在我们转而讨论当代美德伦理学之前，请允许我再讲多讲一点。亚里士多德在论美德时所做的其中一个重要主张就是，在伦理学里面，我们没法找出一个确定不变的决策程序。这个主张使亚里士多德与包括了康德和边沁在内的现代道德哲学家们分道扬镳。

康德的定言命令和边沁的效用计算学说为伦理判断提供一个确定不变的决策程序。边沁的决策程序是"如此行动，以便将效用最大化！"康德的决策程序是"如此行动，以使你的行动准则能被人欲求并成为普遍的自然法！"康德和边沁似乎都认为伦理学中存在一种得到正确行动方式的规则或者公式。

亚里士多德不认为有这样一种决策程序的存在。相反，他认为人类生活的复杂性和多样性需要我们拥有 phronesis 或者实践智慧——感知到某一行动情境中重要的道德特征，识别出相关的价值，并且选择出可行的行动方式。Richard Kraut 以清晰优雅的方式表述了亚里士多德的这个立场：

> 亚里士多德不但不给出一种决策程序，他还进一步认为伦理学不可能做到这一点。他阐释了美德的本质，但是一个具有美德的人在特定的情境中该怎么做是取决于该特定情境的，由于每个情境都是如此不同，我们没法从中归纳出规则。不管这些规则是如何复杂，它们都没法解决每一特定情境中包含的难题。

在介绍完亚里士多德对于伦理学决策程序的看法，现在让我们转而关注亚里士多德伦理学和当代美德伦理学之间的转向问题。

亚里士多德自己将他的伦理学看做是他生物学的某种延续。就像生物学家会探究生物学功能完善的羚羊和狮子具有怎样的独特生物学特征一样，亚里士多德伦理学也探究类似的问题，"运作良好的人具有哪些独特的特征？" 他的政治学则将讨论拓展到，"运作良好的人类社群具有哪些独特的特征？" 在我们评价亚里士多德的自然主义理论之前，我们需要解答很多问题，其中一个就是：既然我们不认可亚里士多德对于人类生物学和心理学的看法，这会不会影响到他的美德理论？在这里，我并不想正面回答这个问题，因为当代美德伦理学就提供了一条新的路数，使得美德法理学能够豁免于这种质疑。换句话说，当代美德伦理学就认为，我们对美德的认识可以建立在当代生物学和心理学的基础之上。

哲学家 Julia Annas 是这样来解释当代美德伦理学对亚里士多德理念的继承：

以哲学家 Hursthouse 为代表的当代美德伦理学和古典理论拥有一样的雄心,当代美德伦理学现在所做的正是古典理论在那个时代所做的。它关注人性,这种人性观念来自于现代科学的成就。相关的科学研究领域有生物学、动物行为学和心理学,以及将人类与其他动物看作地球上生物一部分所进行的研究。当我们审视我们自身之外的其他物种,我们一再发现各种物种有其独特的蓬勃焕发的方式(patterns of flourishing)。但人们却总是不愿意把这个观察运用到人类自己身上,我们总是说人类不同于其他物种,我们可以自己选择和创造不同的生活方式并且对这些生活方式做出评价,继而拒绝或者改变其中某些生活方式。直到最近,我们才认识到,单单这个理由不足以拒绝自然主义。因为这个关于我们这个物种的事实,精确地讲,是一个关于我们物种的事实。因为我们是理性的存在,我们可以创造和评价不同的生活方式,而不是像其他物种那样受制于既定的生活方式这一窠白。并且,就我们对其他动物进行研究的方式而言,这个关于我们的事实同关于其他物种的那些事实是同一种类型。人类理性并不足以将我们同生物学世界其余那部分完全隔绝开来;只是这个特征仅为我们人类所独有。如果我们认真考虑这一点,那么关于人类的自然主义理论就得和我们对其他物种蓬勃焕发的研究方式相一致,但是由于研究的是人类的蓬勃焕发,我们的这种探究必须考虑我们的生活方式为我们理性所支配这一事实。美德理论很久以前就已经开始认识到这个事实,即人类理性早已成为心理学家科学研究的一个对象,正是这一事实,而不是亚里士多德陈腐的观念,才为美德理论建立起扎实的根基。

换句话说,当代美德伦理学的一个重要目标就是建立起一套

能和现代科学相容的美德理论。两种理论在理论基础上的不同使现代理论区别于亚里士多德的美德伦理学。

当代美德伦理学有各种不同的类型。相对现代道德哲学（结果论、道义论）来说，当代美德伦理学还是个新事物，尚处在较早的发展阶段。实际上，当代美德伦理学中有一个理论空白，即它未能充分地处理正义这个美德——这也是我即将要讨论的一个话题。在这个短短的演讲中，我不打算仔细介绍当代美德伦理学；我将会直接讨论新亚里士多德主义美德法理学。新亚里士多德主义美德法理学依赖 Rosalind Hursthouse 和其他人发展出来的核心理念，并在这些理念基础上发展出一种一般法理学。

2. 亚里士多德主义美德法理学

美德法理学是完整的法律理论。为了具备这种完整性，对法律的理论概括必须拥有三个要素：首先，关于法律的功能或者目的的理论；其次，裁判或者判决的理论；还有最后一个，合法性（lawfulness）之本质的理论。当然，在剩下的时间里面，我不可能将这整个理论和盘托出——要这么做的话，就需要一个系列讲座。作为替代，我将介绍美德法理学的理论要旨。让我们先从亚里士多德主义的法律目的论开始。

我们从立法理论说起——立法理论是关于法律的目的或者法律的适当功能的规范性理论。某些听众可能会认为这一理论的核心主张有问题，甚至有违直觉。在这个理论的核心，美德法理学主张法律的目的不仅仅指向正确的行为，还指向美德的培养。如果这个主张是说法律粗暴地命令公民培养美德——即让公民出于正确的行动理由而做出正确的行动，那么这个主张不但有违我们的直觉，我们甚至还可以说它犯了个根本错误。但是美德法理学并没有简单地主张法律具有如此功能。法律以人的蓬勃焕发为目的，但是法律并不命令人们去实现蓬勃焕发或是禁止不良的品性。

德性的立法理论（aretaic theory of legislation）可以从亚里士多

德对法律目的的看法讲起。我们已经了解了亚里士多德美的伦理学的多个关键理念。我们从人类蓬勃焕发开始介绍,蓬勃焕发就是过得好、做得好。幸福是人类所能追求的最高价值,也就是依据人的卓越品质(或美德)的要求进行理性活动。粗略地讲,如果法律要实现它的目的——人的蓬勃焕发——它必须做到两点。其一,法律必须努力促成"过得好"的各种前提条件——即,法律必须创造并且维持人的蓬勃焕发所必需的物质和社会条件。其中包括充裕的物质、个人和财产的安全,获得有意义的工作的机会,健康的环境等。其二,法律必须努力促成"做得好"的各种前提条件——即,法律必须创造并维持人类发展其能力所需的各种前提条件——用亚里士多德的话说,法律必须创设人们用以发展、实践和保持他们美德(或者人的卓越品质)的条件。

那么,法律如何能够为人的蓬勃焕发创造条件呢?对此问题的回答很大程度上依赖于各种经验性的研究。何种形式的经济组织能够促进物质繁荣和良好品质的习得?哪些立法机制的宪政设计能够促成人的蓬勃焕发,哪些导致腐败倒退?如何让人民遵守法律,是最优化的威慑更有效还是正当化更有效?我们的目标不是回答这些复杂的问题——这些问题牵涉到经济学、社会学、政治科学和其他研究课题。

美德法理学提供了一个安置这些关于立法的经验研究的理论框架。刑法就是一个例子。任何一种明智的刑法理论都会承认法律应当禁止某些恶习——谋杀、暴力、盗窃、诈骗等。从美德法理学的角度看,我们能够以两种截然不同的方式来论证对这些行为的禁止。

首先,对恶习的禁止似乎可以帮助我们创造人蓬勃焕发和维系美德的条件。一个充斥着谋杀、暴力、盗窃、诈骗的社会是不会繁荣的。一方面,和平与繁荣也为抚育孩子和教育年轻人提供了必要的条件,使他们能够习得美德。另一方面,暴力与贫穷会彻底损毁美德和做出符合美德要求行动之机会的存在基础。

其次，禁止恶习也可能直接促进美德的发展。当然，实际情况是否如此有待经验研究的验证。比如说，法律对恶习的禁止可能使人们内在化对恶习的这种消极态度。而这些消极态度可以促进人们习得美德。古典威慑理论认为惩罚是通过提高犯罪行为的成本来阻吓犯罪的。美德法理学的雄心比这一主张更大：它试图论证公民遵守法律是因为他们具有美德，而不是因为他们害怕惩罚。

充分发展的新亚里士多德主义美德法理学将会为每一法律部门都提供一种以美德为中心的理论——不仅仅是刑法，还包括侵权法、合同法、公司法、公法等。但是现在我们必须从立法理论转向裁判理论。让我们看看美德法理学在纠纷解决上又有什么话好说。

让我们先从我们都能认同的司法美德开始说起。然后我们将讨论略微困难些的话题——关于正义的美德理论，这是一个不太好对付的争议性话题。在这之后，我还会介绍更富有争议性的题目——裁判的德性理论或以美德为中心的裁判理论。如果你觉得这个理论不容易理解，你可以略过其中的某个部分，但是我希望你能和我一起对这个理论做一次整体的检阅——至少出于将美德法理学带进我们讨论这一最低的目标。

对于哪些个人品质能够在好的判决中起作用，人们并无一致的看法。比如说，在美国，这些不同的意见就反映在联邦法官的遴选上。你们中的某些人可能经常读新闻，那么你们一定知道 Sonia Sotomayor 被提名并且最终当选美国最高法院法官这个事件。在最近几年，法官的遴选越来越受制于政客在关键问题上的偏好（堕胎、积极救助行为等），因此政治意识形态也就在法官遴选中扮演着举足轻重的角色。实践中的这些不同意见同样也反映在法律理论上。法学者们对好判决的判断标准各执一词，因此他们就试着找出那些能获得广泛认同的司法卓越品质。

因此,我们需要的是一种无争议的司法美德。在这个语境里面,"无争议"意味着这些美德都是建立在不具有争议性的基础之上的,这些基础来自于人们广为接受的关于人性和社会实在的信念。其中的"美德",我指的是心智或者意志所具有的倾向性品质,这些品质是人的卓越的构成性部分。所谓的"司法美德"则包含了与裁判相关的一般的人类美德以及与法官这个特殊社会角色相关的特殊美德。

"腐败"可能是具有普遍认同的司法恶习之一。出卖自己的司法判断权以谋取私利的法官会败坏法律的实质目标,腐败的法官做出来的判决在法律上大多是错误的。除此之外,腐败的法官做出来的判决还会损害法治的建设性价值和法律判决的一致性,并且由此损害公众对法律的尊重和法律正当性的公共接受。

即使那些最激进的法官遴选政治意识形态论者也会接受这个结论,即司法腐败是一种恶习。当然,也有可能某些法官以整体地偏向某一特定政治意识形态或为某一特定政党谋取利益的方式来接受贿赂或者政治好处。但是即使那些支持基于政治意识形态做出判决的铁杆支持者们也不会认为一个"做出了正确的判决"的腐败法官还算一个好法官。为什么会这样?两个理由:首先,腐败的法官根本不能算作他们意识形态上的同盟——因为他们的判决是用来交易的,只要意识形态对立双方中的任意一方给出一个"更好的要约"或者更具有吸引力的贿赂,他们就会被那一方劝诱。其次,腐败总是有被曝光的危险,当腐败被曝光的时候,一个有利于其中一方的判决可能实际上只有负面的影响——使得该意识形态失去正当化的可能。当然,这两个理由还可以被另一个原则性的理由所补充——腐败的判决在道德上是错误的。判决意识形态论的支持者没有任何理由不从道德的角度考虑这个问题。

如果我们接受司法腐败是一种恶习这个结论,那么与此相应的美德又是什么?这个问题有点复杂——因为导致腐败的性格缺陷有很多种。其中一种性格缺陷就是贪婪（或者 pleonexia）。贪婪可能是腐败的深层次原因——如果一个法官所欲求的比她应得的份额（或资格）更多，就会促使她收受贿赂。所有的人都有可能犯下这个错误，即把财富（只是一种手段）当作最终目标（某物因其自身而值得被追求）。有些法官可能会愤愤不平于其收入和律师的巨大差别。法官的收入可能仅仅是提供私人法律业务的律师的一个零头，而后者却远没有他们有才干。

　　为了确定廉洁是一种不具争议性的司法美德，我们不必找出每一种可能导致腐败的恶习。"法官应当具有抵抗将会导致腐败的诱惑的性情倾向"是个不具有争议性的命题。即使廉洁这种美德包含了很多其他类型的特殊美德——它们和特定的人类恶习相对应，我们还是可以把这种性情倾向称作"廉洁的司法美德"。

　　另一种恶习也和腐败息息相关，但却不同于贪婪。法官的腐败也可能是因为他们没有把欲望放正——因为他们渴求享乐或者拥有精美物品所带来的这种状态（或者得不到所带来的嫉妒）。法官，就和我们普通人一样，可能被设计款靓鞋、跑车、狐朋狗友或毒品所诱惑。法官可能会因为对精美物品的追求而堕落腐化，这些东西包括豪宅、给孩子购买礼物的能力或者豪华游的机会。

　　如果使用老式的术语，我们可以把这种欲望没有放正的恶习称作"放纵"——现代人在听到这个词的时候，可能不会再将这个词和因酗酒而酩酊大醉的图像联系在一起了。那么我们能不能说放纵不是一种司法恶习呢？有人可能会说放纵是一种纯粹私人的恶习——一个法官喜欢再来第三杯大都会鸡尾酒、喜欢最新款的周仰杰或 Manolo Blahnik 靓鞋，或是喜欢年轻貌美的伴侣，这些都是她的个人私事因此也就无关于她是否是个卓越的法官。当然，如果对这些东西的欲望都能保持在一个适当的度，追求这些欲望的性情倾向不能算是一种恶习——或者至少说，不是一种无争议的恶习。但是对这些享乐的过度追求却可能导致腐化之外的东西。最简单来说,当一个法官在法庭之上还沉醉在成瘾性物质的幻觉之中,那么她肯定更容易犯错误。即使是对于不太容易成瘾的那些享乐的追求,也可能限制法官在庭上的表现——将法官的注意力和精力从司法职责中吸引到别的什么地方。

与放纵这一恶习相对应的美德是节制。节制,按照其古典理解来讲,涵盖了将所有自然欲望按秩序排放这一层意思。但是我提议用另一个词来表达司法节制这一层意思。我们有句俗语刚好和"法官应当将其欲望放正"的这个直觉相契合:我们会说一个节制的人"冷静得像个法官",因此我们可以把这种司法美德叫做"司法冷静"。

廉洁和冷静只是许多不具有争议性的司法美德中的两个美德。在今天这个机会,我们只能给出一个列表。卓越的法官必须是勇敢的——一个懦弱的法官可能因为胆怯而作出错误的判决,仅仅是因为她过于害怕身体上的侵害或者社会地位的下降。卓越的法官必须聪明且拥有扎实的法律知识——愚笨和无知的法官没法很好地运用法律。卓越的法官必须有个好脾气——过度的愤怒可能会令法官失去理智,从而基于私人原因而非法律原因来对当事人课以过度的惩罚。卓越的法官必须是勤劳的——审判是个苦活,懒散的法官常常会抄近路从而导致不公。

有些司法美德是不具有争议性的:从任何合理的裁判理论视角看,廉洁这样的美德都是好判决不可或缺的一部分。这些美德同样可以纳入不是以美德为中心的法律理论中。但是还有另一部分司法美德,它们是有争议性的。在这里,我们就讨论其中两个美德:实践智慧和正义。

我们已经谈过亚里士多德对于实践智慧(或 phronesis)这个美德的看法。在当代美德伦理学中,phronesis 有着举足轻重的地位,它使我们将美德伦理学同其他对立理论(结果论和道义论)区分开来。因为人类生活中的多样性和复杂性,所以我们需要实践智慧——没有哪个规则或者决策程序能够成为我们人生旅程的罗盘,指引我们绕开暗礁和浅滩。

美德法理学主张好的判决需要实践智慧。一个卓越的法官必须获得我们所谓的"法律视野"——掂量一个案件,识别出法律上和道德上重要的特征,并且发现适当的先例来帮助解决困难的争议的这些能力。这种裁判理论与机械性的"法律形式主义"格格不入。好的判决不只是简单地找到案件适用规则,发现事实,然后以逻辑推演的方式来作出法律上正确的判断。相反,法官必须了解规则的目的来解决法律中存在的矛盾和漏洞。对事实的寻找也不是一个机械的过程;具有丰富经验的法官必须对证据的可信度进行评估,必须对对立证据进行权衡取舍,必须从可靠证据得到的各种可能推断中选出最合情合理的那个。换句话说,一个卓越的法官必须是一个智者(phronimos)——具有实践智慧的人。

一方面,对司法美德认识上的分歧会变成关于正义这个美德的分歧——一部分人认为是"正义"的东西,其他人却认为是"不正义"。另一方面,还有另一些分歧是关于实践智慧在判决中所扮演的角色:有些人认为法官能够以衡平为名较少受到规则的制约,另一些人则坚信衡平应当为法律规则所严格限制。这一分歧可以通过正义这一美德的两种可能理解来进一步说明:作为公平的正义(justice as fairness)和作为合法的正义(justice as lawfulness)。

美国的很多法律理论家都将正义这个美德看作是合乎道德地行动(甚至可能与法律相冲突)的一种性情倾向。这种正义美德的理论建立在这个隐含的理论基础之上——正义的要求是一种道德要求,而合道德性同合法性则是两个相互独立、泾渭分明的领域。因此,具有正义美德的法官应当依照她自己对于公正(或者道德)的信念而作出判决。

这种正义美德公正观的反对意见则指出,理解公正这个概念的不同信念之间的分歧将会损害法治的最重要的价值。因为正义美德的公正理论要求,每个法官依据她自己个人对于何为公正的判断来作出判决,而法官作出的这些判断常常又是不一样的,以这种方式作出判决的结果将变得不可预测。如果是这样的话,那么法律将无法提供协调人们行为、创造稳定的期待和限制官员恣意或自利行为等功能。

如果正义美德的公正观有问题,那么是否有其他理论能较好地帮助我们理解正义的美德?在《尼各马可伦理学》中,亚里士多德提出了一种理论,他将正义理解为合法。为了理解亚里士多德的看法,我么可以先了解一下古希腊词 nomos。这个词常常被翻译为"法律"。但是在古希腊语中,nomos 的意义要比现代英语中的"法律"更为宽泛。杰出的亚里士多德学家 Richard Kraut 是这样解释两者的不同的:

> 当亚里士多德谈及一个正义的人,也就是 nomimos,他是在说这个人和其所在社群所接受的法律、规范和习俗之间有一种特定的关系。正义不仅仅是和社群中立法者所订立的法律有关,更和支配所有社群成员的更为广泛的规范有关。与此类似,不正义者的品格不只是表现在他违反制定法,更表现在他对整个社会共享的规范的背离。

亚里士多德的 nomos(单数)不同于我们所理解的"法律":他区分了 nomoi(复数)和古希腊词 psēphismata——一般翻译作"法令"。法令是由立法者颁布的只对当时的状况有效的法,它不能被作为先例运用于之后的案件。而 nomos 则具有广泛的运用范围:它不仅能用于个案,还能运用于将来发生的一般类型的案件。

可以用我们对两种判断方式(一阶判断和二阶判断,个人判断和公共判断)的理解将这最后一点重新复述一遍。如果法官依赖他们对公平的个人一阶判断来解决纠纷，那么他们的这些判断就只能是法令（psēphismata），而基于公共二阶判断作出的判决则建立在 nomos 的基础上。换句话说，一个法官全面地考虑并基于对何种结果为公平的个人判断所作出的判决，在亚里士多德看来是专横的。

"为什么会这样？"你可能会问。"难道为公正所激励的判决不正是专横的对立面吗？"这种提问的方式没法让我们更好地了解我们上文所阐述的论点。当然，如果我们对公正的一阶个人判断有普遍的一致意见（或者甚至仅仅是强烈的认同），那么基于一阶个人判断所作出的判断可能是 nomoi 而不是 psēphismata。但实际上，人们对于全盘考虑的关于公正的一阶个人判断常常会有分歧。即使带着最大的善意，这样的判决也只能被看作是在判断何为公正时好心犯的错误。通常，那些不同意判决的人则会将这种错误描述成是法官的意识形态、个人偏好甚至是偏见的产物。最差的情况莫过于指责法官恣意或者在自我利益的驱动下作出该判决。无论如何，我们都不会认为基于争议性的对公正的个人一阶判断所作出的判决是 nomos 这种可公开认知到的法律规范的产物。

到这里，我们就更好地理解了为什么用法令（psēphismata）的方式来治理社会是专横的体现。在对公正的个人一阶判断基础上作出的判决是人治，而非法治。从亚里士多德的视角看，一个以法令为主要治理方式的政体无法为社群的蓬勃焕发提供必要的前提，也就是稳定性和确定性。Kraut 接着又说：

> 现在我们已经看到为什么亚里士多德说广义上的正义可以被定义为合法（lawfulness），也知道为什么亚里士多德为何如此推崇守法的个人（lawful person）。他的这个定义包含了一个前提条件。这个条件就是每一个社群都需要良好的秩序，这一秩序来自于稳定的习俗和规范以及整体融贯的、不会

无端轻易变更的实在法。从这种宽泛理解来讲,正义就是一种智识和情感上的技艺,社群成员用这种技艺来维持社群中规则和法律体系的确定性。

从合法的角度来看正义,正义的美德并不要求人们的行动要符合他们自己对何为公正的个人判断。作为合法的正义是以公共判断为基础的。这些公共判断的基础就是 nomoi——特定社群中的实在法和公共规范。具有美德的行动者倾向于以 nomoi 作为自己的行动准则。换句话说,正义的守法观念要求法官是一个 nomimos,体认到守法的重要性并且倾向于以社群中的法律和规范为基础而行动的个体。如果一位法官是 nomimos,那么她就会认真对待她所在社群的法律与规范。她倾向于做合法的事,因为她尊重她所在社群的 nomoi 并将它内在。

3. 亚里士多德主义美德法理学的简单重述

让我来简单概括上面所讲的内容。亚里士多德主义美德法理学包含三个要素。第一个要素是立法的德性论(或以美德为中心的立法理论):法律的目的是促成人的蓬勃焕发——这就要求法律创造和平繁荣的环境以便让公民能够习得、实践并且维持他们的美德。第二个要素是裁判的德性论:法官们要想做出好的判决,他们必须拥有包括实践智慧和守法正义在内的司法美德。第三个要素是合法的德性论:亚里士多德的 nomoi 概念主要是指人们广泛共享并深刻体认的特定社群中的社会规范。

我们现在可以开始着手比较亚里士多德主义美德法理学和儒家法律理论了。我将简单描述儒家伦理学及其社会理论——因为我知道你们熟知这一理论,并且我讲座的时间也有限。

(二) 从孔子的《论语》到儒家美德法理学

孔子生活在公元前 551 年至 479 年——他所生活的时间大致

上比亚里士多德早了一个世纪。和亚里士多德不同的是,孔子并未发展出一套系统性的哲学体系,但是在儒家传统中的哲学家(比如孟子[公元前372-289]和荀子[公元前312-230])都在他的基础上继续发展了儒家的社会思想。在这个讲演中,我将主要着眼于早期或者古典时期的儒家思想。就像我们之前讨论亚里士多德一样,我们将从儒家对于伦理和道德的看法谈起,然后看看这些看法将对一般法律理论有何种启示。

以下所有对儒家的讨论都深受王凌皞在儒家美德法理学方面所作工作的影响。我在这演讲中对于儒家美德法理学的看法是建立在王的原创性学术贡献基础之上的,这些理念中的原创性应当归功于他。

4. 儒家社会理论

儒家的社会理论是复杂和微妙的:没有任何一种简单的概括可以完全展现出它的全貌。但是出于简单介绍的目的,我将突出强调四个理念:(1)礼、(2)正名、(3)义、(4)仁。这四个理念是儒家社会理论——在当代哲学家看来,他们或许会认为儒家是一种道德哲学和政治哲学——的奠基石。就像我们对亚里士多德的讨论一样,我们的目的是以当代的术语来重新阐释这些理念。

"礼"有时候被翻译为"仪式"(ritual);我们可以把这个叫做"狭义的礼"。在此处,我们将着力讨论广义的"礼"——在这里理解为一整套社会交往中的社会规范或习俗。用当代哲学术语来讲,我们可以说孔子将这些社会规范的内在化也看作是一种美德。孔子的这个思想体现在《论语》中的这个段落:

> 子曰:"道之以政,齐之以刑,民免而无耻;道之以德,齐之以礼,有耻且格。"(《论语·为政》)

这个看法同亚里士多德的守法正义观比较接近,儒家的"礼"

也类同于亚里士多德对 *nomoi* 的理解。

儒家的第二个理念是正名。"名"这个词很容易引起误解,因为这里的名同"专名"无关。它是指道德上具有重要涵义的术语或语言的使用方式。初一看,以正确的名字来称呼事物似乎不具有任何道德上的重要意义。有人会认为,名就是约定俗成的,只要表达的意思清楚,即使用错了名也并无大碍。王凌皞以一种直白的(我认为很有说服力的)方式来解读正名学说——他同时也解释了儒家思想中正名所占据的重要地位。

我们可以把儒家的名与哲学家 Bernard Williams 所谓"厚道德概念"(thick moral concept)与"薄道德概念"(thin moral concepts)做一个类比。试想一下"善"或者"对"这样的道德概念,它们不具有世界导向(world guided)的特征。某一行动是否是善取决于判断者所认同的道德理论——而不是被这个行动本身的经验特征所决定。类似于"善"或者"对"这样的术语就是清道德概念,而浊道德概念则与此不同。浊道德概念最经典的例子莫过于"残酷"这个词。"残酷"这个词如果被正确地使用,它就具有世界导向的特征——如果某个行动导致了不必要的或与其目地不成比例的痛苦或者伤害,则这个行动是残酷的。不懂任何道德理论的小孩子也可以习得残酷的正确用法。同时,残酷也是个道德概念。如果某一个行动被说成是残酷的,那么正确地掌握这个词用法的人就知道这个行动是错的——即使她没有任何证立这一行动是残酷的规范性理由。

如果这样理解,那么儒家的正名学说就和礼联系在一起了。礼中所包含的社会规范的传输、加强和运用必须通过语言的使用来实现。这套语言要发挥作用就离不开浊道德概念——我们用这些概念来识别错误的行动和义务所要求的行动。但是如果语言的使用者没有正确地运用这些概念——比如说,如果一种适当的惩罚被称作是"残酷的"——那么人们对这一规范体系的人际认同

(intersubjective agreement)就会分崩离析。因此,名的正确使用是礼维持社会秩序的必要条件。

儒家的第三个重要理念是"义"。义有时候被翻译为"Rightness"(正确),有时候又被理解为"Righteousness"(正当)、"Appropriateness"(相称)或者"Dutifulness"(尽职)。就我们的理解来说,义可以被用来描述行动,也可以被用来描述人。如果一个行动在道德上是正确的或者"对"的,那么我们就说这个行动是义的;如果一个人具有正确行动的倾向,那么我们就说这个人是个义士。换言之,义既是道义论概念,又是德性论概念。

如果我们把儒家看作是一种美德伦理学,那么义的首要涵义就是一种美德。具有义美德的人倾向于做出正确的行为。但是这个美德又有哪些部分组成呢?它又是如何发挥作用的?王凌皞认为义可以被看作是礼和仁之间的中介。这样一来,我们就可以从两个角度来考察义。第一个角度是把义看作是礼的内在化:具有义美德的人将其所在社群中为人们所广泛共享并深刻体认的社会规范(或习俗)内在化,因此也就倾向于遵守这些规范而行动。第二个角度和儒家的第四个重要理念"仁"有关。让我们先介绍仁,然后在返回去讨论它和义之间的关系。

"仁"也有狭义与广义之分。狭义的仁可以被翻译为仁慈——关心他人并考虑他人利益的性情倾向。广义来讲,仁可以看作是所有美德的综合与深化。因此广义的仁也常常翻译为"人道"(humaneness)。具有狭义仁的美德的人关心他人,但是仅有仁慈并不足以保证行动者做出正确的行动。比如一个仁慈但却缺乏勇气的人可能会因为过于害怕而不必要地伤害他人。因此,为了能够指导人们做出正确行为,狭义的仁的运用需要广义的仁加以支持。

但即使上文中广义的仁也未必就能保证复杂社会中的和谐秩序。我们可以想象一个由好人组成的社群——他们都拥有广义的仁这个美德。每个公民都仁慈、勇敢、性情温良,换言之,他们拥有完备的美德。现在再假设这个社群没有礼或者法律,也不存在调整承诺行为或者界分社会角色的社会规范。没有习俗和法律规定财产制度和契约制度,更没有正式的纠纷解决机制。即使这样的社会可以运作,它一定不会蓬勃繁荣。由于没有社会规范来界定角色与权利,误解将随之产生;由于没有正式的程序,纠纷也很难被顺利解决;由于没有区分社会角色的机制,当多个个体需要协调他们行为的时候,人们必须一次又一次进行艰苦的磋商。以上这些仅仅是没有规范的社会所面临诸多困难之一。

用儒家的术语来讲,我们可以说仁需要礼,反过来说也是对的。没有仁的礼是缺乏指引方向的社会规范体系。我们可以把它们之间的关系同地图与指南针做个类比。礼提供了一张地图——从一个目的地到另一个目的地的路线。但是地图没法为自己导航——为了导航,我们就需要一个指南针。不论礼或仁,它们必须以某种方式联系在一起才能发挥作用。

这就把我们引到了义的中介角色。我们再回想一下义的第一种理解是礼的内在化。但是现在我们发现义同样也和仁有联系。具有义这个美德的人将礼内在化,并且她以仁——由各种性情倾向所构成——来理解并运用礼。因此义的第二层理解就是礼和仁的中介。从这一点上讲,义联系起了礼和仁。

5. 儒家美德法理学

在古典资源基础之上发展出一种儒家法理学的尝试面临着一个紧迫的问题:儒家传统中的古代思想家很少讲当代意义上的"法律"。造成这种状况的其中一个原因可能是古代中国社会不那么依赖实在法,而更多地依靠习俗或者社会规范来治理社会。这个状况表现在人们对古汉语词汇"灋"的理解上。尽管"灋"可以被翻译为"法律",它只是用来指称现代法律体系中的一部分——与刑事处罚有关的实在法。而现代法律体系中规定官员权力、义务和权利的制定法和宪法的功能在中国古代则是由社会规范或习俗来实现的。

儒家对于法律问题缺乏热情的还有另一个原因。儒家似乎更加偏好通过社会规范的内在化来维持社会秩序。这一点在《论语》中的一个著名段落中表现得淋漓尽致。在这一段话中，孔子表达了他的无讼思想：

> 子曰："听讼，吾犹人也，必也使无讼乎！"（《论语·颜渊》）

在孔子生活的年代，无讼可能是可取的一个政策。我们的现代社会在各种方面都比他所生活的社会要更复杂。现代性，尤其是西方民主社会中的现代性，被罗尔斯称作是"多元主义的事实"——每个都公民各有一套关于何者为"善"的宗教或者哲学理解。因此，在当代社会，无讼的理想可能不再那么可取，甚至不值得追求。

那么，如果我们不是把美德法理学看作一种符合古代中国社会要求的法律理论，而把它看作是一种当代的法律理论，我们怎么可能发展出这样一套儒家法理学来呢？

首先，让我们从法律的目的或者最终目标（telos）开始讲起。论及法律的目的，仁是与此相关的关键理念。仁通过三种方式成为法律的目的。首先，狭义的作为仁慈美德的仁可以成为法律的动力因（animating purpose）或者激励。法律应当是仁慈的：它应当以人和人类社会的蓬勃焕发为目标。其次，广义的仁进一步拓展了这个目标：一个蓬勃焕发的人类个体应当具有完备或完全的美德。其三，教化广义的仁是法律的最终目标：立法应当以人类社会发展为目标，这些发展能够促成年轻人和儿童习得仁的美德，排除妨碍仁这个美德养成的各种不良因素。

其次，儒家美德法理学可以在创造和维持和谐的社会秩序这个问题上有所作为。直到目前为止，西方法律理论都几乎忽略了法律与社会规范的关系问题。其背后的预设是社会规范只是事实，因此它们的重要性只是体现在对法律的因果影响上。只有当社会规范有力地影响人们的行为模式时，法律才会去关注它们，而法律的目标来自于独立于特定社会环境的规范性理论（比如道义论或者结果论）。儒家美德法理学可以引入刚才所说的社会规范（礼）对法律所造成的因果影响重要性这一点，但是儒家法理学在这个问题上最独特的见解是礼在人类价值中具有不可轻视的重要位置。儒家美德法理学可以论证说礼和法之间的和谐共存关系是法律体系运作良好的一个重要标准。法律规范必须和被社群成员广泛共享并深刻体认的特定社群中的社会规范相容。

礼和法并非只有间接的相互联系。礼和法的第一种联系方式是从礼到法：法律规范必须大致与社会规范相一致，为非正式社会机制无法完全确定并有力执行的社会规范提供识别规则和实施规则的功能。另一种联系方式则是从法到礼：当社会情势的变迁或新的情况使得仁的最终目标和礼的内容发生冲突的时候，法律也可以成为修正礼的一种机制。比如说，当自然科学发现化石燃料的使用会对环境造成极大的损害，法律规制就可以成为塑造新的社会规范的一种方式，以便使个人和社群减少二氧化碳排放。

第三，义和正名可以更深入地阐释礼与法之间的和谐关系。从儒家的角度看，义是良好人类生活的一个构成性部分。我在这里省去了论证的过程，但这一点很明确：让公民仅仅出于对惩罚的畏惧而遵守法律是不够的；在一个运转良好的社会中，公民应当将法律中的价值内在化。以上这种看待社会规范和法律规范的视角完全不同于功利主义或者福利主义的法律理论。比方说，功利主义就会认为社会规范和法律规范之间的和谐仅仅具有偶然的工具性价值。

儒家正名学说可以帮助我们进一步理解社会规范和法律规范和谐相处的机制。很多包含在礼里面的道德概念都和法律概念有紧密的联系。比如说,"残酷"可能是社会规范的一部分,而法律也在不同的条款中用到法律概念"残酷"。为了在礼和法之间维持一个和谐的关系,这些法律概念或"名"的理解不能同这些概念的日常意义和用法相去太远。法律中的名和社会规范中的名的意义相差越远,则法律体系远离社会规范体系越多。

以上这些对于儒家美德法理学的看法是建议性的。王凌皞在他目前正在写作的论文中更为详尽、更为完整地讨论了以上问题,其他理论家也可以在不同的方向上发展儒家的诸多论题。但是这个大纲对于我们讲座的目的来说已经足够了——在亚里士多德主义和儒家美德法理学之间做一个比较。

四、比较亚里士多德主义美德法理学和儒家美德法理学

亚里士多德主义美德法理学和儒家法律理论之间有着许多共同点,也存在实质性的差异。让我们先从共同点开始讲起。

在我们的比较中,最令人振奋的相同点在于亚里士多德对 $nomos$ 的理解和儒家礼的观念。两个理论都将讨论从实在法拓展到社会规范(礼和 $nomoi$)。当然,这两个概念并非完全一致:亚里士多德的 $nomoi$ 隐含了实在法;而儒家的礼则将礼与法(孔子时代所理解的实在法)对立了起来。这个差异又有何意义?从一方面说,这可能包含了一个重大的(甚至是根本性的)分歧:儒家可能认为我们根本就无须将法律作为一种行为调整的机制,而亚里士多德则认为实在法(同人们广泛共享并深刻体认的社会规范一起)具有根本性的重要意义。从另一方面说,这种分歧也可能仅仅是表面化的:儒家的礼可能包含了现代所谓的不成文法——而成文不成文仅仅只是形式上的差别而已。

即使礼和 nomoi 有着实质性的差异,当我们将它们和实在法的当代理解作对比时,我们发现它们的相似多于差异。为了说明白这种对比,我们只需要比较一下当代分析法理学所讨论的着眼点和亚里士多德主义美德法理学与儒家美德法理学的着眼点。前者将"实在法"作为研究的对象,探讨宪法、制定法和司法判决中法律规则的功能。美德法理学的视野则更为开阔,研究不同类型规范之间的关系和功能。

两种美德理论之间的另一个相似之处在于探讨美德时对于礼或 nomoi 内在化的看法。两种理论都认为特定社群中人们广泛共享并深刻体认的社会规范的内在化是人类美德的一种重要组成部分。新亚里士多德主义作为合法的正义的美德理论(我在之前的讲演中已经探讨过)就认为 nomoi 的内在化是正义美德的核心要素。在我刚才所讲的儒家美德法理学论纲中,一个具有美德的行动者具有义的美德,她将会把社群的礼内在化。

如果说亚里士多德主义和儒家美德法理学共享社会规范的功能及其内在化等重要理念,它们似乎对亚里士多德所讲的 phronesis 或者实践智慧有着不同的看法。phronesis 在当代美德伦理学中扮演着举足轻重的角色:它为美德法理学的特殊主义(particularism)及其对伦理学中决策程序的批评奠定了基础。phronesis 使美德行动者有能力在个别的、复杂的和全新的人类经验面前做出正确的实践选择。在法律的语境中,具有实践智慧美德的法官将会运用衡平,矫正法律的个别性判断并且将一般的规则运用到个别的事实情境中。儒家思想并没有像这样强调智识美德,也缺乏一个类似的接近于 phronesis 的概念。如果说儒家有一个基础性美德的话,那么它毫无疑问地就是仁,但不管是广义还是狭义的仁都不属于智识美德。义在仁和礼之间起着中介的作用,但义也同样不是一种智识能力。

其中一种继续深入讨论这一差异的方式就是继续发展儒家对

这一问题的看法,在亚里士多德那里,他用衡平的概念来解决它。当礼的目的和它在具体情境下的运用背道而驰的时候,儒家的圣人会如何解决这个难题?仁应该会在这里扮演一个关键角色,而义则联系起仁和礼。但是这一抽象的看法并没告诉我们一般(普遍规则)是如何被运用到特殊(个别案件)之上的。

五、结论

让我在结束之前再谈最后一点。为什么我们要对美德法理学——不管是亚里士多德美德法理学还是儒家美德法理学——感兴趣?在西方,规范性法律理论(直到最近)都一直为两个敌对阵营所统治。一个阵营由德沃金所代表。这个阵营关注权利,我们把他们称作道义论者。他们相信法律的任务就是保护权利,因此法律权利必须映射(或者至少接近)道德权利。另一个阵营以法官波斯纳为领袖,关注法律规则的成本和收益。我们可以将他们称作结果论者。在过去的五十年间,在法律疆域中的每一块土地上,这两个阵营之间的征战连年不断。尽管双方都宣称他们获得了胜利,但实际情况更接近于平局——无论哪一方都无法给对方致命一击。

在这种僵局之下,我们有很好的理由去寻找全新的探讨法律理论上根本问题的视角。美德法理学提供了一个新的(同时也是古老的)看待这些规范法律理论中根本问题的视角。在很多个世纪里面,儒家和亚里士多德主义各自独立发展了美德和法律的理念,这些理念尤为丰富和深刻,我们可以从中学到很多。

事物的本性与法学方法的二元论
——在古斯塔夫·拉德布鲁赫的法哲学体系中进行探讨

赵 静* 著

【作者按】"事物的本性"之理论是拉德布鲁赫整体法哲学体系中非常重要的一部分,尤其是在他晚年的法哲学思想中可以说有着与"拉德布鲁赫公式"不相上下的举足轻重之地位。该理论在各个法哲学家著作中都是作为一种试图调和绝对的实然与应然之间二元对立困境的尝试,拉德布鲁赫也不例外。本文便是要致力于探究下述问题:在1904年到1948年间,拉德布鲁赫在对待"事物的本性"上究竟经历了哪几次立场上的重大变迁,以及他最终是否成功地借此克服掉其早年一直追随与承继的二元方法论。

目 录

引言
一、二元方法论与事物的本性之概念
　（一）二元方法论与三元方法论
　（二）事物的本性之概述
二、拉德布鲁赫法哲学思想体系中事物的本性之发展过程

---

* 赵静,德国法兰克福大学博士生,主要研究方向为法哲学与法律论证理论。

（一）法感(1932年之前)
　　（二）理念的质料规定性(1932年之前·续)
　　（三）直觉的顿悟(1932年)
　　（四）严格的理性方法之结论(1932年之后)
三、事物的本性之雏形
　　（一）拉斯克的本体论转向
　　（二）前科学的概念建构
　　（三）拉德布鲁赫与拉斯克：理念的质料规定性与社会构造物
　　小结
四、事物的本性之属性
　　（一）方法—认识论视角下的事物的本性：从"直觉的顿悟"到"严格的理性方法之结论"
　　（二）规范—效力论视角下的事物的本性：一种新二元论
　　（三）事物的本性与二元方法论：质料的理念规定性
开放性问题
结语

引　言

近年来学界又重新燃起了对古斯塔夫·拉德布鲁赫(Gustav Radbruch)的研究热情。这当然一方面要归功于阿图尔·考夫曼(Arthur Kaufmann)主编并于2003年出版的《拉德布鲁赫全集》(Gustav Radbruch Gesamtausgabe,简称GRGA)；另一方面归因于自然法与实证主义之争依然居于国际法哲学讨论的前沿,而该问题又构成了拉德布鲁赫研究者的核心论题之一。与之紧密相连的包括对于下述问题的争论,即：拉德布鲁赫从1914年到1949年的思想进程中是否存在一个所谓的"断层"。截至目前,学界对此问题仍未达成共识。持"断层论"的学者认为:通过对拉德布鲁赫战后发表的一系列作品的分析,可以得出其立场已经从起初的实证主义转向了非实证主义,更有部分学者直接给晚期的拉德布鲁赫冠以"自然法学者"之称;①持"重心变迁论"的学者认为拉氏的思想精髓前后具有一致性,有所变化的仅仅是重心而已。② 不过上

---

① Ralf Dreier, Gustav Radbruchs Rechtsbegriff, in: *Festschrift für Hubert Rottleuthner*, 2011, S. 18 (NS = Nationalsozialismus). 关于这一问题的讨论另参见:Ralf Dreier, Anmerkungen zu Radbruch, in: Ars Juris, Festschrift für Okko Behrends zum 70. Geburtstag, Göttingen 2009, S. 161–166; Ulfrid Neumann, Naturrecht und Positivismus im Denken Gustav Radbruchs- Kontinuitäten und Diskontinuitäten? in: W. Härle/B. Vogel (Hrsg.), „Vom Rechte, das mit uns geboren ist". Aktuelle Probleme des Naturrechts, Freiburg 2007, S. 11–32; Karl Engisch, Gustav Radbruch als Rechtsphilosoph, in: *Gedächtnisschrift für Gustav Radbruch*, Arthur Kaufmann (Hrsg.), Göttingen 1968, S. 60 – 68; ders., Auf der Suche nach Gerechtigkeit. Hauptthemen der Rechtsphilosophie, München 1971, S. 253ff.; Fritz von Hippel, *Gustav Radbruch als rechtsphilosophischer Denker*, Heidelberg 1951; Konrad Zweigert, „Vorwort", in: Gustav Radbruch, Einführung in die Rechtswissenschaft, 9. Aufl., Stuttgart 1952, S. 5–7; Fuller, American Legal Philosophy at Mid-Century, in Journal of Legal Education 6 (1953-54), pp. 457-485, esp. 481-485; H.L.A. Hart, Positivism and the Separation of Law and Morals, in *Harvard Review* 71 (1957-58), S. 593-629, esp. 616; Walter Ott, Die Radbruch'sche Formel. Pro und Contra, in: *Zeitschrift für Schweizerische Recht*, N.F. 107 (1988), S. 335 – 357; Robert Alexy, Begriff und Geltung des Rechts, Freiburg/München 1992, S. 18 – 22, 52f., 70 – 117; Hidehiko Adachi, *Die Radbruchsche Formel- Eine Untersuchung der Rechtsphilosophie Gustav Radbruchs*, Baden-Baden 2006, S. 13f; Ralf Dreier, Recht und Moral, in: *Recht-Moral-Ideologie*, Frankfurt am Main 1981, S. 180-216, bzw. S. 188-194;关于 Dreier 自己立场的前后变化另参见:Ulfrid Neumann, Ralf Dreiers Radbruch, in: *Integratives Verstehen- Zur Rechtsphilosophie Ralf Dreiers*, Robert Alexy (Hrsg.), Tübingen 2005, S. 203-223; Ralf Dreier, Kontinuitäten und Diskontinuitäten in der Rechtsphilosophie Gustav Radbruchs, in: Die Natur des Rechts bei Gustav Radbruch, Borowski u. Paulson (Hrsg.), Tübingen 2015, S. 183-228.

② Arthur Kaufmann, *Gustav Radbruch: Rechtsdenker, Philosoph, Sozialdemokrat*, München 1987, S. 152 ff., siehe auch ders., S. 25-35, 123f.; ders., Gustav Radbruch — Leben und Werk, in: GRGA, Bd. 1, S. 7 – 88, 44 – 46, 72 – 85; Winfried Hassemer, *Einführung für GRGA*, Bd. 3, S.13ff.; Erik Wolf, Umbruch oder Entwicklung in Gustav Radbruchs Rechtsphilosophie, in: ARSP 45, 1959; Martin Schulte, (转下页)

述这种论断方式已渐渐地不再是目前学界的主流。在讨论拉德布鲁赫的思想体系是否经历了一个本质性的转折之前,必须分别对于其战前与战后的法哲学立场予以定性并达成一致:拉德布鲁赫是否曾经是一名"实证主义者"? 尽管学界已确证他战后的法哲学之立场为"非实证主义",[①]然而是否因此就可以将其划归为"自然法",这一点恐怕仍然值得商榷。此外,这种"实证主义"与"自然法"的简单论断方式存在较大弊端,该弊端源自于这两个概念自身的不确定性。比如尽管拉德布鲁赫与后来的分析法学家们都在使用这两个概念,然而他们却并非在同一种含义上使用之,这一点已经由斯坦利·鲍尔森(Stanley Paulson)明确指出。[②] 要想精确把握拉德布鲁赫的法哲学思想,探究其新康德主义渊源的工作

(接上页注②) Der Rechtsstaatsgedanke bei Gustav Radbruch, in: *Juristische Schulung* 28 (1988), S. 177-181.; Alessandro Baratta, Relativismus und Naturrecht im Denken Gustav Radbruchs, in: ARSP 45 (1959), S. 505-537; Stanley L. Paulson, Ein ewiger Mythos: Gustav Radbruch als Rechtspositivist, Teil I, in: *JZ* 3/2008, S. 105-115; ders., Radbruch on Unjust Laws: Competing Earlier and Later Views? in: *Oxford Journal of Legal Studies*, Vol. 15, No. 3 (Autumn, 1995), pp. 489-500; ders., Zur Kontinuität der nichtpositivistischen Rechtsphilosophie Gustav Radbruchs, in: Die Natur des Rechts bei Gustav Radbruch, Borowski/Paulson (Hrsg.), Tübingen 2015, S. 151-182; ders., Lon L. Fuller, Gustav Radbruch, and the "positivist" Theses, in: *Law and Philosophy* (13), 1994, pp. 313-342; Martin Borowski, Begriff und Geltung des Rechts bei Gustav Radbruch, in: *Die Natur des Rechts bei Gustav Radbruch*, Borowski u. Paulson (Hrsg.), Tübingen 2015, S. 229-266; Horst Dreier, Rechtslehre, Staatssoziologie und Demokratietheorie bei Hans Kelsen, 2. Aufl. Baden-Baden 1990; ders., Die Radbruchsche Formel — Erkenntnis oder Bekenntnis? In: *Festschrift für Robert Walter zum 60 Geburtstag*, Wien 1991, S. 117-135; Günther Ellscheid, *Das Problem von Sein und Sollen in der Philosophie Immanuel Kants*, Köln 1968; Hans-Peter Schneider, Nachwort: Gustav Radbruchs Einfluss auf die Rechtsphilosophie der Gegenwart, in: Gustav Radbruch, *Rechtsphilosophie* (1932), Erik Wolf/Hans-Peter Schneider (Hrsg.), Stuttgart 1973, S. 351-384.

① 比如他对于实质性人权的承认以及法律本质的否定公式,价值关涉的方法论立场开始具备了规范—实践性。
② Stanley L. Paulson, *Ein ewiger Mythos: Gustav Radbruch als Rechtspositivist*, Teil I, S. 109, Fn. 50.

是无法绕过的,首当其次的就是他的法哲学语境中的"实然"(Sein)与"应然"(Sollen)的二元论,该思想的理论渊源需回溯到新康德主义之西南德意志学派对于"现实"(Wirklichkeit)①与"价值"(Wert)的二元划分那里,而非当代语境下的将"法律"(Law/Recht)与"道德"(Moral)之分离或者结合作为判断实证主义与自然法立场的标准。即使如此,学者们依然试图将拉德布鲁赫纳入到当代语境之下,于是对其学说进行一定程度上的"解释"甚至"建构"皆成为了不可避免的趋势。比如罗伯特·阿列克西

---

① 英语中一般把 Wirklichkeit 译为 reality,而 Realitität 也被译做 reality。在德语中,Wirklichkeit 与 Realität 拥有不同的词源,Wikrlichkeit 的词源是晚期中古高地德语的 wirkelicheit;Realität 则是一个外来词,来自法文 réalité,拉丁语原形为 realitás,在日常语言中,二者作为同义词使用,指所有那些作为现实、现象能够被感知与经验的事物。只是在哲学领域中,不同的哲学家对此有不同的解读。比如在康德那里,Realität(实在性)属于十二范畴中的质的范畴之一,指对象如何是(Seinsweise),究竟是是实在、是虚无抑或是限定。一个事物,只要它客观地实实在在呈现在了时空中,即具有 Realität,具有客观的有效性。康德在《先验感性论》中区分了"先验的观念性"(transzendentale Idealität)与"经验的实在性"(empirische Realität)。这里的 empirisch 指的是在经验层面上时空以及时空中事物的实在性,是可以外在作为对象呈现于我们的东西,然而就其超越的层次,即物自体层次,则只能是观念的或者理念的。(当然,就 Realität 本身是一个先天范畴而言,它又是非经验性的,与它的载体即客观事物自身相区别。)而 Wirklichkeit 是另外一个范畴,等同于 Dasein 与 Existenz,属于模态范畴之一。模态的诸原理是对可能性、现实性与必然性的概念在经验运用过程中的一些解释。在《纯粹理性批判》中,康德将 wirklich 界定为所有与经验的(感觉的)质料条件相关联的事物(Was mit den materialen Bedingungen der Erfahrung [der Empfindung] zusammenhängt, ist wirklich, KrV, A 218/B 266),并承认其为经验性思维的公设之一。在黑格尔那里则完全不同,因为在他看来 Wirklichkeit 与 Vernunft 是同一的;Was wirklich ist, ist vernünftig; Was vernünftig ist, ist wirklich。在拉德布鲁赫的法哲学中,Wirklichkeit 指在一种朴素的、原始的意义上来讲的,指那客观存在的,可以进入认识主体感知范围的、为主体所经验、认识与体验到的事物,与 Realität 是同义词。笔者考虑到新康德主义南德意志学派对于 Wert 与 Wirklichkeit 的二元划分以及将 Wirklichkeit 看作 Wert 实现自身(sich verwirklichen)的载体,故而将 Wirklichkeit 译为"现实",而非"实在";Realität 与 Wirklichkeit 完全同义,为避免产生歧义,故也译为"现实"。

(Robert Alexy)①与鲍尔森②赋予拉德布鲁赫的"非实证主义者"的称号即包含了两位学者的建构在内。另外一种在德语学界中兴起的对于拉德布鲁赫法哲学研究的趋势由乌尔弗里德·诺依曼(Ulfrid Neumann)所强调:应当摒弃那种对拉德布鲁赫思想所进行的笼统式的、欠缺精确性的定性方式,而是应当转而对其思想体系内部的各个核心问题进行分别研究与分别定性。③ 当然这也与诺依曼所持的科学理论(Wissenschaftstheorie)立场密不可分。由马丁·博霍夫斯基(Martin Borowski)与鲍尔森主编的一本研究拉德布鲁赫的最新文集(《古斯塔夫·拉德布鲁赫思想中的法之本性》)④于2015年在德国出版。该文集中的文章仍然紧扣和围绕下述两大理论主题展开:a.)拉德布鲁赫思想中的法律概念及本性;b.)拉德布鲁赫的法哲学思想之变迁。由此可见,对于拉德布鲁赫法哲学的探究至今仍立于学术前沿。

然而无论学界对于拉德布鲁赫的整体法哲学立场之前后变迁争论地多么激烈,对于下述结论则是确信不疑的,即:拉德布鲁赫对于"事物的本性"(Natur der Sache*)这一概念的态度并没有表

---

① 参见:Robert Alexy, *Begriff und Geltung des Rechts*, S. 29ff., 39ff.
② Stanley L. Paulson, *Ein ewiger Mythos*: *Gustav Radbruch als Rechtspositivist*, Teil I; Vgl. ders., Zur Kontinuität der nichtpositivistischen Rechtsphilosophie Radbruchs, S. 153.
③ Ulfrid Neumann, Zum Verhältnis von Rechtsgeltung und Rechtsbegriff — Wandlungen in der Rechtsphilosophie Gustav Radbruchs, in: *Die Natur des Rechts bei Gustav Radbruch*, Borowski u. Paulson (Hrsg.), Tübingen 2015, S. 130. 此外从 Ralf Dreier 的 „Kontinuitäten und Diskontinuitäten in der Rechtsphilosophie Radbruchs"一文中也可以清晰地看到这一趋势。
④ *Die Natur des Rechts bei Gustav Radbruch*, Borowski u. Paulson (Hrsg.), Tübingen 2015.
* Natur der Sache 是一个古老的概念,源自于希腊文的 physei dikaion 和拉丁文的 rerum natura。关于其译名问题,国内学者持不同意见。邓正来将其译为"事物之性质"(参见:[美]埃德加·博登海默著,邓正来译,《法理学,法律哲学与法律方法》,中国政法大学出版社1999年版,第454页);郑永流倾向于翻译为 (转下页)

现出前后一致性。① 此概念在拉德布鲁晚期的法哲学思想体系中占据了尤其重要的地位。暮年的他在自传《心灵之路——综观我

(接上页注*)"事情的本质"(参见:[德]阿图尔·考夫曼/温弗利德·哈斯默尔/乌尔夫里德·诺依曼主编《当代法哲学和法律理论导论》,郑永流译,法律出版社2002年版,第250页);舒国滢在多篇文章及译文中选择了将 Natur der Sache 译为"事物的本性"(参见:[德]阿图尔·考夫曼著,舒国滢译,《古斯塔夫·拉德布鲁赫传——法律思想家、哲学家和社会民主主义者》,法律出版社,2003年,第160页及以下;舒国滢,《德国十八九世纪之交的法学历史主义转向》,中国政法大学学报,2015年)。本文同意并采用舒国滢教授之译法,即将 Natur der Sache 译为"事物的本性"。首先,朗氏德语字典上面有一项对于 Natur 的解释:die Art, wie etwas ist(某物之是其所是),意指某事物的本来样态、原本性质,对应汉语中的"本性";其次,之所以没有选用"本质"的译法在于"本质"是一个更具浓厚哲学色彩的概念,与人类的认识(Erkenntnis)具有直接相关性,更多地强调一种"主体"对"客体/对象"的认识,"本质"一定程度上是主体"赋予"客体的;相反,译为"本性"则将视角更多地转移到了客体上面,强调事物从属于自身的本来性质。综上,笔者认为将„Natur der Sache"译为"事物的本性"更符合拉德布鲁赫理论之精义。

① Berthold Kastner, *Goethe im Leben und Werk Gustav Radbruchs, mit einem Quellenanhang bisher unveröffentlichter Radbruch-Manuskripte*, Heidelberg 1999, S. 200.
德语学界涉及讨论拉德布鲁赫事物的本性理论的文献可参见:Arthur Kaufmann, *Gustav Radbruch, Rechtsdenker, Philosoph, Sozialdemokrat*, München 1987. (中译本参见舒国滢,《古斯塔夫·拉德布鲁赫传——法律思想家、哲学家和社会民主主义者》,法律出版社,2003年,第160-166页);Wolfgang Lohmann, *Versuch einer methodologischen Erörterung der Radbruchschen Rechtsphilosophie*, Esslingen a. N. 1964; Yungback Kwun, *Entwicklung und Bedeutung der Lehre von der „Natur der Sache" in der Rechtsphilosophie bei Gustav Radbruch*, Diss. Saarbrücken 1963; Herbert Schambeck, *Der Begriff der „Natur der Sache"*, Wien 1964; Ralf Dreier, *Zum Begriff der Natur der Sache*, Berlin 1965; Fritz von Hippel, *Gustav Radbruch als rechtsphilosophischer Denker*, Heidelberg 1951; Karl Engisch, *Gustav Radbruch als Rechtsphilosoph*; Werner Maihofer, Die Natur der Sache, in: *ARSP*, Band 44, 1958; Erik Wolf, Umbruch oder Entwicklung in G. Radbruchs Rechtsphilosophie, in: *ARSP*, Band 45, 1959; Alessandro Baratta, Natur der Sache und Naturrecht, in: *Die Ontologische Begründung des Rechts*, Arthur Kaufmann (Hrsg.), Darmstadt 1965; Gerhard Sprenger, *Naturrecht und Natur der Sache*, Berlin 1976; Alessandro Baratta, Gedanken zu einer dialektischen Lehre von der Natur der Sache, in: *Gedächtnisschrift für Gustav Radbruch*, Arthur Kaufmann (Hrsg.), Göttingen 1968; Ulfrid Neumann, „Methodendualismus" in der *Rechtsphilosophie des Neukantianismus. Positionen zum Verhältnis von Sein und Sollen bei Gustav Radbruch*, in: Wert und Wahrheit in der Rechtswissenschaft, (转下页)

的一生》中感慨道:"那时的我兴趣并不在个别现象,而是沉浸于其普遍性之中……我仍然不够成熟,成熟到可以在事物自身中去寻找理性并将理念视为现实的意义与精神予以把握,进而探求被人们称为事物的本性的内含于生活关系中的规律……那时的我无法在实践中得到满足,于是倾尽全力去攀登纯粹的精神顶峰,因为我深信只有在那里才能寻得理论与哲学。现在,我对于当时自己脱离实践的做法感到十分遗憾:后来我经常怀念那些我原本应当从司法实践中获得的广博经验,那就是用感性的直接经验去填充那些空洞的概念。"①

通过这段自述,拉德布鲁赫点明了事物的本性之精髓并同时表达了他对该理论所持的最终态度,即:事物的本性决不是一个完全脱离法律实践的纯粹形而上学式概念,而恰恰是内含于经验事物本身的理性。此外,事物的本性还是"所有试图缓和实然与应然、现实与价值之间尖锐二元论的努力者们之标语,即在事物中寻找理性"。② 这一关键性论断出现在拉德布鲁赫晚年所撰写的可

(接上页注①) ARSP, Beiheft 145, Stuttgart 2015, S. 25-40. 与之相比,国内学者对于拉德布鲁赫的事物的本性理论相对关注比较少,除了上面提到了舒国滢教授的翻译作品之外,还可以在舒老师的另外一篇文章"古斯塔夫·拉德布鲁赫述评"中找到一些相关论述,该文载于舒国滢:《法哲学:立场与方法》,北京大学出版社,2010年,第173-196页。此外,在另外一篇由年轻学者冯威撰写的"拉德布鲁赫的法哲学及其四次对话"一文的最后一部分("可能的第四次对话:事物的本性与直觉,拉德布鲁赫与实用主义",第139-142页)亦对此有所论及。该文发表于《原法》第3卷,北京:人民法院出版社,2008年,第104-142页;also see Feng, Wei, "Radbruch's Legal Philosophy and Four Dialogues Involved", in: *Global Harmony and Rule of Law*, Abstracts of Special Workshops and Working Groups (I) presented to the 24th World Congress of the International Association for Philosophy of Law and Social Philosophy (IVR) held in Beijing, China: China Law Society, September 15-20, 2009, pp. 296-298.

① Gustav Radbruch, *Der innere Weg, Aufriss meines Lebens*, Lydia Radbruch (Hrsg.), Göttingen 1951, 2. unveränderte Auflage, Göttingen 1961, S. 53.
② Gustav Radbruch, Die Natur der Sache als juristische Denkform, in: *Festschrift für Rudolf Laun*, Hamburg 1948, S. 157.

谓是唯一一篇系统阐释自己事物的本性之理论的文章——《作为法学思维形式的事物的本性》①之开篇。事实上,早在1948年之前,事物的本性就已经多次进入拉德布鲁赫的视野并为其所关注,尤其见于他在1932年(即发表《法哲学》第三版)②之前,于1923/24年所发表关键性文章《法律理念与法律质料》③之中。透过该文我们可以明确看到拉德布鲁赫已经开始反思其早先坚持的绝对二元论立场,他宣称道:"毫无疑问,不能将实然与应然、现实与价值、法律质料与法律理念完全割裂,而是应当看到这些因素之间是相互作用的"④。此外他还借用"理念的质料规定性"这一概念来诠释与批判自然法与历史法学派并进而强调了一个关键概念:"社会概念"(Sozialbegriff)。这一概念贯穿了拉德布鲁赫整个的法学理论及方法论。也正是在这一点上,拉德布鲁赫与汉斯·凯

---

① Gustav Radbruch, Die Natur der Sache als juristische Denkform. 1948年,该文首次发表于Rudolf Laun的纪念文集第157到176页;之后再版于拉德布鲁赫全集第三卷(GRGA, Bd. 3)第229到254页。事实上早在1937到1939年之间拉德布鲁赫已经开始有了最初的构思并开始撰写此文并于1941年完稿,题目与这篇1948年发表在Rudolf Laun纪念文集中的文章同名。这篇1941年的事物的本性一文原计划发表在Weyr的纪念文集,然而后来因为该文集并未出版,导致此文也未在德语学界问世。同年,B. Leone将该文章翻译成了意大利语并于1941年在意大利首次出版("La Natura della Cosa come forma Giuridica di Pensiero", in: Rivista Internazionale di Filosofia del Diritto, anno XXI, 1941, p. 145ff.)。1999年,该文在由Berthold Kastner所撰写的《拉德布鲁赫的一生及其作品中的歌德》(Goethe im Leben und Werk Gustav Radbruchs, Heidelberg 1999)一书的附录中首次面世德语学界(Gustav Radbruch, Die Natur der Sache als juristische Denkform, 1941, S. 356-367)并于2003年收录于Arthur Kaufmann主编的《拉德布鲁赫全集》的第20卷中(GRGA, Bd. 20, S. 10-23)。尽管两篇文章在内容体例上有所差异,然而核心命题并未改变,故而1941年文可谓是1948年文之前身。
② Gustav Radbruch, Rechtsphilosophie, 1932, 3. Auflage. 该书的第一版发表于1914年,当时的书名仍然是《法哲学纲要》(Grundzüge der Rechtsphilosophie, Leipzig 1914)。
③ Gustav Radbruch, Rechtsidee und Rechtsstoff (1923/24), in: GRGA, Bd. 2, S. 453-460. 事实上,早在1914年的《法哲学纲要》一书(第157页)便已经可找到关于理念的质料规定性的蛛丝马迹。
④ Vgl. Gustav Radbruch, Rechtsidee und Rechtsstoff, S. 455ff.

尔森(Hans Kelsen)分道扬镳,后者将一切可能的社会性因素归为实然范畴进而将其驱逐出法学领域。

尽管从上述引文中我们可以直观地看到拉德布鲁赫坚信实然与应然之间存在着某种关联,然而是否因此就能够得出拉德布鲁赫摒弃了二元论,甚至宣称能够在逻辑意义上从实然推倒出应然,还是一个问号。对此拉德布鲁赫的立场并非一以贯之,而是在不同的时期给出了不同的回答。也正是这一点导致了对于他的事物的本性之探讨无法与其整体法哲学思想的发展与演变相脱离。在本文的第一部分,笔者致力于分析拉德布鲁赫的方法论立场之渊源;第二部分笔者梳理了拉德布鲁赫从 1904 年到[1948]年间对于事物的本性的相关论述并试图呈现该理论之发展全貌;第三、四部分构成了本文的体系与论证部分,着力于回答事物的本性究竟是如何从"直觉的偶然现象"(通过追溯作为事物的本性之雏形的理念的质料规定性与社会构造物的理论渊源,即拉斯克的"意谓区分理论"与"前科学的概念建构")演变为"一种严格的理性方法"的,该理论的界限又何在?通过上述论证最后得出本文的结论:拉德布鲁赫究竟有没有成功地借助事物的本性之理论克服与推翻其早年一直追随与承继的二元方法论立场。

一、二元方法论与事物的本性之概念

(一)二元方法论与三元方法论

面临法哲学可能走向质料主义与自然主义的危机——即仅仅将法律看作一种纯粹的社会现象与因果论之研究对象——新康德主义者高举起了"回到康德去"的旗帜。综观这一思潮,若要把握其内在的中心思想,须看到其中两个紧密相连的要素:一方面是将认识论(Erkenntnistheorie)作为首要的哲学思考之方法形式;另一方面是将文化（Kultur）作为首要的哲学式批判之内容。① 在方法论层面上，二元方法论（Methodendualismus）是所有新康德主义者的出发点与遵循的基本原则。作为康德的追随者，他们均宣称实然与应然之间在范畴上存在一条不可逾越的鸿沟，于是无法从"是什么"中推论出来"应当是什么"、什么是有价值的以及什么是正确的，②即无法从"实然"中推出"应然"。于是所有针对认识对象所做出的应然性判断都应当遵循："应然性规范只能通过演绎的方法从其它应然性规范中得出，而不能通过归纳的方法将其建基于事实之上"。③"应然规范、价值判断与推论不可能单纯归纳式地通过实然判断，而是只能演绎式地通过其它同种性质的规范得以证立。价值维度（Wertbetrachtung）与现实维度（Wirklichkeitsbetrachtung）相互分离，二者并存却又分别存在于各自的闭合领域——这就是二元方法论的本质所在。"④

在法学中，这种绝对的二元方法论由马堡学派的鲁道夫·施塔姆勒（Rudolf Stammler）通过他的"正确法理论"（Die Lehre vom richtigen Recht）进一步发展与确立了起来，即：可普遍有效认知的只有（法律的）形式特征，⑤存在的只有"内容变化的自然法"。为了保证一种普遍的有效性，施塔姆勒的"法律理念（正确法）"付出了"内容"的代价，只保留了纯粹的形式性特征。故而该"正确法理论"与其说是法哲学理论，倒不如说是一种法哲学的逻辑论。其视角完全指向法律科学的方法论，并未提供任何真正的法哲学体系，更未给出任何普遍有效的、正确的实质性法律规范。

拉德布鲁赫无疑也是一名二元方法论的忠实追随者，他将该

---

① Hans-Ludwig Ollig, *Der Neukantianismus*, Stuttgart 1979, S. 4.
② 参见：Gustav Radbruch, *Rechtsphilosophie*, Studienausgabe, 2. Aufl., Heidelberg 2003, S. 13。
③ Gustav Radbruch, *Rechtsphilosophie*, Studienausgabe, S. 13.
④ Ibid.
⑤ Ibid, S. 22; Vgl. ders., S. 29f.

原则与相对主义原则(Relativismus)并列作为自己法哲学的两大核心方法论。"先天的、唯一的、令人信服的结论只能是形式意义上的而不可能是内容层面的"①——从该论断中可以看到拉德布鲁赫与施塔姆勒的一致性;在另外一篇文章中他同样写道:"康德的批判论已经证明,尽管文化与法律其形式可以是绝对且普遍使用的,然而由于其内容依附于经验事实,故只能全然是相对的。"②

从根本上来讲,拉德布鲁赫(至少早期的拉德布鲁赫)③法哲学的更直接渊源应当追溯到西南德意志学派(主要代表有:威廉·文德尔班[Wilhelm Windelband]、海因里希·里克特[Heinrich Rickert],以及埃米尔·拉斯克[Emil Lask]),这一点也为拉德布鲁赫自己所承认;尤其是拉斯克的《法哲学》("Rechtsphilosophie",1905)一书——用拉德布鲁赫自己的话来说,对他起到了"引路人"式的导航作用。④ 其继受表现为以下几点:从文德尔班与里克特那里,拉德布鲁赫首先接受了"价值"(Wert)概念,并将其作为法哲学的最高概念;其次他又将里克特的"价值关涉"(Wertbeziehung)⑤方法运用到了对法律概念(Rechtsbegriff)与法律科学的方法论(Methodologie der Rechtswissenschaft)的定义中;从拉斯克那里,拉德布鲁赫一方面继承了他的法哲学立场:将法哲学视为批判价值论(Rechtsphilosophie als kritische Wertlehre),另一方面采纳了他对于法律科学的定性:将法律科学视为经验性文化科学的一支(Rechtswissenschaft als Zweig der empirischen Kul-

---

① Kaufmann/Hassemer/Neumann (Hrsg.), *Einführung in die Rechtsphilosophie und Rechtstheorie der Gegenwart*, 7. Aufl., Heidelberg 2004, S. 89.
② Gustav Radbruch, Der Relativismus in der Rechtsphilosophie (1934), in: GRGA, Bd. 2, S. 17.
③ 关于晚期拉德布鲁赫的立场转变问题在本文中暂不做详细论证,请参见注释1与2中所提及的文献。
④ 参见:Gustav Radbruch, *Rechtsphilosophie*, Studienausgabe, S. 8, Fn. 1。
⑤ 英译为:value relevance or relation to values。

turwissenschaften)。正是由于拉德布鲁赫在上述关键几点上对于西南德意志学派的继受,使得他的法哲学深深地烙上了该派思想的印记,其三元方法论原则的源头亦在此。接下来笔者将探讨下述问题,即:作为西南德意志学派核心思想之一的价值关涉理论如何成为拉德布鲁赫的三元方法论之源头。

追随康德,文德尔班与里克特都将认识过程视为一种"概念建构"(Begriffsbildung)①过程。里克特区分了两种概念建构方法:普遍化与个别化的概念建构,前者适用于自然科学,后者适用于文化科学。在他看来,完全从自然科学的视角出发只能片面地认识"现实",因为它仅仅表达了现实的单一面向,即普遍性观念下的现实。由于自然现实的价值无涉(wertfrei)属性,故而相对于认识主体来说是"缺失意义的(sinnlos),只能被感觉而无法被理解";②与之相对的文化现实则是"具有意义的(sinnhaft)③与可被理解的"。④ 通过文化现实所传达的现实的另外一种特征,即其个别性(尤其是体现在历史中)来自于认识主体的"选择",其方法是与价值相关涉(wertbezogen),借此那些历史中具备本质性的个别事物被甄别了出来并成为具有意义的。通过引入"价值关涉视角"这种看待法律的新型视角,貌似在现实与价值之间架起了一座桥梁,因为它确实克服了将法律价值单纯作为施塔姆勒意义上的价值评价标准。⑤ 然而这样一来,价值便既非现实的评价标准,亦非与现实无关的独立存在,而是拥有与现实相关涉的性质,那么究竟应该

---

① 英译为:concept formation。
② Heinrich Rickert, *Kulturwissenschaft und Naturwissenschaft*, Tübingen 1926, S. 20.
③ 注意将西南德意志学派的 „werthaft/sinnhaft"与下文中韦尔策尔的 „werthaft"相区分。后者的 „haft"表示价值构成性、本体性地内含于现实;而西南德意志学派仍然坚持价值与现实之间的二元论,当他们说 „werthaft"时,也只是在强调现实是价值实现自身的载体。
④ Heinrich Rickert, *Kulturwissenschaft und Naturwissenschaft*, Tübingen 1926, S. 20.
⑤ Gustav Radbruch, *Rechtsphilosophie*, Studienausgabe, S. 30.

如何理解"关涉"这一概念呢？对此概念的理解是打开西南德意志学派以及拉德布鲁赫法哲学理论之门的一把关键性钥匙。在这里，我引用诺依曼提出的一个重要区分，即区分方法论意义上与规范性（本体论）意义上的价值关涉。在他看来，对于所有西南德意志学派代表以及1945年之前的拉德布鲁赫来说，这种价值关涉以及由此而生的文化概念均不具备任何规范属性，而终究停留在一种方法论与认识论层面，不包含实质性的价值评价在内。① 它无法也无意对哪些法律规范有约束力、哪些没有约束力做出任何实践意义上的判断或者给出任何实质性判断标准，只不过提出来了一种认识法律现实的新型维度罢了，属于理论理性的范畴。其实此后果对于该派学者来说是不可避免，这要追溯到他们的"价值"概念那里去。② 此外，拉尔夫·德莱尔（Ralf Dreier）也认为拉德布鲁赫后期法哲学的重心从法学的价值关涉视角转移到了立法者的价值导向中。③

通过将"价值关涉视角"引入法哲学，拉德布鲁赫称自己的方法论为一种"三元方法论"；他的法律概念——法律是一种关涉法律理念与法律价值的现实④——亦为该视角的产物，是"充当法律价值与法律理念之载体与舞台的实然构成"。⑤ 与理念相关涉构成了法律认识的先验条件。这种关涉是对法律现实所进行的一种目的论意义上的概念建构，即以法律理念为目的。也正是这在一

---

① 参见 Ulfrid Neumann 的两篇文章：(1) Naturrecht und Positivismus im Denken Gustav Radbruchs — Kontinuitäten und Diskontinuitäten? S. 11–32；(2) Ralf Dreiers Radbruch, S. 149f.
② 由于这个问题的复杂性和极强的纯哲学意味，且与本文的主题"事物的本性"无直接联系，故对此本文暂不予详细论证。若有机会，愿单独撰文论之。
③ 对此存在争议，比如 Ralf Dreier 的态度前后经历了很大的转折。参见：Ulfrid Neumann, Ralf Dreiers Radbruch; Ralf Dreier, Gustav Radbruchs Rechtsbegriff.
④ Gustav Radbruch, *Rechtsphilosophie*, Studienausgabe, S. 34.
⑤ Ibid, S. 39.

点上,拉德布鲁赫与施塔姆勒分道扬镳。后者视实然与应然为一种纯粹的二元对立:"法(的现实)与法律理念必须严格区分,因此可以在不与法律理念发生任何关系之下推出法律概念";①而在拉德布鲁赫眼中,法律由于其独特的文化属性,既不能像道德一样纯然归属于价值范畴;又不同于完全由实然构成的自然现象,而是只能在价值关涉的视角下方可被认识,即"只能在考虑到一种价值,一种特殊的法律自身的价值之中方可以被塑成——即正义"。②法律是一种与正义价值相关涉的事实,是人力所造之物,只能归属于文化科学这一与价值相关涉的领域。③ 正是在这一点上,拉德布鲁赫实现了一个从二元思维形式到三元思维形式的过渡,在那里实然与应然并没有被截然割裂,法律概念正是其产物。在科学理论中,拉德布鲁赫继承了拉斯克将法律科学视为文化科学的分支的观点。藉助这种应然关涉视角,法学(Jurisprudenz)或者说法律科学(Rechtswissenschaft)成为一种平行于法社会学(Rechtssoziologie)与法哲学(Rechtsphilosophie)的认识法律的新维度。

接下来的问题是:在拉德布鲁赫的法哲学体系中,这两种方法论之间究竟是一种什么关系,二元论是否为三元论所取缔?对此,拉德布鲁赫的回答非常明确:"三元方法论并不是二元方法论的对立物,而应当将其解释为二元方法论的表现形式(Spielart)之一",④意即:三元方法论终为二元方法论所囊括并应完全

---

① Gustav Radbruch, *Rechtsphilosophie*, Studienausgabe, S. 31.
② Gustav Radbruch, *Grundzüge der Rechtsphilosophie*, Leipzig 1914, S. 39; in: GRGA, Bd. 2, S. 54.
③ Gustav Radbruch, *Grundzüge der Rechtsphilosophie*, S. 53.
④ Gustav Radbruch, *Grundzüge der Rechtsphilosophie*, S. 97, Fn. 2. 此处的二元方法论应当理解为一方面站在一元方法论的对立面;另一方面在一定程度上受到了三元方法论的影响。在这里笔者还想强调一点,那就是拉德布鲁赫对于"三元方法论"的态度前后存在一个本质性的变革。在1946年发表《法律的不法与超法律的法》这篇文章之前,"价值关涉"停留在方法论层面上;之后他 (转下页)

受其约束。① 究其原因,拉德布鲁赫并无意将"文化现实"这一三元视角下的产物作为一种独立于"价值"与"现实"之二元范畴的第三范畴,价值与现实、实然与应然依然是两个相互对立且封闭的认识范畴,②任何试图在逻辑上从一个范畴中推出另外一个范畴的努力终会归于失败。然而从另外一个角度来看,藉由这种三元论,也就是在实然与应然之间加入一个起桥梁作用的文化领域,使得二元方法论得到了补充。拉德布鲁赫称自己的法哲学为奠基于三元论基石之上的"法律的文化哲学",③从而一方面突破了施塔姆勒的形式正确性理论,④另一方面又未曾取缔二元论,因为他笔下的法律的文化哲学仍然隶属于以二元论为基本原则的法哲学。不过从另外一个角度来看,拉德布鲁赫通过将价值关涉的方法以及文化概念从"科学"领域(文化科学,Kulturwissenschaft)扩展到"哲学"领域(文化哲学,Kulturphilosophie),使得他的思想呈现出

(接上页注④) 为此加入了规范性与本体论成分,从而不再完全隶属于二元方法论,而是成为了对其的超越。参见:Ulfrid Neumann, *Naturrecht und Positivismus im Denken Gustav Radbruchs- Kontinuitäten und Diskontinuitäten* S. 11-32.; ders., „Methodendualismus" in der *Rechtsphilosophie des Neukantianismus. Positionen zum Verhältnis von Sein und Sollen bei Gustav Radbruch*, S. 25-40; ders., Zum Verhältnis von Rechtsgeltung und Rechtsbegriff — Wandlungen in der Rechtsphilosophie Gustav Radbruchs, S. 129-150; Andreas Funke, Überlegungen zu Gustav Radbruchs „Verleugnungsformel", in: ARSP, 2003, S. 1-16; ders., Radbruchs Rechtsbegriffe, ihr neukantianischer Hintergrund und ihr staatlicher Kontext, in: *Die Natur des Rechts bei Gustav Radbruch*, Borowski u. Paulson (Hrsg.), Tübingen 2015, S. 23-52; Stanley L. Paulson, *Radbruch on Unjust Laws: Competing Earlier and Later Views* in: Oxford Journal of Legal Studies, Vol. 15, No. 3 (Autumn, 1995), pp. 489-500.

① Wolfgang Lohmann, *Versuch einer methodologischen Erörterung der Radbruchschen Rechtsphilosophie*, S. 39, Anm. 28.
② Friederike Wapler, Werte und Das Recht, Individualistische und kollektivistische Deutung des Wertbegriffs im Neukantianismus, Baden-Baden 2008, S. 155; Vgl. S. 192ff.
③ Gustav Radbruch, *Rechtsphilosophie*, Studienausgabe, S. 31.
④ 法律概念与法律理念不可分离。参见:Gustav Radbruch, *Rechtsphilosophie*, Studienausgabe, S. 29f.

来了对西南德意志学派的重大突破。

(二) 事物的本性之概述

当我们把视角转向本文的主题,即事物的本性之理论时,我们便会发现,尽管该理论同上文着重论述的三元论一样,均是对绝对二元论的反思,然而二者之间存在本质区别。作为一个占据了拉德布鲁赫晚年大量精力与时光的理论,事物的本性之独特性与重要性就在于它的本意并非将自己置于二元论的圭臬中(与之相对的是三元论),而是试图对其进行一种根本性突破。它不再满足于单纯缓和实然与应然之间的紧张关系,而是通过发掘并承认内在于事物自身的规范性结构,即一种规范性实然(ein normatives Sein)、一种自然理性(naturalis ratio)[1],由此对二元方法论的存续提出了根本性挑战。当然,当我们把目光聚焦到拉德布鲁赫式的事物的本性之理论上时,结论并就没有那么一目了然。因为他一方面承认该理论致力于与绝对的二元对立相对抗并最终成功地证明了它是一种理性方法的结论;另一方面又宣称二元论没有被克服(对此笔者会在下文进行详细分析);再者,尽管借助事物的本性,历史性范畴得以进入法律理念之视野并在一定程度上限制了立法的任意性,然而能否就此下结论说事物的本性是与三种党派理论、合目的性理论(Zweckmäßigkeit)相平行的、为形式性法律理念补充内容的途径之一呢?这个问题是开放式的。总体来看,笔者对此持怀疑态度。无疑,合目的性理论确实是一种克服作为法

---

[1] Gustav Radbruch, *Die Natur der Sache als juristische Denkform*, 1941, S. 363. naturalis ratio 是拉丁文,德文为 natürliche Vernunft,即理性自然。一般来说,naturalis ratio 与 Natur der Sache 都是 rerum natura 的不同符号或者衍生,意思上并无太大差别,参见注释 50。此外,关于 naturalis ratio 与 Natur der Sache 之间的关系可参见:Burkard Wilhelm Leist, *Naturalis ratio und Natur der Sache — Zur Widerlegung eines Recensenten in den Schletterschen Jahrbüchen*, Jena 1860.

律价值的正义理念①的纯粹形式性特征所做的补充性尝试,然而事物的本性恰恰是要破除现实与价值之间的二元对立,证明法律这一事物是一个独立的社会性范畴,其自身便内含规定性,无需任何外在于自身的理念或者价值施予其"恩惠"。因此,即使事实上任何立法均无法脱离当时的历史环境而自然会受影响于法律质料,然而鉴于事物的本性并无意隶属于、致力于完善或者补充任何价值,反而意在超越这种从康德以来的内容与形式、现实与价值的二元对立,故而笔者不认为它是为形式性的法律理念补充实质性内容的途径之一。

此外,由于拉德布鲁赫的事物的本性之理论对于(新)康德二元论的反思与颠覆,很多学者将其与自然法思想相联系。维尔纳·迈霍夫(Werner Maihofer)抓住了该思想中对法的认识所做的"本体论—诠释学"解释,②进而把拉德布鲁赫的事物的本性归结为一种从内含于法律质料中的法律事态(Rechtssachverhalt)中演绎出来具体的"自然法"。③ 卡尔·恩吉施(Karl Engisch)将其看作法律的内容性视角下的自然法。④ 另外还有学者,比如施奈德(Schneider)将拉德布鲁赫的事物的本性思想与二战后德国的自然法复兴联系起来,并认为拉德布鲁赫的事物的本性思想尽管受了古代 natura rerum⑤ 原则以及一些其他法学家(孟德斯鸠、耶林、德尔恩堡)的影响,但是他的独特之处在于他将该思想与当时流

---

① 此处的"正义"指狭义的正义理念,即公平(Gleichheit)。
② 参见:Hans-Peter Schneider, Gustav Radbruchs Einfluss auf die Rechtsphilosophie der Gegenwart, (Nachwort zu Rechtsphilosophie), S. 363.
③ Werner Maihofer, *Die Natur der Sache*, S. 174.
④ Karl Engisch, *Gustav Radbruch als Rechtsphilosopher*, S. 65.
⑤ rerum natura(物之本性,德文为 Natur der Dinge),源自古希腊伊壁鸠鲁学派的卢克莱修(Titus Lucretius Carus,约公元前 99 年—公元前 55 年)的代表作《物性论》(De Rerum Natura),是后来所有关于事物的本性的理论之源头,参见注释 * Natur der Sache.

行的现象学进路(phänomenologische Ansätze)相结合,从而超越了这一思想原本纯粹的"启发式"功能并成为其"实质性"(与"形式性"相对应)法哲学思想中一个核心元素,进而为后来的"本体论自然法"铺平了道路。① 在这里笔者想强调一点,那就是千万不能将事物的本性与传统的自然法思想相等同,这一点拉德布鲁赫在他的《作为法学思维形式的事物的本性》与《法哲学》后记草稿中明确提及。② 因为自然法是从人的本性(比如说人自身所拥有的特定伦理性人格)或者某种纯粹形式性的法律理念中推出来的,事物的本性则恰恰相反,它更多地是一个历史性范畴,从事物以及实质性的法律质料中衍生出来了法律的民族差异性与历史变迁性,③由此与普遍有效的、永恒不变的自然法相对立。事物的本性试图从制定法以外的事物中得出实证法的应然性规范(这也是晚期拉德布鲁赫倾力试图完成的使命),然而它也是作为一种"在实然中实现了的应然",强调一种具体的、历史的和变迁的"自然法思想",而且这种具体性、历史性和变迁性均来自于法律质料,而非法律理念。事物的本性并无意于探讨实证法的先验特征,而是

---

① Hans-Peter Schneider, Gustav Radbruchs Einfluss auf die Rechtsphilosophie der Gegenwart, S. 360. 考夫曼明确反对对拉德布鲁赫的事物的本性进行一种"法律本体论"解读,参见:舒国滢,《古斯塔夫·拉德布鲁赫传——法律思想家、哲学家和社会民主主义者》,第166页。以下学者也将拉德布鲁赫的事物的本性与自然法思想相联系,不一一细述。参见:Arthur Kaufmann, Vorüberlegung zu einer juristischen Logik und Ontologie der Relationen. Grundlegung einer personalen Rechtstheorie, in: *Rechtstheorie* 17 (1986), S, 257ff.; Hanno Durth, *Der Kampf gegen das Unrecht- Gustav Radbruchs Theorie eines Kulturverfassungsrechts*, Baden-Baden 2011; Ralf Dreier, Gustav Radbruchs Rechtsbegriff; Dieter Lerner, Die Verbindung von Sein und Sollen als Grundproblem der normativen Kraft der „Natur der Sache", in ARSP, Band 50, 1964, S. 406.
② 参见:Gustav Radbruch, *Die Natur der Sache als juristische Denkform*, 1948, S. 158f.; Gustav Radbruch, Nachwort-Entwurf zur 3. Auflage der „Rechtsphilosophie" (1949), in: GRGA, Bd. 20, S. 39.
③ Vgl. Gustav Radbruch, *Die Natur der Sache als juristische Denkform*, 1948, S. 158.

致力于寻找法律在其塑造过程中的意义,进而作为一种在存在于法律质料中的法律事实(Rechtstatsache)那里寻求具体"自然法"的努力与传统自然法的抽象演绎式思维方法泾渭分明。

面对这个极富吸引力又充满颠覆性的理论,拉德布鲁赫的思考贯穿了他的一生,而他本人对该理论的态度也从1904年到1948年经历了几次重大转折。那么,他在有生之年究竟在这条路上走了多远? 这一理论真的可以拿来作为规则获取的途径吗? 拉德布鲁赫真的有借助这一理论推翻了其最初的所坚持的方法论的基本立场吗? 本文的宗旨即在于试图揭开拉德布鲁赫事物的本性之思想的面纱并给出以上问题以回答。

在进入核心讨论之前,有必要了解一下拉德布鲁赫笔下的事物的本性的概念与特征。"事物的本性"这一概念的历史可追溯至古希腊,[1]本文将讨论仅限于拉德布鲁赫的法哲学语境之下。在1948年的《作为法学思维形式的事物的本性》一文中,拉德布鲁赫首先引用了海因里希·德尔恩堡(Heinrich Dernburg)[2]对"事物的本性"所下的经典定义:"生活关系本身便是其标准与秩序的载体,这种内在于事物自身的秩序就叫做事物的本性。当缺乏实证规范、规范本身不完整或者意思不明确的时候,所有思考着的法律人都必须回到这里来"。[3] 当然事物的本性在这个意义上来讲

---

[1] 参见注释50以及舒国滢,《战后德国法哲学的发展路向——以哥廷根法学派为考察的重点》,载于《比较法研究》1995年第4期,第二章第(二)节"法与事物的性质"。

[2] Heinrich Dernburg (1829–1907),德国法学家,师从萨维尼的学生Adolf August Friedrich Rudorff,是其学说继承者,曾任洪堡大学校长,潘德克顿学派的重要代表人之一。其代表作三卷本的《潘德克顿》被著名法律史家维森伯格(Wesenberg)评价为一部在世纪之交与温德沙伊德的《潘德克顿法教科书》齐名的著作。参见: Gerhard Wesenberg, *Neuere deutsche Privatrechtsgeschichte im Rahmen der europäischen Rechtsentwicklung*, 4. Aufl., Wien 1985. S. 186.

[3] Heinrich Dernburg, *Pandekten*, 2. Aufl., I, 1888, S. 85. Vgl. Gustav Radbruch, *Die Natur der Sache als juristische Denkform*, 1948, S. 159.

是作为法律适用过程中的一项基本原则,至于它能否同样作为立法原则仍存疑。在该文中,拉德布鲁赫分三个层次剖析了事物的本性之概念结构:

首先,什么是"事物"? 他写道:"事物指的是那些构成法律的基石、原料和材质。它们共包含三种类型:与法律相关联的自然事物(但并非随随便便的任何一个自然事物,而是法律质料)、法律行为的社会规范以及成文法。"①尽管事物的本性允许在规范性视角之外对现实这一范畴进行更好的理解,②然而这并不意味着它在宣称一种实证主义立场,因为要拉德布鲁赫非常谨慎地避免在一种纯粹的实在层面上来理解"事物"这一概念。这个问题与下文的"前科学的概念建构"密切相关。

其次,拉德布鲁赫将"本性"定义为"事物的本性以及事物的意义之所在,这个意义绝非由任意的主体通过思考而得出,而是那种纯粹由生活关系的性质而生发出来的客观意义",③该生活关系只有作为法律理念之实现方能被设想为有意义的,也只有这样,经由事物的本性推论得出的认识才不再仅仅是直觉的顿悟,而是运用严格的理性方法所得出来的结论。

最后,拉德布鲁赫给出了他对事物的本性所下的定义及所持的立场:"关涉法律理念的生活关系之意义,是一种在实然中实现了的应然,在现实中显现出来的价值。"④于是,实证法的应然性规范不再是只能从最高的应然性规范中得出,而是可以回溯到外在于实证法规范的、蕴含于法律质料中的法律事实那里,即:在实然中实现了的应然。

---

① Gustav Radbruch, *Die Natur der Sache als juristische Denkform*, 1948, S. 159.
② Hanno Durth, *Der Kampf gegen das Unrecht- Gustav Radbruchs Theorie eines Kulturverfassungsrechts*, S. 48.
③ Gustav Radbruch, *Die Natur der Sache als juristische Denkform*, 1948, S. 161f. 这里笔者想再次强调应当区分此处的"本性"(Natur)与传统自然法思想(见上文论述)。
④ Gustav Radbruch, *Die Natur der Sache als juristische Denkform*, 1948, S. 162.

综上所述,拉德布鲁赫首先从德尔恩堡那里继承了将"事物"视作"生活关系"以及将事物的本性定性为规范解释、漏洞填补的工具之观念;其次又从拉斯克那里得到启发,将生活关系看作经由社会概念预先构造的产物;第三,他从韦伯那里吸收了"理念类型"(Idealtypus)这一概念进而论证了为何事物的本性可以成为理性方法;最后他又将南德意志学派的"价值/理念关涉"思想融合了进来。对于事物的本性之属性问题将在本文的第四章进行详细讨论。

二、拉德布鲁赫法哲学思想体系中事物的本性之发展过程

"事物的本性"这一概念被拉德布鲁赫在不同时期赋予了不同的含义。因此,在进入具体的探讨分析之前,需要首先了解拉德布鲁赫本人对此的态度与立场的发展历程。从整体上,笔者将其分为两个大的阶段:1932年之前以及1932年之后,该划分标准取自拉德布鲁赫《法哲学》一书的出版时间。两大阶段的转折体现为:1932年之前的拉德布鲁赫只是在一种"直觉的顿悟"的意义上来定性事物的本性这一概念;1932年之后,他开始在一种全新的视角下探索这个概念,并最终于1948年[①]承认经由事物的本性出发所进行的论证是严格的理性方法之结论。另外考虑到拉德布鲁赫对事物的本性认识的重心不同还可以将"1932年之前"这一大阶段具体划分为两个小阶段:1924年之前,事物的本性是直接与法感(Rechtsgefühl)这一概念相联系,属于实然范畴;1924年之后——也就是继《法律理念与法律质料》一文之后——他开始将事物的本性视为一个可以借用来探究理念与质料、实然与应然之

---

① 准确来说是1941年,参见注释13(即本书页330,注①)。

间关系的中介概念。

(一) 法感(1932年之前)

早在1904年,"事物的本性"这个概念就已经出现在了拉德布鲁赫的教授资格论文《行为概念》("Der Handlungsbegriff")中。文章第一部分首先探讨了法律科学的体系性。通过分析,拉德布鲁赫得出所有知识——包括法学知识(juristische Erkenntnis)均源自于经验,始获于归纳。法律原则也是从立法者宣布的法律命题中归纳得出的。由于归纳并非总是完全的,于是存在一部分法律命题,它们并非自始为制定法所内含,而是从法律原则中推出来的。他强调,这些命题之所以有效,非由于它们是从归纳性原则中推出的,恰恰相反:一旦从法律原则中推出来的命题无效、无法在经验中得以获证,那么这些原则就是被错误地归纳出来的,[1]而此处的经验其实就是"法感"。[2] 拉德布鲁赫认为,毫无疑问所有法律人在工作过程中时时刻刻都在使用法感。而且事实上法律人正是通过法感来判定那些从法律原则中推出的法律命题究竟是否是荒谬的。[3] 也许有人会说判断的标准是"事物的本性"、"制定法的精神",不过拉德布鲁赫认为目前是时候摒弃上述意义上的精神

---

[1] Gustav Radbruch, Die Handlungsbegriff, 1904, in: GRGA, Bd. 7, S. 85.

[2] Gustav Radbruch, Die Handlungsbegriff, S. 85. 关于"法感"这一概念,拉德布鲁赫曾于1914/15年专门撰文《论法感》(Über das Rechtsgefühl)予以论述。在该文中,拉德布鲁赫首先在词源上将"法感"一词划属于当代概念;对它的理解与德国的狂飙突进和浪漫主义时期的标语之一"感情"不可分离,与之相连的是渴望与欲求,而非经验。接下来他分析了"法感"发展的三阶段:历史法学派(尤其是萨维尼提出的民族精神这种法感)、自由法学运动(他举了耶林为例,法感被主观化:即主观权利)、法自身的感情(一种内在于法律的自在的、无法推导的感情。拉德布鲁赫将其与"良心"对应来阐述。通过这段论述在《法哲学》中的章节位置可以看出,拉德布鲁赫将此问题归属为"法律人的心理学"所探讨的范畴,参见:Gustav Radbruch, Rechtsphilosophie, Studienausgabe, S. 96-102)。

[3] 由于制定法允许通过归纳得出基本命题,因此制定法自身无法成为判断标准。

了,在他看来应当把精神看作法律人自身的精神,这个精神绝不是外在于主体的、客观存在的;法律也正是在法律人的精神中得以呈现。个体人格经常会被披上"美好事物"的外衣,实际无非都是每个个体的个别性法感、个体的"价值判断与价值判定"、个体对于"正确法"的确信罢了。① 尽管也有人尝试过将这些个体性评价上升为一种可以提供客观真理的科学方法(比如施塔姆勒),然而这种尝试终归于徒劳,因为这些评价归根到底只不过是直觉②罢了。两年之后,在1906年的《作为法律创造的法律科学》("Rechtswissenschaft als Rechtsschöpfung")一文中,拉德布鲁赫又用一大长段来阐述深化同一个问题:一个(判决)结果在实践中是不合理的还是称心如意的——这究竟应当由何种超实证性规范(überpositive Normen)来决定呢?③ 拉德布鲁赫又一次既否决了"事物的本性",又否决了"制定法的精神"。④ 他的论证与他的两大方法论相契合:二元论与相对论,即把事物的本性明确地归为实然范畴,于是按照二元方法论从实然中无法推出任何应然;而"制定法的精神"又始终指向对正确法的寻求,既然只有形式拥有普遍有效性,那么任何实质性价值判断都只具有相对性,法官们或者从事法律理论研究的学者在选择大前提、解释法条抑或进行法律续造时皆不可能离开个人人格、个体感受与意愿,一言以蔽之即"法感"。

通过上述两篇文献我们不难看出,早期的拉德布鲁赫根本不承认存在什么客观的、外在于主体的所谓的事物的本性,所存在的只不过是个别性法感罢了。而通过法感得出来的认识只能停留在

---

① Gustav Radbruch, Die Handlungsbegriff, S. 85.
② Ibid.
③ Gustav Radbruch, Rechtswissenschaft als Rechtsschöpfung, 1906, in: GRGA, Bd. 1, S.418.
④ Gustav Radbruch, Rechtswissenschaft als Rechtsschöpfung, S.418.

直觉层面,等同于实然。不难看出,这个时期的拉德布鲁赫是一名严格的二元论者:实然与应然泾渭分明。

(二) 理念的质料规定性(1932年之前·续)

自1923/24年之后,拉德布鲁赫开始站在一种新的视角下看待理念与质料二者之间的关系,他称其为"理念的质料规定性"(Stoffbestimmtheit der Idee)。此时的拉德布鲁赫在面对理念与质料二者之间关系这一问题的立场是:这不是一个"非此即彼",而是"或多或少"①的问题,即一个程度问题,也就是说,理念与质料之间存在着紧密的关系这一点是毋庸置疑的,问题只在于二者在多大程度上互相作用。关于质料究竟在何种意义规定了理念将在第三章进行详细探讨。

到目前为止,我们可以清晰地看到拉德布鲁赫从1904年到1924年在对待事物的本性这一概念的态度的重大转变:从完全归属于实然领域的法感到先验逻辑学意义上质料对理念的规定性。1924年之后的拉德布鲁赫更倾向于将事物的本性看作一种理念与质料之间、形式与内容之间的相互作用。此外他还更进一步宣称了"质料的预先塑造"(Vorformung des Stoffes)②这一事实的存在。于是,法律的原始质料便被视为是一种"借助于社会性概念被预先塑造的现实",③而不再是纯粹的自然事实。也就是说,1924年之后的事物的本性已不再像1904年那样被定性为一种与应然相对应的纯粹实然,而是一个先于科学的社会性概念、一种"先于科学的—非理论性的"、实然与应然的统一体,它在"质料中

---

① Vgl. Gustav Radbruch, Klassenbegriffe und Ordnungsbegriffe, 1938, in: GRGA, Bd. 3, S. 64.
② Gustav Radbruch, Rechtsidee und Rechtsstoff, S. 458.
③ Ibid.

理念的预先规定性"那里获得了明确的承认。① 于是,法律概念也不再是一种对纯粹实然的概念建构(正如1924年之前),因为作为其对象的法律质料已经在此之前被社会概念预先塑造了。拉德布鲁赫站在该立场上批判了自然法和历史主义。在自然法那里,法律质料被完全忽视,人与人之间的社会关联性也被否定了,进入法律视野中的完全只是单一个体;而在历史唯物主义那里理念的形式性要素完全不值得一提。拉德布鲁赫则认为应当把关注实实在在的社会化了的人与人之间的生活关系作为法律规范的出发点,比如,买卖、租赁与婚姻。

(三) 直觉的顿悟(1932年)

在1932年的第三版《法哲学》中,拉德布鲁赫对自己《法律理念与法律质料》一文做出了回应并进一步声明了自己对于事物的本性所持的方法论立场。他首先重申了早年间提出的"理念的质料规定性":尽管理念总是会为特定的社会现象设定与呈现某种它应当去追寻的目标,然而同时理念又由于对特定质料有效进而趋向于对该质料有效(hingelten)②,于是理念便为它意欲统辖的质料所共同决定,③法律质料自身内在的惰性与矛盾性给法律理念事先设定了尘世的边界。④ 作为前提条件,法律理念总是连接着某个给定的质料,二者相互影响,正如艺术的理念必须要与其材质

---

① Jisu Kim, „Methodentrialismus" und „Natur der Sache" im *Denken Gustav Radbruchs — Zugleich Quellenstudien zu ihren kulturphilosophischen Vorfragen bei Windelband, Rickert und Lask*, Freiburg 1966, S. 245.
② „Hingelten"是一个独具拉斯克特色的概念,是他通过《哲学的逻辑学与范畴学说》一书中发展出来的关键概念性之一。英文将其翻译为:"be valid towords" (参见: Agostino Carrino, Law and Social Theorie in Emil Lask, in: *Rechtsnorm und Rechtswirklichkeit. Festschrift für Werner Krawietz zum 60. Geburtstag*, Aulis Aarnio u. a. (Hrsg.), Berlin 1993, S. 213). 关于这一概念的分析详见本文第三章第一节。
③ Gustav Radbruch, *Rechtsphilosophie*, Studienausgabe, S. 13.
④ Werner Maihofer, *Die Natur der Sache*, S. 149.

相适应一样。如此看来,每个理念都天生符合质料。① 由于法律质料和理念之间在先验逻辑学层面上具有这样的一种关系(根据上文,作为法律科学之对象的法律先于理念被预先塑造,是一种社会性现实),因此"从质料中窥得理念"(Schau der Idee in dem Stoffe)②是可能的。然而拉德布鲁赫清晰地指出:通过这种方式得到的"理念"并不是一个具有效力的应然命题,而只是"直觉的顿悟"(Glücksfall der Intuition),并无法作为获取认识的方法,③里面缺失了理性论证环节。康德教导我们,直觉无概念则盲,④任何缺乏理性指引的现象都是盲无目的的,它们对于认识获取来说无法发挥至关重要的作用,故而现象需要规则,直觉需要概念。这里不存在任何妥协,只能从应然命题中通过演绎推出其它应然命题。在同年发表的《法哲学与法实践》("Rechtsphilosophie und Rechtspraxis")一文中,拉德布鲁赫尽管明确赋予了事物的本性以法律命题的超实证法渊源(überpositive Rechtsquelle)的地位:"这种类型的法律命题尽管并非由实证法所确立,却同样拥有一种源自于事物之必然性的无法反驳的说服力"。⑤ 然而,这种超实证法渊源依然摆脱不了它出自"法感"的命运从而极具偶然性与直觉性。拉德布鲁赫明确地宣称:"抛弃那种从法感中所寻得的正确法——因为这只不过是碰巧且无从确证的偶然现象罢了,应当取而代之的是对法律的最终目的以及为达成目的所需手段的有意识的追寻。"⑥

从另外一个层面来看,从事物的本性中得到的认识只有在个

---

① Gustav Radbruch, *Rechtsphilosophie*, Studienausgabe, S. 14.
② Ibid.
③ Ibid.
④ Immanuel Kant, *Kritik der reinen Vernunft*, B75, A51.
⑤ Gustav Radbruch, Rechtsphilosophie und Rechtspraxis, 1932, in: GRGA, Bd. 2, S. 497.
⑥ Gustav Radbruch, Rechtsphilosophie und Rechtspraxis, S. 497.

案视角下是可能有效与可适用的。这里涉及到拉德布鲁赫对于"正义"(Gerechtigkeit)与"衡平"(Billigkeit)这两个概念的区分。"正义"所指代的是站在普遍规则的角度下来分析解决个案;而"衡平"则表达了一种要在个案中寻找其各自法则的努力。二者在方法论上的区别表现在:前者是从普遍的基本原则中通过演绎的方法推导出正确的法;与之相对应,后者是通过归纳的方法从事物的本性中得出关于正确法的认识,只不过这种认识是直觉性的。可以说衡平事实上就是个案正义,①如此,个别事实与具体情形进入了法哲学的视野。

综观之,拉德布鲁赫在1932年之前对于事物的本性的态度可从下面两个方面来把握。首先,他承认了法律理念与其质料之间存在一种"理念的质料规定性"的关系,并进而得出法律概念不完全是科学意义上的概念建构之产物,而是被预先塑造的事实,在这个"前塑造"过程中,法律质料与社会性概念发挥着至关重要的作用;其次,在面对实然与应然、现实与价值之间的关系这一问题上,他依然恪守严格的方法二元论,即强调这两个范畴之间无法进行任何逻辑意义上的推导,任何价值判断都无法通过实然事实本身来得到推论与证明。②

(四) 严格的理性方法之结论(1932年之后)

1932年之后,拉德布鲁赫在对待事物的本性这一概念的态度上再次表现出了重大的且是根本性的转折。这可以通过他的几篇书评及其与一些学者的书信往来,包括1948年的关键性文章《作为法学思维形式的事物的本性》一文中明确看到。从整体上来看,他对于事物的本性的关注度与认可一直处于上升状态。

---

① Gustav Radbruch, *Rechtsphilosophie*, Studienausgabe, S. 37f.
② Ibid, S. 13.

从拉德布鲁赫于 1936 年为汉斯·韦尔策尔(Hans Welzel)的《刑法中的自然主义与价值哲学——刑法科学之意识形态基础的研究》①一书所写的评论中已经可以看到那时的拉德布鲁赫是站在何种立场上来定性事物的本性的。韦尔策尔试图消泯(刑法教义学中的)实证主义与价值哲学之间的对立,也就是克服远离现实的价值与价值无涉、杂乱无章的现实之间的二元对立。他所选取的途径是:宣称存在一种实然,该实然自身即拥有意义与价值。② 于是意义/价值的获取再不必求助于外在于实然的、非现实且脱离生活的范畴。韦尔策尔称这一全新的范畴为"具有价值的实然"(werthaftes Sein)并将其确立回溯至人类的本体性本质结构(ontische Wesensstruktur),③而法律便被看作是生活秩序(Lebensordnung),对该秩序的探究与整合立足于形而上学的价值立场。④ 在介绍过韦尔策尔的理论后,拉德布鲁赫表明了自己的观点:若无价值与现实的二元对立,韦尔策尔的尝试无法成立。也就是说,尽管韦尔策尔试图借助一个全新的实然范畴来克服价值与现实的对立性,然而就从"具有价值的实然"这一概念表述上来看,他终究还是无法抛弃此二元。接下来,拉德布鲁赫又说道:要是作者止步于对价值提出一种不断接近现实的具体化诉求的话,他将会举双手赞成。⑤ 在阐述这种具体化诉求时,拉德布鲁赫再次回到了他的"理念的质料规定性"之模型,在那里,价值不再是纯粹的形式理念,而是始终指向于对承载自身的载体,即现实的特定部分有

---

① Hans Welzel, *Naturalismus und Wertphilosophie im Strafrecht. Untersuchung über die ideologischen Grundlagen der Strafrechtswissenschaft*, Mannheim 1933, S. 1-89.
② Gustav Radbruch, Rezension zu: Welzel, Naturalismus und Wertphilosophie im Strafrecht, 1936, in: GRGA, Bd. 3, S. 30.
③ Gustav Radbruch, Rezension zu: Welzel, Naturalismus und Wertphilosophie im Strafrecht, S. 30.
④ Ibid.
⑤ Ibid.

效。他借用这个受拉斯克启发而提出的概念来反对韦尔策尔对于"扎根于实然的价值"(Seinsverwurzelung der Werte)所持有的形而上学式观念。① 因为显然韦尔策尔试图借此打消现实与价值之间二元对立,将价值本体化于现实内部,进而将法律视做一种在结构上包含价值的实然存在。拉德布鲁赫反对这种本体论进路,在他的理论体系中,现实只是在充当"价值实现自身之载体"的意义上具有对价值的共同规定性(Mitbestimmtheit)的,而价值并非其结构性组成部分。同其他法律人一样,拉德布鲁赫使用事物的本性来描述一种为法律规范所规制的社会关系反过来对法律规范所产生的作用力;在哲学领域,拉斯克通过提出"意谓区分理论"来表述这种现实对价值的规定性。从中我们可以看到,这一时期的拉德布鲁赫尽管开始关注事物的本性究竟能否作为一种克服僵化的二元论的可能途径,然而此时的他只是一直在强调法律认识过程中,质料对于理念、现实对于价值的一种先验逻辑学意义上的重要性,即作为认识之所以可能的先验逻辑学前提,而不涉及任何对价值与现实的二元对立的消泯,同时也无意接受任何本体论进路。

在另外一篇拉德布鲁赫于1937年所写的针对安德斯·伦特史戴特(Anders Lundstedt)的《法律科学的非科学性》一文的评论中我们可以看到他对于另外一种试图消泯价值作为一个独立范畴的理论模型的批判。伦特史戴特追随阿克瑟·哈格斯特罗姆(Axel Hägerström)②的法律现实主义立场,将义务与义务感、价值

---

① 参见:Ulfrid Neumann, „Methodendualismus" in der Rechtsphilosophie des Neukantianismus. *Positionen zum Verhältnis von Sein und Sollen bei Gustav Radbruch*, S. 37。

② 阿克瑟·哈格斯特罗姆(Axel Hägerström, 1868-1939),瑞典哲学家,斯堪的纳维亚现实主义(Rechtsrealismus, Legal realism)的创始人。他认为并不存在所谓的客观价值,所有的道德评价既非真亦非假,因为这些判断关涉的都只不过是主观情绪罢了。这一理论对于对后来的丹麦法学家阿尔夫·罗斯(Alf Ross)、瑞典法学家卡尔·奥利维克罗纳(Karl Olivecrona)与伦特史戴特产生了重大影响。该派学者坚持法律只是一种社会事实并因此站在了分析法学派的对立面。而且他 (转下页)

与价值评价等同看待,将义务定义为一种"应然之感"。既然义务是一种主观感情,则违反义务(Pflichtverletzung)以及违法性(Rechtswidrigkeit)均不可能是纯粹客观的,于是"客观违法性"这一表述根本就是自相矛盾的。① 拉德布鲁赫激烈地批判了这种法律现实主义,他认为作者犯了一个错误,即:只认识与承认时—空世界,由此将义务与价值归结为纯粹的主观性范畴。与此对立,拉德布鲁赫忠实于自己的二元论立场:"只有当应然与价值王国被放置到实然王国的对立面时,法律世界方可被理解"。② 为了更好地理解上述论断,笔者在这里援引拉德布鲁赫的法律概念:法律是一种致力于实现法律价值的现实。③ 法律确实是一种时—空存在,这个没有问题,然而问题就在于对这一客观存在的认识无法脱离价值这一超时—空维度。这清晰地表明了拉德布鲁赫对于实然与应然这两个范畴的态度:此二元无法被化约为一元现实。

到此为止,拉德布鲁赫在对待事物的本性与二元方法论之间的关系上,立场基本还是比较明确与一致的,其态度转变始于40年代。比如,在1942年拉德布鲁赫在写给卡尔·奥古斯特·艾姆格(Carl August Emge)的信中,他明确阐述了自己对于事物的本性以及绝对意义上的法学方法二元论的观点:"之前我同样也是以这种生硬的二元论作为出发点的,但是现在我越来越觉得自己弄错了,于是开始更多地思索事物的本性这个尚未得到充分阐明的

(接上页注②)们否认法律的规范性,对一些传统的法律概念(比如权利、义务、过错)进行了激烈的批评。此外对于该派学者来说,并不存在所谓的客观的正义价值,正义原则只是一种幻想罢了。拉德布鲁赫对此持坚定的反对态度。

① Gustav Radbruch, Rezension zu: Anders Vilhelm Lundstedt, *Die Unwissenschaftlichkeit der Rechtswissenschaft*, 1937, in: GRGA, Bd. 3, S. 33.
② Gustav Radbruch, Rezension zu: Anders Vilhelm Lundstedt, *Die Unwissenschaftlichkeit der Rechtswissenschaft*, S. 33.
③ Radbruch, *Rechtsphilosophie*, Studienausgabe, S. 34.

概念。"①两年之后他在写给艾姆格的另外一封信中再次强调了事物的本性之重要性所在,此外他还建议艾姆格的研究应当朝向对这一难题的解决。② 一年后,在写给史皮斯的另外一封书信中,他又通过赞同卡尔·宾丁(Karl Binding)所提出的规则理论再次表明了其立场。他认为在阐释事物的本性的这种方法论理念上,宾丁是一名好楷模,因为法律规则并非通过解释所获得而且也并不局限于针对某特定的实证法;法律结论是从婚姻或者所有权的法律本性中得出来的。③ 也正是在这里,拉德布鲁赫强调了非常关键性的一点:要区分"生活关系"与"生活事实"。前者意味着一种人与人之间的关系;相反,纯粹的现象世界是一种法学上的虚无(Nichts),故而无法从中得出任何法律规范。对此下文将有详细分析与论证。

1948 年,德布鲁赫通过《作为法学思维形式的事物的本性》一文进一步探究了仍未被法学理论所充分阐释的事物的本性这一问题,同时完成了他对于事物的本性的立场转变。在此文中,他将事物的本性阐发成为一种类型思维形式,并宣告它得以通过法学建构方法应用到法律实践中,从中得到的也将是理性结论,而不再是直觉的顿悟。直到去逝前,拉德布鲁赫仍然不忘强调该理论的重要性。在 1949 年写给保罗·波克尔曼(Paul Bockelmann)的信中,他表达了自己对于波克尔曼一直以来有意识地运用事物的本性进行论证的欣慰之情,因为他同样认为此方法非常重要且有待于进一步论证和阐发。此外他还告知了波克尔曼自己写作《作为法学思维形式的事物的本性》一文之事。④ 同年拉德布鲁赫又将此文的写作告知了托马斯·维腾伯格(Thomas Würtenberger)并再次强

---

① Gustav Radbruch, Brief an Carl August Emge, 1942, in: GRGA, Bd. 18, S. 199.
② Gustav Radbruch, Brief an Carl August Emge, S. 236.
③ Gustav Radbruch, Brief an Walter Spiess, 1943, in: GRGA, Bd. 18, S. 211, 213.
④ Gustav Radbruch, Brief an Paul Bockelmann, 1949, in: GRGA, Bd. 18, S. 308.

调了事物的本性这一思想的重要性所在:它应当被视为当代法哲学最重要的课题并迫切需要对其进行深度研究。①

通过上述的文献分析我们清晰明确地经历了拉德布鲁赫在1904到1949年这45年的学术生涯中对于事物的本性这一概念的态度所发生的重大转变而且毫无疑问,他对事物的本性的关注度是显著上升的。在《法哲学入门》("Vorschule der Rechtsphilosophie", 1947)中,他明确地说道:"法哲学部分奠基于'人类的本性',部分奠基于'事物的本性',部分奠基于法律理念,部分奠基于法律质料。"②借此事物的本性得以上升为法哲学的基石之一。最后他在《作为法学思维形式的事物的本性》一文中整合自己几十年以来对于事物的本性的思考(包括法感、理念的质料规定性、法律概念的前科学建构、生活关系与法律关系、类型概念以及目的论方法等)并提出了一套将其作为法学思维形式的具体方案。这种对事物的本性作为理性方法的强调显然已经严重威胁到了他的二元方法论立场,然而至于该立场最终是否被推翻则是充满了错综复杂与紧张度,仍有待于进一步考察,这构成了本文第四章的主题。接下来笔者将结合拉斯克的(法)哲学理论集中探讨事物的本性之理论雏形。

三、事物的本性之雏形

"理念的质料规定性"与"社会构造物"是拉德布鲁赫在《法律理念与法律质料》一文中阐发的两个重要理论,堪称事物的本性理论之雏形。这两个理论雏形的原型又可以回溯到拉斯克两个重要概念:"意谓区分"与"前科学的概念建构"。在本章中,笔者会

---

① Gustav Radbruch, *Brief an Thomas Würtenberger*, 1949, in: GRGA, Bd. 18, S. 318.
② Gustav Radbruch, *Vorschule der Rechtsphilosophie*, 1947, 2. Aufl., Göttingen 1959, S. 20.

首先把视角从拉德布鲁赫身上暂时拉开,探究拉斯克哲学中的上述两个关键理论,其次分析拉德布鲁赫与该理论之间的承继与发展关系。这种以事物的本性之雏形理论为视角有助于我们理清个中的来龙去脉,进而过渡到第四章对事物的本性本身的属性剖析。

(一) 拉斯克的本体论转向

作为拉德布鲁赫的"理念的质料规定性"之原型的拉斯克理论究竟是何种样貌呢? 在面对令康德十分棘手的"物自体"难题时,新康德主义者们选择了抛弃之。他们不像康德那样一方面保留了物自体这一概念,另一方面又将其作为理论理性的界限,从而使得认识主体只能对其隔岸观看,而是试图驱逐康德批判哲学体系内的一切心理学与形而上学残余,进而将哲学完全内化于认识并统一其为一套逻辑学—认识论体系。① 比如在里克特那里,一切现实均内在于意识(bewusstseinsimmanent):"所有实然无一例外地作为意识之内容的形态而存在",②故而不存在实然自性;认识论只会问津那些意识中的表象(Vorstellung),也只有这样的表象方可称为现实。③ 借此,里克特的价值论哲学被深深地打上了

---

① 这个问题涉及到整个新康德主义哲学及其理论旨趣,本文暂不予详细论述。下文仅举西南德意志学派的里克特为例。不过这在马堡学派那里也很明确,比如赫尔曼·科恩(Hermann Cohen)认为:在新时代(18世纪自然科学以及人文科学,比如心理学迅速发展)的背景下,宏大的思辨式、理念式哲学进路受到了前所未有的打击。传统的(认识论)哲学失去了对于实然的知识这块领地,而只剩下了对于科学本身的知识。于是他(其实包括所有新康德主义者)试图将哲学讨论引向一条全新的道路,借此解释并为新兴的科学理论奠立一个全新的哲学——尤其是认识论基础。科恩以及所有新康德主义者采取了回到康德的路径,然而在上述目标导向下,康德体系中的处于认识体系之外的"物自体"是一个莫大的障碍,新康德主义者采取了将其完全内化为观念与心灵,经验对象之外并无"物自体"。
② Guy Oakes, *Die Grenzen kulturwissenschaftlicher Begriffsbildung*, Frankfurt am Main 1990, S. 61.
③ Rudolf Zocher, Heinrich Rickert zu seinem 100. Geburtstag, in: ZfphF 17 (1963), S. 458.

主观性的烙印。在这种与外在世界完全脱节的先验理念主义看来,外在世界皆为(意识)直观、尤其是为(意识)概念所决定。① 这样一来,先验者的(理性)概念也从康德意义上的对科学之所以可能的理论性条件的追寻转化成了意识的证立问题。当然,这个里克特眼中的"意识"并非个别的我,而是康德式的纯粹意识(Bewusstsein überhaupt),用里克特自己的话来说就是那个作为一切认识之发端的认识论主体(erkenntnistheoretisches Subjekt)。除了意识之外,里克特的认识论中还有一个重要概念,即"非理性鸿沟"(hiatus irrationalis),借此用以指代一个存在于那些无法被意识内在化的实然(即本体域)同意识内的概念与认识之间的无法弥合的裂缝,此为现实与概念之间的绝对二元论的产物。"鸿沟"产生于无法从概念中推出现实;"非理性"则是源自于无法单纯通过概念建构将现实进行理性化。正是具体性的个别存在的非理性化属性使得本体意义上的存在被排除在了哲学之外。

早年的拉斯克仍是其导师里克特②的忠实信徒,比如将现实作为价值之载体(Wertsubstrat),将概念看作是智性主体抽象建构的产物并将科学的任务指向概念建构及其方法。然而自 1908 年的演讲之后,尤其是 1910 年《哲学的逻辑学与范畴学说——对于

---

① Bodo Gaßmann, Die höchste Gestalt der subjektiven Wertphilosophie -Die Axiologie von Heinrich Rickert, in: Erinnyen Nr. 17, Zeitschrift für materialistische Ethik Herausgegeben vom Verein zur Förderung des dialektischen Denkens, Erscheint in zwangloser Folge, Sommer 2006.
② 新康德主义之西南德意志学派的两位代表人里克特和文德尔班都曾经是拉斯克的导师:里克特是拉斯克博士论文《费希特的理念主义与历史》(Fichtes Idealismus und die Geschichte, 1902)的导师;文德尔班指导了他的教授资格论文,也就是后来对拉德布鲁赫起到关键性指引作用的《法哲学》(Rechtsphilosophie, 1905)。通过这两篇文章,拉斯克尝试将两位导师提出的文化科学与价值哲学理论运用到历史学与法学的研究中来。

逻辑形式之统摄领域的研究》①之后,他放弃了西南德意志学派核

① Emil Lask, *Die Logik der Philosophie und die Kategorienlehre — Eine Studie über den Herrschaftsbereich der logischen Form* (1910, 以下缩写为: Logik der Philosophie), in: Gesammelte Schriften, Eugen Herrigel (Hrsg.), Band. II, Tübingen 1923-1924. 拉斯克在此部著作中发展了康德的先验哲学。他不再停留在探究实然知识的可能性条件(Bedingung der Möglichkeit der *Seins*-erkenntnis),而是进一步探究实然范畴知识的可能性条件(Bedingung der Möglichkeit der *Seinskategorien*-erkenntnis)。后者是一个探索实然范畴自身如何可能的问题,即实然范畴的效力内涵。对于拉斯克来说,范畴不再作为先天的认识前提,而是成为了对象本身,因此他的哲学可称作是"先验哲学的先验哲学"。此外,拉斯克通过此部作品传达的本体论思想也在很大程度上影响了青年的海德格尔。海德格尔在1919年的《现象学与超越论的价值哲学》(Phänomenologie und Transzendentale Wertphilosophie)讲课中清楚地表明:"世界"(Welt)——即:世间意义的"世界"——是由拉斯克所"发现"的。参见: Martin Heidegger,„Phänomenologie und Transzendentale Wertphilosophie" (= PTW), in: GA 56/57, S. 119-203. 在《存在与时间》中,海德格尔注解道:在现象学圈子之外唯一积极地接受胡塞尔《逻辑研究》的人是拉斯克。海德格尔发现,拉斯克以《逻辑研究》中所获洞见为指导,这已经超越了李凯尔特;遗憾的是,尽管他已经走在通向现象学的道路上,然则终未走向现象学。参见: Martin Heidegger, Sein und Zeit, Tübingen: Niemeyer, 1927, 1953, S. 218f. 此外他还称拉斯克是"远离理论和书本,回到事物本身",参见:海德格尔,《早期著作》第193页,转引自张祥龙:《海德格尔传》,第45页。关于拉斯克对青年海德格尔的深刻影响,另参见: István Fehér, Lask, Lukács, Heidegger: The Problem of Irrationality and the Theory of Categories, in: Martin Heidegger. *Critical Assessments*. Routledge and Kegan Paul, London 1992, pp. 373-405; Theodore Kisiel, Heideggers Dankschuld an Emil Lask, in: *Studia Phaenomenologica* 1 (3-4), S. 221-247; ders., Why Students of Heidegger will have to read Emil Lask, in: *Heidegger's Way of Thought — Critical and Interpretative Signposts*, New York 2002, pp. 101-135; Steven Galt Crowell, Emil Lask: Aletheiology as Ontology, in: Husserl, Heidegger, and the Space of Meaning, Evanston 2001, pp. 37-55; ders., Lask, Heidegger, and the Homelessness of Logic, in: Husserl, Heidegger, and the Space of Meaning, Evanston 2001, pp. 76-92。
"回到事物本身"是现象学之精髓所在,此口号见于胡塞尔的《纯粹现象学和现象学哲学的观念》(Ideen zu einer reinen Phänomenologie und phänomenologischen Philosophie, 1913)一书。尽管拉斯克没有走上现象学的道路,然而却受到了胡塞尔尤其是他的《逻辑研究》很大的影响。具体参见: Husserl, *Logische Untersuchungen*, Erster Band, 1900, S. 230-258; Martin Heidegger, GA 58, S. 16; Iso Kern, Husserl und Kant, Nijhoff, Den Haag 1964; Steven Galt Crowell, Husserl, Lask and the Idea of Transcendental Logic ", in: Robert Sokolowski (ed.), *Edmund Husserl and the Phenomenological Tradition*. Essays in Phenomenology, 1989; Karl Schuhmann and Barry Smith, Two Idealisms: Lask and Husserl, in: Kant-Studien, 83 (1993), S. 448-466. 另参见拉斯克与胡塞尔之间的书信往来(目前保存在比利时鲁文大学的胡塞尔档案室,索书号为: R II Lask)。

心的价值概念①连同建基于此的认识论,从根本上偏离了其导师的主观价值哲学与理念主义轨道,转而踏上了一条客观论/本体论之路。② 在本书中,拉斯克通过两个独具特色的概念:"趋向性效力"(Hingelten)和"意谓区分"(Bedeutungsdifferenzierung)③以及对

---

① Friedbert Hobe, Emil Lask (1875-1915), Philosoph., in: ÖBL (Österreichisches Biographisches Lexikon und biographische Dokumentation), 1815-1950, Bd. 5, (Lfg. 21, 1970), S. 32f.
② 其实,这个转折最早可以追溯到1908年拉斯克在第三届国际法哲学大会上的演讲:在逻辑学中存在"实践理性优位"吗?(Gibt es einen „Primat der praktischen Vernunft" in der Logik?)通过这篇演讲,拉斯克已经表明了自己对于那种先验主体性在认识构建过程中优于实存对象之观点的质疑,并从一种以主体为导向的认识论—价值哲学转向了以客体为导向的先验本体论—价值哲学:不再是价值的规范性,而是其客观效力享有体系性优先权。于是逻辑学应当首先探讨生效着的真理,而将其认识的探讨放在次位。参见:Andreas Hoeschen, Das „Dostojewsky" — Projekt. Lukacs' neukantianisches Frühwerk in seinem ideengeschichtlichen Kontext, Tübingen 1999, S. 105ff; Hans- Ludwig Ollig, Der Neukantianismus, S. 69ff.; Friedrich Kreis, Zu Lasks Logik der Philosophie, in Logos X, 1921/22, S. 227-243; Rudolf Malter, Heinrich Rickert und Emil Lask — vom Primat der transzendentalen Subjektivität zum Primat des gegebenen Gegenstandes in der Konstitution der Erkenntnis, in: ZfphF 23 (1969), S. 86-97; Andrew Chignell, On Going Back to Kant, in: Philosophical Forum 39 (2), 2008, pp. 117-118。
③ 这里涉及到对于德文词 Bedeutung 与 Sinn 的翻译问题。首先笔者强调的一点是应当严格区分这两个词在新康德主义与当代语言哲学中的使用与含义。在弗雷格那里(Über Sinn und Bedeutung, 1892), Sinn 与 Bedeutung 在不同的层面被使用,对此目前国内存在不同译法,一般来说通译为"意义"与"指称"。胡塞尔区分了Bedeutung 与 Gegenstand/Bezeichnete,而基本在同义上使用 Bedeutung 与 Sinn,后期的语言哲学家也普遍不强调对这两个概念的区分,一般情况下,meaning 就是指代语词所包含的涵义(即弗雷格的 Sinn),而非语词的指称(弗雷格的 Bedeutung)。在新康德主义西南德意志学派那里,这两个词也基本被作为同义词使用(当然不是语言学意义上),表示介于价值与现实之间的中间地带,即所有与价值相关涉的文化现象。晚期的拉斯克赋予了 Sinn 与 Bedeutung 以全新的含义,他将 Bedeutung 定义为"去除纯粹效力之外的所有那些对效力的拓展、填充与规定"。(参见:Emil Lask, Gesammelte Schriften, Eugen Herrigel (Hrsg.), Band III, Tübingen 1924, S. 121)。Bedeutung 其实就是 Principium individuationis,也就是指向对特定物质有效的个别形式,于是便产生了形式之间的区分。需要注意的是,尽管 Bedeutung 不再是纯粹的意义和形式,却从范畴上讲仍然属于形式/效力范畴,是不包　（转下页）

"意义"(Sinn)的新解重构了逻辑学与范畴学说。他认识到形式的内容空洞性只能借由物质的多样性予以补足,一切效力者(Geltendes)都是期待被填充内容的趋向性效力者(Hingeltendes)。① 自此,实质性要素被引入到了效力哲学之中。与"趋向性效力"紧密衔接的另外一个拉斯克式的概念是"意谓区分"。他的意谓区分理论终结了一切规定性来自于逻辑原则的理论进路,原因在于各形式②之间的差异性标准不存在于形式的载体——即效力者自身,而是来自于效力领域之外的、形式所作用的对象,也就是取决于物质。③ 在这里,物质充当着"意谓的规定性要素"之角色。一切形式都只能是特殊者的形式,这种特殊性又源自于异己的物质:"多样性之源泉在于实然者,而非效力者"。④ 在这个意义上来讲,所有的形式性范畴,包括真理本身也早就被物质构造过了。通过发现与强调上述效力的趋向性特征,拉斯克转向了一种客观效力论。

马尔特(Malter)称上述拉斯克的转折为:"由新康德的理念主义转向一种新的本体论"。⑤ 索曼豪尔泽(Sommerhäuser)称之为:

(接上页注③)含物质在内的;与之不同,Sinn 代表的是"形式—物质—复合体",是效力与形式的多样化。从二者的关系上来看,Bedeutung 是 Sinn 的形式,而 Sinn 是内容上被填充了的 Bedeutung(参见:Emil Lask, Gesammelte Schriften, Band III, S. 134)。在英文中对这两个概念尚无统一翻译(比如 Crowell 将 Bedeutung 译为 signification,Sinn 译为 meaning;相反,Carriono 将 Bedeutung 译为 meaning,Sinn 译为 sense)。综上,笔者倾向于将 Bedeutung 译为意谓,以表示指向于对物质有效的个别形式,Sinn 译为意义,以表示兼备内容与形式。

① Emil Lask, *Logik der Philosophie*, S. 32.
② 比如因果性(Kausalität)与物性(Dingheit)这两个形式范畴。
③ Emil Lask, *Logik der Philosophie*, S. 58.
④ Hanspeter Sommerhäuser, *Emil Lask in der Auseinandersetzung mit Heinrich Rickert*, Berlin 1965, S. 108.
⑤ Rudolf Malter, Heinrich Rickert und Emil Lask, S. 87.

"由'应然问题'①向'实然问题'②的过渡,是在认识与建构对象的过程中物质性要素的核心化"。③ 拉斯克的学生海林格尔(Herrigel)站在主客体的视角来看待这一转折:在拉斯克那里,认识主体完全丧失了其重要性,因为所有的重心被转移到了客观世界,认识主体充当的只是一种服务性角色,④可谓是先验主体之终结。当我们回顾前文(里克特与文德尔班将主体意识作为认识的效力与价值规定性的先验证立之归宿)时,便可以发现拉斯克这一转折是多么巨大。在拉斯克那里,非理性者(Irrationales)与非理性化性⑤并没有像在里克特那里那样作为主体意识的异端⑥被一脚踢走,反而是作为一个关键性概念被重新确立了起来;理论理性也不再被视为一种主体的行为方式,反而认识献身于对象,进而开启了先验论价值哲学从主体本位向客体本

---

① 应然问题(quaestio iuris)这种提问方式所指向的是认识的权源(Rechtsgrund, Kant, KrV, B 117),即寻找认识的可能性与客观性的抽象前提,寻找效力的法则(规范)。在西南德意志学派那里,这一权源唯一存在于普遍的"价值"之中,于是经验研究的方法与可能性被排除。参见:Friederike Wapler, Werte und Das Recht, S. 37。
② 实然问题(quaestio facti)指向寻求认识的经验性基础,相对于寻求权源/根基(Grund)的应然问题来说,实然问题寻求的是事实层面的原因(Ursache),即显现(Geschehen)的法则。参见:Friederike Wapler, Werte und Das Recht, S. 37。
③ Rudolf Malter, Heinrich Rickert und Emil Lask, S. 89.
④ Eugen Herrigel, Emil Lasks Wertsystem, in: Logos XII, 1923/24, S. 102.
⑤ Emil Lask, Logik der Philosophie, S. 76ff.; 参见:Friedrich Kreis, Zu Lasks Logik der Philosophie, S. 232f.
⑥ Windelband 与 Rickert 认为那些无法为主体意识内在化的单一个体的思想内容具有不可知性与异质性,是现实的非理性残余(irrationaler Rest der Wirklichkeit),它们与理性之间存在一条不可逾越的鸿沟,即上文提到的 hiatus irrationalis。由于具体的现实本身是概念建构所无法企及的,因此是非理性的,这种现实的非理性导致了它与概念之间的二元对立。拉斯克试图通过引入与价值普遍性(Wertuniversalismus)相对立的价值个体性(Wertindividualität)这个命题来解决文化科学(比如历史科学)的认识可能性问题。

位的过渡。①

通过上述理论拉斯克颠倒了主客体的地位,不过这并不意味着从赫尔曼·洛采(Hermann Lotze)那里承袭的"效力"与"实然"之二元论的根本性瓦解,拉斯克并未走向一元论,确切来讲是开启了一种全新地审视二元对立的本体论视角,在此笔者引入"意义"概念。趋向性效力与意谓区分理论的结果是:一方面,形式借由物质得以多样化与实质化;另一方面物质藉由形式获得了有效性特征。于是,一个形式与物质的复合体,或者用拉斯克的术语来说是一种"浑浊的应然"(getrübtes Sollen),即"意义"这一全新的领域,拉斯克用它指代客观的真理王国。通过意义这一概念,拉斯克重新解读了康德的二元论。在他看来,康德那里的二元对立只是存在于非感性者(Nichtsinnliches)内部的(范畴)形式与(范畴)物质/内容之间的对立关系,所描述的是价值与无价值(Unwert)之间的一种无法相提并论的关系,相反非感性者与感性者、属价值者与无涉价值者、价值与非价值(Nichtwert)之间的鸿沟并不能称为"对立性"(Gegensätzlichkeit),②而只能说是差异(Unterschied)。于是,被康德与新康德主义哲学所剔除的或者说被伪装过的本体

---

① 这种主客体之地位变化亦体现在下述两方面上:a.)拉斯克将本是主体先天认识形式的"范畴"本身作为对象,参见注释105;b.)康德将人类先天认识形式与后天感觉经验之间关系的描述为:"思维无内容则空,直观无概念则盲"(Gedanken ohne Inhalt ist leer, Anschauungen ohne Begriffe sind blind, in: Immanuel Kant, Kritik der reinen Vernunft, B75, A51),拉斯克将其改写为:"形式无内容则空,内容无形式则裸"(Form ohne Inhalt ist leer, Inhalt ohne Form ist nackt, in: Emil Lask, Logik der Philosophie, S. 74)。纯粹的形式是空洞的,而纯粹的物质(也就是没有遇到逻辑之前或者说零形式的内容)是赤裸的。"逻辑赤裸性"(die logische Nacktheit)是拉斯克哲学的重要概念之一,这种从"盲"到"裸"表现了一种观念上的重大变革:形式不再是作为借主体之手加于经验事物的认识论原则,而是指代客观意义上的先天效力者;而无形式的内容也不再被看作盲目的(主体视角),而是强调物质的纯粹自性、非理性化性,进而与表征逻辑性的形式相区分。

② Emil Lask, Logik der Philosophie, S. 53f.;参见:Hanspeter Sommerhäuser, Emil Lask in der Auseinandersetzung mit Heinrich Rickert, S. 336f.

论意义上的物质/感性者①概念为拉斯克所重新发掘与探讨,对象与对象性被严格区分。通过"意义"领域的阐发,拉斯克将康德的形式与内容、范畴与对象的"二元领域论"(Zweisphärentheorie)改造成为了一种"二元要素论"(Zweielementtheorie),即构成意义的形式与内容/物质二要素,在这里,本体论意义上的物质进入了视野,此时的二元是在一种本体论差异上来讲的。② 尽管形式与内容这两个要素共同构成了意义王国,然而横亘于二者自身之间的(本体性)鸿沟仍然是无法穿透与弥合的。③ 因为一方面,形式的应然特征还是只来自于效力者,是形式(理念)的应然性规定了形式之所以为形式,这里不存在任何经验性权威,理念的自性绝对不可能从物质中得出。只不过形式需要通过物质补充内容,其效力亦需通过作用于物质得以显现,形式在物质上创造了秩序,比如范畴;同样地,即使通过逻辑可以从理论上认识物质,这也只是一种形式对物质的范畴性延展(umgriffen),④而物质的"非理性化性"(Irrationalität)作为物之自性是永远不会磨灭的,物质永久地保留此种不为形式所穿透与掌控的属性,而且该物性决然不可能来自形式,因为形式永远不能拥有物质所特有的"内容性"。于是,"实然领域与效力领域、实然者与效力者、实然与应然之间的裂痕不仅未被触及,反而得到了捍卫并变得更加牢固了……实然永远不可能跟效力等同,它只可能跟具有效力的效力关涉者等同看待。实然存在的并非有效的,实然者并非效力者,实然并非效

---

① 因为在那里,"实然"从一开始就只是在作为主体认识对象的意义上来讲的,其本体意义上的独特自性完全被忽视。
② 参见: Andreas Hoeschen, Das „Dostojewsky" — Projekt. Lukacs' neukantianisches Frühwerk in seinem ideengeschichtlichen Kontext, S. 109; Hans-Dieter Häußer, *Transzendentale Reflexion und Erkenntnisgegenstand*, Bonn 1989, S. 190f。
③ Emil Lask, *Logik der Philosophie*, S. 75.
④ Ibid.

力,而且实然对象域并非效力对象域。"①

(二) 前科学的概念建构

事实上,拉斯克的本体论转向早在1905年的《法哲学》中已经萌芽,这就是他的"前科学的概念建构"理论。在《法哲学》中,拉斯克发展出来了两组二元视角:a.) 哲学语境下的二元视角,借此区分了法律科学与法哲学。尽管(本体上)只存在唯一形态的法律,即经验的、在历史中发展着的法律现实,②然而由于该法律现实同时充当着作为超验价值的活动舞台或载体的角色,于是既存在法律科学视角下的法律现实,也存在法哲学视角下的法律现实。前者只看到了法律现实的经验性存在这一面向,后者则看到的是该现实的超经验性面向;b.) 法律科学内部的二元视角:区分法律的社会理论(Sozialtheorie des Rechts)与法学(Jurisprudenz)。对于前者来说,法律现实只不过就是现实的法律事实罢了,然而后者——也就是真正的法律科学,或者说法教义学意义上的法学——所关注的恰恰是从法律事实中脱离出来的"法律意谓",即"规范意谓"(Normenbedeutung)。上述两种二元论均对拉德布鲁赫的法哲学产生了决定性影响,自不细述,本文仍然将视野集中拉斯克理论中的对拉德布鲁赫"事物的本性"之观念产生重要影响的思想,即前科学的概念建构。

在早期的拉斯克③身上,一方面我们仍然可以清晰地看到康德以及新康德认识论的烙印。每当去追问"物之意义何在"时,便不可避免地需要引进形式范畴,因为物质只有借由外在于自身的形式才有可能是具有效力与价值的,否则便只是一堆杂乱无章的

---

① Emil Lask, *Logik der Philosophie*, S. 121f.
② Emil Lask, *Rechtsphilosophie*, 1905, in: Gesammelte Schriften, Eugen Herrigel (Hrsg.), Band I, Tübingen 1923, S. 280.
③ 即本体论转向之前的拉斯克。

物质材料,这一通过认识形式塑造法律质料的过程就是法律科学的概念建构;不过从另一方面来看,我们已经可以通过他的前科学的概念建构这一思想看到拉斯克对法律现实自身的特殊性与重要性的强调。对于科学的概念建构来说,其客体直接指向质料的普遍性,即只关注质料混杂物如何能够在范畴与科学形式的洗礼下成为一个统一体。然而拉斯克认为法律现实(法律质料)并非那些个赤裸裸的,等着认识主体通过认识形式/范畴对其进行概念建构的自然物,而是一个已经通过前科学的概念建构(vorwissenschaftliche Begriffsbildung)塑造而成的文化现实或者说"意谓—现实—复合体"。① 通过前科学的概念建构,所有处于法律领域中的事物都丧失了它们的自然性、与价值无关的特征②而成为一个意义复合体、实然之应然(Seinsollen)。③ 这种关涉文化意谓(在法律领域即规范意谓)的现实,这个"半成品"(Halbfabrikate)才构成了法律科学的概念建构的真正对象。

通过前科学的概念建构,法律科学的对象不再是纯粹的范畴性现实,而是混杂了法律现实自身的规范性意谓在内,藉此实证法的规范性效力④与效力载体联系在了一起。既然法律科学意义上的方法论要建立在前科学对其对象建构之后的结果上,那么对其对象便无法再进行一种纯粹认识论意义上的探讨。拉斯克严格区

---

① 这里需严格区分法律价值(Rechtswert)与法律意谓/规范意谓(Rechtsbedeutung/Normbedeutung)这两个概念。法律价值归属于价值范畴,是绝对的、先天的;规范意谓尽管不是绝对的自然物意义上的实然,却仍然归属于现实范畴,是一个方法论、经验性概念(参见:Emil Lask, Rechtsphilosophie, S. 308),原因在于其"应然性"来自于共同体权威(参见:Emil Lask, Rechtsphilosophie, S. 314ff., S. 326)。这一区分对于理解拉斯克的法律科学理论及其效力理论有着至关重要的作用,因其并非本文主题,故暂不细述。
② Emil Lask, *Rechtsphilosophie*, S. 316.
③ 注意区分这里的"实然之应然"与拉德布鲁赫于1948年之后通过法学建构产生的"实然之应然"。
④ 这里的效力指的是经验性意义上的效力,参见注释129。

分具体的(konkrete)文化现实与认识论意义上的现实之具体性(Konkretissimum),①后者意义上的现实只不过是范畴性综合的产物(ein Erzeugnis kategorialer Synthesen)②罢了。而恰恰在拉斯克看来,这种以纯粹的范畴性形式存在的现实对于法律科学来说是不充足的,在他那里,法律科学的方法论之研究客体已不再是单纯的科学形式,而是直接指向法律现实;不仅仅指向社会科学,而是同时指向社会物本身,并相应地指向法。③ 于是具体的单个文化事实、拥有直接形态的质料个别性、法律现实本身及其特质进入了前科学的概念建构的视野之中。借此,拉斯克超越了对法律的纯粹认识论维度:不再是单纯的科学形式(Wissenschaftsformen),而是法律现实本身成为了法律科学方法论的研究对象。传统新康德主义的以主体为导向的理论理性被一定程度上地突破,法律的实证性与现实性被纳入了考量范围。

(三) 拉德布鲁赫与拉斯克:理念的质料规定性与社会构造物

受拉斯克影响,拉德布鲁赫发展出了两大堪称事物的本性理论之雏形的理论:"理念的质料规定性"与将法律质料定性为"社会构造物",前者来源于拉斯克的趋向性效力理论,后者则受启发于前科学的概念建构理论。

既然拉德布鲁赫将法律质料与其理念之间的关系定性为理念的质料规定性,那么此时的问题便是:法律质料究竟在何种意义上规定了法律理念④呢?拉德布鲁赫首先否定了对理念与质料之间

---

① Emil Lask, *Rechtsphilosophie*, S. 312.
② Ibid, S. 308.
③ Ibid, S. 310.
④ 尽管"法律理念"这一概念是拉德布鲁赫法哲学体系中的关键性环节之一,也是学界所激烈讨论的一个话题,然而鉴于本文的主旨在于事物的本性理论,因此对于法律理念本身笔者不准备花太多笔墨来论述。当我们理解拉德布鲁赫的"理念的质料规定性"思想时,需清楚他是在康德以及新康德主义的二元论背景下 (转下页)

关系进行一种纯逻辑的思辨(即无法在一个纯粹的超越现实的范畴中进行),其次否定了对其进行现实层面上的纯粹经验性审视,从而将立场锁定在先验逻辑学(transzendentale Logik)上。这样一来他又回到了康德的问题框架内,宣称完全脱离质料与实然去探索理念与应然是不可思维的(undenkbar),理念的质料规定性是理念之所以可能的先天条件,是理念的先验逻辑性前提。① 因此,这种对理念进行的超验逻辑性批判必须将自己置身于一种形式与质料之间的不间断的往返流转关系中:现实者的理念化与虑及理念之质料载体的价值理念的规定性,②拉德布鲁赫将后者描述为"理念的质料规定性",其中的"规定性"体现在:每个理念都天生地符合其质料,③理念的效力或规定性总是趋向于特定质料,于是反过来理念便为它所欲统辖的质料所共同规定。④ 借此绝对的二元方法论得到了一定程度的缓解。

除了上述质料对理念的规定性之外,拉德布鲁赫于1948年又在另外一个层面上阐发了法律理念对法律质料的需求:⑤第一,既然理念将质料作为自身得以实现的载体,那么质料便发挥了一种限制性功能,即为理念的实现设置了其尘世的边界;第二,事物的本性表征了法律思想得以孕育的"历史环境"(Klima),进而使得立法者思想以及立法内容受到了法律质料的影响,⑥于是借由事

(接上页注④)使用该概念的,其中的"理念"可以说就是"应然"的代名词,指的就是法律的形式,属于价值评价的应然范畴,是法哲学的研究对象。至于其三个要素(正义或公平、法律安定性与合目的性)之间错综复杂的关系亦非本文主旨。具体参见:Gustav Radbruch, *Die Problematik der Rechtsidee*, 1924; Vgl. Rechtsidee und Rechtsstoff; Rechtsphilosophie, Studienausgabe, S. 73ff。

① Gustav Radbruch, Rechtsidee und Rechtsstoff, S. 453f.
② Ibid, S. 454.
③ Ibid, S. 453.
④ Ibid, S. 453f.
⑤ Gustav Radbruch, *Die Natur der Sache als juristische Denkform*, 1948, S. 163.
⑥ Ibid.

物的本性,法律思想得到了内容上的填充。在1948年的《法哲学入门》中拉德布鲁赫也使用了类似的表述:"任何法律思想都必然带有历史环境的印记并在这里得以塑造,于是大部分法律思想都从一开始潜在地孕育于历史可能性的界限并在这个意义上与事物的本性相关联。"①在上述意义上,事物的本性可以说是"立法者的指导思想",②因为它早在制定法之前便已经生效。此外,拉德布鲁赫还强调恰恰通过事物的本性对法律理念的规定与限制,成就了法律理念中的安定性要素。③

那么这个得以规定法律理念的法律质料又是何种形态呢?拉德布鲁赫将其界定为一种"社会构造物"(Sozialgebilde),④是前科学的概念建构的产物,借此法律质料完成了从纯粹自然物到社会物的转化过程,如今的它已不是"止于感官的、在范畴上尚未被完全塑造成形的实存"抑或自然的性—生殖关系⑤,不过尚不能称为"法律制度"(Rechtsinstitut),⑥而是一个在概念上多样态预先塑造的现实,⑦一种以某种社会构造物的形式存在的、前科学的甚至可以说是前实证的现象。⑧ 这些对自然物进行建构的概念被拉德布鲁赫宣称为"社会科学中的概念以及那些隶属于社会科学领域的前科学概念",⑨此二种社会性概念在拉德布鲁赫眼中既是一种

---

① Gustav Radbruch, *Vorschule der Rechtsphilosophie*, S. 22.
② Gustav Radbruch, *Die Natur der Sache als juristische Denkform*, 1948, S. 163. 这里强调一点:拉德布鲁赫这里所说的"事物的本性作为立法者的指导思想"是在一种经验性、历史观的层面上来讲的。
③ Gustav Radbruch, *Die Natur der Sache als juristische Denkform*, 1948, S. 163.
④ Ibid, 1941, S. 362.
⑤ Gustav Radbruch, *Rechtsidee und Rechtsstoff*, S. 458.
⑥ Gustav Radbruch, *Die Natur der Sache als juristische Denkform*, 1941, S. 362.
⑦ Ibid, 1948, S. 160.
⑧ Ibid, 1941, S. 362.
⑨ Gustav Radbruch, *Rechtsidee und Rechtsstoff*, S. 458, Anm. 5; S. 458.

"法律的形式",又是一种"社会生活的前科学事实",①一种从以法律形式存在的社会构造物的事实中得出来的法律认识形式,比如买卖、租赁,②动产与不动产,休息日与工作日。在实证法规范进入之前,人与人之间的关系便已经通过前科学的概念完成塑造过程了。正如歌德所说的:"只要是有人类聚集的场所,就立马会有那些调整他们之间共同相处的形式与方法被塑造出来。"③这样一来,法律质料便与其它纯粹性自然事实相区别开来,后者无法作为法律推论的出发点,因为无法从毫无意义之物中获得意义、从单纯的自然事实中得出事物的本性意义上的法律结论。④假如法律质料本质上只是一种尚未在范畴意义上被转化的自然事实的话,便无法在它与法学概念之间建立逻辑上的关联,也无法进入法学的视野中,于是概念上的预先塑造便成为了一个法律科学的预设前提,借此自然之物得以转换成法学概念。⑤借助社会性概念,拉德布鲁赫在生活关系与法律概念之间架起了一座桥梁,起到一种过渡作用。

小　结

拉德布鲁赫无疑通过这种理念与质料之间的关联性打破了实然与应然之间的绝对分割,突破了施塔姆勒意义上的绝对二元对立;另一方面,他又坚持这种关联性并不表示两个范畴之间存在逻辑上的推导关系,充其量是一种事实层面上的因果关系。即使质

---

① Gustav Radbruch, *Rechtsidee und Rechtsstoff*, S. 459.
② Herbert Schambeck, *Der Begriff der „Natur der Sache"*, S. 132.
③ Gustav Radbruch, *Die Natur der Sache als juristische Denkform*, 1941, S. 362.
④ Ibid.
⑤ Ibid, 1948, S. 160. 这个过程包含了一种目的论思想在内:社会构造物以实现法律理念为目的。

料对理念存在一定程度的规定性,从中得以窥得理念,然而这种意义上的事物的本性仍然没有完全超越实然范畴,而只要它未被划归为应然范畴,那么从中得到的认识就只能是实然性、经验性的,并非获取认识的科学方法,充其量只是一种直觉的顿悟。至此,二元方法论的基本命题依然生效,实然与应然的二元思维形式依然未被打破,价值判断最终只能从最高级别的终极价值判断中得出,价值王国与事实王国在这个意义上毫无交集。此外需要注意的一点是不能将拉德布鲁赫语境中的这种理念的质料规定性理解为现象学或者存在主义意义上的此在(Dasein),他并没有承认实然的优先性。对此下文会有详细论述。

从拉德布鲁赫将法律理念与法律质料之间的关系定性为"现实者的理念化与虑及理念之质料载体的价值理念的规定性"①以及后来的"在实然中实现了的应然,在现实中显现出来的价值"②中可以看出他最终仍然没有走出新康德主义的认识论框架,一直在强调一种理念在实现自我的意义上对质料的依赖性,质料作为理念实现自我的载体得以规定理念。事实上,拉斯克早已脱离了新康德主义的二元论轨道,复兴了物质的本体性面向。尽管拉德布鲁赫一直在援引拉斯克并仍然把理念与质料之间的关系追溯到拉斯克,然而由于二人的理论旨趣与目的业已分道扬镳,故而经拉氏之手呈现出来的拉斯克(理论)只能说是"拉德布鲁赫的拉斯克",而非原汁原味的拉斯克。他表面上借用了拉斯克的术语,却意在实现自己的理论目的。然而,不可否认的是拉德布鲁赫对于僵硬的二元论的反思确实首先归功于拉斯克提供的灵感,而理念的质料规定性也因此成为了事物的本性理论之雏形。此外,拉斯克的"前科学的概念建构"以及法律科学的客体理论也在拉德布

---

① Gustav Radbruch, *Rechtsidee und Rechtsstoff*, S. 454.
② Gustav Radbruch, *Die Natur der Sache als juristische Denkform*, 1948, S. 172.

鲁赫的法哲学中留下了深刻的印记,①这一点在他论述法律科学的逻辑学时展现的淋漓尽致,并成为了他与凯尔森的纯粹法学相分道扬镳的关键点之一。凯尔森选择了对法律进行一种纯粹应然式的探讨并剔除一切实然因素,他将法学的对象限定为应然性法律规范,是纯粹的方法论产物,于是规范性对象与规范性方法相统一。而拉德布鲁赫却在《法哲学》中写道:"法律科学拥有实然科学的对象与规范科学的方法。"②他一方面坚持法律科学的对象作为事实、法律命令、意愿命题的实然属性,另一方面又将其方法定性为规范性方法,即进入方法论视野中的并非实然本身,而是其客观意义,于是实然对象被看作应然命题、规范来对待。这样一来,拉德布鲁赫便面临着一个重大难题,③那就是实然的法学对象与应然的、规范性的法学方法论的二元分立。于是,对象与方法之间的统一性被割裂,尤其是这个法律现实还是前科学概念建构的产物,是一个社会构造物。诺依曼指出:只要拉德布鲁赫没有在他的科学理论中肃清这种先于法律科学的社会性因子,那么他就没有办法贯彻严格的二元方法论。④拉德布鲁赫明显给规范性的法学方法论设置了一个任务,即在实然与应然之间架起一座桥梁,连接作为实然构造物的法律与具备确立规范功能的法学,⑤后者的对

---

① 拉德布鲁赫的"社会性概念"确实来自于拉斯克的启发,这一点毫无疑问,只不过拉德布鲁赫事实上是在另外一个意义上沿用了拉斯克的"前科学的概念建构"这一概念,进而使之服务于自己的法哲学思想与目标,因为对于拉斯克来说,通过前科学的概念建构进入法律科学视野的并非法律的"社会性",而恰恰是法律的实证约束力。
② Gustav Radbruch, Rechtsphilosophie Studienausgabe, S. 115.
③ 参见:Ulfrid Neumann, „Methodendualismus" in der Rechtsphilosophie des Neukantianismus. *Positionen zum Verhältnis von Sein und Sollen bei Gustav Radbruch*, S. 33f., 35ff.
④ 参见:Ulfrid Neumann, „Methodendualismus" in der Rechtsphilosophie des Neukantianismus. *Positionen zum Verhältnis von Sein und Sollen bei Gustav Radbruch*, S. 40.
⑤ Ulfrid Neumann, Wissenschaftstheorie der Rechtswissenschaft bei Kelsen und Radbruch, in: *Recht als Struktur und Argumentation*, Baden-Baden 2008, S. 304.

象不是作为命令的法律实然,而是作为规范的法律应然。这一点也成为了凯尔森对拉德布鲁赫以及其他站在文化科学立场上看待法律的学者的主要抨击点之一,他坚决反对可以在实然与应然之间建立任何关联性,法学对象永远是通过法学方法建构出来的。在凯尔森坚守的方法的建构对象功能(gegenstandskonstitutiven Funktion)之原则的检验下,拉德布鲁赫将法学对象设定为实然的理论明显与该原则相左,而该原则又是科学理论的核心原则,即:不是以实然本身,而是以方法建构的实然作为出发点。对此,诺依曼强调应当在"制度"层面上理解社会这一概念。在一定程度上,社会内部也存在规范,比如承诺,而非规范无涉。笔者认为这是一条可能的解决路径,因为借此我们可以不再把前科学(比如社会科学)认定为纯粹的实然存在,而是承认在那里也存在规范性。如此一来,经过前科学概念建构的法律质料/生活关系也具备了某种自有的规范属性,而不再是纯粹的实然。①

四、事物的本性之属性

(一) 方法—认识论视角下的事物的本性:从"直觉的顿悟"到"严格的理性方法之结论"

前文(第二章最后一节)已经提及拉德布鲁赫通过《作为法学思维形式的事物的本性》一文大幅度改变了他早期对于实然与应然二者关系的观点,用一句话概括就是:从事物的本性中所得出的是一种严格的理性方法之结论,而不再是直觉的顿悟。既然应然命题可以从非应然性命题中得出,那么拉德布鲁赫原本的二元论立场就受到了巨大挑战。在这一节中,我们将探讨拉德布鲁赫究

---

① Ulfrid Neumann, „Methodendualismus" in der *Rechtsphilosophie des Neukantianismus*. Positionen zum Verhältnis von Sein und Sollen bei Gustav Radbruch, S. 40.

竟是如何完成这一转变的。

"法学建构"(juristische Konstruktion)方法是解开此态度转变的钥匙。这是一个完全不同于传统概念建构式法学方法的新型方法论,拉德布鲁赫对它的评价是:"这是一项伟大的尝试,即试图借助事物的本性这种思维形式来建构个案中的法律秩序。"①从中我们可以解读出来下述三点:首先,事物的本性是一种思维形式;其次,可以从中得出理性结论;最后,通过这种方法得出的结论仅限于实现个案正义,即衡平(参照上文)。用一句话来概括拉德布鲁赫的法学建构方法便是:借由"理念类型"生活关系得以转化为一种法律关系。②拉德布鲁赫借用了马克思·韦伯(Max Weber)的理念类型这一关键概念来完成事实的生活关系向理性的、法学意义上的法律关系的过渡。然而,如何就可以避免经验性方法的非理性了呢?这种从"事实维度"到"规范维度"的过渡具体如何完成?拉德布鲁赫将这一通过法学建构方法到达理念类型的过程描述为:从生活关系及其单个行为规则出发,经由它所关涉的理念之意义进而上升到法律制度的理念类型,③换句话说就是通过在思维上将生活关系分解为其法律关联性部分,进而获得各个法律制度的类型。因此,法学建构方法是一种类型学的思维形式,④其过程是类型建构(Typenbildung)的过程。

早在1938年的《类别概念与秩序概念》("Klassenbegriff und Ordnungsbegriff")中,拉德布鲁赫已经开始将很多注意力放到"类型"这一概念上并借此反思传统法学思维形式所存在的缺陷。事物的本性在拉德布鲁赫看来属于一种对个案进行类型化

---

① Gustav Radbruch, *Die Natur der Sache als juristische Denkform*, 1941, S. 361.
② 参见:Gustav Radbruch, *Die Natur der Sache als juristische Denkform*, 1948, S. 162。
③ Gustav Radbruch, *Die Natur der Sache als juristische Denkform*, 1948, S. 162.
④ Ibid, 1941, S. 364. 拉德布鲁赫的这种将事物的本性看作类型学思维方式的理论后来由考夫曼与诠释学方法相结合而发展成为一套类推理论。参见:Arthur Kaufmann, *Analogie und Natur der Sache*, München 1965, bzw. S. 46ff。

并以这些类型为出发点的评价性思维形式。① 他发现恰恰在当下,忽视所有中间声音并断然拒绝一切"既……又……"以及"或多或少"的严酷思维方式将法律变得如此令人生厌。② 单纯借助演绎推理以及(概念)分类是不可能构建出一套法律体系的,因为尽管这种方法包含一个稳固的核心,却并未提供稳固的界限以至于缺失了一种"或多或少",而这种"或多或少"又与现实的生活事态(Lebenssachverhalte)紧密相联,③他还强调要想保证法律安定性,就必须得给"事物的本性"留出空间。④ 由此可见,在概念演绎所建立起来的体系之外,法律还需要一个以"事物本身的逻辑"为导向的事物逻辑体系(sachlogische Systematik);在类别概念(Klassenbegriff)之外应当同时让秩序概念(Ordnungsbegriff)与类型概念(Typenbegriffe)发挥功能。拉德布鲁赫注意到在目前的法律实践中,立法者已经愈加频繁地将一些裁决权留给法官,比如由他们来裁定某些法律效果(Rechtswirkung)是否适合于当前案件个案从而决定该项法律规范是否适用,而这个时候就轮到了类型概念发挥作用。于是这种与传统概念法学意义上的体系性概念建构方法迥然相异的类型化方法渐渐获得了更多的关注并成为一种平行于概念涵摄的新方法。这种方法并非着眼于事物身上具备的普遍性,其产物并非属概念层面上的那些毫无差别的法律现实要素的总和⑤以及一堆通过归纳总结出来的情形,反而是聚焦于现实的本质性,而且从中得出的概念也并非属概念(Gattungsbegriff),而是

---

① Gustav Radbruch, Klassenbegriffe und Ordnungsbegriffe im Rechtsdenken, 1938, in: GRGA, Bd. 3, S. 64. 拉德布鲁赫在1941年写给恩吉施的信中又一次明确指出:应当重视安格鲁萨克逊方法。参见:GRGA, Bd. 18, S. 179。
② Gustav Radbruch, Klassenbegriffe und Ordnungsbegriffe im Rechtsdenken, S. 65.
③ Arthur Kaufmann, Einleitung zum Strafrecht II, S. 10.
④ Ibid.
⑤ Herbert Schambeck, Der Begriff der „Natur der Sache", S. 133.

类型概念。① 与通过属概念建构起来从属性与等级性秩序不同，类型概念为个别现象彰显其本质提供了空间，而质料自身的特别性以及它对理念的规定性也得到了一定程度的承认并幸免完全被抽象的、形式逻辑的上位概念所吞噬。类型建构这种新的法学思维形式所指向的不是同样属性的案件类型，而恰恰是个别案件，意在从单个案件中推出其意义内涵。由此可见，拉德布鲁赫超越1932年之处在于，他承认了事物的本性可以是一种理性认识的源泉，却同时保留了其适用范围：个案。这一点同样可以通过他于1943年写给瓦尔特·史皮斯(Walter Spiess)的书信中清晰地看到。他强调(在法学中)必须对下述两种方法进行严格区分：一种是对法律命题进行法律目的性层面上的合法性证成；另外一种是对法律概念进行法学分类。这两种方法各行其职，正是因为法律概念更多的是一种法律的形式概念，②因此不应当否定那些社会科学—目的论概念。这种以类型化思维形式为特征的法学建构方法无疑能够作为法律秩序的另外一种形式从而成为整体法律秩序的根基之一。1948年之后，拉德布鲁赫进一步将这种类型化方法进行了目的论意义上的阐发。他开始探讨如何对生活关系进行一种合乎目的性解释，于是类型概念也成为了一个不同于属概念的目的论意义上的概念。

对于事物的本性这种新型思维形式在法学实践中的具体应用，拉德布鲁赫也举了具体的例子，③首先是刑法学领域，当面对某些单纯依靠法律文本无法给出充分的答案的问题时，便需要回

---

① 在马克思·韦伯看来，"理念类型"并非一种理想的模本(与耶利内克相比)，而是一种清楚了个别偶然性的理念性图示，它被合乎逻辑地建构出来并因此成为一种单方面提升了的现实。参见：Gustav Radbruch, *Die Natur der Sache als juristische Denkform*, 1948, S. 172。
② Gustav Radbruch, *Brief an Walter Spiess*, S. 214f.
③ Vgl. Gustav Radbruch, *Die Natur der Sache als juristische Denkform*, 1941, S. 367f.

溯到犯罪行为的前法律本质中去进而做出判决。例如在面对法律规定的不充足时就必须从事物的本性中发展出过错形式理论,即过错理论(Schuldlehre)。[①] 此外还有通过事物的本性这种思维形式区分犯罪的法律关系概念的构成要件与个别犯罪类型;其次,事物的本性的运用还体现在社会法/劳动法领域中,比如区分传统民法中的自然人和平等的民事主体与劳动法中的雇工与雇主法律关系。

到这里,拉德布鲁赫成功证明了科学认识并非只能通过体系化的概念建构这个唯一的方法得出,而是还能通过类型学的思维形式。法学认识或实证法的应然规范(当然仅针对个案)并不是只能建立在其他普遍性的应然规范之上,还可以回溯到事物的本性中去。正是通过"法学建构",生活关系与法律理念相关涉并被改造成为法律关系,于是事物的本性作为生活关系的客观意义便得以跻身为一种新的获得理性认识的方法论途径,一种理性的法律认识渊源(Erkenntnisquelle),而不再是纯粹的经验性认识(直觉的顿悟)。到这一步,拉德布鲁赫可谓成功走出了绝对的二元方法论之泥淖。需要注意的是,上述这些都是在认识论或者理论哲学视角上讲的;如果进入实践哲学以及效力论视角,即:事物的本性能否作为一种有效的法律规范之渊源,拉德布鲁赫则持绝对否定的态度,因为法律判决仍然无法通过事物的本性得到证立。事物的本性仍非有效的法律渊源(Rechtsquelle),这一点构成了下文论述之重点所在。

(二) 规范—效力论视角下的事物的本性:一种新二元论

上一小节已经论述了事物的本性如何可以成为理性认识的源泉。尽管这是一步非常大的跨越,但是拉德布鲁赫对于这一理论

[①] Vgl. Gustav Radbruch, *Die Natur der Sache als juristische Denkform*, 1941, S. 367.

的态度还是十分谨慎保守的。尽管借助法学建构,事物的本性得以成为合法的理性认识来源并作为一种法学的思维形式;然而拉德布鲁赫同时又否定了它作为有效的法律规范渊源,对此问题的探讨便进入了法律的规范—效力论领域。事实上,拉德布鲁赫在面对这一点上其态度亦经历了一个一百八十度大转折:1932年他在《法哲学与法律践》一文中明确承认事物的本性是另外一种不同于实证法的法律渊源,它的效力源于事物本身的必然性;①然而1941年以后,他一改从前的认可态度,否定了事物的本性作为一项有效的法律渊源的地位,转而宣称其作为一种法律渊源仍然缺失合法性(Legitimation),②故而无法借助自身的力量成为一种有效力的存在,反而需要诉诸它者,即实证法。只有当某项有效的法律渊源以明确或者暗示的方式给予了事物的本性以适用空间时,事物的本性之效力才能发挥。③ 既如此,经由事物的本性得出的论证即使是理性结论,仍然不具备对于实证法的约束力,法院判决的合法性也无法通过回溯到事物的本性那里来得以证立。

实证法不仅赋予了事物的本性以效力,同时还为其运用设定了前提:只有在无法通过特定立法者所传达出来的理念证明生活关系的规则时,方可回溯到事物的本性——即"根本的立法者"、"普遍立法者"(Gesetzgeber in abstracto)④或者说"解释和完善实证法的最终理性(ultima ratio)"⑤——那里去。也就是说,只有实证法沉默之处才有事物的本性发挥作用的空间,其所扮演的仅仅是一个补充和完善法律规范的角色,作为"司法解释和漏洞填补的工具(目的解释方法)"。⑥ 当规范被证实为不完善之时,其漏洞

---

① Gustav Radbruch, *Rechtsphilosophie und Rechtspraxis*, S. 497.
② Gustav Radbruch, *Die Natur der Sache als juristische Denkform*, 1941, S. 366.
③ Ibid, 1948, S. 162.
④ Ibid, S. 162f.
⑤ Ibid, 1948, S. 162f.
⑥ Ibid, S. 162.

可以通过如下推理方法进行填充：即从制度的本质中推论出其所缺失的法律规范，①借此法律规范的无矛盾性与完整性也得到了检验。然而这些法律规范并非一种任意的创设，此建构方法其实是保证了立法者制定出来的规范与此时传达的补充性规范二者之间的一致性。这一点表明了事物的本性适用的界限是：不能与实证法相违背。用拉德布鲁赫的话来说就是：只有当事物的本性所传达的生活关系的意义与该意义所建基的理念二者与制定法精神（Geist des Gesetzes）不相违背之时，事物的本性才可以发挥作用。② 事物的本性不具备约束立法者的效力，③在面对现行有效的实证法以及其它有效的法律渊源时，它只位居次位，制定法相对于事物的本性享有绝对的优先权，这一点是从理念与理念的应然特性相对于现实与现实最终的实然本性以及应然对实然的统摄权中得出的。于是，实然与应然之外的一个新的二元对立产生了："事物的本性"与"实证法的精神"。

也正是在这一点上，拉德布鲁赫被一些学者指责为一个实证主义者——因为他将这个结论建立在实证主义信条之上：实证法的精神相对于物之理性，具体的立法者相对于抽象的立法者处于优先地位。④ 事物的本性作为法学的一项方法论原则并无超越实证法的效力，在这一点上拉德布鲁赫的事物的本性理论与实证主义之间的界限其实是极其微小的。一旦法律与事物的本性二者之间出现矛盾时，他的立场回到了古老的实证主义：实现法律，哪怕世界消失（fiat justitia, pereat mundus）。⑤ 暂时撇开对于拉德布鲁

---

① Gustav Radbruch, *Die Natur der Sache als juristische Denkform*, 1948, S. 162.
② Ibid.
③ 这里也是很费解的，既然拉德布鲁赫赋予了事物的本性以"立法者的指导思想"（参见第三章第三节）之称，为何又说它不具备约束立法者的效力。参见下文的"开放性问题"之三。
④ Werner Maihofer, Die Natur der Sache, S. 154.
⑤ Ibid.

赫是否是一个实证主义者的争论——我们至少可以清晰看到,通过这个新的二元论,拉德布鲁赫越来越把重心放在了法学的实践性面向上,从而突破了新康德主义对法学进行一种纯粹认识论探究的窠臼。与之相呼应的是他战后的法哲学理论之重心转移:从法学的价值关涉视角向法律制定者的价值评价视角的转移①,从强调法律的安定性向强调实质正义的转移,假如一项实证法违背法律理念到了不可容忍的地步,那么该实证法便由于欠缺法性(Rechtsnatur)而不再是法。

(三) 事物的本性与二元方法论:质料的理念规定性

综上可见,在方法—认识论层面上,从依然归属于实然范畴的事物的本性中可以得出理性结论,即不光可以从应然,而且从实然中也可以得出应然,那么实然与应然之间的二元论即被取缔;在规范—效力论层面上,事物的本性并非一项有效的法律渊源,不具备对实证法的约束力,而只是司法实践中的一种解释与漏洞填补工具。鉴于二元论原本就是一个方法—认识论层面上的概念,而不是在规范—效力论的意义上来讲的,因此答案似乎已经十分明了:拉德布鲁赫已经通过事物的本性成功地克服了二元方法论。然而,当我们把目光再次投向拉德布鲁赫对事物的本性自身,再加上他于1949年发出的如下极富矛盾性的宣称:"(二元方法论与相对主义)这两个思想尽管期间确有变迁,却最终仍被保留了下来"②时,就会发现答案又开始变得扑朔迷离。接下来,笔者通过列举与分析(尤其是晚期)拉德布鲁赫对事物的本性所下的一些命题,进入到对事物的本性之属性探讨中。

a) 事物的本性中的"事物"并非简单的自然事实意义上的实

---

① Ulfrid Neumann, Ralf Dreiers Radbruch, S. 150.
② Gustav Radbruch, Nachwort-Entwurf zur 3. Auflage der „Rechtsphilosophie", 1949, S. 38f.

然存在,而是经过前科学的概念建构之后的产物;

b) 事物的本性并未创设第三个独立范畴,它在实然与应然的二元对立中最终处于实然领域,关于其价值,还是应然/理念说了算;①事物的本性不是应然,而是滑向实然面向(Seinsseite);②

c) 事物的本性并非一种法律的"本体性结构"(ontische Struktur),而是一种视角(Aspekt),事物的意义是评价主体首先通过与价值相关涉而得出的。于是其任务也在于在事物中实现该价值;③

d) 事物的本性并非实然者,然而又系于实然者;事物的本性传达的是实实在在的生活关系之客观意义(而不是主体思维出来的意义),是法律理念之表达,不过这并不能得出它就是有效的;④

e) 事物的本性是关涉法律理念的生活关系的意义,⑤是一种"实然之应然"(Seinsollendes),⑥在实然中实现了的应然,在现实中显现出来的价值;⑦

f) 事物的本性事物的本性不具备法律规范的属性,并非有效的法律渊源;⑧它并非效力者,而是司法实践中解释与漏洞填补工具;⑨

g) 事物的本性是法学的思维形式。⑩

---

① Gustav Radbruch, *Die Natur der Sache als juristische Denkform*, 1941, S. 366.
② Gustav Radbruch, *Vorschule der Rechtsphilosophie*, S. 23.
③ Gustav Radbruch, *Die Natur der Sache als juristische Denkform*, 1941, S. 363.
④ Ibid, 1948, S. 162.
⑤ Ibid.
⑥ 笔者认为在拉德布鲁赫的事物的本性思想中,应当区分两个层面上的"实然之应然":一个是通过"前科学的概念建构"之后的法律质料;另外一个是通过"法学建构"之后的法律质料,即拉德布鲁赫观念中的事物的本性,在实然中实现了的应然。详见下文。
⑦ Gustav Radbruch, *Die Natur der Sache als juristische Denkform*, 1948, S. 172.
⑧ Ibid, S. 162.
⑨ Ibid.
⑩ Ibid, S. 157ff.

从上述种种论断中,事物的本性之属性的复杂程度已可见一斑。首先,它既非一种法律理念意义上的纯粹应然,亦非有效的法律渊源并因此无法成为规范意义上的存在,由此拉德布鲁赫将其归为"实然"范畴,但又不是自然事物意义上的纯粹实然;其次,它又不是一个本体论意义上的概念,不指涉任何法律的本体结构;最后,拉德布鲁赫将其定性为一种"实然之应然",并限定其为一种视角和思维形式。那么,事物的本性作为一种实然究竟是从何处获得的应然之性从而成为"实然之应然"的呢?对这一问题的回答是揭开上述谜团的关键所在。

显然,这个应然属性不可能来自于生活关系自身,因为尽管经历了前科学的概念建构之后,生活关系不再是纯粹的自然物,而是具有了自身的意义,却仍然没有脱离实然范畴。那么,答案只有一个:来自于法律理念。① 拉德布鲁赫将事物的本性定义为"关涉法律理念的生活关系之意义",②理念是在我们认识生活关系的客观意义的过程中参与进来的,而事物的本性就是我们最终的认识结果。这里的"意义"一个是本体论层面的,一个是认识论层面的:作为生活关系本身的客观意义是附着于事物本体的;而法学意义则是主体的认识结果。拉德布鲁赫明确说道:事物的本性所传达出来的生活关系的意义绝非任何一个什么主体思维出来的意义(与自然法相区别),而是一种客观的、内含于事物本身的意义。③ 这里的意义不依附于主体及其主观性,而是具有自身的客观独立性,只不过一旦我们欲理解与认识该客观意义之内涵时,则只有通过与理念相关涉。于是,法律质料便不应当在一种价值无涉的事实性意义上来理解,而是应当将其看作一种精细塑造出来的关涉

---

① 参见:Wolfgang Lohmann, *Versuch einer methodologischen Erörterung der Radbruchschen Rechtsphilosophie*, S. 59.
② Gustav Radbruch, *Die Natur der Sache als juristische Denkform*, 1948, S. 162.
③ Karl Engisch, *Gustav Radbruch als Rechtsphilosoph*, S. 66.

意义的实际(Gegebenheit)。① 原本的客观意义成为了一种主客观混合的意义,这种被解读出来的意义已不再完全来自于事物之事实结构的本来要素,而成为了一种思维过程的结果,这个思维过程就是"价值关涉"。② 拉德布鲁赫把"价值关涉"的方法延伸到了定义事物的本性上,借此事物的本性成为了"实然之应然"——"在实然中实现了的应然,在现实中显现出来的价值"。③ 这样一来,事物的本性已然从最初的"理念的质料规定性"滑向了"质料的理念规定性"(Ideebestimmtheit der Stoffe),④即将法律质料看作对法律理念的实现。原本明了的答案又变得模糊起来,因为实然(生活关系)与应然(理念)的二元对立又重新露面,"法学建构"只不过是连接"事物的客观意义"与"价值/理念"之间的桥梁罢了,其意不在取消和颠覆这种二元对立。

接下来笔者着眼于分析这一价值关涉过程是如何进行的,也就是质料如何被理念所决定。实然自身无法通过它自身的事实性效力证立自身,只能通过被设立一个应然的目的,而法学建构之所以可能,也在于每个法律制度都是通过一种特定的法律目的来表征的。⑤ 通过与理念相关涉,事物的意义方得以作为一种理性认识的结论被确立,并转化成为一种参入了目的性的法学意义⑥,假如脱离目的导向,其客观意义便无法被理性加工成为法律认识。在法律理念的统摄之下,生活关系得以成为统一的意义复合体,

---

① Claus Roxin, Einige Bemerkungen zum Verhältnis von Rechtsidee und Rechtsstoff in der Systematik unseres Strafrechts, in: *Gedächtnisschrift für Gustav Radbruch*, Arthur Kaufmann (Hrsg.), Göttingen 1968, S. 265.
② Alessandro Baratta, *Natur der Sache und Naturrecht*, S. 128.; Vgl. Gustav Radbruch, *Die Natur der Sache als juristische Denkform*, 1948, S. 172.
③ Gustav Radbruch, *Natur der Sache als juristische Denkform*, 1948, S. 172.
④ 参见:Werner Maihofer, *Die Natur der Sache*, S. 150; Arthur Kaufmann, *Analogie und Natur der Sache*, S. 46ff。
⑤ Werner Maihofer, *Die Natur der Sache*, S. 154.
⑥ 参见:Gustav Radbruch, *Die Natur der Sache als juristische Denkform*, 1948, S. 161.

"一个目的论复合体,一个法律目的与手段的复合体"。① 此时的视角已经从内在于法律质料、与理念无关的"客观(本体论)意义"转移到了其"法学意义",即将法律质料作为法律理念之表述与实现,作为法律理念在现实中的具体化和实质化。既然只有法律理念才有资格作为其目的,则法律质料已经在一定程度上被"主观化"了,事物的本性演化成了"连接价值与现实的方法论之所",②用拉德布鲁赫自己的话说是"实然确认(Seinsfeststellung)与价值评价(Wertbeurteilung)二者的结合",③我们业已越过现实世界而进入到了价值世界中,只为在此寻得赋予经验现象以意义的理念。④ 不难看出,拉德布鲁赫看待事物的本性之视角已经发生了变化:从之前的质料对理念的规定性转变为理念对质料的规定性。⑤ 尽管事物的本性要求对既存的法律质料进行具有意义的塑造并因此站在了理念的对立面,最终做决定的却仍然是法律理念,⑥由它来决定那些内在于生活关系的客观意义里面,究竟哪些意义是与法律相关而具有意义的,而哪些又是不具备法律意义的,选择标准是看哪些法律质料之目的是意在实现法律理念的。通过将事物与法律理念相关涉,非本质性要素从本质性要素中剥离了出去。应然/法律理念最终决定实然/事物的本性的价值。⑦ 到头来,拉德布鲁赫还是坚持了理念的绝对优先性与统治地位,质料还是只能从理念中获取其形态与内容(Gestalt und Gehalt)、意义与

---

① Gustav Radbruch, *Natur der Sache als juristische Denkform*, 1948, S. 162.
② Yungback Kwun, Entwicklung und Bedeutung der Lehre von der „Natur der Sache" in der Rechtsphilosophie bei Gustav Radbruch, S. 24
③ Gustav Radbruch, *Die Natur der Sache als juristische Denkform*, 1948, S. 159.
④ Ibid, S. 172.
⑤ Philipp Horst Schlüter, Gustav Radbruchs Rechtsphilosophie und Hans Kelsens Reine Rechtslehre, Ein Vergleich, 2009, S. 118. Siehe auch: Arthur Kaufmann, *Gustav Radbruch — Leben und Werk*, in: GRGA, Bd. 1, S. 81.
⑥ 参见:Gustav Radbruch, *Die Natur der Sache als juristische Denkform*, 1941, S. 23。
⑦ Gustav Radbruch, *Die Natur der Sache als juristische Denkform*, 1941, S. 366.

价值;其功用只在于作为法律理念实质化为现实的载体进而指向实现理念。事物的本性确实指出了一种法律理念得以实现的可能性形式,知只是究竟选择何种形式,这个选择权仍然归属于法律理念。① 可见,作为法律理念之质料的法律现实尽管在一定程度上作用于法律理念,然而其重要性是次要的,只能在无损法律理念的优先性前提之下方能发挥,现实在面对理念时失去了自身的意义、价值与重要性。②

开放性问题:

a) 当我们考察二元方法论和拉德布鲁赫意义上的事物的本性二者之间的关系时,会发现下述疑难:假如事物的本性完全归属于实然领域,那么问题就是,一个自身就处于二元中的一环(即实然)的事物的本性又如何有能力去反思与缓和二元划分呢?③ 尽管后期的拉德布鲁赫已不再将物的本性定性为一种实然者,而是"实然之应然"(只不过滑向实然面向罢了),并证立了从中同样可以得出理性结论。然而,到这一步他又不得不回到了理念对质料,价值对现实的规定性中,就是说最终应然性仍然来自于理念与价值,而非来自于实然与质料,最后做决定的仍然是理念,二元方法论的基本原则:只能从应然中得出应然便未被取缔。除非我们承认前科学中同样具备规范性与应然性,即经过前科学概念建构的生活关系内部已经具备了某种规范属性——尽管这是一种前法律的社会—规范性,不同于法律的法律—规范性。既然法律质料是前科学概念建构的产物,那么事物的本性中就蕴含了规范相关性,

---

① Hanno Durth, *Der Kampf gegen das Unrecht- Gustav Radbruchs Theorie eines Kulturverfassungsrechts*, S. 48.
② Werner Maihofer, *Die Natur der Sache*, S. 149.
③ Ulfrid Neumann, „Methodendualismus" in der Rechtsphilosophie des Neukantianismus. Positionen zum Verhältnis von Sein und Sollen bei Gustav Radbruch, S. 34.

进而有能力缓解或克服二元方法论。可是这样一来,二元方法论的原则事实上就会被消解,而这又违背了拉德布鲁赫于1949年所做论断,并非其本意所在。

萨尔茨堡大学的史蒂芬·科尔斯特(Stephan Kirste)教授干脆认为拉德布鲁赫的事物的本性根本就不是什么对二元方法论的消解或者背离,而只不过是对理念的质料规定性以及质料的具有意义性(Sinnhaftigkeit)思想的发展罢了,而这两种思想已经在他早期的法哲学理论中被发展成为了文化哲学的三元论。①

b) 第二个矛盾之处同样为诺依曼所发现,即:将事物的本性理解为理念的质料规定性并将其定位为一种思维形式的论断与将其归属为实然领域无法统一,因为作为一种思维形式,它本身的体系之所就已经存在在了先验逻辑学领域中。②

c) 此外,下面这个矛盾也实为费解:一方面,拉德布鲁赫承认事物的本性是立法者的指导思想,另一方面他又宣称它不具备约束立法者的效力。德莱尔通过区分两种意义上的事物的本性来解决这个矛盾:③第一种是将事物的本性其定义为事物的意义和本质,即经验性事物的本性,是法律关系的社会性前构造形态。在此意义上,事物的本性是立法者的指导思想,借此拉德布鲁赫防止了立法的任意性;第二种是将这种意义定义为一种与价值相关涉的目的,即实践性层面上的事物的本性,而在这种意义上,事物的本性仅仅发挥着一种解释与漏洞填补的手段性功能。

d) 拉德布鲁赫宣称:法哲学部分奠基于"人类的本性",部分

---

① Stephan Kirste, Rechtsidee und Elemente der Gerechtigkeit bei Gustav Radbruch, in: *Rechts- und Staatsphilosophie des Relativismus. Pluralismus, Demokratie und Rechtsgeltung bei Gustav Radbruch*, Walter Pauly (Hrsg.), Baden-Baden 2011, S. 73.
② Ulfrid Neumann, „Methodendualismus" in der *Rechtsphilosophie des Neukantianismus. Positionen zum Verhältnis von Sein und Sollen bei Gustav Radbruch*, S. 38.
③ Ralf Dreier, *Zum Begriff der Natur der Sache*, S. 69f.

奠基于"事物的本性",部分奠基于法律理念,部分奠基于法律质料。① 然而,假如事物的本性对他来说仅仅只停留在思维形式和方法论层面的话,如何又能够成为法哲学体系性、构成性部分。在这一点上,拉德布鲁赫亦难逃责难。

结　语

拉德布鲁赫终其一生都在试图克服法学上绝对的形式主义。他的尝试包括有:早期的"合目的性"法律理念作为对西南德意志学派的纯粹形式性价值观念的超越与补充,尽管不可避免地走向了相对主义;晚期的事物的本性作为对绝对二元论的反思;此外还包括1945年之后的《法律的不法与超越法律的法》、《五分钟法哲学》、《法哲学入门》等文献中确立起来的实质正义以及人权理论等。事物的本性之理论是拉德布鲁赫建构其实质法哲学的一项重要尝试并借此成为该路径的一位开拓者。他一方面将目光从形式性的法律价值更多地转移到了现实本身,去探索一种具体的现实存在着的实然性法律关系;另一方面又无意转向本体论和现象学。于是事物的本性作为一种中间形态应运而生,兼备历史性与理性之双重特征。通过上文的分析,我们已经可以感受到这一理论中的复杂性与紧张度。尽管拉德布鲁赫成功地论证了经由事物的本性可以得出理性认识,既然可以从实然中得到理性认识,则二元方法论似乎被克服了;然而他又亲手将该结论颠覆,在质料的理念规定性意义上理解事物的本性,最终还是理念说了算,在这个意义上,实然与应然之间的二元对立并未被消除。

与"事物的本性究竟是一种直觉还是一种理性方法"直接相连的是另外一个问题:"拉德布鲁赫的人格是歌德式的还是康德

---

① Gustav Radbruch, *Vorschule der Rechtsphilosophie*, S. 20.

式的"?康德是一名严格的二元论者,而歌德则是一名一元论者。初看这种关联性,我们会发现拉德布鲁赫身上有歌德的影子。歌德始终试图寻求事物的理性,他相信法律形式与生活关系不可分离地融合在了一起,拉德布鲁赫称其为:"一直都是从客体中获取法则并且从事物的本性中来引导产生规则";①此外,拉德布鲁赫的"理念类型"非常类似歌德的"本原现象"(Urphänomen)思想。在自传《心灵之路——综观我的一生》中,拉德布鲁赫对人类精神的三阶段进行了区分与总结:少年的机敏;成年的细腻以及老年的深邃。在深邃的精神那里现实与思想合二为一,于是到这个阶段,人们很可能会对歌德的本原现象感同身受,或者会不自然地谈起来将事物的本性运用到法律科学之中。② 然而更进一步探寻的话会认识到,拉德布鲁赫意义上的"理念类型"还是与歌德的本原现象异大于同。拉氏笔下的"本原质料"是生活关系,却同时又对目的发出了需求,进而成为一种关涉理念的意义。于是,事物的本性理论最终还是陷入了一种循环:一方面意欲走出二元论的泥淖,在事物中寻找理性;另一方面又将决断权最终交予理念之手,进而呈现出来与歌德意义上的本原现象相左的趋势。

综观拉德布鲁赫一生,无论他的法哲学思想前后经历多大变迁,又多么繁复杂糅,但他从头至尾没有离开自己的方法论出发点,也并未从一个新康德主义者走上现象学之路,抑或成为一个本体论者与一元论者,③他临终前依然宣称道:"(二元方法论与相对

---

① Gustav Radbruch, Goethe, Wilhelm Meisters sozialistische Sendung, in: GRGA, Bd. 5, S. 193.
② Gustav Radbruch, Der innere Weg, Aufriss meines Lebens, S. 137.
③ 例如 Baratta 就站在"意大利主观主义"以及后康德主义(尤其是黑格尔)立场上来看待法律理念与法律质料之间的关系,倾向于将事物的本性解释为一种辩证法意义上的"正—反—合"关系,借此现实具有了理性,实然的理念性得到了承认。他激烈地批评了拉德布鲁赫的价值哲学并试图通过这种辩证法路径克服拉德布鲁赫思想中抹不去的价值与事物、应然与实然之间的二元对立。参见: (转下页)

主义)这两个思想尽管期间确有变迁,然而最终仍然被保留了下来。"① 至于事物的本性也只不过在一定程度上缓和了绝对的方法二元论,却并未完全克服之,② 该理论绝非一种实质本体论(Substanzontologie),因为他的事物并非片面的和最终的,而是调和与怀疑。拉德布鲁赫从来没有(包括1945年之后)接受本体性及实质性存在的确信力。③ 这种借助事物的本性在理念与质料之间建立起一定程度上的依存关系与张力并不代表放弃二者之间的二元对立。显然在对二元论的反思上,拉德布鲁赫比康德走的更远,然终未站到康德的对立面,因为他并未通过事物的本性对其法哲学的基本立场做出根本性改变。对于他来说,事物的本性——正如其文章题目所表达出来的——只是一种思维形式、④一种视角罢了,他并未由此超脱二元论的思维框架,况且将事物的本性定性为思维形式也很自然地能够让人联想到康德的先天认识形式。从拉德布鲁赫最终将事物的本性定性为质料的理念规定性这一点上可以看出,他仍然没能从西南德意志学派的文化科学理论与价值哲学中走出来。此外,他对于法律概念建构方法的个别性,而非是普遍化的宣称也与里克特对于自然科学与文化科学的区分一脉相承。这一点同样体现在了他的法学建构方法中,即将其定性为一

(接上页注③) Alessandro Baratta, Gedanken zu einer dialektischen Lehre von der Natur der Sache, S. 175. 反观拉德布鲁赫之理论,他确实使用过"质料的理念化"与"理念的质料规定性"的字眼,然而根据本文的分析,拉氏意不在消解理念与质料之间的二元性进而论证与抵达理念与质料之间的统一性,只是试图借此反思绝对的二元论。另参见:Claus Roxin, Einige Bemerkungen zum Verhältnis von Rechtsidee und Rechtsstoff in der Systematik unseres Strafrechts, S. 261。

① Gustav Radbruch, Nachwort-Entwurf zur 3. Auflage der „Rechtsphilosophie", S. 38f.
② Ibid, S. 39.
③ 参见:Arthur Kaufmann, *Gustav Radbruch — Leben und Werk*, S. 85. 中译本参见舒国滢:《古斯塔夫·拉德布鲁赫传——法律思想家、哲学家和社会民主主义者》,第166页。另参见:Gustav Radbruch, *Vorschule der Rechtsphilosophie*, S. 23。
④ Winfried Hassemer, Einführung für GRGA, Bd. 3, S. 16.

种与单一的、特定的生活关系以及案件情形相关联的类型化与个别性的思维形式,与传统的自然法截然不同。

另外需要注意的一点是,不光是拉德布鲁赫的事物的本性之理论,包括他的"超越法律的法"之思想亦不能理解为一种传统自然法思想的回归。他本人也发出过类似警告:"不能将超越法律的法同早期的自然法相等同。"①此外,仅凭个别字句(比如拉氏对于"羞耻之法"[Schandgesetz]的论述)②便认定拉德布鲁赫是一个实证主义者也是很有问题的。其实,正是由于拉德布鲁赫从始至终坚持的相对主义方法论立场,使得其思想有很大的弹性,进而得以在不同时期呈现出来不同的重心,也正是因此难免会让人误以为他就是一个自然主义者或者一个实证主义者。事实上他对两种相互对立的法哲学立场一直都持批判性的谨慎态度,并因此游离于二者但又不完全脱离二者。③ 从他对于事物的本性所持立场上也可以看出同样的趋势:事物的本性既非实然,又非应然,却又没有完全脱离这两个范畴。通过上文对事物的本性的讨论,我们不难感受到拉德布鲁赫在这个问题上的立场前前后后经历过多么大的变迁,到最后看似得出了结论,却又被他亲口否认。另外,我们作为观者既可以从中看到自然法与实证主义,也能看到现象学、本体论和一元论的影子,恩吉施甚至还从中解读出来了(解释学)循环(Zirkel)。④ 这一切都使得整个讨论过程变得曲折复杂,迷雾丛

---

① Gustav Radbruch, Neue Probleme in der Rechtswissenschaft, 1949, in: GRGA, Bd. 4, S. 234.
② 详见:Gustav Radbruch, Rechtsphilosophie, Studienausgabe, S. 84f.
③ 例如考夫曼称之为"第三条道路",参见:Kaufmann/Hassemer/Neumann (Hrsg.), Einführung in die Rechtsphilosophie und Rechtstheorie der Gegenwart, S. 89ff. 对于战后拉德布鲁赫思想同当代实证主义与自然法之争,国内早有年轻学者予以关注并进行了详细的梳理与分析。参见:冯威,拉德布鲁赫的法哲学及其四次对话,载于《原法》第 3 卷,北京:人民法院出版社,2008 年 6 月,第 104-142 页。
④ 参见:Arthur Kaufmann, *Gustav Radbruch — Leben und Werk*, S. 86ff.; 舒国滢,《古斯塔夫·拉德布鲁赫传——法律思想家、哲学家和社会民主主义者》,第 165 页。

丛,以至于很难给事物的本性下一个定论并将其绝对地归入到某种立场之中,最后不得已只能冠之以"中间者"之称号,[1]正如将拉德布鲁赫的法哲学立场定性为"中间道路"一样。这就是真实的拉德布鲁赫,读他的东西总是没有办法那么一目了然,概念与概念之间纵横交错,整个体系内部充满了各种张力。拉德布鲁赫一生都在试图寻找真理,却又没有把自己陷入任何既定的理论体系之中;他的立场既非自然法又非实证主义,然而又从来没有完全超脱于二者的理论关切。他的体系永远是开放性的,是宽容的,向所有真理寻求者敞开大门。

---

[1] 比如将事物的本性界定为一种介于特殊事实与普遍规范之间的"中间者"(Mittleres)。参见: Hans-Peter Schneider, *Gustav Radbruchs Einfluss auf die Rechtsphilosophie der Gegenwart*, S. 363。

访　谈

IV

自然法的羞愧:布德谢斯基教授访谈录

【美】布德谢斯基 【美】奥尔森
吴　彦　译

【按】布德谢斯基(J.Bduziszewski)教授是德克萨斯大学奥斯汀分校政府和哲学学院教授。一直致力于托马斯主义的道德和政治哲学的研究。这篇文章是就他2011年出版的《贯穿心灵之线》(*The Line Trough the Heart*)这部著作的一篇采访稿。晚近来,布德谢斯基尤其致力于阐述阿奎那的法律和德性理论,出版了两部阐释性作品(一本书《阿奎那〈论法律〉评注》[*Commentary on Thomas Aquinas's Treatise on Law*. Cambridge University Press, 2016],另一本为《阿奎那德性伦理学评注》[*Commentary on Thomas Aquinas's Virtue Ethics*, Cambridge University Press, 2017]),对于研读阿奎那法律理论和德性理论的读者,也会是很好的参考。

奥尔森:如果用少于三句话、精辟的方式来定义自然法,您觉得什么是自然法?

布德谢斯基:"自然法"这个表达式指涉基本的对错原则,它们对每一个人都是有效的,因为它们根植于被创造的人类人格的本性之中,自然法可为所有人所认识,因为我们都被赋予良知和作出审慎决断的能力。从原则上来说,自然法为不同文明的所有人提供了一个可相互沟通的、共同的基点;尽管这是一个不可靠的基点,恰如我在我的书中所指出的那样。

奥尔森:您在《贯穿心灵之线》(The Line Trough the Heart)一书中指出,在自然法这个问题上,存在诸多错误的观念和错误的表达方式。那么,这些错误的观念和错误的表达方式是否有某些共通的东西?这些错误的观念和表达方式是从哪里来的,或来自于谁?

布德谢斯基:(1)其中一些错误的观念涉及"一般意义上的自然"(nature in general):我们可能会认为,在这个被创造的实在世界之上,所有的东西除了作为拥有权势的人可据以将他们的意志施加于其之上的"玩意儿"之外,不拥有任何价值和意义。(2)另一些错误的观念涉及"人类本性"(human nature)。我们可能会想象我们并不是"人格者"(persons),而只是一些"思想物质"(thinking meat),并且认为我们并不拥有什么"本性",而只是某个并不考虑我们的过程的一个无意义的和无目的的结果而已。(3)另外,还有一些错误的观念涉及"良心",我们可能会被以下观念所蒙蔽,亦即认为良知完全是独断的,它仅仅只是我们的社会化过程所遗留下来的一种东西而已,对与错完全在于每个人他自己的决断。(4)最后一类错误的观念涉及"历史":我们可能会把自然法与某种特定的自然法理论混淆在一起,而这种自然法理论却碰巧存在极大的缺陷,例如,现代早期的社会契约论者的观念,他们以一种不存在的"自然状态"作为他们的起点。

奥尔森:你通过说自然法是一个"丑闻"、亦即一个"矛盾的符号",而逐字逐句地对拉青格主教(Cardinal Ratzinger)的观点进行了详尽的解释,他到底说了什么从而让你想到这个观点?

布德谢斯基：他写到"基督教信仰认为，创世已经被败坏。人类的存在不再是创世主亲手创造的那般。它赋有另一种要素，这一要素除了趋向上帝的内在倾向之外，还促生了一种与之相对的远离上帝的倾向……这一矛盾指向存在于人身上的某种内在的骚乱，所以人不再可能是上帝所希望的那个人……存在着一种使该矛盾变得更加尖锐的集体性意识……律法所提出的要求越是严格，反抗它的倾向也就越强烈。"

根据"丑闻"一词旧有的用法，一个"丑闻"就是某个使我们感到棘手的东西。如果我们对那个能够帮助我们变得更为正直的东西感到恼怒或对之产生逆反心态，那我就说我们拥有一个"scandal"。

奥尔森：教皇本笃十六世（Benedict XVI）是以何种方式来倡导自然法，解释自然法，并为之进行辩护的？

布德谢斯基：在他升任教皇之前和之后，他经常都会谈及自然法。在他2008年造访美国的时候，例如，他向美国的主教们强调"福音和自然法之间的内在关系"在个人决定和政治决定中的意义，并谈论"相对主义的独裁"的危险性。

在他美国的讲演中，他警告说，如果我们在脱离自然法的情况下来理解《人权宣言》中所确立的权利，那么权利的意义以及对于权利的解释将会发生改变，并且它们的普世性将有可能被否认。在诸多情形下，他写信给各个天主教大学，要求他们组织和鼓励在公共场合讨论自然法之于当代社会的重要性。

奥尔森：在晚近几十年内，天主教内部有关自然法的反思的状况到底如何？

布德谢斯基：好的消息就是在过去几十年内，在天主教内部，涌现出大量一流的有关自然法的学术著作。另一方面，教皇本笃十六世也已指出，自然法的真理不仅在世俗学说中被"遮蔽"了，而且有时甚至在天主教学校的教学中也被"遮蔽"了。

基于同样的理由，他的前任约翰·保罗二世就认为有必要撰写一整部通谕《真理的光辉》(*Veritatis Splendor*)，以便重新确认自然法的普遍性和恒久的有效性，从而纠正某些神学家所具有的某种否定它的倾向。我想说的是，自然法的整个问题可能同时也需要以更仔细的问答的方式呈现出来。

奥尔森：有关自然法的哪些最为基本的理解方式可以帮助基督徒去处理诸如同性恋婚姻和堕胎这样的敏感的道德问题？

布德谢斯基：就自然法的理论而言，其实是很少有人知道它的。但是"在我们的骨子里"，我们都会体验到自然法的存在，因为它根植于我们身上的一种创世规划，同时，它也被注入到人的基本构造之中。我们无疑会注意到有关我们自身的某些显见的事实。

如果我们学会依凭自然法来思考，那么它显然会给予基督徒们以一定程度的对话上的优势。谁没有看到生命和纯真是好的东西？谁不知道这种纯真的生命永远都不应该有意地予以践踏？谁没有意识到男人和女人是彼此需要对方的，从而各自一方总是缺失某种东西，以至于需要另一者予以平衡？谁不是多少会意识到婚姻是一种型塑家庭的制度，是推动种族延续的动力，是唯一一种能够给于孩子以某种特定的育养方式的联合形式。

奥尔森：您在一篇名为"宪法 vs. 立宪主义"的文章中指出，尽管我们美国人没有充分地警惕我们宪法的某些缺陷，但我们同时也没有足够充分地珍爱我们的宪法的优点。这是一些什么样的优点,以及它们的独特性到底在哪里？

布德谢斯基：在我读5年级的时候,我们的老师就告诉我们,我们共和国的那些国父发明了制衡原理。感谢上帝,这并不是真的。恰如我在晚后的日子里所获知的,它们实际上是对于相关问题的近两千多年的经验和反思的产物。对于那些革命者来讲,他们普遍地都是一些保守主义者,他们试图从他们所习得的每一样知识中汲取教益。他们知道,就政治家和普通公民来讲,如果他们不具备一定程度的道德德性,或者对于自然法没有一定程度的尊重,那么,任何一个宪法共和国都不可能持久地存在。

另一方面,他们知道,人们并不具备足够的德性或智慧,所以他们也多了一份警惕。除了提供制衡原理之外,他们还建立了法院；他们拒绝将所有的权力都集中在某一个机构；他们让民众来选择他们自己的代表；他们试图表明,没有任何一个派系能够支配整个政府。

奥尔森：现代自由主义声称他们所关注的就是宽容、平等和自由。但是,它现在却越发变得不宽容,不公平,而且具有宰制性。现代自由主义的根本缺陷到底在哪里,使其导向了这样一个悖论？

布德谢斯基：德性需要判断力的运用。例如,勇气这一德性并不仅仅只是克服恐惧,而是在适当的时机,基于恰当的理由而克服恐惧。如果一个消防员冒失地冲进火场去救铅笔刀具,我们就不会说他是勇敢的,而会说他是鲁莽和无知的。

同样地,宽容的德性并不是容忍所有坏的东西,而是出于某些正当的理由以某种特定的方式容忍某些特定的坏的东西。我们应该宽容不信仰上帝,因为信仰就其本性来讲是无法被强制的。但是如果某个人认为我们应当宽容抢劫和谋杀,我们就不会称他是一个宽容的人,而是一个愚蠢和恶毒的人。你看到其中的悖论了吗?

为了弄清楚哪些坏的东西应予以宽容,我们必须对善的东西(goods)与恶的东西(evils)有一个良好的判断。不幸的是,自由主义否认这一点。它把宽容重新界定为悬置所有有关善与恶的判断。所以这里出现了第二个悖论,因为我们根本不可能悬置所有有关善和恶的判断。例如,在定义婚姻的时候,是不存在任何在道德上中立的方式的。例如,规定一夫一妻制的法律显然不会支持一夫多妻制;规定一夫多妻制的法律显然不会支持一夫一妻制;而那些既认同一夫一妻制,又认同一夫多妻制的法律事实上是支持一夫多妻制的。

所以说,所谓的自由主义的宽容,其所运作的方式就是谴责非自由主义者的道德判断,并通过声称他们的判断不是判断,从而来强制推行他们自己的道德判断。而这实际上就是一种伪装起来的专制。

资 料

《自然法论坛》发刊词与目录(1956-1968)

吴 彦 整理

【编者按】《自然法论坛》是20世纪下半叶由一批欧洲流亡学者共同创办的一份致力于重新思考时代基本问题的刊物。其最重要的动因在于反思20世纪上半叶在欧洲大陆所经历的战争、屠杀等恶行的根源,并试图为未来人类生活提供一条可能的路径。尽管此刊名为"自然法论坛",但却并不局限于某种特定的自然法学说,而是开放其路径,敞开其论争,进而研讨一些更具基础性的道德问题,所以他们认为这样一种致力于反思的自然法可以帮助他们解决眼下的一些问题。恰如他们在发刊词中所说的那样,"我们必须从零开始,详尽地思考每一个问题,从其最基本的前提到其最终的结论。我们绝不能止步于我们已到达的地方,绝不能懒惰地停留在一个被给予的'真理'之上"。《自然法论坛》自1956年创刊,于1970年更名为《美国法理学杂志》(*American Journal of Jurisprudence*)。此后一直保持这一刊名。自格里塞茨—菲尼斯学派于上世纪80年代之后逐渐占据英美自然法学说之主导地位之后,此刊也逐渐成为该学派发表其言论的主要阵地。这里整理的目录为此刊更名之前的目录索引。从中我们可以看到那个时代人们在自然法这一旗帜之下对于道德、政治和法律事物的基本思考。

《自然法论坛》序言

"自然法研究中心"(The Natural Law Institute),作为圣母大学法学院的一个机构,组建于1947年。在其协助之下,我们召开了5次年会,最后一次会议是在1951年12月。此后,我们希望该中心能够更有效地在整个年度而不是一年一度发挥其功能。在探索多种可能性之后,我们决定出版一本杂志,亦即《自然法论坛》(Natural Law Forum)。

对于这份杂志,我们的规划建立在如下信念的基础之上,亦即我们坚信:自然法可以帮助我们解决我们眼下的一些问题。当然,这意味着自然法可以服务于法律体系中的一些实践目的。同时,这也意味着,我们的旨趣不仅仅只是历史性的和理论性的,甚至可以说,我们旨趣主要不是历史性的和理论性的。然而,我们对于那种一刀切式的自然法的研究方式并不感兴趣,这种研究路径假定他自己的立场是正确的,由此,而只注意到要排斥所有那些不同意其观点的人。我们相信,由Monsignor Romano Guardini所提议的那种方式可能是更富成效的,他这么说道:"我们必须从零开始,详尽地思考每一个问题,从其最基本的前提到其最终的结论。我们绝不能止步于我们已到达的地方,绝不能懒惰地停留在一个被给予的'真理'之上。"

尽管这无疑多少有些简单化,但是这至少可以帮助我们澄清我们的研究路向,我们相信,自然法可以服务于法律秩序中的实践目的,因为它是那些正确的问题的一个渊源,而且人们都知道,正确的问题是获致正确答案的前提。这一点非常重要。"如何?"这是法学家、立法者和政治科学家的本职任务。这一任务要求他们不停地寻找、考验和解释事实,并由此寻找它们相互之间的关系。但是,哪些事实是相关的?到底根据哪个标准来评价事实?在试图解释这些事实的时候,到底要运用什么作为导引?在这些困境之中,我们把自然法看成是向导和灵感的渊源。因为我们相信,在自然法之中,我们可以发现我们应当往哪里去的一种指引,并由此而提出正确的问题:到达那里的最好的路径是什么?

我们所感兴趣的是,在所有学术资源和现代科学的帮助之下,来探讨自然法到底在多大程度上可以帮助我们解决我们现在的问题。同时,我们并不期待我们会给每一个具体的问题给出详尽的答案。"自然法"一直以来都被其支持者们强迫去参与他们的战争。这是一种我们尤其需要注意以及需要去避免的危险。我们从自然法那里所期待的不是解决问题的一个详尽的蓝图,而是对于问题的阐明。

我所讲的对于在规划《自然法论坛》的时候所抱持的有关研究路径——亦即一种我们希望富含成果的研究路径——的建议,是出于一位法学家的视角而不是一位学者的视角。

Joseph O'Meara
圣母大学法学院院长

《自然法论坛》发刊词

20世纪的政治和社会冲突已使每一个人都意识到人与人之间以及国家与国家之间在伦理和法律判断上的差异。此外,极权主义的泛滥则使我们越来越难以默认实证主义者的以下结论:亦即认为一个人或一个民族的意识形态与另一个人或另一个民族的意识形态是同等有效的。这是我们这个时代最重要的法理学问题。自然法是否能够解决它?在我们现在所面临的这些道德相对主义和法律相对主义的问题,自然法是否能够提供某种真正令人信服和有效的答案?我们希望这本杂志能够成为它的题名所标示的那样——成为谈论这些以及相关问题的"论坛"。

编者们相信,自然法的所有面向,包括从它所提出的根植于人类本性的主张,到它对于具体实践的最终的意义,在我们这个时代都需要予以批判性的检讨和重新的思考。所以,我们希望发表这样一些学术性研究:包括自然法的理论基础,以前人们所提出的各种涉及自然法的不同表述,以及眼下有关自然法的科学证成以及他的可实践性的一些讨论。

我们意识到自然法法理学通常都会面临着两个相矛盾的危险。一方面,其所提出的原则可能因为太过抽象以至于缺乏有意义的内容,无法为某种应用提供恰当的基础。另一方面,它们可能会被等同于实在法的判断,这些判断可能只有在生活在具体条件下的具体的人来讲才是可予以辩护的。我们希望我们能避开这两个危险的极端立场,从而在其中间行进。

这本《自然法论坛》并不等于某个具体的自然法学派或某种具体的自然法学说;它也不排斥那些在根本意义上与自然法的整个观念持完全相反之立场的贡献。我们的旨趣在于促进对于自然法的严肃的和学术性的探讨,而不是旨在为某种观点进行辩护。我们欢迎哲学、社会科学和行为科学、以及法学的各类论文,无论其特定观点如何;我们也希望发表来自各个不同学科的与之相关的一些成果。在这个意义上,我们的目的即在于避免那些来自某个特定的制度维度或政治视野的偏见,并因此鼓励与解决我们当代问题相关的那种更广范围的对于普遍准则的探究。

除了学术论文和学术评论之外,我们还希望发表对于世界各地相关领域中当代重要著作的书评和简评,从而使《自然法论坛》成为世界范围内相关信息和观念的一个交流场所。书评并不局限于一两页的概述和简短的评论。对于那些重要的著作,我们鼓励评论者能够给于持续的批评和原创性的反思,而不局限于篇幅。

《自然法论坛》首先将一年出版一期;后面它可能会变成半年

一期；而在合适的时间，我们希望它能成为一本季刊。

《自然法论坛》编委会

编委员成员

主　编

Antonio de Luna（Notre Dame Law School and University of Madrid, Spain）

副主编

Vernon J. Bourke（St. Louis University）

Lon L. Fuller（Law School of Harvard University）

Anton-Hermann Chroust（Notre Dame Law School）

Myres S. McDougal（Yale University Law School）

Mr. George W. Constable（Baltimore, Maryland）

F. C. S. Northrop（Yale University Law School）

William J. Curran（Boston College Law School）

H. A. Rommen（Georgetown University）

A. P. d'Entreves（Oxford University, England）

Loe Strauss（The University of Chicago）

John Wild（Harvard University）

1956 年

论文

自然法辩护理据之重新考量　A. P. D'Entrèves

作为决定过程的法律：政策取向的法律研究路径　Myres S. McDou-

gal
现代欧洲诸国宪法中的自然法 Gottfried Dietze
评述
自然法的两条探究进路 Vernon J. Bourke
错误的自然法:Goble 教授的稻草人 George W. Constable
近十年的法国法哲学 René Théry
当代德国法理学中的各种自然法倾向 Freiherr von der Heydte
过去十年意大利的自然法 Guido Fasso
书评
Flückiger《自然法的历史》Anton-Hermann Chroust
Cahn《道德决定》Joseph P. Witherspoon
Eric Wolf《德国精神史中伟大的法律思想家》Antonio Truyol

1957 年

纪念
杰洛米·弗兰克(Jerome N. Frank) Friedrich Kessler
论文
当代伦理理论和法理学 George Nakhnikian
当代法律中的哲学问题 F.S.C. Northrop
澄清自然法的一些建议 Jacques Leclercq
象征主义法理学概论 Robert E. Rodes
评述
政治义务和自然法 Luis Legaz Lacambra
书评
Eric Wolf《古希腊法律思想》(3卷本) Anton-Hermann Chrous
Hans Thieme《自然法与欧洲私法史》Zygmunt Epstein
A. Delafield Smith《生命权》Conrad L. Kellenberg

1958 年

论文

拉德布鲁赫法哲学中的革命与演进 Erik Wolf

实在自然法 Helen Silving

美国法理学十年：1946-1956 Edgar Bodenheimer

人类目的和自然法 Lon L. Fuller

事实和价值的混淆：回应富勒教授 Ernest Nagel

回应内格尔教授 Lon L. Fuller

评述

哲学与法理学之关系 Joseph P. Witherspoon

伊比利亚美洲的法律价值论 Luis Recasens-Siches

辅助原则和当代自然法 Arthur Utz

书评

Catlin《论政治诸目的》Andrew Hacker

Berns《自由、德性和第一修正案》Alfred L. Scanlan

Wolf《自然法学说的问题》Arnold Brecht

West《法院和城堡》J.M. Cameron

Von Mises《理论和历史：社会和经济进化的一种解释》M.A. Fitzsimons

Ritter《自然法和法实证主义之间》Ulrich S. Allers

Del Vecchio《法的一般原理》Wolfgang Friedmann

Maritain《历史哲学》Robert E. Rodes

1959 年

论文

德国宪法法院和联邦最高法院判决中的自然法 Heinrich Rommen

事实、价值和人类目的 Ernest Nagel
托马斯主义自然道德法理论之检讨 Kai Nielsen
亚里士多德论自然法 Max Salomon Shellens
评述
战后自然法复兴及其效果
自然法在德国联邦共和国司法决策中的角色 Ernst von Hippel
美国法律教育中的方法论和价值 Edward McWhinney
书评
Karl Popper《历史主义的贫困》Anton-Hermann Chroust
Robertson（编）《启示、自然法和尼布尔（Reinhold Niebuhr）的思想》George A. Lindbeck
De Jouvenel《主权》Harvey Wheeler
Marcic《从法律国家到法权国家》Ernst von Hippel
Stanlis《伯克和自然法》Paul Sigmund
Hall《法理学和刑法理论研究》Edward Murphy
Kantorowicz《法的概念》Thomas Cowan
Plucknett《英国早期法律文献》R.J. Schoeck
Michel Villey 的《法哲学史教程》René Théry

1960 年

论文
新英格兰的自然法和圣约神学（1620-1670）John D. Eusden
民主与自然法 Robert L. Calhoun
自然的自然法与实在的自然法 Roscoe Pound
自然法与日常的法 Joseph O'Meara
评论
立宪主义与堂吉诃德式的理想 Harvey Wheeler

托马斯主义的自然法:评 Nielsen 教授 Vernon J. Bourke
法律与良知 Günther Küchenhoff
"自然法"论争:三个基本的逻辑问题 Roger T. Simonds

书评

Brecht《政治理论:二十世纪思想的基础》Huntington Cairns
Smith《理论的论题》Iredell Jenkins
Friedrich《历史视角下的法哲学》William Ebenstein
Ross《论法与正义》Arnold Brecht
Shklar《追寻乌托邦:政治信仰的没落》Sheldon S. Wolin

1961 年

论文

实在法概貌 Iredell Jenkins
有关自然法的人类学考察 Margaret Mead
中世纪的自然法理论:奥卡姆和意志论传统 Francis Oakley
社会学与自然法 Philip Selznick

评论

旅行的权利 Charles Fahy
法律制裁 Jerome Hall
民族目的 Kenneth Thompson

书评

Hart & Honere《法律中的因果关系》Roger Hancock
Del Vecchio《自然法与欧洲统一性》Felice Battaglia
Castberg《西方的言论自由》Edgar Bdenheimer
Brown《自然法阅读材料》Thomas Broden
Maritain《艺术家的责任》Thomas Gilly

1962 年

论文

未知的自然法 Jacques Leclercq

个人回应和自然法 M. G. Plattel

义务的进化:走向一种托马斯主义—人类学的观点 Charles Fay

如果才能确定什么是自然法? George W. Constable

评论

保罗·蒂利希(Paul Tillich)思想中的自然法 George A. Lindbeck

论自然法作为民主的基础 Guido Fassò

日本自然法研究和法律思想的一些趋向 Seiichi Anan

国际法:理论的试验地 Samuel Enoch Stumpf

书评

Michael Polanyi《个人知识》Carl J. Friedrich

Lord Racliffe《法律及其范围》John H. Mansfield

Herbert Wechsler《原则、政治与基本法》Andrew L. Kaufman

Bernard Häring《基督的律法》Michael Novak

H.L.Hart《法律的概念》John T. Noonan, Jr.

Marcus George Singer《伦理学中的一般化:伦理学的逻辑》Iredell Jenkins

John Courtney Murry《我们抱持这些真理》Wilber G. Katz

T.A.Goudge《生命的上升:进化理论的哲学研究》John Boler

Norman St. John-Stevas《生命、死亡与法律》Charles Palms

Arthur Utz. Freiburg《公共生活的基础》H. A. Rommen

Ch. Perelman and L. Olbrechts-Tytega《新修辞学》(2卷本) Carl J. Friedrich

Richard H. Cox《洛克论战争与和平》Paul E. Sigmund

Philippe Delhaye《自然法的永恒性》Leo R. Ward
Norman N. Greene《萨特：存在主义伦理学》Wilfrid Desan
Kenneth W. Thompson《基督教伦理学与外交政策的困境》
　　John Wild
Henry Margenau《现代科学的哲学视角》David Bidney
Myres S. McDougal Associates《世界公共秩序研究》John J. Czyzak
Boleslaw Szczesniak《俄国革命与宗教》W. W. Kulski
Richard A. Wasserstrom《司法决策》Milton R. Konvitz

1963 年

论文

苏联哲学：过去、现在及未来 J. M. Bocheński
"社会主义的合法性"和共产主义伦理学 George L. Kline
苏联马克思主义与生物学 D. Joravsky
苏联的"新人民"和旧理想 Helmut Dahm
法的本体论结构 Arthur Kaufmann

评论

马克思的人的观念 Georges M. M. Cottier
作为模型的苏联法：人民民主 Helmut Slapnigka
自然平等与天主教学说中的平等 Charles Lefebvre

书评

I. Fetscher《马克思主义研究》（四卷本）Nicholas Lobkowicz
Jean-Paul Sartre《辩证理性批判》Frederick J. Crosson
David Joravsky《苏联的马克思主义与自然科学（1917－1932）》
　　Ernan McMullin
Thomas J. Blakeley《苏联的经院主义》Richard J. Barnet
F. I. Kozhevnikov《国际法教科书》Edward McWhinney

Otto Kirchheimer《论政治正义》Norman Dorsen

Myres S. McDougal and Florentino P. Feliciano《法律与最小的世界公共秩序:国际强制的法律规制》Richard A. Falk

A. G. Guest《牛津法理学论文集》A. P. d'Entrèves

Jacques Ellul《法的神学基础》Robert E. Rodes, Jr.

Edgar Bodenheimer《法理学:法律哲学与法律方法》Julius Cohen

Felix S. Cohen《法律良知:Felix S. Cohen论文选集》Iredell Jenkins

Bertram Morris《文化的哲学维度》Roger Paul Peters

H. Kelsen, Ch. Perelman, A. P. d'Entrèves, B. de Jouvenel, N. Bobbio, M. Prélot, Ch. Eisenmann《自然法》John T. Noonan, Jr.

William J. Nagle《道德与现代战争》Walter Stein《核武器:一种天主教的回应》John Kaplan

1964 年

论文
当代非洲的人权 Denis V. Cowen
非洲的自然正义 Max Gluckman
作为法律体系的教会法:功能、义务和制裁 Robert E. Rodes

评论
文化相对主义与新兴国家的法律发展 Henning Wegener
培根和自然法传统 Bernard McCabe

书评
Carl J. Friedrich and John W. Chapman《Nomos(第六卷):正义》Ch. Perelman

Kalu Ezera《尼日利亚的宪法发展》;Oluwole Idowu Odumosu《尼日利亚宪法:历史与发展》;TaylorJ. Clagett《坦桑尼亚的政治发展》;Edgar V. Winans《香巴拉:传统国家的宪法》;Carl

J. Friedrich

F. A. R. Bennion《加纳宪法》Herbert J. Spiro

Gabriel A. Almond, James S. Coleman, et al《发展中国家的政治学》John W. Chapman

Eugene V. Rostow《至高的特权》Dennis G. Lyons

H. L. A. Hart《法律、自由与道德》W. Friedmann

George E. Gordon Catlin《系统政治学》Walter Dean Burnham

Samuel I. Shuman《法律实证主义:范围与限度》Graham Hughes

Hector-Neri Castañeda and George Nakhnikian《道德与行动语言》Milton Fisk

John Cogley, Robert M. Hutchins, John Courtney Murray, S.J., Scott Buchanan, Philip Selznick, Harvey Wheeler, Robert Gordis.《自然法与现代社会》K. Basil O'Leary, F.S.C.

Paul E. Sigmund《尼古拉的库萨与中世纪政治思想》John P. Dolan

Julian Franklin《博丹与十六世纪的革命》Geoffrey C. Hazard, Jr.

Ch. Perelman《正义的观念与论证问题》Iredell Jenkins

1965 年

论文

正义与证成 Ch. Perelman

真正的犯罪和准犯罪 P. J. Fitzgerald

作为价值代表的法律 Jacques Ellul

存在的重要性:对于与法律相关的存在主义的一些反思 Anthony R. Blackshield

评论

法律和当代的理想 Martin Versfeld

实践理性的第一原则 Germain G. Grisez

法律与道德的最终挑战 Gary L. Milholun
Tokos 与 Atokion:反对避孕和反对高利贷的自然法推理之考察 John T. Noonan, Jr.

书评

Theodor Viehweg《论题学与法学》Lon L. Fuller
Edwin W. Patterson《科技时代中的法律》Edward H. Levi
Lon L. Fuller《法律的道德性》Ch. Perelman
Guido Fassò《LA LEGGE DELLA RAGIONE》William Leon McBride
Arthur Taylor von Mehren《日本的法律:变化社会中的法律秩序》B. Ryosuke Inagaki
Carl J. Friedrich《人及其政府:一种经验性的政治理论》Lindsay Rogers
Carl J. Friedrich《理性决策》(NOMOS 卷 7)Mary Ellen Caldwell
C. Wilfred Jenks《法律、自由与福利》Egon Schwelb

1966 年

论文

哲学家能从法学研究中获益什么 Ch. Perelman
理性与行动 Charles Fried
与正义相关的平等与不平等 Giorgio Del Vecchio
马克思主义伦理学与波兰法 Aleksander W. Rudzinski

评论

莱布尼茨对于法律、政治与国家的哲学反思 Carl J. Friedrich
洛克、自然法与上帝 Francis Oakley;Elliot W. Urdang

书评

Norberto Bobbio《自然法与法实证主义》William Leon McBride
Kazimierz Opałek and Jerzy Wróblewski《美国当代的法理论与法社

会学》W. J. Wagner
Victor Zitta《卢卡奇的马克思主义》N. Lobkowicz
Richard O'Sullivan《普通法的精神》Roger Kiley
David Daube《犹太法中与专制的合谋》Peter Benenson
Vernon J. Bourke《西方思想中的意志概念:一种历史—批判的研究》Herbert Johnston
Yoram Dinstein《国际法中的"服从上级命令"之辩护》Samuel I. Shuman
M. H. Keen《中世纪后期的战争法》R. J. Schoeck

1967 年

论文

古希腊和古罗马对于不可能之法的思考 David Daube

堕胎与天主教教会:历史概览 John T. Noonan, Jr.

双重效果原则的解释学功能 Peter Knauer

评论

布莱克斯通的理论意图 J. M. Finnis

17 世纪一位古怪的自然法的见证者:塞尔登(1584-1654) Michael Bertram Crowe

越南战争战研讨(一):越南的冲突:一个道德的评价 Cornelius F. Murphy, Jr.

越南战争研讨(二):战争的道德规则:以越南为例 Mulford Q. Sibley

书评

Otto A. Bird《正义的观念》Ivo Thomas, O.P.

Mark R. MacGuigan《法理学:读本与案列》Miriam Theresa Rooney

B. A. Wortley《法理学》Brendan F. Brown

John Wilson《平等》Hugo Adam Bedau

Michael Scriven《哲学》David Burrell, C.S.C.

Mauro Cappelletti, John Henry Merryman, and Joseph M. Perillo《意大利法律体系导论》John T. Noonan, Jr.

纪念

海因里希·罗门(《自然法论坛》副主编)去世(Heinrich Albert Rommen, 1897–1967) Vernon J. Bourke

1968 年

论文

道德难题与道德结构 Robert Nozick

分配正义：一些附识 John Rawls

斯堪的纳维亚法学分析中的法律权利 Nils Kr. Sundby

评论

卡尔·巴特和道德自然法：争论之剖解 Louis C. Midgley

论人性与堕胎 John O'Connor

决定谁是人 John T. Noonan, Jr.

刑罚为何会变得残酷：罗马的情形，从共和国晚期到 4 世纪帝国 Peter Garnsey

书评

R. P. Wolff, B. Moore《纯粹的宽容之批判》, John Boler

Lon L. Fuller《法律拟制》A. M. Honoré

Gidon Gottlieb《选择的逻辑：规则和合理性概念之探究》Thomas R. Kearns

Peter Stein《法律规则》John T. Noonan, Jr.

纪念

纪念卡基亚(Antonio de Luna Garcia, 1901–1967) Antonio Truyol y Serra

稿约和体例

宗　旨

《法哲学与政治哲学评论》(以下简称《评论》)以纯粹的学术为根本,旨在译介西方经验、反思自我处境、重提价值问题,以开放和包容之心,促进汉语学界有关法哲学和政治哲学的讨论和研究。

投稿方式

一、《评论》采双向匿名审查制度,全部来稿均经初审及复审程序,审查结果将适时通知作者。

二、本刊辟"主题"、"研讨评论"、"经典文存"、"书评"等栏目。"主题"部分欢迎以专题形式投稿,有意应征者准备计划书(一页)以电子邮件寄交《评论》编辑部,计划书包含如下内容:

1. 专题名称(以中外法哲学和政治哲学论题为主题,此主题应具有开放出问题且引发思考之可能性)。

2. 专题构想(简短说明专题所包含的具体研究方向,说明本专题的学术意义或价值)

3. 预备撰写论文人选与题目。提出 4-5 篇专题论文撰写者与论文(或译文)题目清单,另附加 1-2 篇专题书评之清单。

4. 预备投稿时间(本专题计划书经审查通过后,应能于半年内完成)。

三、凡在《评论》刊发之文章,其版权均属《评论》编辑委员会,基于任何形式与媒介的转载、翻译、结集出版均须事先取得《评论》编辑委员会的专门许可。

四、稿件一经刊登,即致薄酬。

五、来稿请提供电子档,电子邮件请投至 legalphilosophy@126.com。

体 例

一、正文体例

1. 文稿请按题目、作者、正文、参考书目之次序撰写。节次或内容编号请按"一"、"二"……之顺序排列。

2. 正文每段第一行空两格。独立引文左缩进两格,以不同字体标志,上下各空一行,不必另加引号。

3. 请避免使用特殊的字体、编辑方式或个人格式。

二、注释体例

1. (一)文章采用脚注,每页重新编号;编号序号依次为:①,②,③……

2. 统一基本规格(包括标点符号)

主要责任者[两人以上用顿号隔开;以下译者、校订者同](编或主编):《文献名称》,译者,校订者,出版社与出版年,第×页。

3. 注释体例

(1) 著作类

邓正来:《规则·秩序·无知:关于哈耶克自由主义的研究》,

生活·读书·新知三联书店,2004年版,第371页。

康德:《实践理性批判》,邓晓芒译,杨祖陶校,人民出版社,2003年版,第89-90页。

(2) 论文类

黄启祥:《斯宾诺莎是一个基督教哲学家吗?》,《世界哲学》,2015年第5期。

(3) 报纸类

沈宗灵:《评"法律全球化"理论》,载《人民日报》,1999年12月11日第6版。

(4) 文集和选集类

康德:《论通常的说法:这在理论上可能是正确的,但在实际上是行不通的》,载康德:《历史理性批判文集》,何兆武译,商务印书馆,1990年版,第202-203页。

(5) 英文类

① 英文著作

John Rawls, *A Theory of Justice*, Cambridge, MA: Harvard University Press, 1971, pp.13-15.

② 文集中的论文

Niklas Luhmann, Quod Omnes Tangit: Remarks on Jürgen Habermas's Legal Theory, trans. Mike Robert Horenstein, in *Habermas on Law and Democracy: Critical Exchanges*, eds. Michael Rosenfeld and Andrew Arato (California: University of California Press, 1998), pp. 157-172.

③ 期刊中的论文

Jürgen Habermas, Reconciliation Through the Public Use of Reason: Remarks on John Rawls's Political Liberalism, 92(3) *The Journal of Philosphy*, Mar., 1995, p.117.

4. 其他文种

从该文种注释体例或习惯

5. 其他说明

(1) 引自同一文献者,同样应完整地注释,不得省略为"见前注"或"前引"等。

(2) 非引用原文,注释前加"参见"(英文为"See");如同时参见其他著述,则再加"又参见"。

(3) 引用资料非原始出处,注明"转引自"。

图书在版编目(CIP)数据

自然法:古今之变 / 吴彦,杨天江主编.
--上海:华东师范大学出版社,2018
(法哲学与政治哲学评论;第3辑)
ISBN 978-7-5675-4757-5
Ⅰ.①自… Ⅱ.①吴… ②杨… Ⅲ.①自然法学派-研究 Ⅳ.①D909.1
中国版本图书馆 CIP 数据核字(2018)第 073736 号

华东师范大学出版社六点分社
企划人 倪为国

本书著作权、版式和装帧设计受世界版权公约和中华人民共和国著作权法保护

法哲学与政治哲学评论·第3辑
自然法:古今之变

编 者	吴 彦 杨天江
责任编辑	陈哲泓
封面设计	吴元瑛
出版发行	华东师范大学出版社
社　　址	上海市中山北路3663号　邮编 200062
网　　址	www.ecnupress.com.cn
电　　话	021-60821666　行政传真 021-62572105
客服电话	021-62865537　门市(邮购)电话 021-62869887
地　　址	上海市中山北路3663号华东师范大学校内先锋路口
网　　店	http://hdsdcbs.tmall.com
印 刷 者	上海景条印刷有限公司
开　　本	890×1240　1/32
印　　张	13.5
字　　数	270千字
版　　次	2018年8月第1版
印　　次	2018年8月第1次
书　　号	ISBN 978-7-5675-4757-5/D.216
定　　价	60.00元
出 版 人	王 焰

(如发现本版图书有印订质量问题,请寄回本社客服中心调换或电话021-62865537联系)